电子商务基础

朱景伟 主 编
陈海建 副主编

復旦大學 出版社

FORDWORD 前 言

电子商务是一种综合性的新兴商务活动,其涉及面相当广泛,包括信息学、经济学、管理学、法学、计算机技术等多个领域。本书主要介绍电子商务基础知识和电子商务实践的基本技能,使读者能够通过本书了解电子商务基础知识和应用场景,是认识电子商务、打开电子商务活动的一把钥匙。

全书分为理论与实训两个部分。理论部分共八章,第一章介绍了电子商务的发展、电子商务的概念以及电子商务的几种模式。第二章介绍了三种主流的电子商务交易模式 C2C、B2C、B2B 及移动电子商务模式。第三章主要讲述网络营销的概念,对网络市场和网络消费者行为的分析方法、网络营销方法和营销策略等方面作了介绍。第四章结合电子商务交易中的电子支付环节,介绍了电子货币、网上银行及网上支付的概念。第五章介绍了电子商务和现代物流之间相辅相成、相互依存的协作关系。第六章介绍了建立独立电子商务应用环境所需的基础知识。第七、八章对电子商务服务以及电子商务未来发展趋势进行了相关介绍。实训部分结合"奥派电子商务软件"应用模型,精心设计 9 个实训任务,分别是网上银行与支付通初步、网络营销实践、个人网上银行操作实践、电子商务安全实践、电子商务物流实践、域名管理实践及 B2B、B2C、C2C 电子商务平台实践,涵盖了电子商务实践最基础的网上银行操作以及 B2B、B2C、C2C 电子商务交易操作的过程。通过理论和实践相结合的方式,使读者在了解电子商务理论知识的同时,能够通过动手实践,加深对电子商务交易过程的认知程度,并通过这样的模拟操作具备一定的电子商务应用能力,为在实际生活中进行相关电子商务活动打下坚实的基础。

本书内容具有较强灵活性和较宽的适用性等特点,可作为高职高专"电子商务基础"课程的教材和教学参考书,也可作为从事电子商务交易初学者的参考书。在使用本教材时,教师可以根据教学进程进行教学内容调整,并灵活布置实训任务。本书内容编写突出前沿性和实用性,并以灵活多样的实训任务来加强理论教学的效果,能够满足不同专业对电子商务学习的要求。

本书由上海开放大学朱景伟副教授任主编、陈海建副教授任副主编,孙富菊、林红霞、刘国艳、钟良侃参与编写。其中,理论部分第一章和第八章由朱景伟执笔,第二章由孙富菊执笔,第三章、第五章由刘国艳执笔,第四章、第七章由林红霞执笔,第六章由陈海建执笔,实训部分由钟良侃执笔,全书由朱景伟统稿。

  本书在编写过程中,参考了大量同类教材及有关资料,并得到来自教学一线的上海开放大学教师所提出的宝贵意见,在此一并致以诚挚的谢意!

  由于电子商务理论与实践发展迅猛,加上编写出版时间较短以及作者水平有限,书中难免存在不完善之处,恳请各位读者批评指正。

编　者

2015 年 1 月

CONTENTS 目 录

上篇 理论知识学习

第1章 电子商务概述　　3

本章导学　　/ 3
案例导入　　/ 3
1.1　电子商务发展　　/ 5
1.2　电子商务概念　　/ 8
1.3　电子商务分类　　/ 9
1.4　电子商务标准　　/ 9
本章小结　　/ 13

第2章 电子商务实战　　14

本章导学　　/ 14
案例导入　　/ 14
2.1　C2C 电子商务　　/ 15
2.2　B2C 电子商务　　/ 26
2.3　B2B 电子商务　　/ 35
2.4　移动电子商务　　/ 45
本章小结　　/ 50

第3章 网络营销　　52

本章导学　　/ 52
案例导入　　/ 52

3.1 网络营销概述 / 54
3.2 网络市场与网络消费者行为分析 / 59
3.3 网络营销策略 / 70
3.4 网络营销方法 / 76
本章小结 / 85

第 4 章 电子支付与安全　　86

本章导学 / 86
案例导入 / 86
4.1 电子商务支付 / 88
4.2 电子商务安全 / 102
本章小结 / 112

第 5 章 电子商务物流　　113

本章导学 / 113
案例导入 / 113
5.1 物流简介 / 115
5.2 电子商务与物流的关系 / 122
5.3 物流信息管理 / 126
本章小结 / 133

第 6 章 电子商务平台构建　　135

本章导学 / 135
案例导入 / 135
6.1 电子商务环境 / 136
6.2 电子商务平台规划 / 153
6.3 电子商务网站的设计与制作 / 156
本章小结 / 163

第 7 章 电子商务服务　　164

本章导学 / 164
案例导入 / 164

7.1　电子商务服务　　　　　　　　　　　　　　　　　　　　　/ 165
7.2　基于 Web 2.0 的电子商务信息服务　　　　　　　　　　　/ 169
7.3　电子商务信息的收集与整理　　　　　　　　　　　　　　/ 186
本章小结　　　　　　　　　　　　　　　　　　　　　　　　/ 192

第 8 章　电子商务发展趋势　　　　　　　　　　　　　193

本章导学　　　　　　　　　　　　　　　　　　　　　　　　/ 193
案例导入　　　　　　　　　　　　　　　　　　　　　　　　/ 193
8.1　国家电子商务发展目标　　　　　　　　　　　　　　　　/ 193
8.2　电子商务服务业　　　　　　　　　　　　　　　　　　　/ 194
8.3　电子商务信用体系　　　　　　　　　　　　　　　　　　/ 195
8.4　电子商务评测指标体系　　　　　　　　　　　　　　　　/ 196
8.5　物联网背景下的电子商务　　　　　　　　　　　　　　　/ 197
本章小结　　　　　　　　　　　　　　　　　　　　　　　　/ 198

下篇　电子商务基础

第 9 章　网上银行与支付通初步　　　　　　　　　　　201

9.1　客户申请网上银行账号　　　　　　　　　　　　　　　　/ 202
9.2　银行柜面操作员审核开户(个人)　　　　　　　　　　　　/ 203
9.3　客户到银行柜台进行存款(个人)　　　　　　　　　　　　/ 204
9.4　客户申请企业银行账号　　　　　　　　　　　　　　　　/ 205
9.5　银行柜面操作员审核开户(企业)　　　　　　　　　　　　/ 206
9.6　客户到银行柜台进行存款(企业)　　　　　　　　　　　　/ 207
9.7　客户申请开通企业账户 B2B 或 B2C 电子支付通道　　　　/ 208
9.8　银行柜面操作员审核开通企业付款通道　　　　　　　　　/ 208
9.9　支付通服务商银行账户设置及绑定　　　　　　　　　　　/ 209
9.10　客户注册支付通个人账户(手机注册)　　　　　　　　　 / 211
9.11　客户使用个人网上银行对支付通充值　　　　　　　　　 / 214
9.12　客户申请实名认证(个人)　　　　　　　　　　　　　　 / 216
9.13　客户申请支付宝数字证书　　　　　　　　　　　　　　 / 219
9.14　客户注册支付通公司账户(邮箱注册)　　　　　　　　　 / 222
9.15　客户申请开通商家服务功能　　　　　　　　　　　　　 / 224
9.16　支付通服务商确认开通商家服务功能　　　　　　　　　 / 227

第10章 网络营销实践 229

- 10.1 客户搜索引擎用户注册 / 229
- 10.2 搜索引擎服务商会员审核操作 / 229
- 10.3 搜索引擎服务商支付账户绑定 / 232
- 10.4 搜索引擎服务商搜索关键字竞价设定及管理 / 233
- 10.5 搜索引擎服务商搜索关键字管理 / 235
- 10.6 搜索引擎会员客户进行预消费充值 / 236
- 10.7 搜索引擎会员添加关键字并进行关键字分组 / 237
- 10.8 搜索引擎搜索关键字 / 239
- 10.9 客户网络广告平台注册 / 240
- 10.10 网络广告服务商后台管理 / 241
- 10.11 网络广告注册客户后台预付费 / 244
- 10.12 网络广告服务商广告申请管理 / 246

第11章 个人网上银行操作实践 247

- 11.1 客户个人网上银行基本业务操作 / 247
- 11.2 客户个人网上银行转账操作 / 251
- 11.3 客户个人信用卡账户申请 / 254
- 11.4 银行柜面操作员审核开户（信用卡） / 256
- 11.5 客户个人信用卡激活与信用卡基本操作 / 257
- 11.6 客户信用卡信息绑定及还款 / 257

第12章 电子商务安全实践 260

- 12.1 CA认证平台用户证书申请 / 260
- 12.2 CA认证服务商平台证书审核 / 261
- 12.3 CA认证平台用户导出已颁发的证书 / 262
- 12.4 CA认证服务商平台证书吊销 / 263
- 12.5 电子签章平台用户注册及登录 / 264
- 12.6 电子签章平台数字证书操作 / 265
- 12.7 电子签章平台合同订立操作 / 268
- 12.8 企业信用认证平台用户注册 / 274
- 12.9 企业信用认证平台服务商基本操作 / 274
- 12.10 企业信用认证平台客户企业信用申报 / 276

12.11	企业信用认证平台服务商审核客户企业信用	/ 281
12.12	企业信用认证平台客户企业信用结果查看	/ 283
12.13	企业信用认证平台客户投诉曝光操作	/ 284
12.14	企业信用认证平台服务商对公开投诉进行处理	/ 285

第 13 章　电子商务物流实践　287

13.1	企业仓储实践公司注册操作	/ 287
13.2	企业仓储实践平台基础设置	/ 287
13.3	企业仓储实践平台客户管理	/ 291
13.4	企业仓储实践平台出入库管理	/ 293
13.5	企业仓储实践平台其他业务操作管理	/ 298
13.6	企业仓储实践平台费用结算查看	/ 301
13.7	企业物流实践平台公司注册操作	/ 302
13.8	企业物流实践平台公司基本设置	/ 303
13.9	企业物流实践平台公司订单操作	/ 306

第 14 章　域名管理实践　310

14.1	域名服务提供商相关操作	/ 310
14.2	域名服务平台客户注册操作	/ 317
14.3	域名服务平台客户登录及域名购买	/ 318
14.4	域名服务平台客户登录及主机购买	/ 322
14.5	域名服务平台客户登录及域名、主机管理	/ 325

第 15 章　B2B 网上交易平台实践　330

15.1	B2B 平台网上商城服务商基本操作	/ 330
15.2	B2B 平台网上商城用户注册操作	/ 331
15.3	B2B 平台网上商城用户支付通账号绑定	/ 334
15.4	B2B 平台网上商城诚信通会员开通	/ 336
15.5	B2B 平台网上商城诚信通会员发布供求信息	/ 337
15.6	B2B 平台网上商城服务商供求信息审核操作	/ 341
15.7	B2B 平台网上商城诚信通会员第三方认证	/ 341
15.8	B2B 平台网上商城诚信通会员基本操作	/ 342
15.9	B2B 平台网上商城会员商品询价基本操作（买家）	/ 347

15.10　B2B 平台网上商城会员商品询价基本操作（卖家） / 349
15.11　B2B 平台网上商城会员商品订购基本操作（买家） / 350
15.12　B2B 平台网上商城会员商品交易基本操作（卖家设置运费） / 352
15.13　B2B 平台网上商城会员商品交易基本操作（买家付款） / 354
15.14　B2B 平台网上商城会员商品交易基本操作（卖家发货） / 356
15.15　B2B 平台网上商城会员商品交易基本操作（买家确认收货） / 357
15.16　B2B 平台网上商城会员商品交易基本操作（卖家评价） / 358
15.17　B2B 平台网上商城会员商品交易基本操作（发起订单） / 359

第 16 章　B2C 网上商城平台实践　　*362*

16.1　B2C 平台网上商城账户绑定操作 / 362
16.2　B2C 平台网上商城综合管理操作 / 364
16.3　B2C 平台网上商城商品分类及相关属性设置 / 368
16.4　B2C 平台网上商城商品添加 / 371
16.5　B2C 平台网上商城商品库存及其他管理项设置 / 375
16.6　B2C 平台网上商城营销推广设置 / 380
16.7　B2C 平台网上商城买家用户注册操作 / 381
16.8　B2C 平台网上商城买家用户基本设置 / 382
16.9　B2C 平台网上商城买家用户购买货物 / 384
16.10　B2C 平台网上商城服务商发货操作 / 388
16.11　B2C 平台网上商城买家用户收货操作 / 390

第 17 章　C2C 网上交易平台实践　　*392*

17.1　C2C 平台服务商基本设置操作 / 392
17.2　C2C 交易平台用户注册 / 394
17.3　C2C 交易平台用户基本信息设置 / 396
17.4　C2C 交易平台卖家基本信息设置 / 399
17.5　C2C 交易平台卖家物流管理设置 / 402
17.6　C2C 交易平台卖家免费开店操作 / 404
17.7　C2C 交易平台买家搜索并购买宝贝 / 407
17.8　C2C 交易平台卖家发货 / 411
17.9　C2C 交易平台买家确认宝贝到货并发表评论 / 413
17.10　C2C 交易平台卖家对已发出货物发表评论 / 415
17.11　C2C 交易平台卖家申请加入消费者保障服务 / 416

17.12　C2C平台服务商消费者保护会员审核操作　/ 419
17.13　C2C交易平台买家发起投诉　/ 420
17.14　C2C交易平台卖家对买家投诉进行申诉　/ 422
17.15　C2C平台服务商处理消保投诉　/ 423

参考文献　*426*

上 篇
理论知识学习

- 第1章 电子商务概述
- 第2章 电子商务实战
- 第3章 网络营销
- 第4章 电子支付与安全
- 第5章 电子商务物流
- 第6章 电子商务平台构建
- 第7章 电子商务服务
- 第8章 电子商务发展趋势

第 1 章　电子商务概述

本章导学

　　电子商务是一门综合性的新兴商务活动,涉及面相当广泛,包括信息技术、金融、法律、市场等多个领域。电子商务是一门非常活跃的新技术,尚处在发展阶段,具有发展快、更新快等特点。本章导入案例光明服装股份有限公司,并对电子商务各子情景进行了汇总。本章重点向读者介绍了电子商务发展、电子商务概念、电子商务分类、电子商务标准等内容。希望读者通过学习能够对电子商务概况有一个基本的了解。

案例导入

光明服装股份有限公司实施电子商务战略　提升企业的核心竞争力

　　光明服装股份有限公司成立于 1980 年,是设计、生产和销售"光明牌"服装的大型现代化股份制企业。拥有多条世界先进的西服智能化生产流水线及配套的专业衬衫、女装、工服生产流水线,年生产能力 100 万套以上,是目前服装界最具规模、最具有竞争力的服装企业之一。

　　光明服装股份有限公司自 2006 年开始涉足电子商务领域,当年成为阿里巴巴的诚信通会员和中国供应商,开始在阿里巴巴中文站、国际站进行原料的采购和服装的定制生产、批量销售,对公司拓展销售渠道产生了积极的影响。为进一步开拓国内外市场,更好地发挥电子商务的优势,公司董事会研究决定在整合已有的 ERP 系统、客户关系管理系统、采购系统、仓储系统等基础上开发"光明商城"电子商务平台,构建了相对完善的平台安全运作环境。根据企业传统营销的优势并结合"光明商城"的特点,实施了如网站优化、搜索引擎、网络广告、邮件推广等营销方法。同时为了降低客户投诉率、提高物流配送环节的效率,光明服装股份有限公司在企业原有物流系统的基础上自建了"光明商城"物流配送系统,增加了物流的可控性,提高了客户服务质量。

光明服装股份有限公司通过实施电子商务战略,实现了企业资源的共享和业务流程的重组,大大降低了企业的经营成本,为企业在21世纪社会竞争中赢得了优势。图1-1描述了上述活动的主要情节。

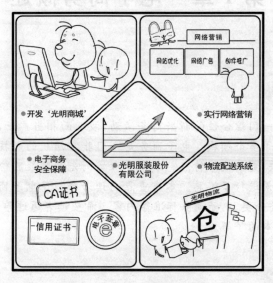

图1-1 电子商务交易漫画

前述学习前景是现实生活中的电子商务活动的缩影,也正是本教材第二章"电子商务实战"中所要讲解的主要内容。表1-1是对各子情景的归纳。

表1-1 各子情景归纳表

序号	情景名称	情景内容
1	B2B交易	光明服装股份有限公司和辉煌纺织集团有限公司网上亚麻布料买卖活动
2	B2C交易	张玲到"光明商城"买黄色女士风衣
3	C2C网店开设与交易	张玲开了一家"光明商城"网上直营店,网民王军到此购买光明服饰
4	G2B交易	新世纪职业技术学院采购军训服装,并在A市政府采购中心公开招标,光明服装股份有限公司参加投标,并中标
5	电子商务支付	光明服装股份有限公司和王军申请银行账号以及支付通账号,完成电子支付过程
6	网络营销	光明服装股份有限公司实施网站优化、搜索引擎、网络广告、邮件推广、网络调研等网络营销方法

(续表)

序号	情景名称	情景内容
7	电子商务安全	光明商城通过CA认证和信用认证等措施提高安全和诚信度
8	电子商务物流	光明商城为提高客户响应,投资自建物流配送体系
9	电子商务平台构建	李晓晶自主创建类似"光明商城"的购物平台

1.1 电子商务发展

1.1.1 从传统商务到电子商务

从传统商务到电子商务的形成经历了三个阶段。

第一阶段:20世纪50年代中期美国出现了"商业电子化"的概念,当时是指利用电子数据处理设备使簿记工作自动化。1964年美国IBM公司研制了用磁带存储数据的打印机,第一次在办公室中引入商业文书处理的概念。1969年又研制出磁卡打印机进行文字处理。至70年代中期,工业化国家已经普遍采用文字处理机、复印机、传真机、专用交换机等商业电子化设备,实现了商业单项业务的电子化。

第二阶段:20世纪70年代微电子技术的发展,特别是个人计算机的出现,使商业电子化进入了以微型计算机、文字处理机和局部网络为特征的新阶段。此阶段以计算机、网络通信和数据标准为框架的电子商业系统应运而生,在此阶段通常采用电子报表、电子文档、电子邮件等新技术和高功能的商业电子化设备。

第三阶段:从20世纪80年代后期开始,商业电子化向建立商业综合业务数字网的方向发展。在此阶段出现高功能的电子商业软件包、多功能的电子商业工作站和各种联机电子商业设备,如电子白板、智能复印机、智能传真机、电子照排轻印刷设备、复合电子文件系统等。随着电子通信标准的研究和电子数据交换系统的开发以及计算机开始运用于商业数据的收集、处理,电子商业系统开始建立,标志着电子商务时代的真正来临。

1.1.2 中国电子商务的发展趋势

电子商务的发展只有短短十多年时间,现在已经成为国家发展、社会活动以及人们生活的不可分割的有机组成部分。表1-2列出了CNNIC(中国互联网络信息中心)从 1997 年开始统计的中国互联网用户数量以及网上购物者数量的变化情况。

表1-2 中国互联网用户以及网上购物者数量的变化　　(单位：万人)

年　　度	网民人数	网上购物人数
1997 年	62	
1998 年	210	31.50
1999 年	890	69.15
2000 年	2 250	282.15
2001 年	3 370	313.00
2002 年	5 910	679.65
2003 年	7 950	790.00
2004 年	9 400	1 304.90
2005 年	11 100	2 719.50
2006 年	13 700	3 233.20
2007 年	21 000	4 641.00
2008 年	29 800	7 400.00
2009 年	38 400	8 788.00

中国电子商务国家发展改革委员会和国务院信息办于 2007 年 6 月发布的国家《电子商务发展"十一五"规划》指出：电子商务是网络化的新型经济活动，正以前所未有的速度迅猛发展，已经成为主要发达国家增强经济竞争实力，赢得全球资源配置优势的有效手段。

1. 从最新数据可以证明电子商务在中国快速发展的良好势头

(1) 国家《电子商务发展"十一五"规划》指出，2005 年，全国企业网上采购商品和服务达到 16 889 亿元，占采购总额的 8.5%，企业网上销售商品和服务总额 9 095 亿元，占主营业务收入的比重近 2%。国民经济重点行业和骨干企业电子商务应用不断深化，网络化生产经营与消费方式逐渐形成，中小企业成为电子商务的积极实践者。

(2)《中国行业电子商务网站调查报告》指出，到 2006 年年底，数量超过 2 000 家的行业电子商务网站已经初步成为新兴电子商务服务业中的重要组成部分，总体服务收入约 100 亿元，专业从业人员 12 万以上。

(3) CNNIC 2009 年 7 月发布的《第 24 次中国互联网络发展状况统计报告》显示，中国网民网络购物人数规模达到 8 788 万，大约 4 个网民中有 1 个人是购物用户。表1-3列出的是2008年12月—2009年6月电子商务类应用用户对比情况分析。

表1-3 2008.12—2009.6 商务交易类应用用户对比

	2008年底		2009年年中		半年变化	
	使用率	网民规模（万人）	使用率	网民规模（万人）	增长量（万人）	增长率
网络购物	24.8%	7 400	26.0%	8 788	1 388	18.8%
旅行预订	5.6%	1 700	4.1%	1 386	−314	−18.5%
网上支付	17.6%	5 200	22.4%	7 571	2 371	45.6%
网络炒股	11.4%	3 400	10.4%	3 515	115	3.4%

可以说，与全球电子商务的日趋活跃相比，我国的电子商务发展与国际同步进入快速发展机遇期，而且从某种意义上说，中国的电子商务发展的创新性更具特色和代表性。2007年11月阿里巴巴在香港的成功上市就是一个非常有说服力的典型。

2. 未来电子商务从政治、社会、经济、文化等综合方面形成新的发展趋势，主要体现在以下几个方面

（1）电子商务与产业发展的深度融合加速形成经济竞争新态势。电子商务正在广泛深入地渗透到生产、流通、消费等各个领域，改变着传统经营管理模式和生产组织形态；正在突破国家和地区局限，影响着世界范围内的产业结构调整和资源配置，加速经济全球化进程。电子商务与产业发展的深度融合还形成了以电子商务为代表的现代服务业的快速发展，并形成了制造业服务化、服务业产品化的多个产业的深度融合。

（2）电子商务服务业正在成为国民经济新的增长点。技术创新加速社会专业化分工，为电子商务服务业提供了广阔的发展空间。基于网络的交易服务、业务外包服务、信息技术外包服务规模逐渐扩大，模式不断创新。网络消费文化逐步形成，面向消费者的电子商务服务范围不断拓宽，网上消费服务模式日渐丰富。更多的网络增值服务模式不断涌现，电子商务服务业正成为新的经济增长点，推动经济社会活动向集约化、高效率、高效益、可持续方向发展。

（3）电子商务正在成为一个产业并开始形成国家标准体系。电子商务服务业的形成和电子商务这几年的务实发展为电子商务的经济和产业地位打下了良好的基础。从发展初期所认为的电子商务仅仅是"网上商店"已经发展到电子商务是"网络化的新型经济活动"，其支撑基础也从仅仅是互联网到所有网络与通讯手段。围绕电子商务发展的关键环节，商务部等有关部委与企业联合高校和

科研机构已经开始研究制定电子商务模式规范、网络购物服务规范、物品编码、电子单证、信息交换、业务流程等电子商务关键技术标准和规范，电子商务的国家标准体系正在形成，反过来也正在为电子商务的进一步发展打下更坚实的基础。

(4) 电子商务正在推进信用服务体系的建设和电子支付体系的完善。网上的洽谈交流、身份确认、签订合同、定单认证、资金支付等各个环节都需要信用和安全的保障。中国三十多年来的改革开放和市场经济的发展过程中在信用服务体系的建设方面还刚刚起步，因此网上的信用服务体系的建设还有漫长的路要走。四年前颁布实施的《电子签名法》尽管起到了一定的作用，但还没有完全推广开来。因此需要加强政府监管、行业自律及部门间协调与联合，鼓励企业积极参与，按照完善法规、特许经营、商业运作、专业服务的方向，建立科学、合理、权威、公正的信用服务机构。建立健全相关部门间信用信息资源的共享机制，推进在线信用信息服务平台建设，实现信用数据的动态采集、处理和交换。严格信用监督和失信惩戒机制，最终形成既符合我国国情又与国际接轨的信用服务体系、电子认证体系，以及在线支付体系。

1.2 电子商务概念

关于电子商务的定义有许多种，其区别主要涉及电子化和网络支撑的范围以及商务应用的深度的不同。最常用的英文名称是 e-commerce 和 e-business 两个。commerce 在英文中是指商业，有商品买卖或者贸易的内容，而 business 是指业务、工作或交易活动的意思。显然从范围的角度来说，business 的概念要比 commerce 更宽泛。因为 business 所涉及的业务范围包括个人、企业、单位、政府等不同对象和内容，而 commerce 更多地限于有交易的对象。但是另一方面从名称的内涵来看，commerce 更多地描述交易双方或多方之间的关系，而 business 则更关注对象本身甚至包括它的内部流程。所以我们一般将 e-business 称为电子业务，将 e-commerce 称为电子商务。这里主要采用我国政府相关部门关于电子商务的定义：

● 国务院信息化工作办公室在 2007 年 12 月提交的《我国电子商务发展指标体系研究》报告中，将电子商务定义为：电子商务是指通过以互联网为主的各种计算机网络所进行的，以签订电子合同（订单）为前提的各种类型的商业交易。

● 国家商务部在 2009 年 4 月发布的《电子商务模式规范》中对电子商务作的定义是：依托网络进行货物贸易和服务交易，并提供相关服务的商业形态。

1.3 电子商务分类

电子商务的发展只有短短十多年的时间,并且还在快速变化和发展中,因此要对电子商务给出一个明确和一致的分类是不可能的。我们这里依据商务部发布的《电子商务模式规范》中对电子商务模式的分类,将电子商务主要划分为B2B、B2C、C2C、G2B 四类。

- 企业与企业之间电子商务(Business to Business,简称 B2B),是企业之间通过网络通信手段缔结的商品或服务交易模式,如阿里巴巴、慧聪网、中国化工网等。
- 企业与消费者之间电子商务(Business to Consumer,简称 B2C),是企业和消费者之间通过网络通信手段缔结的商品或服务交易模式,如当当网、京东商城等。
- 消费者与消费者之间电子商务(Consumer to Consumer,简称 C2C),是个人之间通过网络通信手段缔结的商品或服务交易模式,如淘宝网、拍拍网、有啊等。
- 政府与企业之间电子商务(Government to Business,简称 G2B),是政府与企业之间通过网络通信手段进行的商品或服务交易模式,如中国政府采购网等。

1.4 电子商务标准

1.4.1 国外电子商务标准的发展

标准是电子商务规范化的前提,标准在国外电子商务的发展中得到了相当的重视,特别是电子商务安全方面普遍存在标准先行的情况。如美国政府很早就致力于密码技术的标准化,从 1977 年公布的数据加密标准 DES 开始,就由美国国家标准技术研究院(NIST)制定了一系列有关密码技术的联邦信息处理标准(FIPS),在技术标准的前提下对密码产品进行严格的检验。1998 年 7 月 1 日,在美国政府发布的美国电子商务纲要中,明确提出要建立一些共同的标准,以确保网上购物的消费者享有与在商店购物的消费者同等的权利。韩国一些主要的电子商务公司也建立联盟,签署联合协议,约定在 2000 年制定出整个业界的电子商务标准。

为了迎接电子商务给全球带来的机遇和挑战,使之在全球范围内更有序地发展,1997 年 6 月,ISO/IEC JTC1(国际标准化组织/国际电工委员会第一联合技术委员会)成立了"电子商务业务工作组"(BT-EC)。BT-EC 确定了电子商务急需建立标准的三个领域:

(1) 用户接口,主要包括:用户界面、图像、对话设计原则等;

(2) 基本功能,主要包括:交易协议、支付方式、安全机制、签名与鉴别、记录的核查与保留等;

(3) 数据及客体(包括组织机构、商品等)的定义与编码,包括现有的信息技术标准、定义报文语义的技术、EDI(电子数据交换技术)本地化、注册机构、电子商务中所需的值域等。目前 BT-EC 仅对其中的几项内容进行了阐述,其目的是通过解决关键问题,从而将解决方法加以推广,以扫清实现全球电子商务道路的障碍。

ISO、IEC 和 UN/ECE(联合国欧洲经济委员会)共同致力于电子商务的标准化工作。曾签署了"理解备忘录",就 EDI、开放式 EDI 及有关贸易单证标准领域进行合作。1998 年 11 月,三者又签署了一个电子商务领域有关标准化的"理解备忘录"。该备忘录包括总体部分、三个附录及注册表,扩充了以前的合作框架,扩展了各部门之间的电子商务,增加了国际用户团的参与,以确保他们的标准化要求得到满足。国际用户团的参加者有 CALS(是世界性的非政府组织,制定国际工业组织之间电子商务的标准要求)及 NATO CALS 组织(NATO 为北大西洋公约组织的缩写)。国际用户团参与者必须满足"理解备忘录"中关于国际用户团注册规定的具体内容,而且它们的参与必须在标准化组织之间相互达成协定的基础上。"理解备忘录"提供了 21 世纪电子商务发展的有效基础,是国际合作的极好范例。

随着电子商务在互联网上的兴起,对电子商务的标准提出了迫切的要求。由 Ziff-Davis 杂志牵头,组织了 301 位世界著名的 Internet 和 IT 业巨头、相关记者、民间团体、学者等,经过半年时间,于 1999 年 12 月 14 日,在美国加州旧金山的 St. Francis 饭店,公布了世界上第一个 Internet 商务标准(The Standard for Internet Commerce,Version 1.0-1999)。

这一标准共有七项,四十七款。虽然这只是 1.0 版,但它已经在相当程度上规范了利用 Internet 从事零售业的网上商店需要遵从的标准。虽然它的制定完全是按照美国标准,但显然对我国正在起步的电子商务事业有相当的参考价值。

在这一标准中首先定义了电子商务和 Internet 商务的概念:电子商务是指利用任何信息和通信技术进行任何形式的商务、管理运作或信息交换。Internet 商务是指利用 Internet,包括 www 万维网进行任何电子商务运作。制定这个 Internet 标准的目的有五个:

(1) 增加消费者在 Internet 上进行交易的信心和满意程度;

(2) 建立消费者和销售商之间的信赖关系;

(3) 帮助销售商获得世界级的客户服务经验,加快发展步伐并降低成本;
(4) 支持和增强 Internet 商务的自我调节能力;
(5) 帮助销售商和消费者理解并处理迅猛增长的各种准则和符号。

显然,这一标准既可以被销售商用于其 Internet 商务,并且向所有消费者和合作伙伴宣称自己符合这一标准,也可以被消费者用来检验销售商是否可以提供高质量的服务。同时,也可以指导如 IT 供应商、网站开发商、系统集成商等从事相关的业务。

整个标准的每款项都注明是"最低要求",还是"最佳选择"。如果一个销售商宣称自己的网上商店符合这一标准,那它必须达到所有的最低标准。

在该标准的首页上写着:"消费者的满意、信心和信任,销售商的利润和变革。"这也就是这份标准的核心。任何人都可以获得这一标准,而且鼓励使用和散发这一标准。虽然这并不是一个法律文本,但有理由相信遵守这一标准的销售商将获得更大的发展。

1.4.2 我国电子商务相关标准的发展

由于我国的体制因素,标准工作始终是政府有关职能部门的一项重要工作,无论是国家标准还是行业标准,都是由政府职能部门主持研究制定、推广实施以及监督执行的。政府主导型工作模式一方面确保了标准在内容及适用范围方面的权威性;另一方面也为标准在各相关行业的实施提供了强有力的保证,即充分满足了标准的内容权威性、实施统一性这两大基本特性要求。电子商务相关标准的研制工作同样如此。虽然目前我国电子商务标准工作还处在跟踪研究阶段,尚未进入实质性的实施阶段,但仍然贯穿着政府主导的研究工作。各项研究工作都在政府各有关部门的直接领导、协调下有条不紊地进行着,从而避免了由于各研究机构各自为政的局面所带来的资源浪费、成果重复、派别冲突等不良现象的出现。如在北京、上海等地开展的信息标准研究工作,都是由各地的技术监督部门甚至当地政府直接出面主持。北京市技术监督局根据《首都信息化1998—2010年发展规划(纲要)》,组织了专家,就北京信息化标准化工作和信息标准化体系等做专门研究,以规范信息标准化的各项工作。"上海市国民经济与社会信息化领导小组"全面规划上海信息化工作,其中还专门就"电子商务相关标准研究"课题立项研究。

我国对电子商务的研究紧随国际发展潮流,相关标准工作的跟踪研究也十分及时。特别是在政府有关部门组织下,电子商务相关标准的研究取得了相当的成绩。1999年5月,由北京市技术监督局主持召开的"1999北京电子商务标准化国际研讨会"是我国第一次以电子商务标准为主题的国际性学术研讨会,体现了我国在电子商务标准研究领域与国际同步发展的水平。上海市《电子商务相关标准研究》课题,集中了来自政府、银行、民航、运输、IT 企业、ISP 及大专院校等各方面数十位专家、学者,他们对电子商务标准进行了全面地研究,形成了"电子商务标准框架体系"等研究成果。1999年4月"上海信息标准化技术委员会"成立,专门设立了电子商务分专业委员会,从而形成了一支专门从事电子商务标准研究的专家队伍。

电子商务是一门综合性的新兴商务活动,涉及面相当广泛,包括信息技术、金融、法律、市场等多个领域,相关标准跨行业、跨学科。广义上的电子商务标准体系十分庞杂,几乎涵盖了现代信息技术的全部标准范围。

从当前的市场应用情况来看,标准基本上分为两层:底层的数据交换标准和高层的面向流程的标准。

XML是至今为止用来做数据交换比较有效的语言之一。XML是通过标签(tag)来描述数据,而标签的含义是可以在DTD或Schema中事先定义的(DTD或Schema是W3C推荐的、定义XML标签的标准)。因此,不同行业的人们根据自己应用数据的习惯定义了不同的标签,形成诸如cXML、ebXML、XCBL等一系列具有行业特性的数据描述语言。这些标准的数据,都能通过XML解析器(parser)相互通信。

相对于数据交换的标准来说,流程交易标准的制定就困难许多。因为一涉及流程,就会联系到企业管理和企业文化等具有惯性的东西,因此只能在同类行业中,通过利益需求的驱动来加以规范。

目前,注重流程的标准大致分为两类:一类来源于由多家企业自发组成的非营利性行业标准化组织,如Rosetta Net、Commerce Net等;另一类来源于电子商务及解决方案供应商,如Commerce One、Ariba等。

目前,就世界范围来看,标准的应用还处于刚刚起步阶段,标准最终还是为企业提高效率服务的。因此,企业首先应该注意优化自己的内部管理流程。只有把企业内部的所有运作,包括人事、财务、生产、进货、销售等管理全部优化后,才具备与别的企业达成标准化的条件。

电子商务标准的有关机构必然由分散走向合作。国际社会普遍认识到,要实现全球性的电子商务,必须使各国通过开展国际性的电子商务标准化活动达成广泛的一致,而且电子商务标准内容复杂、数量巨大,无论从技术上、经济上还是使用上讲,制定工作都不是一两个国家所能够承担的,必须依靠国际合作。如ISO、IEC、ITU、IETF、DMC等,一方面积极听取工业、政府、用户等各方面对电子商务标准的需求,另一方面在建立全球信息化过程中,积极加强彼此之间相应的联系,避免工作交叉与无序竞争。Visa与Master Card曾分别制定过智能卡交易标准,但都收效甚微,难以推广。在此情况下,1996年2月1日Master Card与Visa两大国际信用卡组织与技术合作伙伴GTE、Netscape、IBM、Terisa Systems、Verisign、Microsoft、SAIC等一批跨国公司共同开发了安全电子交易标准(SET),以便尽早实现全球电子商务。

电子商务是一门非常活跃的新技术,尚处在发展阶段,具有发展快、更新快等特点,这就使得电子商务相关标准的制定和执行既要遵从标准的一般发展要求,又要摆脱传统标准化观念的束缚和某些现行标准化工作程序的限制,使电子商务标准化向更加灵活的方向发展。

本章小结

电子商务概述是认识电子商务和掌握全书学习内容的入门。首先我们从电子商务活动形态出发给出了全书学习的情景并作了简单分析,并分别介绍了电子商务的发展、电子商务的概念以及电子商务的几种模式,通过这些内容的学习使得读者能够对电子商务有一个基本的了解。具体内容如图1-2所示:

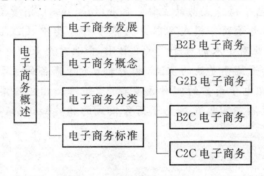

图1-2 概述学习小结

第 2 章　电子商务实战

本章导学

　　商务模式是能够使企业运行的运作方式、经营方式及盈利模式的统称。电子商务模式是传统商务模式的网络化、电子化、虚拟化，是网络时代的一种新型商务模式。依据电子商务交易的主体：企业(business)、消费者(customer)和政府(government)，电子商务模式可以分为很多种。其中，C2C(个人对个人的电子商务)、B2C(企业对个人的电子商务)、B2B(企业对企业的电子商务)及移动电子商务，是全球电子商务发展的主流，也是未来电子商务的主要趋势。

　　本章主要介绍电子商务的四种重要模式，并结合相应的案例进行分析。通过本章的学习，能熟练掌握几种电子商务模式的相关知识，结合实训练习，进行电子商务实战操作。

案例导入

　　根据"中国互联网络信息中心第 26 次中国互联网发展状况统计调查"显示，电子商务逐渐成为消费者选择购物的重要渠道。在网络购物规模迅速增长的同时，电子商务平台运营商的电子商务模式选择也在相应地调整。淘宝网的电子商务模式从原来的 C2C 模式扩展到现在的 C2C 与 B2C 同台竞技，当当网的电子商务模式也从原来的 B2C 模式扩展到了现在的 C2C 与 B2C 同台竞技。

　　C2C 这种模式的产生以 1998 年易趣成立为标志，目前采用 C2C 模式的主要有易趣、淘宝、拍拍等公司。淘宝网是由阿里巴巴(中国)网络技术有限公司于 2003 年 7 月投资 4.5 亿元创建的 C2C 网站，其基本架构与美国的 eBay 和日本的乐天市场相同，是虚拟商店街(固定价格商品、砍价商品、商品信息提供等)和商品拍卖的业务组合。淘宝网，顾名思义——没有淘不到的宝贝，没有卖不出的宝贝。淘宝在 C2C 领域的领先地位暂时还没有人能够撼动，在中国 C2C 市场，淘宝的市场份额超过 60%。

　　B2C 模式是中国最早产生的电子商务模式，以 8848 网上商城正式运营为标志。B2C 即企业通过互联网为消费者提供一个新型的购物环境——网上商店

(亚马逊、京东商城、乐购购、鹏程万里贸易商城、她秀网、红孩子商城、卓购商城、团火网、当当网、第九大道、天猫、梦想理财等),消费者通过网络在网上购物、在网上支付。如全球最大的电子商务公司亚马逊在中国的网站——亚马逊中国。作为中国电子商务领袖,亚马逊中国为消费者提供图书、音乐、影视、手机数码、家电、家居、玩具、健康、美容化妆、钟表首饰、服饰箱包、鞋靴、运动、食品、母婴、运动、户外和休闲等28大类、超过260万种的产品,通过"购物免运费"服务以及"货到付款"等多种支付方式,为中国消费者提供便利、快捷的网购体验。

阿里巴巴是目前国内甚至全球最大的专门从事B2B(企业对企业)业务的服务运营商。阿里巴巴的运行模式,概括起来即:为注册会员提供贸易平台和资讯收发,使企业与企业通过网络达成交易。服务的级别则是按照收费的不同,针对目标企业的不同类型,由高到低、从粗至精阶梯分布。倘若为阿里巴巴下一个定义,则可为:把一种贴着标有阿里巴巴品牌商标的资讯服务,贩卖给各类需要这种服务的中小企业或私营业主。这也为目标企业提供了传统线下贸易之外的另一种全新的途径——网上贸易。

目前这三种类型的电子商务模式的发展有日趋融合之势,但仍然存在模糊的界线。

因特网、移动通信技术和其他技术的完美结合创造了移动电子商务。通过移动电子商务,用户可随时随地获取所需的服务、应用、信息和娱乐。服务付费可通过多种方式进行,如直接转入银行、用户电话账单或者实时在专用预付账户上借记,以满足不同需求。随着社会的不断发展,移动电子商务正以其灵活、简便的特点日渐受到消费者的欢迎。

2.1 C2C 电子商务

2.1.1 C2C 模式概述

C2C(Customer to Customer/Consumer to Consumer)电子商务模式,是指网络服务提供商利用计算机和网络技术,提供有偿或无偿使用的电子商务平台和交易程序,允许交易双方(主要为个人用户)在其平台上独立开展以竞价、议价为主的在线交易模式。通俗地讲,就是消费者个人与个人之间通过网络进行交易的电子商务类型。

C2C电子商务的运作模式主要有拍卖平台和店铺平台。根据iResearch(艾瑞)2011—2012年中国网络购物行业年度监测报告数据统计,目前,国内主要的C2C电子商务平台有淘宝网、易趣网、拍拍网,其中淘宝占据了最大的市场份额(图2-1)。C2C电子商务正在对国民的日常消费和社会生活产生重要影响。

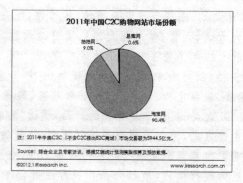

图 2-1　2011 年中国 C2C 购物网站市场份额

2.1.2　C2C 拍卖平台模式

C2C 拍卖平台模式指电子商务企业为买卖双方搭建拍卖平台，按比例收取交易费用的交易模式。

1. 拍卖概述

（1）拍卖的含义

拍卖也称竞买，是商业中的一种买卖方式。在我国，根据《中华人民共和国拍卖法》第三条规定："拍卖是指以公开竞价的形式，将特定物品的财产权利转让给最高应价者的买卖方式。"它通过一个卖方与多个买方进行交易，使不同的买方围绕同一物品或财产权利竞相出高价从而在拍卖竞价中去发现其真实价格和稀缺程度，避免交易的主观随意性，更直接地反映市场需求，最终实现商品的最大价值。

（2）拍卖的相关术语

① 拍卖当事人：拍卖当事人包括拍卖人、委托人、竞买人、买受人。

② 拍卖人：依照《中华人民共和国拍卖法》和《中华人民共和国公司法》设立的从事拍卖活动的企业法人。在实际生活中，拍卖人也可能是从事拍卖业的个人。

③ 委托人：委托拍卖人拍卖物品或财产权利的公民、法人或其他组织。

④ 竞买人：参加竞购拍卖标的的公民、法人或其他组织。

⑤ 买受人：以最高应价购得拍卖标的的竞买人。竞买人、买受人有时亦统称买家。

⑥ 拍卖标的：委托人委托拍卖公司以拍卖方式出售的可以依法处分的物品。

⑦ 成交价：又称落槌价，指拍卖会上拍卖师落槌决定拍卖标的售予某一买受人的价格。

⑧ 参考价：又称估价，指拍卖图录上对每件拍卖标的的明示价格。不属最后确定之售价。

⑨ 拍卖底价：又称保留价，指委托人对其委托的拍卖标的标明的最低出售价格。

⑩ 佣金：又称代理费，指拍卖公司在成交后向委托人、买受人收取的服务费用。

(3) 拍卖的基本原则

我国拍卖法中已确认公开、公平、公正及诚实信用为拍卖活动必须遵守的基本原则。

(4) 拍卖的特点

拍卖的三个基本特点(或基本条件)为：

① 拍卖必须有两个以上的买主。即凡拍卖表现为只有一个卖主(通常由拍卖机构充任)而有许多可能的买主，从而得以具备使后者相互之间能就其欲购的拍卖物品展开价格竞争的条件。

② 拍卖必须有不断变动的价格。即凡拍卖皆非卖主对拍卖物品固定标价待售或买卖双方就拍卖物品讨价还价成交，而是由买主以卖主当场公布的起始价为基准另行报价，直至最后确定最高价金为止。

③ 拍卖必须有公开竞争的行为。即凡拍卖都是不同的买主在公开场合针对同一拍卖物品竞相出价，争购以图，而倘若所有买主对任何拍卖物品均无意思表示，没有任何竞争行为发生，拍卖就将失去任何意义。

(5) 拍卖的类型

① 英格兰式拍卖：也称"增价拍卖"或"低估价拍卖"。是指在拍卖过程中，拍卖人宣布拍卖标的的起叫价及最低增幅，竞买人以起叫价为起点，由低至高竞相应价，最后以最高竞价者以三次报价无人应价后，响槌成交，但成交价不得低于保留价。

② 荷兰式拍卖：也称"降价拍卖"或"高估价拍卖"。是指在拍卖过程中，拍卖人宣布拍卖标的的起叫价及降幅，并依次叫价，第一位应价人响槌成交，但成交价不得低于保留价。

③ 英格兰式与荷兰式相结合的拍卖方式：是指在拍卖过程中，拍卖人宣布起拍价后及最低增幅，由竞买人竞相应价，拍卖人依次升高叫价，以最高应价者竞得。若无人应价则转为拍卖人依次降低叫价及降幅，并依次叫价，以第一位应价者竞得，但成交价不得低于保留价。

④ 密封递价式：又称招标式拍卖。由买主在规定的时间内将密封的报价单(也称标书)递交拍卖人，由拍卖人选择买主。这种拍卖方式和上述两种方式相比较，有以下两个特点：一是除价格条件外，还可能有其他交易条件需要考虑；二是可以采取公开开标方式，也可以采取不公开开标方式。如拍卖大型设施或数量较大的库存物资或政府罚没物资时，可能采用这种方式。

⑤ 标准增量式拍卖：这是一种拍卖标的数量远大于单个竞买人的需求量而采取的一种拍卖方式(此拍卖方式非常适合大宗积压物资的拍卖活动)。卖方为拍卖标的设计一个需求量与成交价格的关系曲线。竞买人提交所需标的的数量之后，如果接受卖方根据他的数量而报出的成交价即可成为买受人。

⑥ 速胜式拍卖：这是增价式拍卖的一种变体。拍卖标的物的竞价也是按照竞价阶梯由低到高、依次递增，不同的是，当某个竞买人的出价达到(大于或等

于)保留价时,拍卖结束,此竞买人成为买受人。

⑦ 反向拍卖:反向拍卖也叫拍买,常用于政府采购、工程采购等。由采购方提供希望得到的产品的信息、需要服务的要求和可以承受的价格定位,由卖家之间以竞争方式决定最终产品提供商和服务供应商,从而使采购方以最优的性能价格比实现购买。

⑧ 定向拍卖:这是一种为特定的拍卖标的物而设计的拍卖方式,有意竞买者必须符合卖家所提出的相关条件,才可成为竞买人参与竞价。

(6) 传统拍卖流程

① 准备阶段。货主把货物运到拍卖地点 → 委托拍卖行进行挑选和分批 → 拍卖行编印目录并招揽买主。参加拍卖的买主可以在规定的时间内到仓库查看货物 → 了解商品品质 → 拟定自己的出价标准,做好拍卖前的准备工作。拍卖行一般还提供各种书面资料,进行宣传以扩大影响。

② 正式拍卖。正式拍卖是在规定的时间和地点,按照拍卖目录规定的次序逐笔喊价成交。拍卖过程中,买主在正式拍卖的每一次叫价,都相当于一项发盘,当另一竞买者报出更高价格时,该发盘即行失效。拍卖主持人以击槌的方式代表卖主表示接受后,交易即告达成。

③ 成交与交货。拍卖成交后,买主即在成交确认书上签字,拍卖行分别向委托人和买主收取一定比例的佣金,佣金一般不超过成交价的5%。买主通常以现汇支付货款,并在规定的期限内按仓库交货条件到指定仓库提货。由于拍卖前买主可事先看货,所以,事后的索赔现象较少。但如果货物确有瑕疵,或拍卖人、委托人不能保证其真伪的,必须事先声明,否则,拍卖人要负担保责任。

2. 网络拍卖

(1) 网络拍卖的概念

网络拍卖(Auction Online)是指网络服务商利用互联网通信传输技术,向商品所有者或某些权益所有人提供有偿或无偿使用的互联网技术平台,让商品所有者或某些权益所有人在其平台上独立开展以竞价、议价方式为主的在线交易模式。

网络拍卖实质上是借助网络平台完成拍卖的活动。卖方可以借助网络拍卖平台运用多媒体技术来展示自己的商品,免除传统拍卖中实物移动的繁琐,而竞拍者可以借助网络,足不出户进行网上竞拍。在虚拟的大市场下这种方式让每个人都可以站在同一个起点上进行交易。

在全球范围内,网上拍卖市场的主要参与者包括 eBay 等数十家拍卖网站,热点区域主要在美国与欧洲各国。从中国网上拍卖市场结构来看,呈现出易趣、淘宝、拍拍网三大巨头的寡头垄断局面。

(2) 网络拍卖的特征

首先,通过互联网将传统的少数人参与的拍卖方式,变成每个网民都可参与的拍卖交易方式。其次,网上拍卖中竞买人不需要在同一时间竞价,竞价可持续数天甚至数周。再次，网上搜索引擎可使买方很方便地搜索到所需竞买的物品。

(3) 网络拍卖的主体

① 拍卖公司的网站一般用于宣传和发布信息，属于销售型网站。

② 拍卖公司和网络公司或其他公司联合，两者都属于拍卖公司为实现其现实空间（实际生活）中既有业务而在网络空间上的延伸。

③ 网络公司。网络公司在网络拍卖中提供交易平台服务和交易程序，为众多买家和卖家构筑了一个网络交易市场（Net-markets），由卖方和买方进行网络拍卖，其本身并不介入买卖双方的交易。

(4) 网络拍卖的分类

网络拍卖按照专业程序可分为：

① 专门的拍卖网站。专门进行各种物品的网上拍卖的网站，以竞价方式为主要的交易方式，网站的收入主要来源于网上拍卖业务。例如，美国的 eBay，中国的雅宝等网站的拍卖服务。

② 店铺平台的竞价方式或门户网站的拍卖频道。互联网上大部分网站向网络用户提供的主要服务并不是专门的网络拍卖，这些网站在自己的页面中加入拍卖服务或开通拍卖频道，目的是吸引更多的网上注册用户，以此作为营销手段，增加其网上零售的交易额。例如，淘宝的店铺有拍卖方式等网站拍卖服务。

网络拍卖按照网站的经营者有无拍卖资格可分为：

① 无拍卖主体资格的拍卖网站。这类网站一般被称为"竞价网站"。它们只是由网络技术公司经营的提供虚拟网上拍卖交易的载体，本身并不具备拍卖法中所要求的拍卖人资格。该网络技术公司通常不承担拍卖交易中的法律责任，也不对拍卖商品的品质作担保。因此，该种拍卖不会涉及贵重物品，而是以一般消费品和二手货为主。如全国最大的孔夫子旧书网（http：//www.kongfz.com）的拍卖服务。

② 有拍卖主体资格的拍卖网站。这些拍卖网站由传统的拍卖公司经营。经营者具有拍卖法规定的拍卖主体资格，强调拍卖过程的合法性和对拍品品质的保证。这类拍卖网站目前大多为一些专业拍卖公司为扩大自身影响而推出的网上拍卖形式。

(5) 网络拍卖的盈利模式

① 取得网站拍卖资格的会员费用。

② 拍卖预展费用。一般很多拍卖网站都会提供拍卖预展的形式来对拍品提前进行造势活动，这种拍卖预展活动要对预展方收取一定的费用。

③ 录入拍品信息的费用。

④ 保留价费用。传统拍卖中，拍卖交易不成功时，拍卖企业会向委托人收取一定的服务费用，网络拍卖中称为保留价费用。就是拍卖网站根据卖方事先设置的拍品保留价高低，收取费用。

⑤ 拍卖成交后的交易佣金。

(6) 网络拍卖与传统拍卖的比较

① 传统拍卖需要拍卖人或委托人、竞买人在一起竞价,而网络拍卖不需要传统拍卖的场地,节约了大量的运作成本。

② 传统拍卖需要竞买人在同一时间、同一地点竞价,一般起拍后在很短的时间就可以结束拍卖。而网络拍卖没有时空限制,通过互联网拍卖,可以让全球共同参与拍卖,不受时间的限制,一天 24 小时都可以进行,并且,网络拍卖可以持续几天,因此扩大了拍卖的影响。

③ 一般而言,拍卖网站本身都有众多的注册会员,网站拍卖的形式可以很快地提升店铺的人气,使得更多的人关注拍卖者的店铺,而且竞买者可能会比传统拍卖的人多。

④ 网络拍卖的过程中可以用留言板等形式让竞拍者和拍卖者更好地进行联系,对拍卖品本身进行点评与回复,有利于双方信息的沟通,从而为竞拍决策提供帮助。这一点优势是传统拍卖无法比拟的。

⑤ 传统拍卖一般需要印刷大量的宣传品,而网络拍卖可以采用展示网页等形式来替代印刷宣传品等宣传内容,从而节省了投入的成本。

(7) 网络拍卖的流程

如图 2-2 所示,整个网上拍卖的流程步骤如下:

① 卖家提交拍卖信息;
② 拍卖信息审核后正式发布上网;
③ 买家出价竞拍;
④ 拍卖结束,最高出价者成交;
⑤ 买家、卖家通过第三方安全支付工具进行交易结算;
⑥ 交易成功,作出信用评价。

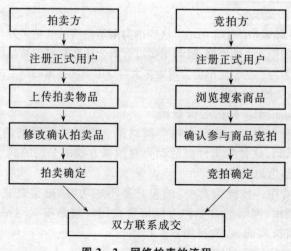

图 2-2 网络拍卖的流程

(8) 案例分析

本部分以易趣网(http：//www.eachnet.com/)为例进行案例分析。

① 打开易趣网主页，如图 2-3 所示。

图 2-3　易趣网主页

图 2-4　易趣网注册主页

② 按照提示完成相关信息填写，注册为正式用户，如图 2-4 所示。

③ 注册完毕后，就可以进行用户登录。用户登录后开展相关的交易，步骤如下：

● 买家交易步骤

买家参加在线拍卖的步骤：浏览拍卖货品──→洽谈与看样──→出价──→确认出价──→出价成功──→拍卖结束

买家交易支付步骤：成交进入交易──→选择支付方式──→支付货款──→卖家发货──→收货并确认

● 卖家交易步骤

卖家参加在线拍卖的步骤：确认服务条款──→发布拍卖信息──→拍卖发布成功──→在线洽谈──→物品成交

卖家交易支付步骤：成交进入交易──→买家支付货款──→发货──→买家确认到货

用户在登录前，可以先进入主页进行相关商品的浏览，如图 2-5 所示。

用户还可以根据自己的要求，通过分类，进行商品详细信息的搜索和查看，如图 2-6 所示。

用户浏览锁定欲购商品之后，就可以进行购拍。如图 2-7 所示。

图 2-5　易趣网商品浏览

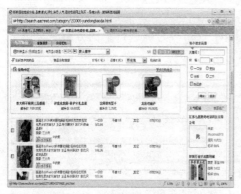
图 2-6 易趣网商品搜索

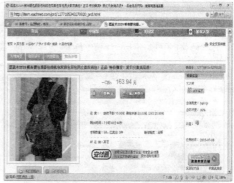
图 2-7 查看商品详情及购拍

然后选择付款方式进行付款,完成相关交易。

随着信息技术的发展,易趣网的拍卖已经成为非常流行的二手商品交易场所,掌握商品拍卖知识和拍卖交易方法,会为生活增添不少乐趣。

2.1.3　C2C店铺平台模式

C2C店铺平台模式是电子商务企业提供平台,方便个人在上面开店铺,以会员制的方式收费(或免费)或通过广告或提供其他服务收取费用,这种平台也可称作网上商城。

企业进驻网上商城开设网上商店不仅依托网上商店平台(网上商城)的基本功能和服务,而且顾客主要来自该网上商城的访问者。因此,平台的选择非常重要,但用户在选择网上商店平台时往往存在一定的决策风险。尤其是初次在网上开店,由于经验不足以及对网店平台了解比较少等原因而带有很大的盲目性。有些网上商城没有基本的招商说明,收费标准也不明朗,只能通过电话咨询,这也为选择开设网店的卖家带来一定的困惑。

现实中网上商城的功能、服务、操作方式和管理水平相差较大,理想的网上商城应具有以下特征:

(1) 良好的品牌形象、简单快捷的申请手续、稳定的后台技术、快速周到的顾客服务、完善的支付体系、必要的配送服务以及售后服务保证措施等;

(2) 有较高的访问量,具备完善的网店维护和管理、订单管理等基本功能,并且可以提供一些高级服务,如对网店的推广、网店访问流量分析等;

(3) 收费模式和费用水平也是重要的影响因素之一。

1. 网上商店的基本功能结构

网上商店同其他的电子商务网站一样,通常由前台和后台管理系统组成。前台就是面向 Internet 上顾客的网点,后台系统则是由网店管理员对网站及网站上的信息进行管理和维护的系统。可以说,购物前台网站为顾客提供在线购物的场所；后台管理系统，提供对用户、商品、订单及网站的管理功能。网上商店的基本功能结构如图2-8所示。

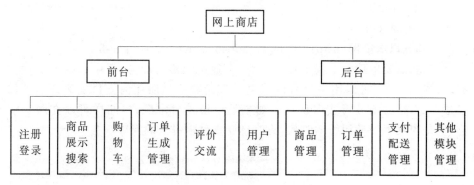

图 2-8　网上商店基本功能结构

（1）前台功能：

① 用户注册模块；② 商品展示搜索功能；③ 购物车；④ 订单生成管理功能；⑤ 售后评价交流功能。

（2）后台功能：

① 用户管理；② 商品管理；③ 订单管理；④ 支付配送管理；⑤ 网站评论、访问统计等其他模块的管理。

2．网上商店的交易方法

（1）网上开店的流程

① 注册成为网站的会员，无论是买家还是卖家，都应该先成为网站的会员；

② 经过实名认证；

③ 管理并设置店铺的基本信息，包括店铺名称、店铺简介、主营项目、公告信息、商品分类目录、友情链接等内容；

④ 上传商品信息，进行网上销售；

（2）网上商店的管理

① 及时管理自己的网店。要做到经常查看自己的店铺运行状态，处理已经卖出的订单，进行结算、发货处理等，并对进入到仓库的商品进行及时的上架处理，不断地上架新的商品；

② 及时与客户进行沟通；

③ 做好售后服务，如正常的退换货服务、补偿客户损失作出赔偿等；

④ 做好自身网店的宣传活动，不断地进行网店推广，扩大知名度。

（3）消费者网上购物的一般步骤

① 进入网上商城首页，挑选所要的商品；

② 咨询；

③ 订购;

④ 付款;

⑤ 获得商品。

(4) 案例分析

本部分以淘宝网(http://www.taobao.com)为例进行分析。

首先,需要申请一个淘宝账户,然后开通网上银行业务,再申请一个支付宝账户(图2-9)。可以用手机号码或电子邮箱账户注册作为支付宝账户名。如果是卖家,则必须进行实名认证。如果不申请支付宝账户,同样可以在网上购物,但是当发生交易纠纷的时候,无法享受支付宝提供的保障服务。

图2-9 淘宝会员注册步骤　　　　图2-10 淘宝会员注册页面

用户首先登录淘宝网主页(www.taobao.com)进行免费注册,如图2-10所示。

为了确保淘宝会员信息的真实性,确保网络交易的安全,淘宝网还对卖家用户进行实名认证,卖家用户根据相关提示,完成相关实名认证信息提交才可以进行商品交易。如图2-11所示。

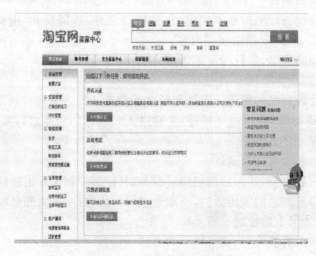

图2-11 淘宝卖家实名认证

在淘宝网注册之后,用户还需要注册一个支付宝账户,用来进行电子支付交易。从淘宝主页链接到支付宝页面,或直接登录支付宝主页(www.alipay.com),如图2-12所示。与淘宝网注册方法类似,用户可以进行个人账户或企业账户注册,如图2-13所示。

图2-12 支付宝主页

图2-13 支付宝账户注册页面

完成淘宝网、支付宝用户注册之后。用户便可以开始相关交易了(注册过程略)。图2-14就表示了在淘宝网购物的五个简单步骤:

确认购买信息 → 转账到支付宝 → 确认收货 → 确认支付宝付款给卖家 → 双方互评

图2-14 淘宝交易过程

以下以淘宝C2C店铺交易为例进行分析。

淘宝网经过几年网购运营的有效管理与消费者网购意愿的不断强化,C2C电子商务机制已经成熟。网络安全性越来越好,买卖双方信用机制逐渐形成,第三方支付方式越来越得到认可,第三方物流服务逐渐健全,网购消费群体、购买力和购买范围越来越大。

用户通过淘宝网进行商品交易,首先要登录淘宝网,如图2-15所示。

然后用户就可以按照淘宝商品分类,进行相关商品信息的查找(2-16)。

图2-15 淘宝用户登录首页面

图2-16 淘宝用户信息查找面

检索到自己欲购的网上商品后,通过和卖家的沟通交流,消费者就可以进行购买操作,如图2-17所示。

将欲购商品放入购物车,如图2-18所示。

图2-17　淘宝商品信息

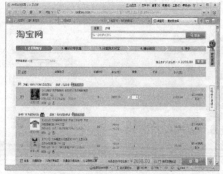
图2-18　淘宝用户购物车信息

然后就可以进行商品的结算,通过支付宝完成相关的交易,如图2-19所示。用户完成交易后,可以通过淘宝个人页面,进行相关信息的查询,如图2-20所示。至此交易完成。

图2-19　淘宝用户结算页面

图2-20　淘宝用户个人页面

本部分案例只是对淘宝网买家个人交易过程进行了比较详细的分析。卖家的交易比买家步骤相对复杂一些,比如商品信息的维护、商品库存的管理、物流快递的配送等,卖家交易操作,可以结合实训部分课程来完成。

2.2　B2C电子商务

目前国内知名的B2C电子商务模式网站有亚马逊、京东商城、天猫、当当网等。

亚马逊公司(www.Amazon.com,简称亚马逊,NASDAQ：AMZN),是网络书店的开创者,是B2C电子商务模式的代名词。在美国市场自2002年实现盈利之后,亚马逊几乎在美国市场一路高歌猛进,不断在出版业并购与电子书、有声书、二手书等有关的网站。

天猫(原"淘宝商城")是亚洲最大的购物网站,淘宝网则是全新打造的B2C交易平台。天猫整合了数千家品牌商、生产商,为商家和消费者提供一站式解决方案、品质保证的商品、7天无理由退货的售后服务,以及购物积分返现等优质服务。

2.2.1 B2C电子商务概述

B2C(Business to Consumer)电子商务模式是企业与个人之间通过互联网进行交易的商务活动。一般以网络零售业为主,主要借助于Internet开展在线销售活动。企业通过互联网为消费者提供一个新型的购物环境——网上商店,消费者通过网上购物,并在网上支付。由于这种模式具有供需直接"见面"、速度快、信息量大、费用低、节省时间等优点,所以在互联网上遍布了各种类型的网上商店,既可出售有形商品,也可出售无形商品。

根据iResearch(艾瑞)电商中心2011—2012全年数据发布信息,2011年中国网络购物市场之B2C交易规模达1 791.1亿元,占比突破20%,如图2-21所示。

根据艾瑞2011—2012年中国网络购物行业年度监测研究报告数据(图2-22),中国网络购物市场中,B2C市场发展尤为迅猛,其2010年增长率超过

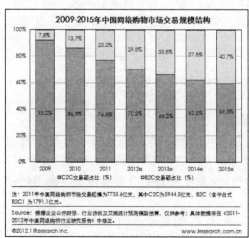

图2-21 2009—2015年中国网络购物市场交易规模结构

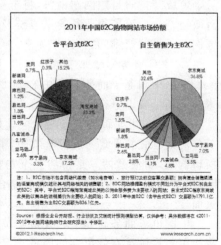

图2-22 2011年中国B2C购物网站市场份额

200%,2011年增长率超过100%,其中天猫、京东商城占据了比较大的份额。

1. B2C电子商务的分类

(1) 综合型B2C

综合型B2C如同传统商城一样,它拥有庞大的购物群体、稳定的网站平台、完备的支付体系,这些都有利于卖家的进驻、买家的购买。综合型B2C充分发挥自身的品牌影响力,积极寻找新的利润点。其中具有代表性的网站有京东商城、亚马逊中国。

(2) 垂直型B2C

这种类型要么是满足某一人群的,要么是满足某种需要,比如服装、家电等。垂直型B2C在核心领域内继续挖掘,积极与知名品牌生产商沟通与合作,化解与线下渠道商的利益冲突,扩大产品线,完善售前、售后服务,并提供多样化的支付手段。

(3) 第三方交易平台型B2C网站

B2C受到的制约因素较多,对于中小企业在人力、物力、财力有限的情况下,通过第三方交易平台型B2C网站拓宽网上销售渠道是个好方法。关键是中小企业首先要选择具有较高知名度、点击率和流量均比较高的第三方平台;其次要聘请懂得网络营销、熟悉网络应用、了解实体店运作的网店管理人员;再次是要以长远发展的眼光看待网络渠道,增加产品的类别,充分利用实体店的资源、既有仓储系统、供应链体系以及物流配送体系发展网店。

(4) 传统零售商网络销售型B2C

传统零售商自建网站销售,将丰富的零售经验与电子商务有机地结合起来,有效地整合传统零售业务的供应链及物流体系,通过业务外包解决经营电子商务网站所需的技术问题,比如苏宁。

2. B2C网络零售业市场特征

根据中国电子商务研究中心2011年国内B2C市场调研报告,B2C网络零售业市场呈现以下行业特征:

特征一:电子商务企业与社会化媒体的合作加强

例如:京东商城登录新浪微博,消费者可以通过京东商城设在新浪微博的窗口购物,新浪微博只是扮演一个购物平台的角色,无须考虑物流等相关情况。同时,麦考林与新浪微博也达成战略合作,在麦考林的新浪微博企业版推出促销页面。

中国电子商务研究中心分析师莫岱青认为,电商企业与社会化媒体的结合将给用户提供具有颠覆性的服务产品。在此背景下,中国电子商务研究中心编制了《全球社会化媒体营销行业研究报告》,充分利用数据与图表,对该现象进行详细阐述。

特征二：传统零售企业"触网"加强

随着网络购物的流行，传统零售企业纷纷将传统渠道的触角向线上延伸，自建或收购网购平台，争食电商大蛋糕，欲进一步拓展自己的品牌营销渠道。从目前情况来看，还会有更多的传统零售企业加入这一行业。

中国电子商务研究中心分析师莫岱青认为，传统零售企业触网前景光明，但道路曲折，特别是物流与售后是软肋。如何处理好电商的物流配送问题，是摆在这些企业面前的一道难题。

特征三：电商一体化趋势加强

2011年淘宝商城（现"天猫"）宣布38家垂直B2C商家入驻，这些商家具有较高知名度并且涵盖产品种类丰富。在未来供货商、品牌商、电商企业、物流公司之间的合作越来越紧密融洽，能够给用户提供价廉物美的产品与贴心的服务，让用户真正"满意而归"。

特征四：网络零售企业的竞争将从产品转移到服务上

仓储、物流、售后服务体系等基础建设将会决定网络零售企业的发展状况，企业只有做好这些方面，才能大大提高用户信任度。

特征五：网络零售行业趋于规范化

2011年10月31日，商务部表示，备受社会关注的《网络零售管理条例》正在广泛征求意见，时机成熟将尽快出台。这也预示着国家对该行业的重视，未来网购体系将走规范化道路，消费者在这方面会更有保障。

特征六：2011年下半年，资本市场开始紧缩，电商企业感受到寒冬的到来

例如：12月奢侈品网站呼哈网的倒闭、网易尚品的关闭，电商企业的倒闭如同多米诺骨牌效应让整个行业倍感寒意。未来风投对电商企业的投资将更谨慎，电商企业想要拿到融资势必不是件易事。

3. B2C 收益模式

B2C电子商务的经营模式决定了B2C电子商务企业的盈利模式，不同类型的B2C电子商务企业其盈利模式是不同的。一般来说，B2C电子商务企业主要是通过以下几个方面获得盈利：

(1) 收取服务费，除了要按商品价格付费外，还要向网上商店支付一定的服务费；

(2) 会员制，根据不同的方式及服务的范围收取会员的会费；

(3) 降低价格，扩大销售量，吸引网上买家，提高点击率，访问量持续攀升；

(4) 吸引网上买家，提高点击率，根据不同的方式及服务的范围收取会员的会费；

(5) 销售平台，接收客户在线订单，收取交易中介费，如九州通医药网、书生之家；

(6) 特许加盟。运用该模式，一方面可以迅速扩大规模，另一方面可以收取

一定的加盟费,如当当网等。

4. B2C 电子商务网站组成结构

B2C 电子商务网站由三个基本部分组成:

(1) 为顾客提供在线购物场所的网站;

(2) 负责为客户所购商品进行配送的配送系统;

(3) 负责顾客身份确认及货款结算的银行及认证系统;

5. B2B、B2C 模式融合

京东商城、亚马逊中国、当当网、凡客诚品、优雅 100 等 B2C 电商企业入驻环球资源、慧聪等 B2B 运营商,为后者带来大量订单,B2B 与 B2C 之间开展密切合作,实现共赢。

B2C、C2C 融合模式是未来中坚消费力量的孵化器,已经形成逼近主流的零售消费模式,是一个快速成长、引领未来消费的市场模式。

2.2.2　B2C 电子商务交易流程

B2C 交易基本流程一般会经过客户在网上选择商品、下订单购买、商家确认订单、消费者付款、商家安排发货这样一个流程。买家交易过程和 C2C 模式下的买家交易过程相类似。细化一下,大体会包括如下步骤:

(1) 客户进入电子商务企业网上商城,查看在线商店或企业主页。

(2) 客户浏览商品,选择希望购买的商品,将商品加入到"购物车"。

(3) 客户选择商品完毕,进入付款流程:已注册用户,一般填写用户名和密码就可以结账;未注册用户,一般需要先注册,按要求填写相关信息,确认无误后结账。

(4) 当客户登录或注册后,填写送货信息,包括送货地址、联系电话,确认无误后订单生成。

(5) 订单生成。

(6) 商家安排发货。

(7) 客户确认收货、支付转账。

(8) 互相评价,交易完成。

商家交易过程,这里的商家主要是指企业商家,具体交易过程如图 2-23 所示。

(1) 卖家通过网上平台发布商品信息;

(2) 卖家进行客户订单管理查询;

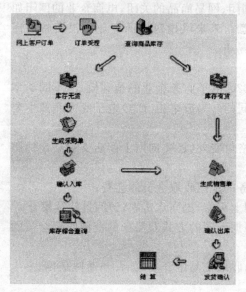

图 2-23　商家购物流程

(3) 客户订单受理;

(4) 查询商品库存。如有存货,生成销售单,进行发货;如没存货,需要生成采购单进行商品采购;

(5) 生成发货单,进行发货确认;

(6) 进行结算、物流配送;

(7) 确认到货,相互评价;

(8) 交易完成。

2.2.3 B2C 电子商务案例分析

本部分主要以亚马逊中国和天猫为例进行分析。

1. 亚马逊中国

亚马逊中国(http://www.amazon.com.cn)是全球最大的电子商务公司亚马逊在中国的网站(图 2-24)。作为中国电子商务领袖,亚马逊中国为消费者提供图书、音乐、影视、手机数码、家电、家居、玩具、健康、美容化妆、钟表首饰、服饰箱包、鞋靴、运动、食品、母婴、运动、户外和休闲等 28 大类,超过 260 万种的产品,通过"购物免运费"服务以及"货到付款"等多种支付方式,为中国消费者提供便利、快捷的网购体验。

同样,用户在亚马逊上进行商品交易也需要进行账号注册。用户注册登录进入之后,就可以进行相应的商品交易,如图 2-25 所示。

图 2-24 亚马逊主页

图 2-25 用户登录操作页面

登录账号后,用户就可以根据需要进行商品选择,如图 2-26 所示。

选择欲购商品,加入购物车,如图 2-27 所示。

进入商品购买结算页面,进行相关信息填写,如图 2-28 所示。

填写完详细信息后,进行支付结算,如图 2-29 所示。

进行在线支付,完成交易,等待商家配送,如图 2-30 所示。

图 2-26 用户选择商品页面

图 2-27 商品购买

图 2-28 商品购买结算信息填写

图 2-29 商品购买支付

图 2-30 在线支付页面

图 2-31 亚马逊礼品页面

亚马逊书店专门的礼品页面,为网上购物的顾客(包括大人和小孩)提供小礼品(图2-31),这既属于一种营业推广活动,也属于公共关系活动;再有,是做好企业和公众之间的信息沟通,虚心听取、搜集各类公众以及有关中间商对本企业和其商品、服务的反映,并向他们和企业的内部职工提供企业的情况,经常沟通信息;公司还专门为首次上该书店网购的顾客提供一个页面,为顾客提供各种网上使用办法的说明,帮助顾客尽快熟悉,这也是一种搞好公共关系的方法。

2. 淘宝商城

淘宝商城(http://www.tmall.com/)是亚洲最大购物网站,淘宝网全新打造的B2C交易平台。淘宝商城整合数千家品牌商、生产商,为商家和消费者之间提供一站式解决方案,提供品质保证的商品、7天无理由退货的售后服务,以及购物积分返现等优质服务。

天猫商城交易流程:

登录天猫商城主页(http://www.tmall.com/),如图2-32所示。

图2-32 淘宝商城主页　　　　图2-33 淘宝商城商品浏览页面

特别说明一下,以B2C为主要交易模式的淘宝商城和以C2C为主要交易模式的淘宝网,用户账号是通用的。用户可以通过注册好的淘宝账号同时进行淘宝网络和淘宝商城的登录。

用户登录后,就可以进行商品的浏览和选择,如图2-33所示。

选择自己欲购商品,进入店铺查询商品相关信息,如图2-34所示。

确定预购商品,登录阿里旺旺,与商家客服工作人员进行交流咨询,如图2-35所示。

图2-34 淘宝商城商品详细页面

图 2-35　阿里旺旺客服交流咨询对话框　　图 2-36　确认提交订单信息

消费者和商家客服,经沟通交流确认购买后,用户可以拍下商品,确认订单信息,并提交订单,如图 2-36 所示。

订单提交后,用户就可以进行商品的支付结算。用户可以选择多种方式进行结算,如图 2-37 所示。

支付结束,完成交易,等待商家发货。至此天猫 B2C 交易模式完成。

图 2-37　在线支付　　　　　　　　　图 2-38　淘宝商家服务中心

特别说明的是,天猫商家的入驻有着严格的规定和条件要求,商家入驻后,淘宝网提供了便捷的相关服务,如图 2-38 所示。

淘宝天猫 B2C 交易模式,淘宝 C2C 平台使某些大中品牌,特别是二三线品牌能够找到最适合的网络推广平台,同时也满足了广大消费者对产品性价比高、选择多、质量好、交易安全,最好还能"丰富业态""随时随地""全球采购"等要求,年轻化网络消费者对产品品类的丰富、个性、品牌、价廉、时间地点等方面都有无限丰富的细分要求。

从 2008 年 5 月 10 日淘宝正式宣布开通"淘宝商城"至今,淘宝网 B2C 交易平台也日趋成熟和完善,淘宝 B2C+C2C 的平台形式能够形成更强大的优势。

2.3 B2B 电子商务

全球最佳 B2B 平台——阿里巴巴

阿里巴巴是全球最成功的 B2B 模式,被誉为全球五大互联网模式之一,与 Google、Yahoo、Amazon、eBay 比肩;连续 7 年获得《福布斯》杂志"全球最佳 B2B 网站"称号,并被《财富》评为最受全球企业家欢迎的网站,还两度被哈佛商学院收入教学案例。第一次是在 2000 年,哈佛商学院将阿里巴巴作为失败的典型收入教学案例,声称这个公司一定会走向失败并罗列了一系列原因。但 2004 年,知错就改的哈佛商学院再次将阿里巴巴作为一个成功的案例写进了教程。

2.3.1 B2B 电子商务概述

B2B(Business to Bussiness)电子商务模式指企业对企业的电子商务,即企业与企业之间通过网络进行产品、服务及信息的交换。这种模式中所涉及的网络,不仅仅是互联网,还有外联网、内联网或私有网络等。B2B 中的企业,可以指代任何组织,包括私人或公共的企业、营利性或非营利性的企业。其内涵就是企业通过内部信息系统平台和外部网站将面向上游的供应商的采购业务和下游代理商的销售业务都有机地联系在一起,从而降低彼此之间的交易成本,提高各自的满意度。

在电子商务的三种模式中,B2B 电子商务模式是带来经济效益最主要的模式。根据 iResearch(艾瑞)有关中国 B2B 电子商务发展报告的数据显示,2011 年,B2B 电子商务市场营收规模达到 131.0 亿元,同比增长 35.1%。2011 年中

图 2-39 2011 年中小企业 B2B 交易规模

国中小企业 B2B 电子商务交易规模达到 3.4 万亿元，较 2010 年增长 35.7%。如图 2-39 所示。

根据 2011 年 9 月中国著名 B2B 电子商务网站与企业业务相关度调查，及艾瑞 2011 年主要 B2B 电子商务运营商营收规模市场份额。可以看出阿里巴巴 B2B 网站运营平台是使用最多、最广泛的一个平台。如图 2-40 和表 2-1 所示。

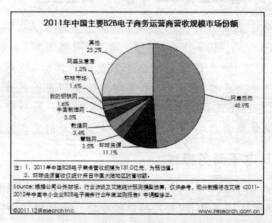

图 2-40　2011 年主要 B2B 电子商务运营商营收规模市场份额

表 2-1　中国著名 B2B 电子商务网站与企业业务相关度调查

网站名称	网站类型	服务种类	网站特色	盈利模式
阿里巴巴	阿里巴巴 B2B 网站运营模式	黄页+会员特权	全球最佳 B2B 平台，定位准确——只要是商人就一定要上阿里巴巴	组合盈利拳，进化盈利链，是动态发展的盈利模式，会员缴费制
环球资源	全球性 B2B 商贸平台	网站、杂志、展会	以全球展会、杂志、光盘，与网上推广相结合，帮助供应商拓展全球市场，主要以电子、礼品、家居产品为行业优势	通过国内国外供应商的网站、杂志及展会的推广费用盈利
中国制造网	B2B 电子商务网	向全球提供中国产品的电子商务服务	利用互联网将中国制造的产品介绍给全球采购商	收取会员的费用、排名、竞价

(续表)

网站名称	网站类型	服务种类	网站特色	盈利模式
聪慧网	领先的B2B电子商务平台	B2B行业资讯、供应、求购、库存信息	利用网络平台及搜索技术,为中小企业搭建诚信的供需平台、提供全方位的商务资讯服务	广告、搜索、产品销售、交易佣金和支付服务
中国化工网	国内首创、国际领先的新一代B2B电子商务平台	专业的化工企业网站建设、化工企业网的推广、专业的化工资讯电子杂志订制	低成本的扩张,专业的网站,以行业的信息服务为经营目标	广告费和会员费
调查结论	由以上信息可以看到大部分的B2B电子商务平台都主要是以收取会员费来获得利益,达到双赢的模式,并且企业都在向前发展。			

B2B电子商务可以在买卖双方直接进行,也可通过在线中介(online intermediary)开展。中介可以是组织、个人或者电子系统。B2B电子商务交易过程是一个复杂的过程,所涉及的信息技术应用范围很广,几乎包括了企业经营的方方面面。

1. B2B电子商务的竞争优势

与传统商务活动相比,B2B电子商务具有下列五项竞争优势:

(1) 使买卖双方信息交流成本低廉、速度提升。信息交流是买卖双方实现交易的基础。传统商务活动的信息交流是通过电话、电报或传真等工具,这与Internet信息是以web超文本(包含图像、声音、文本信息)传输不可同日而语。

(2) 降低企业间的交易成本。首先对于卖方而言,电子商务可以降低企业的促销成本,即通过Internet发布企业相关信息(如企业产品价目表、新产品介绍、经营信息等),从而提升企业形象,与传统的电视、报纸广告相比,可以更省钱,更有效。因为在网上提供企业的照片、产品档案等多媒体信息有时胜过传统媒体的"千言万语"。据IDC(Internet Data Center,互联网数据中心)调查,在Internet上做广告促销,可以提高10倍销量,而费用只是传统广告的1/10。其次对于买方而言,电子商务可以降低采购成本。传统的原材料采购是一个程序繁琐的过程。而利用Internet,企业可以加强与主要供应商之间的协作,将原材料采购和产品制造过程两者有机地结合起来,形成一体化的信息传递和处理系统。据通用电气公司的报告称：它们利用电子商务采购系统,可以节约采购费用30%,其中人工成本降低20%,材料成本降低10%。另外,借助Internet,企业还可以在全球市场上寻求最优价格的供应商,而不是只局限于原有的几个商家。

(3) 减少企业的库存。企业为应付变化莫测的市场需求,通常需保持一定的库存量。但企业高库存政策将增加资金占用成本,且不一定能保证产品或材料是适销货品；而企业低库存政策,又可能使生产计划受阻,交货延期。因此,寻求最优库存控制是企业管理的目标之一。以信息技术为基础的电子商务则可以改变企业决策中信息不确切和不及时的问题。通过Internet,可以将市场需求信息传递给企业以便决策生产,同时也把需求信息及时传递给供应商而适时得到补充供给,从而实现"零库存管理"。

(4) 缩短企业生产周期。一个产品的生产是许多企业相互协作的结果,因此产品的设计开发和生产销售可能涉及许多关联的企业,通过电子商务可以改变过去由于信息封闭而造成的无谓等待的现状。

(5) 24小时无间断运作,增加了商机。传统的交易受到时间和空间的限制,而基于Internet的电子商务则是一周7天、一天24小时无间断运作,网上的业务可以开展到传统营销人员和广告促销所达不到的市场范围。

2. B2B电子商务交易模式分类

(1) 按照构建B2B网站的主体不同,可以将B2B网站分为企业B2B网站和中介B2B网站两类。

(2) 按照面向的对象不同,B2B电子商务的交易模式又可分为面向中间交易市场的水平形式和面向制造业或商业的垂直B2B形式。

垂直的B2B电子商务(又可称之为行业B2B)可以分为两个方向,即上游B2B电子商务和下游B2B电子商务。企业既可以与上游的供应商之间形成供货关系,也可以与下游的经销商形成销货关系。生产商或商业零售商与上游的供应商之间形成供货关系,如Dell电脑公司与上游的芯片和主板制造商就是通过这种方式进行合作。生产商与下游的经销商形成销货关系,比如Cisco与其分销商之间进行的交易。

面向中间交易市场的水平B2B电子商务交易模式,是指利用网上中介服务网站将买方和卖方集中到一个市场上来进行信息交流、广告促销、拍卖竞标、商品交易、仓储配送等商业活动。如阿里巴巴等都从事为传统企业提供网上中介服务。这种模式之所以称为"水平"B2B电子商务,是因为利用这种模式的行业广泛、企业众多,很多的行业和企业都可以在同一个网站上进行商务贸易活动。这种交易模式是将各个行业中相近的交易过程集中到一个场所,为企业的采购方和供应方提供交易的机会。

3. B2B 的参与主体

商业客户：B2B 的一端，为电子交易的购买商家。

销售商：B2B 的另一端，是电子交易的销售商家。

运输商：运送货物的商家，即物流配送必不可少的一环。

供货商：生产产品的企业。

支付网关：连接银行网络与 Internet 的一组服务器。主要作用是完成两者之间的通信、协议转换和进行加密、解密以保护银行内部的安全。

银行：即网上银行。

4. B2B 模式的交易过程

B2B 模式的交易过程一般分为交易前准备阶段、交易谈判和合同签订阶段、支付与结算阶段、交易合同的履行阶段及售后服务阶段。

(1) 交易前准备阶段

① 会员注册。正式交易之前，必须要注册成为阿里巴巴的会员。阿里巴巴的会员分为普通会员和诚信通会员两种，这两种会员享受的服务是不一样的。

② 买卖双方的销售和采购。注册并经过认证的会员就可以登录阿里巴巴从事自己的商业活动了。如果是卖方，需要销售自己的商品；如果是买方，需要采购自己需要的商品。这种销售和采购的活动可以采取主动或被动的方式进行。

(2) 交易谈判和合同签订阶段

合同分为两种：传统的纸质合同和电子合同。

传统的纸质合同需要交易双方当面进行协商、谈判，然后进行签订。但这在虚拟的网络交易中并不可行，因为双方可能相距很远，当面签合同的成本甚至可能会超过这笔交易的利润。因此，在 B2B 交易中，可以采用电子合同的形式进行签订。

电子合同是通过计算机网络系统订立，以数据电文的方式生成、储存或传递的合同。它实际上是一个数字文件，但具有法律效力，签订时也无须双方亲自见面。为了保障电子合同的安全，可采用数字签名、数字证书、数字摘要等技术手段。

(3) 支付与结算阶段

这一阶段是指买卖双方对在线订单(也可以是线下签订的合同)中产品或服务的款项进行支付和结算。

(4) 售后服务阶段

此阶段卖方可借助互联网或其他方式向买方提供售后服务。

5. B2C 电子商务网站的收益模式

(1) 收取服务费，应用不多；

(2) 会员制，应用不多；

(3) 降低价格，扩大销售量，提高效益。

2.3.2　B2B 电子商务案例分析

这里以阿里巴巴买家及卖家交易流程作为案例进行分析。

1. 采购买家交易流程

（1）会员注册：打开阿里巴巴主页（http：//china.alibaba.com/），进行免费注册，如图 2-41 所示。这里需特别说明的是，阿里巴巴、淘宝、天猫商城同为阿里巴巴旗下公司，所以，用户在淘宝网注册一个账号，在阿里巴巴和天猫商城通用，但只能作为采购商应用，从淘宝网注册的账号当前还无法开通旺铺。

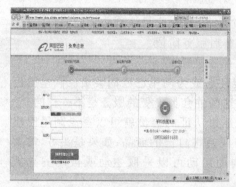
图 2-41　注册页面

图 2-42　阿里巴巴采购页面

（2）采购商用户自己发布采购信息，或者在阿里巴巴主页进行商品搜索，如图 2-42 所示。系统提供了对比功能，采购商可以对产品信息进行对比来选择采购的商品。

（3）在选定供应商之后，在每一条供应信息下都会有"站内留言"的按钮，点击之后就会出现询价页面，在询价单中填入自己所采购商品的信息，点击发送询价单，如图 2-43 和图 2-44 所示。供应商将会收到此询价单。

图 2-43　采购商操作指南

图 2-44　发布采购询价单

(4) 采购商和供货商可以通过阿里巴巴的"阿里旺旺"等多种方式进行网上洽谈。特别提示：如果用户下载的是淘宝卖家版阿里旺旺，则无法登录中文站阿里旺旺，需要重新下载中文站阿里旺旺后才可以登录；如果用户下载的是淘宝买家版阿里旺旺，则可以在登录时选择中文站账号类型后进行登录，此时用户可以不需要再重新下载中文站阿里旺旺，如图 2-45 所示。

图 2-45 中文站阿里旺旺

(5) 采购订货。点击进入商品详细页面，单击"立即订购"按钮。买下后，应立即联系卖家尽快补充运费等交易条件，确定最后交易金额。用户如果确认货品单价和购买数量，一旦提交，就表示同意购买。因此，必须谨慎操作，否则将被视为违约。

(6) 支付。将货款打入支付宝并通知卖家。

(7) 等待卖家发货。

(8) 检查收到的商品后确认收货。

(9) 进入支付宝将货款划入卖家支付宝中。

(10) 交易完成。

2. 采购买家交易注意事项

(1) 在阿里巴巴选商品时找诚信通会员（如果是个人诚信通会员则一定要找诚信度高的）；

(2) 货比三家，价格很低的别考虑（好货不便宜）；

(3) 能用支付宝的用支付宝；

(4) 不能用支付宝的，就汇款至公司账户，打款到公司账户，放心、安全。

3. 公司卖家交易流程

(1) 查看订单：如果有采购买家下订单，就登录"我的阿里助手"查看；

(2) 补充运费：进入补充运费页面，填写相关信息，经过核对后提交；

(3) 联系采购买家付款：确认后，联系采购买家，让采购买家付款；

(4) 发货给采购买家：采购买家付款后，就可以点击"等待您发货"，进行发货；

(5) 联系采购买家收货：发货成功后，就可以等待采购买家确认收货并确认付款；

(6) 管理成功交易：交易结束后，就可以进支付宝进行提现。

公司卖家一般是提供产品的公司。阿里巴巴公司交易四部曲：补充公司联系信息、发布公司介绍、发布供应信息、登录阿里旺旺。如图 2-46 所示。

(1) 登录阿里巴巴，进入"我的阿里"，如图 2-47 所示。公司用户可以填写公司基本信息和发布供应产品。

(2) 进行公司管理，完善公司信息，如图 2-48 所示。

(3) 发布产品供应信息，在打开的信息发布页面，按照提示选择类目，点击

图 2-46 阿里巴巴公司入门四部曲

图 2-47 公司用户发布公司介绍和发布供应产品信息

图 2-48 公司介绍页面

图 2-49 供应产品管理页面

"下一步,填写信息详情"开始发布供应产品,或者点击"导入已发布的供应产品",进行快速发布,如图 2-49 所示。

(4) 公司用户可以进行详细商业信息发布,如图 2-50 所示。

图 2-50 详细产品信息发布

图 2-51 填写信息标题、产品属性和详细说明

(5) 填写合适的信息标题,一个信息标题只含有一个产品名称;填写相应的产品属性:详细而全面地填写产品参数,有利于产品曝光,便于用户通过参数筛选找到产品。如图 2-51 所示。

(6) 上传产品图片,以增强效果,真实、形象地展现产品(注:诚信通会员可选配 3 张图片,多角度地展现产品),如图 2-52 所示。

(7) 填写交易信息,如果您的产品支持网上订购,请选择"支持网上订购",并填写相应交易信息;

图 2-52 上传产品图片

图 2-53 填写交易条件

(8) 填写交易条件,选择信息有效期,如图 2-53 所示。

(9) 填写完整后,点击页面最下方的"同意协议条款,我要发布"按钮,发布信息。如图 2-54 所示。

图 2-54 信息发布

图 2-55 公司发布产品页面

(10) 公司卖家发布产品页面,如图 2-55 所示。

(11) 采购商买家通过浏览公司卖家发布的信息,进行协商交易。卖家确认采购交易,进行交易。

4. 公司卖家交易注意事项

(1) 阿里巴巴会员交易问题解决方式:

阿里巴巴公司卖家遇到问题可以通过客服中心寻求解决,如图 2-56 所示。或者可以通过阿牛在线寻求帮助,如图 2-57 所示。

(2) 信息发布需符合阿里巴巴的信息发布规范,如:所发布的信息必须真实有效;无相同内容重复信息,不发布已经发布过的信息;所发布的产品合乎法律规定;选择的行业类目准确;信息图片清晰完整,必须与信息内所介绍的产品保持一致,属于非盗用图片,为实物图片;可以适当提供具有说明性的图片包装,图片内容属于合法可展示内容,淫秽图片不予发布。

(3) 发货前,打开"交易管理"——→"已卖出的宝贝"查看买方是否已经支付。

图 2-56　阿里巴巴客服中心　　　　图 2-57　阿牛在线

(4) 交易的时候建议要用旺旺聊天工具。因为其他的聊天工具安全性得不到保障。

从业务角度,可以将阿里巴巴 B2B 的成功点归纳如下:

(1) 诚信安全

① 几百万的诚信通会员,通过第三方评估认证,定期进行榜单追踪,网上企业诚信指数一目了然;

② 电子支付系统——支付宝,确保买卖双方资金的安全流动;

③ 十大网商成功实例、十大浙商成功实例、十大粤商成功实例;

④ 几百万诚实守信的网商。

(2) 品牌资质

福布斯连续 5 年全球最佳 B2B 网站;中国最大 B2B 网站;全球电子商务领袖。

(3) 快捷方便

即使相隔千里,照样实现点对点的沟通和交易。

(4) 成本低廉

免费注册,普通会员交易不收任何费用。诚信通会员只需缴纳 2 300 元年费,就可开展国内贸易,无需其他附加费用。

(5) 渠道广阔

① 阿里巴巴网络覆盖亚、欧、美,真正做到足不出户,照样把产品卖到国外;

② 通过阿里巴巴结识众多志同道合的网商,共同打开财富之门。

(6) 海量信息

通过传统渠道无法获取的供求信息,在阿里巴巴网站上,都能找到。

总的来说,阿里巴巴网站是一个成功的网上 B2B 交易平台,它提供来自全球的商业机会信息以及商人交流社区,会员之间以自由开放的形式在平台上寻找贸易伙伴,磋谈生意。在互联网上建立了一个无地理和时间障碍的自由贸易市场,用户从中可获得前所未有的商机。阿里巴巴通过建立高效的电子商务平台,在为用户创造价值的同时,自己也获得了巨大的成功。它发展八年来取得了惊人的成功,这与其独到的商业模式是分不开的。

2.4 移动电子商务

2.4.1 移动电子商务概述

移动电子商务就是利用手机、PDA(掌上电脑)等无线终端进行的 B2B、B2C 或 C2C 的电子商务。它将因特网、移动通信技术、短距离通信技术及其他信息处理技术完美结合,使人们可以不限时间、地点进行商贸活动,实现随时随地、线上线下的购物与交易、在线电子支付,以及各种交易活动、金融活动和相关的综合服务活动等。

相对于传统的电子商务,移动电子商务增加了移动性和终端的多样性,无线系统允许用户访问移动网络覆盖范围内任何地方的服务,通过对话交谈和文本文件直接沟通。由于移动电子电话手持设备的广泛使用,使其将比个人计算机具有更广泛的用户基础。移动电子商务具有移动性、个性化和方便性等特点。

根据 iResearch(艾瑞)研究报告,2012 年上半年,中国网民规模为 5.38 亿人,其中手机网民规模达到 3.88 亿人(CNNIC,2012.6),如图 2-58 所示。由于手机购物用户规模较小、手机支付及网络环境(带宽、资费等)不完善,国内移动电子商务仍处于发展初期。

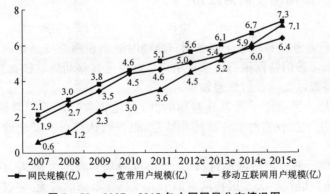

图 2-58　2007—2015 年中国网民分布情况图

移动互联网不断创造消费习惯和交易需求。随着移动网购优势逐步凸显,其在网购市场中的份额不断攀升,并且保持高增长态势,将继续成为未来电子商务发展的亮点。

移动电商发展现状：电商企业开始布局移动互联网市场，各家企业推出手机购物，已初见成效。根据 iResearch（艾瑞）电商中心 2011—2012 年全年数据发布，中国移动购物市场交易规模为 116.4 亿元，同比增长 487.9%。移动网购交易规模在整体网购中的比例相比 2012Q1 有大幅增长，达到 4.3%，且将继续保持迅猛的发展态势。如图 2-59 所示。

图 2-59　2011Q1—2012Q2 中国网购交易额 PC 端和移动端对比

随着智能手机的普及、移动近程通讯技术（包括 NFC、RFID 等）的应用、手机上网用户规模的增加，以及各大电商企业的积极推动，中国用户的移动购物习惯正逐步养成，移动互联网、移动电商正逐步成为网络购物生态系统中的重要环节。但 2011 年移动购物交易规模仅占网络购物交易规模的 1.5%，目前仍未到移动电商快速发展的时期。

2.4.2　移动电子商务应用

移动电子商务越来越得到广泛应用，主要表现在以下几个方面：

（1）银行业务。移动电子商务用户能随时随地在网上安全地进行个人财务管理，进一步完善因特网银行体系。用户可以使用其移动终端核查其账户、支付账单、进行转账以及接收付款通知等。

（2）交易。移动电子商务具有即时性，因此非常适用于股票等交易应用。移动设备可用于接收实时财务新闻和信息，也可确认订单并安全地在线管理股票交易。

（3）订票。通过因特网预订机票、车票或入场券已经发展成为一项主要业务，其规模还在继续扩大。因特网有助于方便核查票证的有无，并进行购票和确认。移动电子商务用户能在票价优惠或航班取消时立即得到通知，也可支付票费或在旅行途中临时更改航班或车次。借助移动设备，用户可以浏览电影剪辑、阅读评论，然后订购邻近电影院的电影票。

(4) 购物。借助移动电子商务,用户能够通过其移动通信设备进行网上购物。即兴购物会是一大增长点,如订购鲜花、礼物、食品或快餐等。传统购物也可通过移动电子商务得到改进。例如,用户可以使用"无线电子钱包"等具有安全支付功能的移动设备,在商店里或自动售货机上进行购物。

(5) 娱乐。移动电子商务将带来一系列娱乐服务。用户不仅可以从他们的移动设备上收听音乐,还可以订购、下载或支付特定的曲目,并且可以在网上与朋友们玩交互式游戏,还可以游戏付费,并进行快速、安全的博彩和游戏。

(6) 无线医疗(wireless medical)。医疗产业的显著特点是每一秒钟对病人都非常关键,在这一行业十分适合移动电子商务的开展。在紧急情况下,救护车可以作为进行治疗的场所,而借助无线技术,救护车可以在移动的情况下同医疗中心和病人家属建立快速、动态、实时的数据交换,这对每一秒钟都很宝贵的紧急情况来说至关重要。在无线医疗的商业模式中,病人、医生、保险公司都可以获益,也会愿意为这项服务付费。这种服务是在时间紧迫的情形下,向专业医疗人员提供关键的医疗信息。由于医疗市场的空间非常巨大,并且提供这种服务的公司为社会创造了价值,同时,这项服务又非常容易扩展到全国乃至世界,我们相信在这整个流程中,存在着巨大的商机。

(7) 移动应用服务提供商(MASP)。一些行业需要经常派遣工程师或工人到现场作业。在这些行业中,MASP将会有巨大的应用空间。MASP结合定位服务技术、短信息服务、WAP技术,以及Call Center技术,为用户提供及时的服务,提高用户的工作效率。

我国移动电子商务应用的两个实例:

(1) 手机钱包。作为银行系统与中国移动共同推出的一项服务,"手机钱包"以储蓄卡账户为资金支持手机为交易工具,将客户的储蓄卡账户和手机号码绑定,通过层层加密的技术手段,实现购物消费、代缴费、转账、退货以及账户余额和话费余额查询等功能。中国移动手机钱包业务目前开放的范围为北京全球通客户。

(2) 随e行。互联网随身而行。你只需在笔记本电脑或PDA中插入GPRS网卡和专用的数据SIM卡,不依靠任何其他外部设备,即可实现无线上网,让互联网随身而行。没有线路接来接去的麻烦,"随e行"实现了无线上网。目前全国大部分城市开通了"随e行"业务。

2.4.3 移动电子商务的特点

移动电子商务具有方便、安全、迅速灵活的特点。

(1) 方便。移动终端既是一个移动通信工具,又是一个移动POS机、一个移动的银行ATM机。用户可在任何时间,任何地点进行电子商务交易和办理银行业务,包括支付。

(2) 安全。使用手机银行业务的客户可更换为大容量的 SIM 卡，使用银行可靠的密钥，对信息进行加密，传输过程全部使用密文，确保了安全可靠。

(3) 迅速灵活。用户可根据需要灵活选择访问和支付方法，并设置个性化的信息格式。

电子商务服务选择越多，提供的服务形式越简单，人们将会看到移动电子商务更快发展起来。但是，移动电子商务欲像基于互联网的电子商务一样"飞入寻常百姓家"，可能还需要一定的时间。

2.4.4 移动电子商务技术基础

移动电子商务超越时间和空间的限制，只用一个手机或其他无线终端，使人们通过移动通信设备获得数据服务，通信内容包括语音、数字、文字、图片和图像等，在移动中进行电子商务。移动电子商务的发展主要取决于移动通讯技术的空前发展，移动通讯工具与因特网连接的无线上网技术以及因特网服务商所提供的无线上网服务已具备，通讯能力的获取越来越便宜，更容易获得越来越高的带宽，并将在近年内实现普及。

(1) 无线通信协议标准 WAP。就像 TCP/IP 是 Internet 网上信息互联和通讯的协议标准，WAP(Wireless Application Protocol)技术是移动终端访问无线信息服务的全球主要标准，也是实现移动数据以及增值业务的技术基础。WAP 协议定义了一种移动通信终端连接因特网的标准方式，提供了一套统一、开放的技术平台，使移动设备可以方便地访问以统一的内容格式表示的因特网及因特网的信息。它是目前大多数移动通信终端和设备制造商及部分无线通信服务商、基础设施提供商普遍采用的统一标准。

(2) 通用分组无线业务(GPRS)。GPRS 突破了 GSM 网只能提供电路交换的思维定式，将分组交换模式引入 GSM 网络中。它通过仅仅增加相应的功能实体和对现有的基站系统进行部分改造来实现分组交换，从而提高资源的利用率。GPRS 能快速建立连接，适用于频繁传送小数据量业务或非频繁传送大数据量业务。

(3) 移动 IP 技术。移动 IP 通过在网络层改变 IP 协议，从而实现移动计算机在 Internet 中的无缝漫游。移动 IP 技术使得节点在从一条链路切换到另一条链路上时无须改变它的 IP 地址，也不必中断正在进行的通信。移动 IP 技术在一定程度上能够很好地支持移动电子商务的应用。

(4) "蓝牙"(Bluetooth)技术。Bluetooth 是由爱立信、IBM、诺基亚、英特尔和东芝共同推出的一项短程无线连接标准，旨在取代有线连接，实现数字设备间的无线互联，以便确保大多数常见的计算机和通信设备之间可方便地进行通信。"蓝牙"作为一种低成本、低功率、小范围的无线通信技术，可以使移动电话、个人电脑、个人数字助理(PDA)、便携式电脑、打印机及其他计算机设备在短距离内无须线缆即可进行通信。

(5) 第三代(3G)移动通信系统。第三代移动通信(3G)包括一组支持无线网络的宽带语音、数据和多媒体通信的标准。IMT-2000,作为 ITU 推出的 3G 标准,至少提供了五种多路接入途径：CDMA2000、WCMA、WCDMA 的时分双工(Time Division Duplex)版本、136HS(基于 IIWCC 推荐)以及数字式增强型无绳电话(DECT),oGSM MAP 通过"标准集"的支持与 IS-41 网络相互作用。也就是说,必须在 WCDMA 规范前提下,允许与 IS-41 的相互连接,通过 CDMA 2000 为 GSMMAP 提供接口。

(6) 基于 Wi-Fi 和 WiMAX 的无线宽带技术。Wi-Fi 是无线保真(Wireless Fidelity)的缩写,其核心的 WLAN(Wi-Fi 仅指 802.11b,WLAN 则可分别采用 802.11b 及 802.11b+),麦肯锡管理学家 Reed E. Hundt 指出,这是一项全新的技术,它能重新激发经济增长,而且可以帮助任何人在任何地方以低成本接入互联网。只要将一个便宜的 Wi-Fi 基站(芯片加上收发器)与 DSL、光缆调制解调器或 T1 线路等高速互联网接入设备相连,并将该基站放置在距用户两三百英尺的范围,这一范围内的所有用户都能通过带有廉价的 Wi-Fi 装置的个人电脑或 PDA 共享这一低价、高速的互联网接入,而无须分别支付专用 DSL 或光缆调制解调器较高的服务费用。另外,Wi-Fi 能以低廉的价格轻而易举地将互联网互联互通的脉络延伸到任何社区,把信息流汇入高速光纤主干网络的各个端点。根据美国 Visiongain 公司的分析报告,迄今为止全世界已经有超过 400 个城市(其中半数在美国)开始或正在建设无线宽带城域网络以满足公共接入、公共安全和公共服务的需要。建设无线宽带城域网络能在企业、学校、图书馆、医院、市民、外来访客和旅游者以及政府机构之间搭建一个能随时随地良性互动的和谐交互环境,提供方便快捷、可支付得起的、丰富的、个性化的公共服务,并为城市经济发展提供新的商业机会。

2.4.5 未来移动电子商务的发展趋势及影响

互联网的技术在不断更新,电子商务也在不断成熟,人们的消费意识也在不断变化,移动电子商务的发展将会有一个良好的平台,同时也会带动很多经济结构的改变。

(1) 移动电子商务的发展将对运营商和企业产生重大影响。移动运营商和通信设备制造商将围绕着移动互联网进行大规模宣传,因为它们已经在数据通信设备和运营许可证上投入了巨额资金。这些公司将倾尽全力唤醒用户的意识,并且使他们接纳这一通信方式。随着大批商业应用服务投入运营,可以预见移动通信运营商会将其业务的销售对象从终端消费者转向企业用户,而那些能成功实现这一策略转变的运营商不但可以赢得市场份额,而且可以提高其每个用户的收入。

(2) 消费者使用移动设备主要是获取信息而不是进行事务处理和交易。对消费者来说,他们主要使用手机获取信息如电子邮件、股票行情、天气、旅行路线和航班信息等。不过尽管这些服务并不代表直接的商业机会,但是在电子商务的引导下,这些业务有助于构建客户关系,并且间接创造商业机会。

(3) 移动电子商务的技术发展。移动电话中将集成嵌入式条形码阅读器,这为移动商务带来新鲜的风气。智能手持设备的显示屏将有所改善,但是表格输入和原始数据输入依然成问题,分辨率较高的显示屏以及具有条形码阅读功能会使移动设备增加用户的友善性。移动安全性将成为一个热点问题。随着人们开始逐渐接受将移动设备接入互联网,同时也开始日益关注类似于 PC 机的安全性问题。当采用移动通信设备进行数据共享,以及移动设备功能的不断增加,这种安全性顾虑将更加突出。语音网络导航仍在研究之中。语音看起来是移动通信设备的最自然的接口,不过采用语音方式接入互联网这一研究工作在近期内不会获得突破性进展,更不会出现商用情况。

(4) 3G 业务给移动电子商务创造了发展机遇。由于 3G 的到来,短信一枝独秀的市场格局被彻底改变了。3G 技术将会为企业和最终消费者带来更丰富的技术。例如,流媒体应用技术将应用于企业的视频监控、物流的视频采集等。3G 还将带来基于位置的服务,例如 LBIS 服务和移动定位技术等,将应用于公共安全服务、智能交通管理、物流配送等领域。联通公司提供的 CDMA 技术能精准地定位于 5 米之内。移动识别技术,如用照相手机识别二维条码、手机 RFID 的识别、手机上的指纹识别,也随着 3G 的到来为企业和消费者带来了更丰富的体验。此外,WAP 应用也将以更快捷的方式将各种互联网应用平移到手机上,将过去通过 PC、互联网访问改为通过 WAP、手机访问原有电子商务系统,不需要再开发任何手机插件,企业可以节省大量投资。

本章小结

本章主要结合案例重点介绍了三种主流的电子商务交易模式:C2C(个人对个人的电子商务)、B2C(企业对个人的电子商务)、B2B(企业对企业的电子商务),及未来电子商务发展的新模式——移动电子商务。

C2C 主要是一个大型的商品信息数据库,提供多种买方与卖方信息,从而增加了交易活跃度。C2C 中的物品种类数量都是其他两种模式中最大且最复杂的,在物品配送流程中没有规定具体的方式,根据不同的卖家或买家的喜好来决定。C2C 模式的特点是可以免去实体店铺的店铺成本,直接地将商品信息发布出来以供购买,具有多种灵活的支付方式及多种灵活的物流方式。这种模式的交易主体是:个人对个人。

B2C 主要是利用类似于虚拟店铺形成的网上交易平台,并能提供多种特色服务,是一个电子交易的平台。其物品种类比较多但各种商品的数量有限,在物品配送流程中有自己的配送队伍,有着大范围的物流管理系统,通常可以在线查询物品到达情况;B2C模式的特点是能够绕过中介(如经销商、批发商或销售商)建立与客户的直接关系。这种模式的交易主体是:企业与个人。

B2B主要是利用信息发布平台和支付平台,为企业提供一个规范的信息发布平台并提供安全的支付平台。B2B中的物品种类通常是少数品种之大批量的物品供应,这是区别于其他两种模式的。商品的配送服务比较正规化,有一定的商业保障。B2B模式的特点是:公司将交易过程自动化以改进该过程,一般在制造或者装配企业的供应链中开展。这种模式的交易主体是:企业与企业。

移动电子商务是电子商务的一个新的分支,但是从应用角度来看,它的发展是对互联网电子商务的整合与发展,是电子商务发展的新形态,也将会成为电子商务模式发展的新趋势。

第3章 网络营销

本章导学

网络营销是电子商务的基础和核心,随着网络全面地渗透到企业运营和个人生活当中,网络营销也逐渐被越来越多的企业所认识与采用,在企业的经营策略中发挥着越来越重要的作用,它的价值也被越来越多的实践应用所证实。企业通过网络营销能够迅速把企业形象、企业产品、企业信息推销给潜在客户,快速建立品牌和获取商机,并使其扎根于网络世界,建立起企业网络分销渠道。

本章在对网络营销的概念进行描述的基础上,重点介绍了网络营销的特点、我国的网络市场与消费者行为分析,并以此为基础,介绍常用的网络营销策略及营销方法。

案例导入

网络营销造就江苏首富

位于江苏昆山陆家镇的好孩子集团已经是世界上最大的儿童用品公司之一。在没有选择以铺天盖地的广告来轰炸,也没有连篇累牍地大肆炒作的情况下,却成功地由当年一家濒临破产的校办工厂,变身为如今年纯利润已经超过1亿元的现代化国际企业。总裁宋郑还也由当年一名普通的中学老师摇身变为今天身价5亿元的企业总裁、江苏首富。有数据显示:它已经连续10年占据了80%的中国童车市场,5年蝉联美国销量冠军,全球有4亿家庭都在使用它的产品……

对于好孩子集团来说,由于儿童用品消费者都属于事先计划购买型,互联网信息在其决策过程中起到了决定性作用,因此好孩子集团平均每年会投入大约400万元的费用来实施网络营销战略,仅在通用网址一项的投入便有几十万元。从最初的"好孩子""好孩子集团",到"儿童用品""婴儿"等白金通用词汇,再到"努比""奇妙鸭"等子品牌的通用网址等,好孩子注册了20多个与企业、产品相关的词汇,在互联网上编织了一张无形的营销大网。

同时好孩子集团积极参与全球市场的竞争。目前,好孩子集团年销售收入中有将近80%的销售额都是来自海外市场,长期稳居美国市场童车销售量之首,并成功进入欧盟市场。2008年2月集团成功获得境外融资,更是让16岁的中国"好孩子"在国际资本市场名声大震,而集团海外上市也提到了重要日程上来。如何让全球5亿网民在第一时间了解到企业和产品信息,成为下一步网络营销不得不面对的问题。基于此,好孩子集团将通用网址的功能再次深挖,2007年注册了数十个英文通用网址,以适应海外市场的需要。好孩子不仅注册了自己的英文品牌标识"gbaby""geoby""goodbabygroup"等,还将企业各产品的英文品牌,如"antiduck""littledinosaur""nuby"的通用网址也都逐一注册启用,从而为国际采购商及合作伙伴等访问"好孩子育儿网"建立了清晰的网络路标。好孩子还注册了多个类似"mommy""mammy""mummy"的英文营销关键词,把通用网址的营销功效充分地发挥到对海外市场的开拓之中。

在尝到通用网址为企业带来巨大财富的甜头之后,宋郑还誓将网络营销进行到底,计划把企业官网"好孩子育儿网"打造成科学育儿类的国内第一门户网站,作为塑造企业品牌文化的首要平台。为此,"第一父母网""第一家庭网"等通用网址又相继被启用。有数据显示,迄今为止"好孩子育儿网"已经被上百万网民点击了24.88亿次,即平均每天要被网民光顾110多万次。

调查显示,国内大多数企业的网站还没在网络营销上发挥很好的作用。然而事实却是,企业网站恰恰是塑造企业形象以及实现网络营销的一个最佳平台,让企业网站"活"起来,是企业实现赢利的又一重要途径。据统计,正确使用通用网址可以为网站拉动近六成的流量。于是,好孩子为网站推广已先后投入了3000多万元。依据ALEXA数据显示,该网站近年来流量始终保持稳步上扬趋势。由此看来,借力通用网址,"好孩子育儿网"在不久的将来极有可能成为好孩子下一次飞跃的一根"金拐杖"。

网络营销能发生"使大企业变小,小企业变大"的魔术般效果,也就是说,利用网络营销既可以让机构臃肿的大企业变得精简而高效,也可以帮助中小企业迅速做大做强。网络营销和传统营销的根本区别在客户了解产品信息的渠道不同。传统营销中单向式的信息沟通方式,被网络营销中交互式的、指向性更明确的沟通方式取代,这种交互式的沟通方式是以消费者为主导而非以往强迫性营销推广。因此,如何让目标客户便捷地进入公司网站成为网络营销中的难题。我国的域名总量早已突破百万,任何网站都极易被淹没在其中。调查显示,87.6%的用户得知新网站主要是通过地址栏直达,而通用网址正好契合了这一企业网络营销需求。在宋郑还看来利用地址栏直达的用户,消费目的性很强,是购买兴趣最强的客户。因此,能够第一时间在网络上拦截到目标客户,网络营销便成功了第一步。

资料来源:http://post.baidu.com/f?kz=47823535,2009-06-16

3.1 网络营销概述

网络营销是企业以现代营销理论为基础,利用因特网技术和功能,最大限度地满足客户需求,以达到开拓商品销售市场、增加盈利为目标的经营过程。它是在传统营销基础上演变而来的一种新的营销形态,在操作角度上,网络营销与传统营销有着明显的差异。

3.1.1 网络营销的基本概念

1. 网络营销的定义

网络营销,是相对于传统营销而提出的一个新概念,是指企业通过在线活动建立和维持客户关系,以协调满足公司与客户之间交换概念、产品和服务的目标。网络营销这一术语在国外有多种表述,如 Cyber Marketing、Online Marketing、Electronic Marketing 等,这些表述在具体内容上有所差异,强调的运行环境也有所不同,但本质上没有很大区别。

2. 网络营销与传统营销的关系

网络营销属于传统市场营销的一种,属于营销活动中的直复营销,但不是直销(direct selling)。网络营销是以网络为手段或者路径的营销方式,与传统营销一样,它也是一种整体性的营销活动。网络营销作为一种全新的营销理念,以前所未有的速度向前发展。虽然国内有很多公司在网上的淘金还没有多大收益,但各家公司都不愿放弃。因为21世纪属于信息时代,也是互联网时代,国外一些公司在二十世纪八九十年代,因网上交易额和网络人数的迅猛增长,看到了网络营销的巨大发展潜力。随着我国市场经济国际化、规模化发展,国内市场必将更加开放,而网络营销的跨时空性必将对传统营销及营销组织、营销战略产生巨大冲击。

(1) 对传统营销策略的影响

传统的网络营销往往以大量人力资源和广告投入市场,这在网络时代将成为很奢侈的经济投资。随着信息时代的到来,市场调查、广告促销、人员促销、经销代理等传统营销手法将营销与网络相结合,运用网上资源,形成低成本投入并获得最大市场销售量的新型营销模式。

① 对传统品牌的冲击。首先,作为一种新型营销模式,网络营销的跨时空性使市场调研可以在全球范围内进行。可以通过网络手段获取顾客的更多

信息,在当今顾客就是上帝的经营宗旨和理念的指导下,厂商可以通过互联网迅速获得更多关于不同产品和顾客的信息,从而更加容易地对消费者行为方式和偏好进行跟踪。因而,利用网络营销手段,对不同的消费者提供不同的商品将不再是不可实现的梦想。这无疑对传统的标准化产品产生了很大的冲击。其次,对于网络营销手段下的公司,如何对全球品牌和共同的名称或标志识别进行管理,以进一步适应品牌的全球化管理,是这些公司的主要挑战之一。网络公司需要考虑的是发展多个品牌的相同产品,还是允许有多个特点区域品牌的更多产品,分别以怎样的格式、形象、信息和内容与顾客进行沟通,才能给更多的消费者带来不同程度的便利,进一步满足顾客需求。因此,是实行统一形象品牌策略还是实行有本地特点的区域品牌策略,是网络营销公司面临的现实问题。

② 对传统定价策略的影响。由于网络营销的跨时空性,客户将会通过互联网很快认识到某种产品的价格差异。所以,公司在定位某种产品的价格时,如果只是考虑某种产品的价格标准因区域不同而不统一,或某种商品价格经常改变,就可能因此导致客户不满。所以互联网先进的网络浏览会使变化不定且存在差异的价格水平趋于一致。这将对分销商分布海外并在各地采取不同价格的公司产生巨大冲击。另外,通过互联网搜索某种特定产品的代理商也将认识到这种价格差别,从而加剧价格歧视的不利影响。也就是说,互联网技术和通讯技术的不断发展将导致不同国家或地区间的价格水平标准化,从而进一步缩小不同地域间的价格差别。

③ 对传统营销渠道的冲击。传统的营销渠道分别经过生产商、分销商、零售商等环节,最终到达顾客。在这个环节中,中间商往往提供重要的售后服务功能。而网络营销,使生产商可与最终用户直接联系,随着中间商或分销商的赢利越来越小,他们的重要性因此也有所降低。而他们的售后服务工作也就无法再和生产商联系起来。另一方面,一些跨国大公司所建立的传统的国际分销网络对同行业的小竞争者造成的进入障碍将明显降低。所以在不破坏现存渠道的情况下,如何提供这些服务将是营销公司不得不面对的又一问题。

④ 对传统广告的影响。首先,相对于传统媒体来说,网络上做广告可以较少地受到空间篇幅的局限,尽可能地将必要的信息一一罗列。其次,迅速提高的广告效率也为网上企业创造了便利条件。总之,网络营销下的广告形式克服了传统广告的被动、地域局限性等障碍。

⑤ 对传统营销方式的冲击。基于网络时代的目标市场,顾客形态、产品种类与传统实体市场有很大的差异。随着网络技术迅速向宽带化、智能化、个人化方向发展,用户可以在更广阔的领域内实现声、图、像、文一体化的多维信息共享和人机互动功能。正是这种发展,使得传统营销方式发生了革命性的变化。它将逐步体现市场的个性化,最终应以每一个用户的需求来组织生产和销售。另

外,网络营销的企业竞争是一种以顾客为焦点的竞争形态,争取顾客、留住顾客、扩大顾客群、建立亲密顾客关系、分析顾客需求、创造顾客需求等,都是最关键的营销议题。因此,如何与散布在全球各地的顾客群保持紧密的关系并能掌握顾客的特性,再通过企业形象的塑造,建立顾客对虚拟企业与网络营销的信任感,是网络营销成功的关键。

(2) 对营销战略的影响

一方面,互联网平等、自由的特性,使得网络营销降低了跨国公司所拥有的规模经济的竞争优势,从而使小企业更易于在全球范围内参与竞争,这一点是跨国公司所不能忽视的。另一方面,由于网络时代的市场竞争是透明的,人人都能掌握竞争对手的产品信息与营销作为。因此,成为行业赢家的关键在于如何适时获取、分析、运用这些自网络上获得的信息,来研究并采用极具优势的竞争策略。策略联盟将是网络时代的主要竞争形态,如何运用网络组成合作联盟,并以联盟形成的资源规模创造更多竞争优势,是网络营销企业的重要经营手段,这无疑对营销竞争战略产生了较大的影响。除此以外,网络营销也将对企业跨国经营战略产生不同程度的影响。在过去分工经营的时期,企业只需专注本行业与本地的市场,国外市场一般委托代理商或贸易商经营。但网络跨越时空连贯全球,使得全球营销的成本核算低于地区营销,因此企业将不得不进入跨国经营的时代。网络营销的企业,不但要熟悉和满足跨国市场顾客的需求,还要安排跨国生产、运输与售后服务等工作。可见,尽管互联网为现在的跨国公司和新兴公司提供了许多利益,但对于企业经营的冲击和挑战也是令人生畏的。任何渴望利用互联网的公司,都必须为其经营选择一种恰当的商业模式,并要明确这种新型媒体对其现存模式产生什么样的影响。

(3) 对企业组织结构的影响

因特网(Internet)的迅猛发展,也带动了企业内部网(Intranet)的蓬勃发展,使得企业与外部沟通和经营管理均需要网络的支持以获取更多商业渠道与信息。带来的主要影响有:经销代理商数量减少、业务人员与直销人员减少、组织结构简化、渠道缩短、企业内外部虚拟组织盛行。这些影响与变化,都将促使企业对于组织再造工程工作更加迫切。企业内部网逐步改变了企业的作业方式以及员工学习成长方式,工作者的独立性与专业性也随之提升。因此,在家办公、个人工作室、委托外包、分享业务资源等行为将会越来越普遍,促使企业进一步调整和优化组织结构。

(4) 网络营销与传统营销的主要区别

网络营销与传统营销是相互促进和补充的,两者既存在联系也存在区别,企业在进行营销时应根据企业的经营目标和细分市场,整合网络营销和传统营销策略,以最低成本达到最佳的营销目标。网络营销与传统营销的主要区别如表3-1所示。

表 3-1 网络营销与传统营销的比较

比较项目	市场营销(传统营销)	网 络 营 销
概念范畴	营销活动	营销活动中的直复营销
媒体工具	传统媒体,工具较少	基于 Internet,采用多种营销手段
营销成本	高	低
导向	以市场为导向	以顾客为导向
技术要求	普通	运用最新的网络通讯技术
管理	分散、独立	统一的、协同的管理
效率	普通	能及时、高效地满足要求
对企业影响	影响不大	影响企业运作模式,甚至组织结构
时空上	地域局限,多为 5×8 小时制	7×24 小时服务,全球范围
交互能力	以异步、单向为主	以同步、双向性为主,强调互动性
个性化	统一性,基本无个性化	个性化营销
整合能力	表现为单一的营销行为	把客服、消费者信息反馈等贯穿一体

(5) 网络营销与传统营销的整合

网络营销作为新的营销理念和策略,凭借互联网特性对传统经营方式产生了巨大的冲击,但这并不等于说网络营销将完全取代传统营销,传统营销也有其自身的优点和不可替代性。如何处理好网络营销与传统营销的整合,企业怎样比竞争对手更有效地激发起顾客对产品的注意和需要,成为新时期企业开展网络营销能否成功的关键。

网络营销与传统营销是一个相互依存并逐步整合的过程。原因有以下几个方面:其一,互联网作为网络营销的虚拟市场,它只能覆盖市场中某一部分消费群体,还有一部分顾客由于各种原因还不能或者不愿意使用互联网,如老人和一些较落后的国家和地区,因此,对市场上这些群体,传统的营销策略和手段则显得更重要。其二,对于部分消费者来说,由于个人生活方式不愿意接收或者使用新的沟通方式和营销渠道,或者由于某种原因对某些特定的商品,不愿意选择在网上购物。其三,互联网作为一种有效沟通方式,可以方便企业与用户之间直接双向沟通。但如果消费者有着自己的个人偏好和习惯,愿意选择传统方式进行沟通,也可以选择传统手段,起到相互促进的作用。从另一个角度分析,网络营销和传统营销的实质和目的是一致的,网络营销无法脱离传统营销的理论基础。最后,我们还应该看到,互联网只是一种工具,而营销面对的是有认知和感性的人,因此,传统的以人为主的营销策略所具有的独特的亲和力是网络营销没有办法替代的。

网络营销与传统营销在很长一段时间内必将是相互影响、相互促进和相互补充的。随着互联网技术的发展,尽管网络营销对传统营销产生了巨大的冲击,但网络营销必须以传统营销理论为指导,传统营销必须以网络营销为手段进行有效地整合,才能不断满足消费者日益个性化的需求。

3.1.2 网络营销的特点

网络营销具有传统营销不具备的独特、鲜明的特点,具体表现为:

1. 营销理念超前性

网络营销是在互联网发展的基础上,以顾客为中心,不断实践和探索新的营销理念,吸纳了众多新的营销理念的精髓,但又不同于以往任何一种传统的营销理念。它同时兼备渠道、促销、电子交易、快捷的市场信息分析能力,以及与顾客很好的互动等多种功能。网络技术、通讯技术、应用数学等综合技术的应用,给了网络营销以充沛的技术支撑;一对一的营销,给予网络营销更广大的应用前景。近50年来,许多学者和经济学家对网络营销的积极探索,使网络营销理念内涵更丰富,也给了网络营销企业更多的思索和理论指导。

网络营销本质上反映了网络经济时代的内涵和特点,揭示了企业在新型营销模式下的巨大变革和无限生机,有效地整合了各种有利资源,形成了一种开拓市场的进击能力,实现了买家和卖家的最快连接途径,从根本上提升了企业的核心竞争能力。因此,网络营销理念比以往任何一种营销理念,更具有鲜明的超前性。

2. 市场跨时空性

营销的最终目的就是占有更多的市场份额和获取更多的客户。在此之前的任何一种营销理念和营销方式,都是在一定的范围内去寻找目标客户。而互联网具有的跨时空性进行信息交换的特点,极大地增强了企业获得交易成功的可能性。网络营销突破了国界的限制,使企业从开放的、全球的范围内去寻找目标客户,企业能有更多的时间和更大的空间进行营销,随时提供给客户全天候、全球性的销售服务。

3. 对资源的有效整合性

网络营销的过程,就是对多种资源、多种营销手段和营销方法进行整合的过程,是不断对有形资产和无形资产的交叉运作和延伸进行整合的过程。这种过程的复杂性、多样性,需要企业在实际营销过程中,不断完善从商品信息发布到收款,一直延伸到售后服务等各环节的全程性的营销过程的资源整合。借助互联网将不同的营销活动进行统一的规划和协调,以统一的传播资讯向消费者提供统一的营销信息,避免不同传播渠道、不同地域的信息不一致性而产生的消极影响,实现对多种资源的有效整合。

4. 低成本经济性

网络营销通过互联网进行信息交换,具有快捷性和简易性。首先,代替了以往的实物交换和面对面的洽谈,大量减少了印刷与邮递成本。其次,减少了店面出租、水电、营业员工资等人工成本的开支。再次,网络营销也大大减少了由于反复多次交换而带来的经济损耗。这些因素在不同程度上都极大地降低了经营成本,提高了企业利润。另外,如市场开拓费用的锐减性、资源的广域性、地域价格的差异性、交易双方的最短连接性以及所有这些因素对网络营销的影响,都将使企业极大地降低交易成本,凸显了网络营销低成本的经济性特点。

5. 对市场的冲击性

因特网对现代人生活的冲击力几乎是前所未有的。互联网上的促销是一对一的、理性的、由消费者主导的、低成本和人性化的,并通过信息提供和交互式的交流,促进买家和卖家形成一种良好的关系,这种关系展示了网络营销中顾客与企业间的强有力的吸引力。网络营销在进击市场时是主动的、自觉的。无论是在信息搜索中,还是在发布后,无时不在创造网上销售的竞争优势,不断获取显在商机。同样,网络营销对市场的穿透能力,不断促使企业寻找和扩展新的营销战略,提升着自身的创新力和核心竞争力。

6. 鲜明的技术性

因特网是计算机技术和通讯技术相结合的产物,而这两种技术的结合,是网络营销实践的根基。网络营销借助因特网平台,使它必须将营销的各个环节与信息技术、数据库技术、应用数学等知识相互融合。企业不仅要具备信息技术的硬件条件,加大技术投入和技术支持,还必须拥有精通营销知识和计算机技术的复合型人才。这种鲜明的技术性,使得企业进一步改变营销策略,甚至改进企业的组织结构。企业是否拥有在网络营销方面的技术人才,直接关系到企业的未来是否具有市场竞争优势。

3.2 网络市场与网络消费者行为分析

3.2.1 网络营销目标市场特征分析

1. 网络营销的主要对象

(1) 中青年消费人群

中青年群体精力充沛、喜欢流行,乐于接受新事物,其中男性消费者在上网人员中占绝对优势。汽车、摩托车、房屋等耐用消费品对他们有着特别的吸引力,除此以外,他们也是唱片、游戏软件、体育用品等小型商品的重要消费群体之一。企业的产品要想在网络营销上占有一席之地,就不能忽视中青年消费群体,尤其不能忽视男性消费者。

(2) 有较高文化水平的消费人群

网络营销是深深扎根于因特网这一沃土中的,它的技术性决定了营销过程的每个环节的实践性,同样,对网络营销的顾客也从操作层面上提出了更高的要求:一方面,需要顾客具有快速阅读的浏览能力,并熟练计算机和因特网上的基本操作;另一方面,网络营销的跨时空性,要求顾客掌握更多的国际语言的交往能力,这是网络营销面向较高文化水准的职业层的一个重要原因。

(3) 不愿出门购物的消费人群

随着因特网的发展和普及,上网已经逐步成为大部分人的生活方式,便利的营销渠道,也逐步激发人们在网上购物的欲望,尤其是一些日常消费品,在价格和服务上占有较大优势,更是受到了中等收入家庭顾客的青睐。这些顾客,因为种种原因或经历,或是隐私等问题,不愿直接面对销售人员,或是满足于网上购物的成就感等原因,成为网络营销的重要消费人群。

2. 我国网民的结构特征

(1) 性别结构。据 CNNIC 第 30 次中国互联网统计报告显示,2012 年 6 月中国网民中女性比率已经上升到 45.0%,同 2011 年 12 月的 44.1% 的数据比较,女性上网的增长率略高于男性。通过数据不难看出,中国网民性别结构进一步趋近于总人口中的性别结构。近几年,中国网民的男女上网人数比率都在呈上升趋势,而女性互联网普及率之上升速度比男性稍快。虽然网民总体的性别结构较为接近,但是城乡之间的网民性别结构差别较大。城镇网民中性别结构差异不大,而在农村网民中,大部分是男性,女性网民比例极小,男性高出女性约 15 个百分点。在比较偏远和落后的农村,男女上网比例失调更大。

(2) 年龄结构。自 2008 年以来,10—19 岁网民成为中国互联网最大的用户群体。该群体规模的增长主要由两个原因促成:第一,教育部自 2000 年开始建设"校校通"工程,计划用 5—10 年时间使全国 90% 独立建制的中小学校能够上网,使师生共享网上教育资源,目前该工程已经接近尾声。第二,互联网的娱乐特性加大了其在青少年人群中的渗透率,网络游戏、网络视频、网络音乐等服务均对互联网在该年龄段人群的普及起到推动作用。随着中国网民增长空间逐步向中年和老年人群转移,中国网民中 40 岁以上人群比重逐渐上升,截至 2012 年 6 月底,该群体比重为 17.7%,比 2011 年底上升 1.5 个百分点。网民中高龄群体比例不断上升,增长率已经超过了网民总体的增长速度,我国网民在年龄结构上不断呈现优化的趋势。其他年龄段人群占比则相对稳定或略有下降。

(3) 学历结构。目前,我国初中网民所占的比例最大,达到了 37.5%,与 2011 年 12 月的 35.7% 相比略有上升趋势。网民中大专及以上学历人口比例进一步下降,高中、初中学历所占比重继续提升。随着互联网的逐步普及和网民规模的不断壮大,网民的学历结构也逐步向中国总人口的学历结构比例靠拢。互联网日益向低学历人口普及。在非学生网民中,初中及以下网民的比例明显低于该学历在网民总体的比例,而高中及以上学历的人数比例都高于该学历在网民总体的比例。网民向低学历人群扩散的趋势在2012年上半年继续保持,小学及以下、初中学历人群占比均有上升,其中初中学历人群升幅较为明显,显示出互联网在该人群中渗透速度较快。大专及以上学历人群中网民占比基本饱和,上升空间有限。

(4) 职业结构。2012年6月的调查报告显示,我国网民的最大构成群体是学生,占比为28.6%,远远高于其他群体。与网民年龄结构变化相对应,学生群体占比基本呈现出连年下降的趋势。学生群体的大量存在,一方面极大地活跃了中国的互联网应用,另一方面也从某种程度上降低了中国互联网的商业价值。网民中的第二大群体是个体户和自由职业者,除此以外,企业的专业技术人员等文职人员在网络访问中也占有一席之地,而占中国人口最大比重的农民、产业服务业工人在网民中所占比重和渗透速度都比较低。

(5) 收入结构。从整体上看,收入越高的人群比例,占互联网访问的比例也就越高。2012年6月中国互联网统计报告显示的数据,网民中月收入在3 000元以上的人群占比提升明显,达26.0%,比2011年底提高了3.7个百分点,这与近年来无业人群的比重上升是有直接关系的。随着我国农村生活水平的不断提高和改善,我国农村网民的比例呈明显上升趋势,这部分人群,在未来将形成一个巨大的、潜在的网络营销的顾客群。截至2012年6月底,农村网民规模为1.46亿,比2011年底增加1 464万,占整体网民比例为27.1%。

3. 我国网民的网络应用特征

据CNNIC第30次中国互联网络统计报告显示,目前排名前十位的网络应用是:即时通信、搜索引擎、网络音乐、网络新闻、博客个人空间、网络视频、网络游戏、微博、电子邮件和社交网站(表3-2)。这十大网络应用中,三大娱乐类网络应用——网络音乐、网络视频和网络游戏都分列其中,娱乐仍旧是我国网民的主要互联网活动之一。

表3-2 我国网民用户规模和使用率

应 用	用户规模(万)	网民使用率	半年增长率
即时通信	41 509.8	80.9%	7.2%
搜索引擎	40 740.1	79.4%	5.2%
网络音乐	38 585.1	75.2%	6.4%
网络新闻	36 686.7	71.5%	6.9%
博客/个人空间	31 863.5	62.1%	10.9%
网络视频	32 530.5	63.4%	7.6%

(续表)

应用	用户规模(万)	网民使用率	半年增长率
网络游戏	32 427.9	63.2%	2.1%
微博	24 988.0	48.7%	9.5%
电子邮件	24 577.5	47.9%	5.1%
社交网站	24 423.6	47.6%	2.6%
网络购物	19 395.2	37.8%	8.2%
网络文学	20 267.5	39.5%	-4.0%
网上银行	16 624.4	32.4%	14.8%
网上支付	16 675.8	32.5%	12.3%
论坛/BBS	14 469.4	28.2%	7.7%
团购	6 465.1	12.6%	-4.4%
旅行预订	4 207.4	8.2%	1.2%
网络炒股	4 002.2	7.8%	-5.5%

数据来源：www.cnnic.cn,中国互联网信息中心,2012.6

博客/个人空间拥有率和论坛/BBS访问率跻身前十大网络应用,反映了我国社交类网络应用的新特点。

商务交易类使用仍然处于较低的水平,网络购物普及率为37.8%。但近年来一直呈上升趋势。2012年上半年的统计数据表明,即时通信用户维持较高的增速,继续保持中国网民第一大应用的领先地位。此外,网络视频以及网络购物、网上支付等电子商务类应用的用户规模增幅明显,这几类应用在手机端的发展也较为迅速。目前,据CNNIC第30次中国互联网统计报告显示,中国网民互联网应用发展特点如下：

(1) 即时通信之第一大应用的地位更加稳固。即时通信在中国网民中的使用率在2011年底超过八成,至2012年6月底,这一数字继续提升至82.8%,用户人数达到4.45亿,半年增长率达到7.2%。手机上网的进一步普及,尤其是智能终端的推广,以及手机聊天工具的创新,使得即时通信作为中国网民第一应用的地位更加稳固。

(2) 网上银行和网上支付应用增速加快。网上银行和网上支付用户规模在2012年上半年的增速分别达到14.8%和12.3%,截至2012年6月底,两者用户规模分别为1.91亿和1.87亿,较2011年底的用户增量均超过2 000万人。此外,手机在线支付的发展速度也十分突出,截至2012年6月底,使用手机在线支付的网民规模为4 440万人,较2011年底增长约1 400万人。

(3) 微博进入平稳增长期,手机微博用户增长保持强劲势头。至2012年6月底,中国网民使用微博的比例已经过半,用户数增速低至10%以下,增速的回落意味着微博已走过早期数量扩张的阶段。然而微博在手机端的增长幅度仍然明显,手机微博用户数量由2011年底的1.37亿增至1.70亿,增速达到24.2%。

(4) 手机网络视频用户增幅明显。网络视频用户规模继续稳步增长,2012年上半年通过互联网收看视频的用户增加了约2 500万人。而手机端视频用户的增长更为强劲,使用手机收看视频的用户超过一亿人,在手机网民中的占比由2011年底的22.5%提升至27.7%。

4. 我国目前的商务交易现状

据CNNIC第30次中国互联网络统计报告显示,我国目前的商务交易活动情况如下:

(1) 网络购物

截至2012年6月底,网络购物用户规模达到2.10亿,使用率提升至39.0%,较2011年底用户增长8.2%。这个增长率是可观的,让开展网络营销的企业看到了广阔的商务发展前景。

网络零售市场呈现竞合并举的态势。2012年上半年,电商企业一方面继续进行价格战,通过低价策略维系用户黏性;另一方面展开了更多的合作,如平台商更加开放化,吸引更多电商和品牌商入驻,企业通过物流合作和资源共享共同应对物流瓶颈和高额成本。

随着整体网民增长乏力现象的显现,从2011年开始,网络购物的用户增长也明显放缓,未来市场增长的动力急需从主要依靠用户规模增长单一推动向用户数量与消费深度双增长驱动转变,而移动化和社交化就成为带动网络零售市场向纵深发展的两列"快车"。2012年上半年,移动电子商务市场呈现高速发展,手机网购用户半年增长59.7%,成为增长最快的手机应用;购物分享类网站快速渗透,对电商网站的流量带动也更加明显。

截至2012年6月底,团购用户规模为6 181万,使用率为11.5%,与2011年底相比用户规模减少284万,使用率下降1.1%。行业发展环境的变化,使得团购网站整体发展从激进扩张过渡到保守过冬。一方面,市场营销投入力量大不如前,导致新增用户规模大幅度收缩;另一方面,随着团购商户资源达到饱和开发的状态,新商户加入团购乏力,从而导致对老用户的吸引力在逐步减弱。新用户的增加逊于老用户的流失,使得团购用户从高速增长转向了规模回落。这在一定程度上反映了电子商务也是随着经济的波动而不断发生变化的动态商务过程。

2012年上半年,团购市场整合进一步加深,部分独立团购网站采取抱团取暖的方式以度过困难期。由于团购本地化商务的特性与移动互联网的深度融合,团购在手机端渗透较快,半年用户增长 47.9%。

(2) 网上支付

截至 2012 年 6 月底,我国使用网上支付的用户规模达到 1.87 亿,网民使用率提升至 34.8%,与 2011 年底相比,用户数增长超过 2 000 万,增长率为 12.3%,网民使用率提高 2.3%。

近年来,我国网上支付用户规模持续稳步发展,主要得益于以下方面:

① 网上支付服务提供商的不断创新和拓展。网上支付这一巨大的市场空间,以及在产业链中的重要地位,吸引着网上支付服务提供商不断进行创新和拓展。一方面,更加便捷、更加安全的新支付产品和服务不断涌现,推动更多用户更加频繁地使用网上支付。另一方面,服务商不断扩展应用领域,在传统的网络购物、航空等领域之外,加大公用事业、教育、旅游、基金等行业的拓展力度。

② 手机在线支付的快速发展。随着智能手机的逐渐普及应用,手机在线支付近年来日益得到重视,各主流网上支付服务提供商、银行及运营商都在加大对手机在线支付的投入。虽然目前手机在线支付尚处于初期,但已经显示出了快速的发展势头,2012 年上半年手机在线支付用户数增加了 1 382 万,增长率为 45.2%,增速远远超过整体网上支付。

③ 规范和支持并举的政策保障。一方面,2012 年初央行发布了《支付机构互联网支付业务管理办法(征求意见稿)》,对账户开立、信用卡充值等问题进行了明确的规范。另一方面,2012 年 6 月 28 日央行发布了第四批第三方支付牌照,95 家企业获得牌照,接近前三批企业数总和,清晰地表明了政策上对于发展第三方支付行业的支持。规范和支持并举的政策保障了第三方支付市场的有序和持续发展。

(3) 旅行预订

截至 2012 年 6 月底,我国在线预订机票、酒店和旅行行程的用户规模为 4 258 万人,网民使用率为 7.9%,半年用户增长 1.2%。

近年来,旅行预订市场持续发展,但是用户依然较为高端,在线预订机票、酒店和旅行的用户增长相对迟缓。从 2011 年开始,主要的互联网大企业和电商企业纷纷进入旅行预订市场,使得旅行预订成为互联网公司交错竞争的领域,行业竞争变数加大。市场竞争加剧,使得 2012 年上半年旅行预订市场也呈现出低价竞争的势头,服务企业密集推出优惠消费等措施,以促进预订量的增长。

3.2.2 网络消费者的购买动机

1. 购买动机的概念

所谓动机,是指推动人进行活动的内部原动力(内在驱动力),即激励人采取行动的原因。网络消费者的购买动机是指在网络购买活动中,能使网络消费者产生购买行为的某些内在的驱动力。动机是一种人们的内在心理状态,不容易被直接观察到或者直接测出来,但它可以根据人们的长期行为表现出来或者通过自身陈述加以了解和归纳。了解消费者动机可以有根据地说明和预测消费者的行为。对于网络营销的企业来说,了解消费者的购买动机就显得尤为重要,怎样通过网络的渠道获取更多消费者的购买动机,采取怎样的促销方法吸引住顾客的眼球,是网络营销策略的关键手段之一。因为网络营销是一种看不见顾客的营销,它的复杂性、多样性、多层次性、多需求性和顾客的多变的购买行为都不容易观察到,只能通过对顾客的有限注册信息和网络的交流互动等方式来体会顾客的购买动机。

2. 网络消费者的购买动机

网络消费者的购买动机基本上可以分为两大类:需求动机和心理动机。前者是指人们由于各种需求,包括低级的和高级的需求而引起的购买动机,而后者则是由于人们的认识、感情、意志等心理过程而引起的购买动机。

(1) 网络消费者的需求动机

研究人们的网络购买行为,首先要研究人们的网络购买需求。在传统的营销过程中,马斯洛的需求层次理论被广泛应用。它是由美国心理学家马斯洛在1943年出版的《人类动机的理论》一书中提出来的。马斯洛把人的需求划分为五个层次:生理的需求、安全的需求、社交的需求、尊重的需求和自我实现的需求。需求层次理论是研究人的需求结构的理论,马斯洛的需求层次理论对网络消费需求层次分析同样有着重要的指导作用。

马斯洛的需求层次理论虽然可以解释虚拟市场中消费者的许多购买行为,但是,在新的网络营销环境下,马斯洛的需求层次理论也面临着不断补充的要求。人们希望满足虚拟环境下三种基本的需要,分别是:兴趣、聚集和交流。

① 兴趣。通过分析以往经常在线的网民,我们不难看出,人们之所以这样热衷于网络漫游,是因为对网络上提供的一些信息或者某种活动存在着极大的兴趣,产生这种兴趣的原因主要来自两种内在的驱动力。一是出于好奇的心理而探究秘密的内在驱动力。驱动自己沿着网络提供的线索不断地向下查询,希望能够找出符合自己预想的结果,有时甚至到了不能自拔的境地。二是成功的内在驱动力。当人们在网络上找到自己需求的资料、软件、游戏,或者进入某个重要机关的信息库时,自然会产生一种成功的满足感。许多所谓的"网虫"就是这些网民的典型代表。

② 聚集。虚拟社会提供了具有相似经历的人们聚集的机会,这种聚集不受时间和空间的限制,并形成富有意义的人际关系。通过网络而聚集起来的群体是一个极具平等的群体。在这样一个群体中,每个人都可以发表自己的见解和看法,使得在现实社会经常处于紧张复杂关系和工作状态的人们在这样的虚拟社会中寻求到平等、融洽和解脱。

③ 交流。人们因聚集而产生交流的需求。随着这种信息交流的频率的增

加,交流的范围也在不断地扩大,从而产生示范效应,带动对某些种类的产品和服务有相同兴趣的成员聚集在一起,形成商品信息交易的网络,即网络商品交易市场。这不仅是一个虚拟社会,而且是高一级的虚拟社会。在这个虚拟社会中,参加者大多是有目的的,所谈论的问题集中在商品质量的好坏、价格的高低、库存量的多少、新产品的种类等。他们所交流的是买卖的信息和经验,以便最大限度地占领市场,降低生产成本,提高劳动生产率。人们对于这方面信息的需求永远是无止境的,这就是电子商务出现之后迅速发展的根本原因。

(2) 网络消费者的心理动机

网络消费者购买行为的心理动机主要体现在三个方面。

① 理智动机。这种购买动机是建立在人们对于在线商场推销的商品的客观认识基础上的。网络购物者大多是中青年,具有较高的分析判断能力。他们的购买动机是在反复比较各个在线商场的商品之后才作出的,对所要购买的商品的特点、性能和使用方法,早已心中有数。理智购买动机具有客观性、周密性和控制性的特点。在理智购买动机驱使下的网络消费购买动机,首先注意的是商品的先进性、科学性和质量高低,其次才注意商品的经济性。这种购买动机的形成,基本上受控于理智,而较少受到外界气氛的影响。

② 感情动机。感情动机是由于人的情绪和感情所引起的购买动机。这种购买动机还可以分为两种形态。一种是低级形态的感情购买动机,它是由于喜欢、满意、快乐、好奇而引起的。这种购买动机一般具有冲动性、不稳定性的特点。还有一种是高级形态的感情购买动机,它是由于人们的道德感、美感、群体感所起的,具有较大的稳定性、深刻性的特点。而且,由于在线商场提供异地买卖送货的业务,从而大大促进了这类购买动机的形成。

③ 惠顾动机。这是基于理智经验和感情之上的,对特定的网站、图标、广告、商品产生特殊的信任与偏好而重复地、习惯性地前往访问并购买的一种动机。惠顾动机的形成,经历了人的意志过程。从它的产生来说,或者是由于搜索引擎的便利、图标广告的醒目、站点内容的吸引;或者是由于某一驰名商标具有相当的地位和权威性;或者是因为产品质量在网络消费者心目树立了可靠的信誉。这样,网络消费者在为自己做出购买决策时,心目中首先确立了购买目标,并在各次购买活动中克服和排除其他的同类水平产品的吸引和干扰,按照计划采取购买行动。具有惠顾动机的网络消费者,往往是某一站点的忠实浏览者。他们不仅自己经常光顾这一站点,而且对众多网民也具有较大的宣传和影响功能,甚至在企业的商品或服务一时出现某种过失的时候,也能予以谅解。

3. 网络消费需求特征

由于互联网商务的出现,消费观念、消费方式和消费者的地位正在发生着重要的变化,使当代消费者心理与以往相比呈现出新的特点和趋势:

(1) 个性消费的回归。在过去相当长的一个历史时期内,工商业都是将消费者作为单独个体进行服务的。在这一时期内,个性消费是主流。只是到了近代,工业化和标准化的生产方式才使消费者的个性被淹没于大量低成本、单一化的产品洪流之中。然而,没有一个消费者的心理是完全一样的,每一个消费者都是一个细分市场。心理上的认同感已成为消费者作出购买品牌和产品决策的先决条件,个性化消费正在也必将再度成为消费的主流。

(2) 消费需求的差异性。不仅仅是消费者的个性化消费使网络消费需求呈现出差异性。对于不同的网络消费者因所处的时代、环境不同而产生不同的需求,不同的网络消费者在同一需求层次上的需求也会有所不同。所以,从事网络营销的厂商要想取得成功,就必须在整个生产过程中,从产品的构思、设计、制造,到产品的包装、运输、销售,认真思考这种差异性,并针对不同消费者的特点,采取有针对性的方法和措施。

(3) 消费主动性增强。在社会化分工日益细化和专业化的趋势下,消费者对消费的风险感随着选择的增多而上升。在许多大额或高档的消费中,消费者往往会主动通过各种可能的渠道获取与商品有关的信息并进行分析和比较。或许这种分析、比较不是很充分和合理,但消费者能从中得到心理的平衡以减轻风险感或减少购买后产生的后悔感,增加对产品的信任程度和心理上的满足感。消费主动性的增强来源于现代社会不确定性的增加以及人类需求心理稳定和平衡的欲望。

3.2.3 影响网络消费者购买的主要因素

1. 产品的特性

由于网上市场不同于传统市场,网上消费者有着区别于传统市场的消费需求特征,因此并不是所有的产品都适合在网上销售和开展网上营销活动的。根据网上消费者的特征,网上销售的产品一般要考虑产品的新颖性,即产品是新产品或者是时尚类产品,比较能吸引人的注意。追求商品的时尚和新颖是许多消费者,特别是青年消费者重要的购买动机。

考虑产品的购买参与程度,一些产品要求消费者参与程度比较高,消费者一般需要现场购物体验,而且需要很多人提供参考意见,这些产品就不太适合网上销售。对于消费者需要购买体验的产品,可以采用网络营销推广功能,辅助传统营销活动进行,或者将网络营销与传统营销进行整合。可以通过网上来宣传和展示产品,消费者在充分了解产品的性能后,可以再到相关商场进行选购。

2. 产品的价格

从消费者的角度说,价格不是决定消费者购买的唯一因素,但却是消费者购买商品时肯定要考虑的因素,而且是一个非常重要的因素。对一般商品来讲,价格与需求量之间经常表现为反比关系,同样的商品,价格越低,销售量越大。网上购物之所以具有生命力,重要的原因之一即是网上销售的商品价格普遍低廉。

此外,消费者对于互联网有一个免费的价格心理预期,那就是即使网上商品是要花钱的,那价格也应该比传统渠道的价格要低。这一方面是因为互联网的起步和发展都依托了免费策略,因此互联网的免费策略深入人心,而且免费策略也得到了成功的商业运作;另一方面,互联网作为新兴市场,它可以减少传统营销中的中间费用和一些额外的信息费用,可以大大削减产品的成本和销售费用,这也是互联网商业应用的巨大增长潜力所在。

3. 购物的便捷性

购物便捷性是消费者选择购物的首要考虑因素之一。一般而言,消费者选择网上购物时考虑的便捷性,一是时间上的便捷性,可以不受时间的限制并节省时间;另一方面,是可以足不出户,在很大范围内选择商品。

4. 安全可靠性

另外一个必须考虑的是网上购物的安全性和可靠性问题。由于在网上消费,消费者一般需要先付款后送货,这使过去购物的一手交钱一手交货的现场购买方式发生了变化,网上购物中的时空发生了分离,消费者有失去控制的离心感。因此,为减低网上购物的这种失落感,在网上购物各个环节必须加强安全措施和控制措施,保护消费者购物过程的信息传输安全和个人隐私保护,以及树立消费者对网站的信心。

3.2.4 网络消费者的购买过程

网络消费者的购买过程,也就是网络消费者购买行为形成和实现的过程。网络消费者的购买过程可以粗略地分为五个阶段:诱发需求、收集信息、比较筛选、购买决策和购后评价。

1. 诱发需求

诱发需求的因素是多方面的,有来自人体内部所形成的生理刺激,如冷暖饥渴;有来自外部环境所形成的心里刺激等。诱发需求是网络购买过程的起点,在外在因素的刺激下,消费者对市场中出现的某种产品或者服务产生兴趣,从而产生购买欲望。所以,诱发需求是消费者做出购买决定的第一步。

对于营销企业,真正能引起顾客的诱发需求的只能局限于网站上所能展示的信息,有时考虑到顾客浏览网站速度的要求,必须放弃生动形象的信息提供渠道,而主要采用图片和文字。这些信息是网络营销网站诱发消费者形成购买决定的直接动因。因此,网络营销企业要通过这些手段吸引顾客具有一定的难度。要想诱发顾客的购买欲望,除了用价格和品牌的手段,还需要了解相关顾客对产品的潜在需求,从而巧妙设计网站以吸引更多的消费者浏览网页,与顾客进行更多重要信息的交流互动,以诱发他们的购买需求。

2. 收集信息

顾客要购买商品,实战操作的第一步就是收集信息。收集信息的渠道主要有两种：内部渠道和外部渠道。内部渠道是指消费者个人所储存、保留的市场信息，包括购买商品的实际经验、对市场的观察以及个人购买活动的记忆等；外部渠道则是指消费者可以从外界收集信息的通道，包括个人渠道、商业渠道和公共渠道等。

个人渠道主要提供来自消费者的亲戚、朋友和同事的购买信息和交流体会。与传统购买时信息的被动收集不同，网络购买的信息收集带有较大的主动性。一方面，由于网上购物不能亲眼看到、触摸到，更不可能亲自试用产品，因此这种信息和交流体会在某种情况下对购买者的购买决策起着决定性的作用。另一方面，上网消费者又不断地在网上浏览，寻找新的购买机会。由于消费层次的不同，上网消费者大多具有敏锐的购买意识，始终领导着消费潮流。

商业渠道，如展览推销、上门推销、中介推销、各类广告宣传等，主要是通过厂商的有意识的活动把商品信息传播给消费者。网络营销的信息传递主要依靠网络广告和检索系统中的产品介绍，包括在信息服务商网页上所做广告、中介商检索系统上的条目以及自己主页上的广告和产品介绍。

公共渠道主要是通过电视、报纸、大众网页插入广告形式等进行商品宣传的渠道。成功的网络营销企业不会一味等待顾客有需求时亲自访问自己的网站信息，而是会结合公共渠道让顾客首先对自己的网站获取较早的购买商品信息。

3. 比较筛选

比较选择是购买过程中必不可少的环节。消费者对各条渠道汇集而来的资料进行比较、分析、研究，了解各种商品的特点和性能，从中选择最为满意的一种。一般说来，消费者的综合评价主要考虑产品的功能、可靠性、性能、样式、价格和售后服务等。

网络购物的消费者不能直接接触实物，对网上商品的比较依赖于厂商对商品的描述，包括文字的描述和图片的描述。加之类似产品信息的广泛性和顾客接收信息的主动性，使网络营销商对自己的产品描述提出了更高的要求，产品描述不清晰就不能吸引住顾客。而如果对产品的描述过分详细，则可能会使顾客在浏览信息时感到厌倦而失去顾客。

4. 购买决策

消费者对网上商品信息进行比较筛选后，就进入购买决策阶段。网络消费者在决定购买某种商品时，一般必须具备三个条件：首先，对筛选的产品有好感；其次，对卖家有一定的信任度；最后，对支付有安全感。所以，卖家不断改进货款支付办法，全面提高产品质量，提高物流服务和售后服务，树立企业形象，是参与网络营销的企业必须重点抓好的基础工作。

网络购买者的购买决策有许多独特的特点。首先，网络购买者理智动机所占比重较大，而感情动机的比重较小。其次，网络购买受外界影响较小，大部分的购买决策是自己作出的或是与家人商量后作出的。最后，网上购物的决策行为较之传统的购买决策要快得多。

5. 购后评价

消费者购买商品后,往往通过使用,对自己的购买选择进行检验和反省,重新考虑这次购买行为是否理想、是否正确、卖家服务是否周到等问题。这种购后评价往往决定了消费者今后的购买动向。

为了吸引更多的顾客,最大限度地占领市场,企业必须不仅要虚心倾听顾客反馈的意见和建议,还要努力提高顾客对商品的售后满意度。因特网为网络营销者收集消费者购后评价提供了得天独厚的优势。网络营销者可以通过网络技术手段方便地收集评价意见,不断提高顾客的售后满意度。售后满意度往往成为吸引下一批顾客的重要砝码。所以,营销者迅速找出工作中的缺陷和不足,及时了解到消费者的意见和建议,对提高自身的销售竞争力具有举足轻重的促进作用。

3.3 网络营销策略

营销是企业经营和运作的重要内容,如何结合实际制定合理的营销策略是企业实现其经营价值和利润的核心工作。特别是在电子商务环境下,营销方式、技术基础、顾客和市场竞争都发生了深刻的变化。现代网络营销突破了传统营销所处的环境,给企业创造了无限的生机,同时也带来了挑战。市场营销组合由传统营销 4P 组合转变为 4C 组合直到 4R 组合和 4S(Satisfaction 满意;Service 服务;Speed 速度;Sincerity 诚意)组合,使网络营销的内涵得到了不断丰富和发展。电子商务网络营销策略主要包括产品策略、价格策略、渠道策略、服务策略和促销策略。

3.3.1 网络营销产品策略

1. 网络营销产品特点

(1) 实体商品。实体产品是指一些有形状、看得见、摸得着的商品,例如服装、家电等民用品,企业生产用的工业品,地上产出的农产品等。这样的实体商品的营销方式主要是:在线浏览、购物选择、送货上门。

(2) 虚拟商品。虚拟商品是指在网络营销过程中,为了满足消费者某些个性化的需求,向顾客提供的诸如某些资讯服务、软件等而形成的有交易的、无形的产品,虚拟产品的表现形式主要有软件和服务两种。这些产品即使在物理形态上表现出一定的形状,也是通过其载体实现的,例如,附有软件或者咨询信息的光盘。常见的有:向顾客提供电子图书、资料库检索等资讯服务;给顾客提供电子游戏等软件信息;为特定人群提供法律援助、网上预约等特定的服务。虚拟商品的营销方式有一个鲜明特点,即它是一般不用借助物流公司的参与就可以实现整个商务交易过程。营销方式主要包括咨询服务、情报服务、交互服务、网上预约、软件试用或销售等。

网上营销的商品和传统商品相比具有一些不同的特性,如表3-3所示。

表3-3 网络销售产品与传统商品的比较

比较项目	传统商品	网络销售产品
产品性质	全体商品	高知识含量,电子类商品
产品质量	重视质量	同样因网络产品的不能试用而重视
产品样式	样式固定	样式个性化
产品品牌	重视品牌	也重视品牌,好品牌=好产品
产品包装	传统包装	适合网络销售和物流的包装
目标市场	全体用户	网络用户
产品价格	高	低廉

2. 网络营销产品策略

随着社会的发展和科学技术的进步,不断开发新产品成为企业在市场上求得生存和发展的重要条件之一。特别是在网络时代,由于信息与知识的共享、科学技术扩散速度的加快,企业的竞争从原来简单依靠产品的竞争转为拥有不断开发新产品能力的竞争。但是,由于激烈竞争而导致市场不断分裂,市场划分越来越细化,每个产品只能获得较低的销售额和利润额。另外,绿色产品的发展、产品开发完成时间的缩短、产品生命周期的缩短、消费要求个性化的发展等,对网络时期新产品的开发提出了新的要求。所以,在开发新产品时必须首先研究在电子商务时代顾客的消费行为与消费要求的特点,进而确定电子商务网络营销新产品的定位和新产品的开发策略。

电子商务网络营销产品策略主要是根据产品的主要特征,制定适合不同产品的策略。主要类型有实体产品策略、新产品开发策略和产品服务策略。

(1) 实体产品策略

从理论上讲,在网络上可以经营任何形式的实体产品。但在销售产品时应注意以下问题:首先,要充分考虑产品的性能。信息经济学将产品从大的方面划分为两类:一类是可鉴别性产品或标准产品,即顾客在购买时就能够确定或评价其质量的产品;另一类是经验性产品或个性化产品,即顾客只有在购买后才能确定或评价其质量的产品,如服装、食品等。一般来说,前者易于在网络上推广,并获得成功。后者则要更注意产品的质量和顾客的需求,以便快速打开市场。其次,要充分考虑实体产品的营销区域范围与物流配送体系之间的协调,谨防止出现因无法配送而导致企业的声誉受到影响或物流费用过高的现象。

(2) 新产品开发策略

网络市场作为新兴市场，消费群体一般具有很强的好奇心和消费领导性，比较愿意尝试新产品。因此，通过电子商务网络营销来推动新产品试销与上市，是比较好的策略和方式。

新产品的定位。新产品定位是将企业新开发出来的具体产品定位在顾客心中，顾客只要产生类似的需求，就会联想到这种产品。进入电子商务时代后，顾客的消费行为和消费需求发生了根本性的变化，消费需求将变得更加多样化。个性化顾客可直接参与生产和商品流通，向商家和生产厂家主动表达自己对产品的欲望，企业可以根据顾客的需求设计、生产出新产品。在进行电子商务网络销售新产品定位时应重点考虑新产品的主要特征。例如，新产品或服务是否需要尝试或观察，是否属于高技术，是否具有国际性，是不是欣赏性、收藏性产品等因素。在网上进行销售前期的营销活动中，就可以利用产品的这些特征，通过电子商务网络扩大品牌的宣传、增强品牌的认知、开展网上顾客服务、建立品牌忠诚度等，以此来扩大本企业产品的影响，促进产品的销售。

值得一提的是，在电子商务网络营销中，顾客可以全程参与产品设计、研制和开发工作，而不再是简单地被动接受有关产品满意度的测试和表达需求感受；但许多产品并不能直接提供给顾客使用，它需要许多企业共同配合才可能满足顾客的最终需求，这就更要求在新产品开发的同时，加强与以产品为纽带的协同企业的合作。

(3) 产品服务策略

在电子商务网络营销中，服务是产品营销的一个重要组成部分。提供良好的服务是实现网络营销的一个重要环节，也是提高用户满意度和忠诚度、树立良好企业形象的一个重要方面。

企业在制定产品服务策略时，在方法上不仅要充分考虑顾客所需要的服务，建立起完善的数据库系统，还要根据不同顾客的特点，建立顾客网上论坛，提供网上自动服务系统，不断改良产品和增加新产品，吸引更多顾客，还必须重视对顾客的意见、建议进行调查，改善售后服务水平和产品质量，树立企业品牌形象，才能不断挖掘和扩大网络营销市场，提高企业的核心竞争力。

3.3.2　网络营销价格策略

电子商务网络营销价格，是指企业在电子商务网络营销过程中买卖双方成交的价格。价格策略是最富有灵活性和艺术性的策略，是企业营销策略组合中的重要组成部分。产品的销售价格是企业市场营销过程中一个十分敏感而又最难有效控制的因素，它直接关系着市场对产品的接受程度，影响着市场需求量(产品销售量)的大小和企业利润的多少。它受到多种因素的影响和制约。

企业为了有效地促进产品在网上销售,就必须针对网上市场制定有效的价格策略。由于网上信息的公开性和顾客易于搜索的特点,网上的价格信息对顾客的购买起着重要的作用。物美价廉是所有顾客共同的愿望。根据电子商务网络营销的特点进行分类,电子商务网络营销产品的价格策略主要有以下几个:

1. 低位定价策略

借助互联网进行销售,比传统销售渠道的费用低廉,因此网上销售价格一般来说比流行的市场价格要低。采用低位定价策略就是在公开价格时一定要比同类产品的价格低。采取这种策略,一方面是由于通过互联网,企业可以节省大量的成本费用;另一方面也是为了扩大宣传,提高市场占有率并占领网络这一新型的市场。

采用这种策略时,需注意以下三点:首先,在网上不宜销售那些顾客对其价格敏感而企业也难以降价的产品;其次,在网上公布价格时要注意区分消费对象,要针对不同的消费对象提供不同的价格信息发布渠道;最后,因为顾客可以在网上很容易地搜索到价格最低的同类产品,所以网上发布价格时要注意比较同类站点公布的价格,否则价格信息的公布会起到反作用。

2. 个性化定制产品定价策略

个性化定制产品定价策略是指在企业能实行定制生产的基础上,利用网络技术和辅助设计软件,帮助顾客选择配置或自行设计能满足自己需求的个性化产品,同时承担自己愿意付出的价格成本。这种策略是利用网络互动性的特征,根据顾客的具体要求来确定商品价格的一种策略。网络的互动性使个性化营销成为可能,也将使个性化定价策略成为网络营销的一个重要策略。

3. 团购定价策略

这是网上出现的一种新业务。当销售量达到不同数量时,厂家制定不同的价格,销售量越大,价格越低,参与砍价的人越多,厂家给出的价格越实惠。目前,国内的"酷必得"站点及一些团购网就提供集体砍价服务。

4. 折扣定价策略

折扣定价策略主要有四种常用方法:一是数量折扣策略,可以鼓励顾客多购买本企业商品,购买量越多,折扣越多。二是现金折扣策略,可以鼓励顾客按期或提前付款,加快企业资金周转。三是季节折扣策略,可以鼓励中间商在淡季进货或顾客在淡季购买,降低企业因压货所造成的资金占用负担和存储费用,均衡企业生产。四是交易折扣策略,可以充分调动中间商的积极性,利用中间商来努力推销产品。

5. 拍卖定价策略

网上拍卖是目前发展较快的领域,是一种最市场化、最合理的定价方式。随着互联网市场的拓展,将有越来越多的产品通过互联网拍卖竞价。由于目前购买群体主要是顾客市场,个体顾客是目前拍卖市场的主体,因此,这种策略并不是目前企业首要选择的定价方法,因为它可能破坏企业原有的营销渠道和价格策略。比较适合网上拍卖竞价的是企业的一些原有积压产品,也可以是企业的一些新产品,可以通过拍卖展示起到促销作用。根据供需关系,网上拍卖竞价方式主要有竞价拍卖、竞价拍买和集体议价。

6. 声誉定价策略

在网络营销的发展初期,顾客对网上购物和订货还有着很多疑虑。例如网上所订商品的质量能否保证、货物能否及时送到等。因此,对于声誉较好的企业来说,在进行电子商务网络营销时,价格可定得高一些;反之,价格则定得低一些。

7. 免费价格策略

由于互联网上信息产品的免费性已深入人心,因此免费价格策略是市场营销中常用的营销策略。这种策略一般是短期的、临时的,但它对促销和推广产品却有很大的促进作用。许多新型公司凭借此策略,一举成功。目前,在网络营销中采用免费策略的目的,一是先让用户免费使用,等用户使用习惯后再开始收费;二是为了发掘后续商业价值,从战略发展的需要出发制定免费定价策略,主要目的是让产品先占领市场,然后在后续市场中获取收益。

8. 特殊产品定价策略

这种价格策略需要根据产品在网上的需求来确定产品的价格。当某种产品有它很特殊的需求时,不用更多地考虑其他竞争者,只要去制定自己最满意的价格就可以。这种策略往往分为两种类型:一种是创意独特的新产品,它是利用网络沟通的广泛性、便利性,满足了那些品味独特、需求特殊的顾客的"先睹为快"的心理;另一种是纪念物等有特殊收藏价值的商品,如古董、纪念物或是其他有收藏价值的商品。在网络上,世界各地的人都能有幸在网上一睹其"芳容",这无形中增加了许多商机。

9. 品牌定价策略

产品的品牌和质量会成为影响价格的主要因素,它能够对顾客产生很大的影响。如果产品具有良好的品牌形象,那么产品的价格将会产生很大的品牌增值效应。名牌商品采用"优质高价"策略,既增加了赢利,又让顾客在心理上感到满足。对于这种本身具有很大的品牌效应的产品,由于得到了人们的认可,在网站产品的定价中,就完全可以对品牌效应进行扩展和延伸,利用网络宣传与传统销售的结合,产生整合效应。

10. 撇脂定价和渗透定价策略

在产品刚介入市场时,采用高价位策略,以便在短期内尽快收回投资,这种方法被称为撇脂定价。相反,价格定于较低水平,以求迅速开拓市场,抑制竞争者的渗入,则被称为渗透定价。在网络营销中,往往为了宣传网站,占领市场,采用低价销售策略。另外,不同类别的产品应采取不同的定价策略。如日常生活用品,对于这种购买率高、周转快的产品,适合采用薄利多销、宣传网站、占领市场的定价策略。而对于周转慢、销售与储运成本较高的特殊商品、耐用品,网络价格可定得高些,以保证赢利。

11. 产品生命周期定价策略

这种网上定价沿袭了传统的营销理论。每一产品在某一市场上通常会经历入市、成长、成熟和衰退四个阶段,产品的价格在各个阶段通常要有相应的反映。网上进行销售的产品也可以参照经济学中关于产品价格的基本规律,并且由于对产品价格的统一管理,能够对产品的循环周期进行及时的反映,可以更好地伴随循环周期进行变动。根据阶段的不同,寻求投资回收、利润、市场占有的平衡。

12. 捆绑销售定价策略

网上购物可以巧妙运用捆绑手段,使顾客对所购买的产品价格感觉更满意。采用这种方式,企业会突破网上产品的最低价格限制,利用合理、有效的手段,去减小顾客对价格的敏感程度。

总而言之,企业可以根据自己所生产产品的特性和网上市场的发展状况来选择合适的价格策略。但无论采用什么策略,企业的定价策略都应与其他策略相配合,以保证企业总体营销策略的实施。

3.3.3 网络营销渠道策略

企业不仅要生产适销对路的产品,确定适当的价格;还要通过适当的销售渠道,实现产品从生产者到顾客的流通,及时有效地将产品或劳务的信息传送给顾客,不断激发顾客或顾客的购买欲望和兴趣,促进顾客购买行为的实现。

网络销售渠道就是以电子商务平台为支撑、借助互联网将产品从生产者转移到顾客的过程中所经过的各个环节连接起来形成的通道。它涉及信息沟通、资金转移和产品转移等。常用的网络销售渠道策略有以下几种:

1. 网络直销

网络直接营销渠道的最大特点是没有营销中间商,商品直接从生产者转移给顾客或用户。网上直接营销渠道也有订货、支付和配送功能。在网络直接营销中,生产者可以通过建设网络营销站点,使顾客直接从网站进行订货;可以通过与一些电子商务服务机构的合作,如网上银行等,直接提供支付结算功能,解决资金流转问题。另外,还可与一些专业物流公司进行合作,借助互联网,建立有效的物流体系。网络直接营销渠道一般适用于大型商品和生产资料的交易。

网络直销有许多优点:第一,能够促成产需直接沟通。企业可以直接从市场上收集到真实的第一手资料,合理安排生产。第二,网络直销对买卖双方都会产生直接的经济利益。由于网络营销使企业的营销成本大大降低,从而使企业能够以较低的价格销售自己的产品,同时,消费者也能够买到大大低于现货市场价格的产品。第三,营销人员可以利用网络工具,如电子邮件、公告牌等,随时根据用户的愿望和需要,开展各种形式的促销活动,迅速扩大产品的市场份额。第四,网络直销使企业能够及时了解用户对产品的意见和建议,从而使企业针对这些意见和建议向顾客提供技术服务,解决疑难问题,提高产品质量,改善企业经营管理。

网络直销也有其自身的缺点。由于越来越多的企业和商家在因特网上建站,网络访问者很难有耐心一个个去访问一般的企业主页。特别是对于一些不知名的中小企业。据有关资料介绍,我国目前建立的众多企业网站,除个别行业和部分特殊企业外,大部分网站访问者寥寥,营销数额不大。为解决这个问题,必须从两方面入手:一方面需要尽快组建具有高水平的专门服务于商务活动的网络信息服务点;另一方面需要从间接分销渠道中去寻找解决办法。

2. 网络间接销售

为了克服网络直销的缺点,网络商品交易中介机构应运而生。网络间接销售是营销企业通过融入互联网技术的网络中间商间接提供营销渠道,把商品由中间商销售给顾客或用户的销售方式。传统间接分销渠道可能有多个中间环节,而网络间接营销渠道只需要新型电子中间商这一中间环节即可。中介机构成为连接买卖双方的枢纽,使网络间接销售成为可能,如我国商品交易中心、国际商务中心等。此类机构由于简化了市场交易过程,规范了网络交易活动,便利了买卖双方的信息收集过程,所以它在未来虚拟网络市场的作用是其他机构所不能替代的。

3. 同时利用网络直接与间接渠道

这种方法,是指企业同时使用网络直接销售渠道和网络间接销售渠道,以达到销售业绩最大的目的。在买方市场条件下,通过两条渠道销售产品比通过一条渠道更容易开拓市场。在西方众多企业的网络营销活动中,这是很常见的方法,是企业网络营销非常有效的渠道策略。

在现代化大生产和市场经济条件下,企业在网络营销活动中除了自己建立网站外,大部分都是积极利用网络间接销售渠道销售自己的产品,通过中介商的信息服务、广告服务和撮合服务,扩大企业的影响,开拓企业产品的销售空间,降低销售成本。因此,对于从事企业营销活动的企业来说,必须熟悉并研究国内外电子商务交易中间商的类型、业务性质、功能、特点及其他有关情况,必须能够正确地选择中介商,顺利地完成商品从生产到消费的整个转移过程。

3.4 网络营销方法

网络营销目前通过实践应用的方法超过百种,而且还在不断增加。这么多的网络营销方法的选择和组合,需要企业根据自身特点和实施网络营销的具体环境情况,在多样化的营销方法中挖掘最优的组合来综合运用和构建自己的营销方法体系。网络营销按照是否有企业网站,可分为无站点网络营销和基于企业网站的网络营销两大类,如图 3-1 所示。按照网络营销的网络资源,可分为内部资源网络营销和外部资源网络营销两大类。

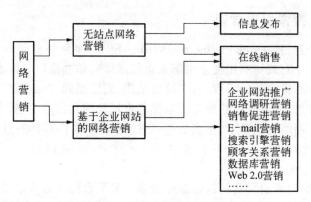

图 3-1　网络营销常用方法

3.4.1　企业网站推广营销

所谓企业网站,就是企业以网络营销为目的,在互联网上建立的企业网上"展览厅"和"大卖场",面向全球展示企业形象、产品介绍、进行产品买卖和网上互动交流等。通过网站建设和宣传的行为,利用网络营销策略扩大站点的知名度,吸引网上流量访问网站,起到宣传和推广企业以及企业产品的效果。

站点推广常用的方法有:一是通过改进网站内容和服务,吸引用户访问,起到推广效果。这种方法,一般费用较低,而且容易稳定顾客访问,但推广速度比较慢。二是通过各类广告宣传推广站点。这种方法可以在短时间内扩大站点知名度,但费用不菲。三是企业网站的域名申请,三级域名要和企业品牌、企业名称或企业主打产品联系起来,使客户容易识记。四是企业的网络实名,它是继IP 地址、域名访问网站的第三代互联网访问方式。这种方式可以让用户直接使用企业名或者网站名称访问企业网站,简便、快捷,更容易使用户接受,更有利于企业网站的推广。

不同企业的建站目的和主要目标群体都有所不同,但在功能上,不同企业的网站功能又在不同营销角度上体现了网站功能的相似特点,总起来说,企业网站的功能有以下几点:

(1) 有利于提升企业形象;
(2) 使公司具有网络沟通能力;
(3) 可以全面详细地介绍公司及公司产品;

(4) 实现电子商务功能；

(5) 可以与客户保持密切联系；

(6) 可以与潜在客户建立商业联系；

(7) 可以降低通信费用。

3.4.2 搜索引擎营销

搜索引擎营销(search engine marketing,SEM)是网络营销的一种新形式，其本质就是企业有效地利用搜索引擎来进行网络营销和推广。搜索引擎优化是网络营销一种非常有效的手段，对于网站推广、网络品牌、产品推广、在线销售等具有明显的效果，通过较高的搜索引擎排名来增加网站的点击率，增加产品或服务的销售额。网络调查显示，排名前 10 名的网站占据了 72% 的点击率，排名第 10—20 名的网站拥有 17.9% 的点击率，而排名 20 名以后的所有网站只有 10.1% 的点击率。

简单来说，搜索引擎营销就是基于搜索引擎平台的网络营销，利用人们对搜索引擎的依赖和使用习惯，在人们检索信息的时候尽可能将营销信息传递给目标客户。搜索引擎营销追求最高的性价比，以最小的投入获取最大的来自搜索引擎的访问量，并产生商业价值。搜索引擎营销的最主要工作是扩大搜索引擎在营销业务中的比重，通过对网站进行搜索优化，更多地挖掘企业的潜在客户，帮助企业实现更高的转化率。

1. 搜索引擎营销方法的内容

(1) 搜索引擎排名；

(2) 分类目录登录；

(3) 搜索引擎登录；

(4) 付费搜索引擎广告；

(5) 关键词广告；

(6) 竞价排名；

(7) 地址栏搜索；

(8) 网站链接搜索。

2. 搜索引擎营销的实现过程

(1) 企业将信息发布在网站上，使这些信息成为以网页形式存在的信息源；

(2) 利用搜索引擎将网站或网页信息收录到索引数据库；

(3) 用户利用关键词进行检索(对于分类目录则是逐级目录查询)；

(4) 在检索结果中罗列相关的索引信息及其链接地址(Universal Resource Locator,URL,也称统一资源定位符)；

(5) 用户根据对检索结果的判断，选择有兴趣的信息，点击 URL 进入信息源所在网页。

3.4.3 E-mail 营销

E-mail 营销是一个广义的概念，泛指所有符合许可营销原理的电子邮件营销方式，有时又特指通过电子邮件投放广告的营销方式。它强调三个基本因素：获得用户许可；通过电子邮件传递信息；信息对用户是有价值的。这三个因素缺少一个，都不能称为有效的 E-mail 营销。

E-mail 营销，在内容上不同于邮件列表营销。邮件列表营销是指通过内部邮件列表来实施网络营销的一种 E-mail 营销方式。它们是两个关系非常密切的概念，两者既相互联系，又有一定的差别。

(1) 联系。在很多情况下，E-mail 营销与邮件列表营销在实现营销的目的和形式上都很相似，都是以发送邮件的方式来实现营销。邮件列表营销是许可 E-mail 营销的一种具体表现形式，但邮件列表的内涵比较广泛，并不是所有的邮件列表都是 E-mail 营销，因为有些邮件列表并没有营销的功能，仅仅是向用户传递信息的一种手段。只有当邮件列表与营销功能相结合时，才能称为 E-mail 营销。

(2) 区别。E-mail 营销的形式比较灵活多样，既可以同专业直复营销公司合作（直复营销意味着生产商同顾客直接进行交易，而不通过中间商），也可以租用户地址、购买广告空间、提供某种形式的赞助，还可以通过网站的注册用户、公司自己现有的顾客、有过联系的潜在顾客，甚至一些合作伙伴的顾客资源等多种方式来实现网络营销，所以 E-mail 营销是以直接推广产品、服务信息为目的的。在邮件发送方式上，除了在专业服务商那里投放邮件广告之外，E-mail 营销通常是企业自行向用户发送邮件。

也就是说，E-mail 营销是直接向潜在用户发送产品或服务信息，而邮件列表采用"迂回的方式"，在向用户提供有价值信息的同时附带一定的产品或服务来推广信息。换句话说，由于内部列表营销一般是以邮件列表的形式出现的，如电子刊物、会员通信、新产品通知等，因此有时称为"邮件列表营销"。而外部列表特指企业自行向潜在用户直接发送推广信息，或者通过专业服务商来开展 E-mail 营销活动。外部列表营销也简称"E-mail 营销"，因为这种营销活动可以不涉及邮件列表的概念即可完成。因此，也可以用另一种方式来说明两者的区别：利用内部列表开展 E-mail 营销的方式即"邮件列表营销"，利用外部列表开展 E-mail 营销的方式仍然称为"E-mail 营销"。E-mail 营销的主要形式有：

(1) 许可 E-mail 营销（Permission E-mail Marketing，PEM），简称许可营销。

(2) 未被请求的商业电子邮件（Unsolicited Commercial E-mail，UCE）营销，也就是非许可 E-mail 营销，即通常所说的"垃圾邮件"，英文中常用 Spam 和 Junk E-mail 来表达。

(3) 选择性加入(Opt-in)邮件列表营销。Opt-in 直译为"选择性加入",这是一种最简单的用户许可方式,即用户主动输入自己的 E-mail 地址,加入一个邮件列表中。Opt-in 通常又可分为两种形式:一种是用户在网页上的订阅框中输入自己的邮件地址之后,网站无须给予 E-mail 通知,是否加入成功要等正常收到邮件列表的内容才知道;另一种是在用户输入 E-mail 地址并点击"确认"按钮之后,网站会立即发出一封邮件通知给用户。如果用户不想订阅,或者并不是自己订阅的(如他人输入邮件地址错误或恶作剧),可以按照确认邮件里的说明来退出列表,可能是点击某个 URL,或者回复确认邮件来完成。在此将 Opt-in 称为"单向确认"邮件列表(尽管并不是所有的 Opt-in 都有确认通知),这也是为了与 Double Opt-In 相对应。

(4) 双重选择性加入(Double Opt-In)邮件列表营销。Double Opt-In 直译为"双重选择性加入",与 Opt-in(单向确认)相对应,这里称为"双向确认"邮件列表。正如前面介绍的,当用户输入自己的 E-mail 地址,点击"确认"按钮之后,加入邮件列表的程序并没有完成,系统将向用户的邮箱中发送一封确认邮件,用户只有按照邮件中的指示如点击某链接,或者回复邮件,才能完成最终加入列表程序。这样做,一方面避免了将错误的 E-mail 地址加入邮件列表;另一方面也杜绝了恶意的用他人的 E-mail 地址加入邮件列表,因而在一定程度上阻止了垃圾邮件的泛滥。尤其在第三方专业邮件列表发行平台上,运行着数以千计的邮件列表,如果不采用双向确认方式,很容易造成垃圾邮件泛滥。

(5) 选择性退出(Opt-out)邮件列表营销。Opt-out 直译为"选择性退出",我们形象地称其为"自愿退出"邮件列表。要加入邮件列表,却使用"退出"的字眼,这本身就有点奇怪,这也从字面意思即可看出使用 Opt-out 的用户许可方式显得不正规。Opt-out 的基本方法是这样的:网站将自行收集来的用户 E-mail 地址加入某个邮件列表,然后在未经用户许可的情况下,向列表中的用户发送邮件内容,邮件中有退订方式,如果用户不喜欢,允许用户自己退出。Opt-out 的操作方法也不完全相同,有些网站会在将用户加入之后向用户发一封 E-mail,告诉他已经被加入邮件列表。在这种情况下,无论是否允许用户"自愿退出",实际上都有一定的强迫性。因此,它与 E-mail 营销的许可原理有一定的距离。

3.4.4 数据库营销

数据库营销是在信息技术、互联网与 Database 技术发展中逐渐兴起和成熟的一种市场营销推广手段。在实施数据库营销时,企业需要在总体战略与服务理念、人员组织配置与素质、信息技术系统等几个方面协同配合,它在企业市场营销行为中具备广阔的发展前景。它不仅仅是一种营销方法、工具、技术和平台,更重要的是一种企业经营理念,改变了企业的市场营销模式与服务模式,从本质上讲是改变了企业营销的基本价值观。数据库营销的运用几乎不受行业差异的限制,目前运用较多的行业是 IT、电信、电子商务、航空服务、房地产、旅游品、化妆品等。

1. 开展数据库营销的基本战略

(1) 开发企业与顾客接触沟通的主要方式;
(2) 建立一个完整的顾客服务体系;
(3) 识别哪些是优质顾客,花精力去提高他们的忠诚度;
(4) 计算顾客终身价值以决定营销活动的经济效果;
(5) 分析和找出顾客特征群貌,用来复制优质顾客;
(6) 不断测试检验,让每次营销活动都成为企业增强对顾客了解的机会;
(7) 改变企业的认知、人员角色与绩效系统,使之适应企业与顾客关系的新架构;
(8) 组建能有效管理数据库的专业团队,不断充实、升级营销数据库。

2. 数据库营销的技术方法

数据库营销的相关技术主要是指数据库技术和数据挖掘技术,在现阶段两者的技术都有待进一步提升和成熟。

可以预见,数据库营销将与一对一营销、顾客关系管理等融为一体,它所代表的量化、个性化、数码化、有的放矢地接触与服务顾客的思想将成为大多数企业的共识与顾客互动的前提,企业对具有这方面能力的营销与管理人员的需求势必急剧增加。

3.4.5 Web 2.0 营销

自 2004 年"Web 2.0"这个新词汇提出以来,Web 2.0 范畴内的许多思想、技术和应用已经得到了广泛应用,成为新一代互联网继续发展的研究热点。

Web 2.0 是以 Blog(博客,包含声音、文字、图像、视频,让个人成为网络的主体)、RSS(简易聚合)、Wiki(维基)、Tag(分类分众标签)、SNS(社会性网络)、Bookmark、Web Service、开放式 APIs 等应用为核心,以 XML 和接口协议为底层,依据六度分割、长尾、Ajax、Mashup 等理论和技术实现的新一代互联网。

事实上,至今没有人能给 Web 2.0 下一个明确的定义。每个人眼中的 Web 2.0 都有不同的表述。技术研究者眼中的 Web 2.0 是 SNS、Blog、RSS 等社会性软件的兴起;博客们则认为 Web 2.0 是人与人之间更便捷、更具个性的互动;在风险投资商眼中,Web 2.0 又代表了新的商业机会和行业游戏规则。

目前,Web 2.0 营销相关的流派众多,如体验营销、关系营销、博客营销、社区营销、一对一营销、情境细分营销等,不下十余种。

1. Web 2.0 营销的特点

Web 2.0 营销是一种小众营销,其本质是信任营销。从营销学来讲,顾客可划分为重度使用者、中度使用者与轻度使用者。"小众"营销的"小众"指的就是重度使用者。"小众"营销对这些重度使用者采用的是品牌招人、质量示人、价格惠人与关系留人等策略。"小众"营销明确无误地表示自己对20%重度使用者用"有色眼镜看人",给其特殊的关怀、特别的提醒。通过Web 2.0模式以"小众"喜闻乐见的形式来进行营销沟通,动之以"情"、晓之以"礼",比起铺网式传播,其冲击力与聚集效应是显而易见的。

随着顾客需求有了分散化和个性化的趋势,营销也随之发生变化,从原来的大众化营销逐步向个性化营销发展。深度的小众营销就是建立在互联网基础上,以企业和顾客之间的深度互动沟通、认同为目标,从关心人的显性需求转向关心人的隐性需求。它要求让顾客参与企业的营销过程,给顾客提供更多的企业关怀,与顾客建立长期的合作关系,通过大量人性化的沟通工作,使自己的产品品牌产生"润物细无声"的效果,保持顾客长久的品牌忠诚。

2. Web 2.0营销的意义

(1) Web 2.0是一种创新的媒介形式;

(2) Web 2.0是一个更加集中的社群环境;

(3) Web 2.0营销是一种全新的营销理念;

3.4.6 网络调查营销

网络市场调查与传统市场调查一样,应遵循一定的方法与步骤,以保证调查过程的质量。

1. 网络市场调查的一般步骤

(1) 明确问题与调查目标。进行网络市场调查,首先要明确调查的问题是什么,调查的目标是什么,谁有可能在网上查询你的产品或服务,什么样的客户最有可能购买你的产品或服务;在你这个行业,哪些企业已经上网,他们在干什么,客户对竞争者的印象如何;公司在日常运作中,可能要受哪些法律法规的约束,如何规避等。具体要调查哪些问题事先应考虑清楚,只有这样,才可能做到有的放矢,提高工作效率。

(2) 确定市场调查的内容。网络市场调查的内容,主要分为企业产品的消费者、企业的竞争者和企业合作者和行业内的中立者三大类。

(3) 制定调查计划。网络市场调查的第三步是制定有效的调查计划,包括资料来源、调查方法、调查手段、抽样方案和联系方法五部分内容。

(4) 收集信息。利用互联网作市场调查,不管是一手资料还是二手资料,可同时在全国或全球进行,收集的方法也很简单,直接在网上递交或下载即可,这与受区域制约的传统调研方式有很大的不同。如某公司要了解各国对某一国际品牌的看法,只需在一些著名的全球性广告站点发布广告,把链接指向公司的调查表就行了,无需像传统调查那样,在各国找不同的代理分别实施。此类调查如果利用传统方式是无法想象的。

在问卷回答中访问者经常会有意无意地漏掉一些信息,这可通过在页面中嵌入脚本或 CGI 程序进行实时监控。如果访问者遗漏了问卷上的一些内容,调查表会拒绝递交或者验证后重发给访问者要求补填。最终,访问者会收到证实问卷已完成的公告。在线问卷的缺点是无法保证问卷上所填信息的真实性。

(5) 分析信息。信息收集结束后,接下去的工作是信息分析。信息分析的能力相当重要,因为很多竞争者都可从一些知名的商业站点看到同样的信息。调查人员如何从收集的数据中提炼出与调查目标相关的信息,并在此基础上对有价值的信息迅速作出反应,这是把握商机、战胜竞争对手、取得经营成果的一个制胜法宝。利用 Internet,企业在获取商情和处理商务的速度方面是传统商业无法比拟的。

(6) 提交报告。调研报告的填写是整个调研活动的最后一个阶段。报告不是数据和资料的简单堆砌,调查员不能把大量的数字和复杂的统计技术扔到管理人员面前,而应把与市场营销关键决策有关的主要调查结果写出来,并以调查报告正规格式书写。

2. 网络调研的优点

(1) 及时性和共享性。可以把调研的相关信息迅速地传递给世界各地上网的用户。

(2) 便利性和低成本性。与传统营销调研相比,可以有效地降低调研的费用,增加调研的便利性。

(3) 交互性和充分性。可以减少因调查问卷的不合理而导致调查结果出现偏差等问题。

(4) 可靠性和客观性。用户所填写的信息是其自愿的,从一定方面保证了调研的客观性与真实性,有效地避免了传统营销调研中人为因素的干扰。

(5) 可以全天候地进行营销调研,无须人为守候及监控。

(6) 可检测性和可控制性。可有效地对采集信息的质量实施系统的检验和控制。

3.4.7 信息发布

1. 信息发布的策略

在网络营销的实践中,许多企业的经营者存在一种认识误区,以为域名注册了,空间买到了,网站建成了,信息化建设也就大功告成了,就可以坐等订单滚滚而来了。然而,最终的结局却往往是"只见网页建,不见订单来"。问题的主要原因在于许多经营者还不懂得网上销售的诀窍,缺乏网络营销中商务信息发布的相关技巧和方法。大量的网络营销实践证明,商务信息发布作为开展网上营销和进行网上交易的主要手段,具有很强的专业性和技巧性。如何结合企业的实际,充分挖掘市场需求,并在此基础上进行科学有效的信息发布,关系到网络营销成败的全局。目前,一些企业选择了网络服务提供商来解决这个问题,这样,企业就可以有更多精力用于产品开发和提高企业竞争力上来。

(1) 信息发布前应做好的五项准备

① 检查接收信息的通路;

② 提炼主题;

③ 精炼内容和文字;

④ 进行图文搭配;

⑤ 进行信息发布前的反向搜索。

(2) 商务信息发布中优选网站应当遵循的原则

① 根据商气兴旺与否优选发布网站。只有商气足、人气足的网站,商机才多。打个最常见的比方:在传统营销中,没有商气的商店,被称为冷店,而冷店是无人进的。因为没有客流,你把商品摆进去,其结果只能是无人问津。同样的道理,在网络营销中,也必须把自己的商品信息放在一个商气旺的网站发布,才能有较多的浏览者看到你的信息,才能获得较多的商机,从而实现最短距离连接、最快速度成交。

② 针对商品的销售对象和销售区域优选发布网站。实践中,许多商品是有一定的销售渠道和销售区域的,我们在优选发布网站时,应充分考虑这种情况,使之成为我们整体销售战略的一个重要组成部分。因此,这种选择既有定向性,又有互动性,它会成为我们传统营销战略的补充和替代。

③ 从成长中的行业网站优选发布网站。在平常的浏览中,经常会发现许多新成立的商务网站。对于这些新发现的网站,可以逐步试发一些信息,进行测试,也可以确定一个观察期(一周或一月),观察该网站的信息量和客户流。经过一段时间的观察或测试,若该网站的商气确实很旺,就可以把它扩充进来,成为企业今后的目标网站或定点联系网站。

④ 从准备开辟的新销售区域试选发布网站。由于我国经济发展的不平衡以及地区自然条件、生活水平、网民结构和文化风俗的差异性,导致在网络营销和电子商务发展中出现相应的区域差异。因此,开辟新的销售区域时,必须注意这种区域差异的特点,从而有针对性地选择对区域经济发展有影响的网站。

⑤ 根据浏览量优选发布网站。浏览量高的网站,一般情况下人气、商气也较旺,但是由于多数商务网站没有人气浏览量的显示,因此,在网站选择的过程中,就需要进行综合判断。

2. 网络信息发布的优势

(1) 降低信息发布投入费用。相对于传统媒介来讲,信息发布费用很低。信息发布费用减少就是产品成本的降低。

(2) 网络信息发布的传送灵活性高,可以 24 小时在线服务。

(3) 网络信息发布内容可以根据客户的需要进行灵活更新。

(4) 利用网络提供的交流平台可以及时和网民进行交流,例如,通过电子邮件、有奖网络调查的方式掌握第一手的用户信息,了解到整个消费群体的总体需求及消费趋势等。这一点是传统媒体无法比拟的。

(5) 可吸引年轻、受教育程度高且相对富裕的人群。

(6) 可以精确地计算出投放效果如何(通过计算信息发布被点击的次数分析得知)。

除了上述这些主要的网络营销方法之外,根据营销的渠道或使用的主体媒介的不同,还有许多种网络营销方法,如在线咨询(留言本、在线咨询表单、QQ、MSN 等)、网上订单、网上购物车、Help 或 FAQS(常见问题解答)、交流社区、品牌营销、网上调查、网络广告等。

近年来,随着电子商务的广泛应用,各种网络营销方法已经融入电子商务系统,充分利用电子商务系统的在线谈判、在线支付和在线交易功能,克服了传统网络营销方法的单一性,提升了网络营销的功效,并已经成为一种综合化、一体化的新型网络营销手段。

本章小结

网络营销,是相对于传统营销而提出的一个新概念,是指企业通过在线活动建立和维持客户关系,以协调满足公司与客户之间交换概念、产品和服务的目标。

网络营销作为一种全新的营销理念,对传统营销及营销组织、营销战略、企业组织结构等都产生了巨大冲击。网络营销与传统营销是相互促进和补充的,两者既存在联系也存在区别,企业在进行营销时应根据企业的经营目标和细分市场,整合网络营销和传统营销策略,以最低成本达到最佳的营销目标。

网络营销具有营销理念超前性、市场跨时空性、对资源的有效整合性、低成本经济性、对市场的冲击性、鲜明的技术性等特点。

对网络市场和网络消费者行为进行分析,掌握顾客网上购物的不同动机和需求,分析顾客的购买过程,对制定有效的网络营销方法和营销策略至关重要。

目前主要的网络营销策略有:产品策略、价格策略和营销渠道策略。

目前常用的网络营销方法有:企业网站推广营销、搜索引擎营销、E-mail 营销、数据库营销、Web 2.0 营销、网络调研营销和信息发布等多种方法。

第4章 电子支付与安全

本章导学

随着电子商务的蓬勃发展,网上购物、在线交易对于消费者而言已经从一个新鲜未知的事物变成了日常生活的一部分。对于网络商家而言,传统的支付方式如银行汇款、邮政汇款等,都需要购买者去银行或邮局办理繁琐的汇款业务;而如果采用货到付款方式,又给商家带来了一定风险和昂贵的物流成本。因此,电子支付在这种需求下逐步诞生,成为电子商务发展的必然趋势。

中国人民银行《电子支付指引(第一号)》对电子支付的定义是:单位、个人直接或授权他人通过电子终端发出支付指令,实现货币支付与资金转移的行为。电子支付的类型按电子支付指令发起方式分为网上支付、电话支付、移动支付、销售点终端交易、自动柜员机交易和其他电子支付。

电子支付改变了支付信息和支付业务的传统处理方式,使支付处理方式从最初的面对面支付发展到现在的远程支付,从手工操作发展到电子化自动处理,从现金、票据等实物支付发展到各类现代化的非现金支付工具。电子支付具有传统支付手段不可比拟的优点,不仅方便快捷、省时省力,而且能够降低交易成本、减少现金流、提高交易透明度,但也存在支付的安全隐患。在电子商务网站上影响交易最大的阻力可能就是交易安全,使用者担心在网络上传输的信用卡及个人资料信息被截取,或是不幸遇到"黑客",信用卡资料被不正当运用。另一方面,网上商店也担心收到的是被盗用的信用卡号码,或是交易不认账等。因此,保证电子商务的安全交易是当务之急。

本章主要介绍电子支付与电子商务安全的相关概念和内容,主要包括:
- 电子商务支付的三种传统方法:电子货币、网上银行和网上支付。
- 电子商务安全交易体系
- 电子商务安全交易协议

案例导入

支付宝——你敢用,我就敢赔

支付宝(www.alipay.com)最初是作为淘宝网为了解决网络交易安全所

设的一个功能,该功能为首先使用的"第三方担保交易模式",由买家将货款打到支付宝账户,由支付宝向卖家通知发货,买家收到商品确认后指令支付宝将货款发于卖家,至此完成一笔网络交易。

浙江支付宝网络技术有限公司,原名支付宝(中国)网络技术有限公司,是国内领先的独立第三方支付平台,是阿里巴巴集团的关联公司。支付宝致力于为中国电子商务提供"简单、安全、快速"的在线支付解决方案。从2004年建立开始,始终以"信任"作为产品和服务的核心,不仅从产品上确保用户在线支付的安全,同时致力于让用户通过支付宝在网络间建立起相互的信任,帮助建设更纯净的互联网环境。经过短短几年的发展,支付宝已经成长为全球最领先的第三方支付公司之一,为电子商务各个领域的用户创造了丰富的价值。

支付宝的交易流程如下:

(1)买家在淘宝网站选购商品,最后决定购买,买卖双方在网上达成交易意向;

(2)买家选择用支付宝付款,将货款转账到支付宝;

(3)支付宝通知卖家,买家已付款,要求卖家发货;

(4)买家收到货物并确认满意后通知支付宝,如果买家对货物不满意,或认为与卖家承诺有出入,可通知支付宝拒付货款并将货物退回卖家;

(5)买家满意,支付宝将货款划入卖家账户,交易完成;

(6)买家给卖家信用评价。

信用保障是支付宝与其他第三方支付平台的不同之处,其最大的特点是支付宝在设计之初就更多地考虑现金支付方的利益,当用户通过支付宝向商家支付现金时,这笔钱并不是立刻就到了商家的账上,而是由支付宝公司作为信用担保,替买卖双方暂时保管货款,只有用户拿到了商品并在自己的支付宝账户中认可了交易时,这笔钱才会被转到商家的支付宝账户中。这在最初国内电子商务环境尚不成熟、诚信体系不完善、用户网上交易信心不足的情况下,非常好地激发了用户进行网上交易的热情。

支付宝的安全性是用户使用的信心基础。支付宝提出"你敢用,我就敢赔"的服务承诺,使用支付宝购物,受到损失将获得全额赔付。支付宝有三项服务是比较实用的,极大地提升了支付宝的安全性。首先,"支付宝账户"有两个密码。一个是登录密码,用于登录账户,查看账目等一般性操作;另一个是支付密码,凡是牵涉资金流转的过程都需要使用支付密码。缺少任何一个密码,都不能使资金发生流转。同时,同一天内系统只允许密码输入出错两次,第三次密码输入出错,系统将自动锁定该账户,三个小时后才会自动解除锁定。其次,"支付宝账户"设置变动时具有手机短信通知功能。在有修改密码、使用支付宝账户余额付款、申请提现、取回密码、更新登记的银行账号、修改 E-mail 地址等操作的时候,用户会收到短信通知。如果收到的操作提示短信非自己的,可以及时检查账户并联系支付宝,以保护账户安全。同时这项服务也是免费的。最后,支付宝对所有使用支付宝的卖家至少进行了双重身份认证,即身份证认证和银行卡认证。除了与公安部全国公民身份证号码查询服务中心合作校验身份证的真伪,支付宝还和各大商业银行进行合作,利用银行账户实名制信息来校验用户填写的姓名和银行账户号码是否准确,摒弃了某些购物网站仅凭一个手机号码或者身份证号码进行简单认证的模式。

目前除淘宝和阿里巴巴外,有超过 46 万的商家与合作伙伴支持支付宝在线支付和无线支付服务,范围涵盖了 B2C 购物、航旅机票、生活服务、理财、公益等众多方面。支付宝已经与国内外 160 多家银行以及 VISA、MasterCard 国际组织等机构建立了深入的战略合作关系,成为金融机构在电子支付领域最为信任的合作伙伴。截至 2012 年 6 月,支付宝注册用户突破 7 亿,日交易额超过 45 亿元人民币,日交易笔数峰值达到 3 369 万笔。

4.1 电子商务支付

在电子商务的流程中,最为重要的是电子支付环节。随着互联网和数字技术的不断发展,电子货币、网上银行等快捷方便的网上支付方式得到了广泛使用。我国的电子商务支付技术也在不断发展进步,出现了很多种新型支付方式,比如第三方电子支付等。

4.1.1 电子货币

电子货币是金融与电子技术发展的产物,已经成为发展电子商务的核心部分,它的便捷性完全符合和支持了电子商务中资金流的运作。

1. 电子货币的基本概念

中国人民银行在[2009]第 7 号公告中,首次正式提出了电子货币的概念。即存储在客户拥有的电子介质上、作为支付手段使用的预付价值。电子货币有两种形式:卡基类电子货币和网基类电子货币。卡基类电子货币主要是金融机构发放的各种银行卡和非金融机构发行的各类储值卡。网基类电子货币主要有两种形式:一是第三方支付平台中的电子货币;二是各大网络服务提供商发行的电子货币。卡基类主要是指网下的支付,网基类是指网上的支付。

2. 电子货币的发行

(1) 电子货币的发行流程

电子货币发行和运行的流程分为三个步骤,即发行、流通和回收,如图 4-1 所示。

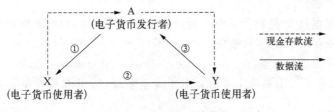

图 4-1 电子货币的发行

① 发行:电子货币的使用者 X 向电子货币的发现者 A(银行、信用卡公司等)提供一定金额的现金或存款并请求发行电子货币,A 接受了来自 X 的有关信息之后,将相当于一定金额电子货币的数据对 X 授信;

② 流通:电子货币的使用者 X 接受了来自 A 的电子货币,为了清偿对电子货币的另一使用者 Y 的债务,将电子货币的数据对 Y 授信;

③ 回收:A 根据 Y 的支付请求,将电子货币兑换成现金支付给 Y,或者存入 Y 的存款账户。

电子货币的发行、流通、回收的过程是用电子化的方法进行的。在进行过程中,为了防止对电子货币的伪造、复制、非正当使用等,运用通信、密码等技术构成高度的安全保密对策。

(2) 中介机构的介入

在发行者与使用者之间有中介机构介入的体系也是常见的体系。例如,在图 4-1 中的 AXY 三个当事者之外,AX 之间介入了银行 a,AY 之间介入了银行 b,如图 4-2 所示。

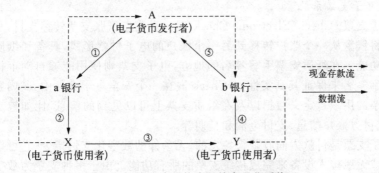

图 4-2 有中介机构介入的电子货币体系

该电子货币体系的运行分五个步骤,涉及五个当事者。

① A 根据 a 银行的请求,以现金或存款交换发行电子货币;

② X 对 a 提供现金或存款,请求得到电子货币,a 将电子货币向 X 授信;

③ X 将从 a 处得到的电子货币用于清偿债务,授信给 Y;

④ Y 的开户银行 b 根据 Y 的请求,将电子货币兑换成现金支付给 Y(或存入 Y 的存款账户);

⑤ A 根据从 Y 处接受了电子货币的银行 b 的请求,以电子货币兑换将现金支付给 b(或存入 b 的存款账户)。

3. 电子货币的分类

现行的电子货币系统主要分为电子支票系统、信用卡系统和电子现金系统三大类。

(1) 电子支票系统。电子支票系统通过自动化银行系统剔除纸面支票,进行资金传输,例如通过银行专用网络系统进行一定范围内普通费用的支付,或通过跨省市的电子汇兑与清算,实现全国范围的资金传输,或世界各地银行之间的资金传输。电子支票方式的付款可以脱离现金和纸张进行。

(2) 信用卡系统。信用卡是目前最为广泛的电子货币,它要求在线连接使用。信用卡、银行卡支付是金融服务的常见方式,可在商场、饭店及其他场所中使用。银行发行最多的是信用卡,它可采用联网设备在线刷卡记账、POS 结账、ATM 提取现金等方式进行支付。电子商务中更先进的方式是在 Internet 环境下通过 SET 协议进行网络直接支付,具体方式是用网上发送信用卡号和密码,加密发送到银行进行支付。当然支付过程中要进行对用户、商家及付款要求的合法性验证。

(3) 电子现金系统。电子现金是一种数字化形式的现金货币,其发行方式包括存储性的预付卡和纯电子系统性形式的用户号码数据文件等形式。电子现金系统的主要好处就是它可以提高效率,方便用户。目前已经有 Digicash、Netcash、Modex 三种系统开始使用。

4. 电子支票系统

电子支票 eCheck(Electronic Check)是一种借鉴纸张支票转移支付,利用数字传递将钱款从一个账户转移到另一个账户的电子付款形式,具备和纸质支票同样的功能。在纸质支票手写签名的地方,电子支票则使用能够自动审核和确认的数字签名来保证其真实性。eCheck 嵌在一个安全电子文件中,其内容包括有关支票的用户自定义数据以及在纸质支票上可以见到的信息,比如被支付方姓名、支付方账户信息、支付金额和日期等。

电子支票是付款人向收款人签发的、无条件的数字化支付指令,它可以通过因特网或无线接入设备来完成传统支票的所有功能。由于多种支票为数字化信息,因此处理极为方便,处理的成本也比较低。电子支票通过网络传输,速度极快,大大缩短了支票的在途时间,使客户的在途资金损失减为零。电子支票采用公开密钥体系结构,可以实现支付的保密性、真实性、完整性和不可否认性,从而在很大程度上解决了传统支票中大量存在的伪造问题。

由于电子文档可以取代纸质文档,而基于公钥的数字签名可以替代手写签名,所以,使用电子支票取代纸质支票,不需要创建一个全新的支付手段,可以充分利用现有的支票处理基础设施(如法律政策和商业环境等)。在充分利用电子支付手段的前提下,可以给付款人、收款人、银行和金融系统带来尽量少的影响。

电子支票的支付流程大致如图 4-3 所示。

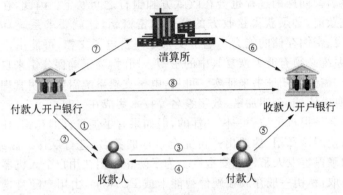

图 4-3 电子支票支付流程

① 付款人在开户行申请一个电子支票簿;
② 付款人根据电子支票的要求生成一个电子支票,并对该支票进行签名;
③ 付款人利用安全 Email 或 WWW 方式把电子支票传送给收款人,一般用收款人的公钥加密电子支票;
④ 收款人收到该电子支票后,用付款人的公钥确认付款人的数字签名;
⑤ 收款人背书(endorses)支票,写出一存款单(deposit),并签署该存款单给收款人开户行;
⑥ 收款人开户银行验证付款人签名和收款人签名,贷记收款者账号,在合适的时间向清算所发出支票清算申请;
⑦ 付款人银行验证付款人签名,并借记付款人账号;
⑧ 付款人银行和收款人银行通过传统银行网络进行清算,并对清算结果向付款人和收款人进行反馈。

由于 Internet 的开放性带来的相应的安全风险问题和可靠性问题,电子支票必须满足网上支付的安全需求。在电子支票系统中使用安全认证可以实现身份识别,数字签名可以取代手写签名和签章来实现信息的完整和不可抵赖性,加密解密技术能实现支票信息的保密性。由于电子支票系统采用公开密钥密码体制实现其加解密和数字签名,尽管拥有加密和签名的算法很重要,但一般情况下算法是公开的,秘密全部置于密钥中,所以密钥的管理尤为重要。此外,由于电子支票的数字签名是用签发人的私钥生成的,一旦私钥被窃取,任何人都可以签发和使用电子支票,故系统必须确保签名私钥的安全性。所以,实现电子支票安全支付的关键是密钥管理和签名私钥的保护。

电子支票系统中的每个用户都拥有两对密钥,其中一对密钥用作签名和验证签名,另一对用作加密和解密。支票的签发方在电子支票文档中输入必要的支票信息,用自己的签名私钥对支票签名,然后用收款方的公开加密密钥对签名进行加密,发送加密签名后的电子支票;收款方在接收到支票时,用相应的私有密钥解密签名。同样的过程也会在收款方和银行之间发生。因此,在支票的签发方发送支票前,必须获得接收方的公开加密密钥,这就要求系统具备密钥产生、密钥分发、密钥存储的能力。电子支票是一份电子文档,可能由于种种原因造成损坏,系统必须有能力恢复其中的密钥。同时,为了确保公钥来自一个真实的合法用户,需要公钥证书来证实。可见,电子支票系统需要密钥管理体系结构的支持,把身份认证、公钥加密、数字签名等技术集成在一起。

手写签名是很难模仿得一模一样的,但如果有了签发人的私钥,任何人就都可以很容易使用该私钥,伪造出一份完全一样的签名,进行欺诈。因此,电子支票系统必须确保签发人私钥的安全性。为了防止私钥在用户个人机器或在网络传输时被窃取,私钥一般存放在硬件智能卡或 PC 卡上,由用户随身携带。在电子支票系统中,私钥的保护是通过电子支票簿技术实现的。

(1) 电子支票簿的生成过程

① 密钥生成。系统执行初始化程序,激活卡内芯片调用满足标准的密钥生成程序,生成加密和签名的密钥对,私钥保存在卡内,公钥可以从卡内导出。

② 发卡行对支票账号、卡及持卡人进行登记。

③ 公钥以安全的方式从卡中发送到银行 CA(数字证书及证书授权中心),银行 CA 把公钥与一定的支票账户和持卡人进行映射。

④ 银行验证所有的账户信息和公钥后,给支票簿发放一张用银行私钥签名的公钥证书。

⑤ 系统确认银行证书的完整性,把证书及一些账户信息(如支票账号、支票限制)存入卡内。

⑥ 将中央 CA 给银行发放的证书存入卡内。

⑦ 系统生成电子支票簿卡,在卡面上打印银行的标识、持卡人号码、识别码。

⑧ 随机生成初始 PIN,安装到芯片。

⑨ 把卡和被覆盖的 PIN 发给用户。

(2) 电子支票簿的存放介质

电子支票簿是一种硬件和软件的结合装置,可以实现电子支票的签名、背书等最基本功能,它具有防篡改的特点,并且不容易遭到来自网络的攻击。常见的电子支票簿有智能卡、PC 卡、掌上电脑等。

(3) 电子支票簿的功能

① 密钥生成。系统执行标准的加密算法在智能卡内生成所需的密钥对,公

钥可以对外发放,私钥只保存在卡内,除非密钥恢复时能得到私钥的备份,否则其他任何地方都无法获取私钥。

② 签名和背书。用户通过执行智能卡内 ROM 芯片中的加密例程实现信息的加密和签名。

③ 存取控制。用户通过输入个人身份识别码(PIN)来激活地址支票簿,确保私钥的授权使用。系统根据不同的控制级别分别对应三种 PIN。第一种 PIN 可实现填写地址支票、对支票签名、背书支票、签发进账单、读取日志信息、更改该级别 PIN 等功能;第二种 PIN 除执行第一种的功能外还增加了对电子支票簿的管理功能,如可增加、删除证书和公钥、读取签发人的公钥和签发人的个人信息等;第三种 PIN 用作银行系统初始化,包括初始化公钥和初始化签发人的个人数据等。

5. 信用卡系统

信用卡 1915 年起源于美国,至今有近 100 年的历史,目前在发达国家及地区,如美国、日本、英国、法国等地使用非常广泛,已成为一种普遍使用的支付工具和信贷工具。

我国信用卡的产生是随着改革开放的步伐逐渐发展起来的。20 世纪 70 年代末中国银行开展信用卡代理业务,并于 1985 年 3 月发行了第一张信用卡——"中银卡",随后我国信用卡发卡机构不断增多。先是广东发展银行发行符合国际标准的人民币贷记卡和国际卡;接着招商银行鼎力推出一卡双币信用卡;工行随后在香港推出港币、人民币信用卡;建行信用卡中心又在沪隆重开张,推出建行龙卡信用卡。无论是全国性商业银行,还是中小商业银行都加大投入,积极发展个人金融业务。经过近 30 年的发展,中国的银行卡工作基本上完成了初期的普及使用任务,成为当今最重要的消费支付工具之一,其携带方便、可透支并享受一定的免息优惠等特点,在越来越多的场合取代了现金和借记卡。此外,由于信用卡业务不断创新,业务种类灵活多样,附加价值日益丰富,它给消费主体提供的功能和体验已不仅限于资金的给付,其进一步取代传统支付工具的趋势仍将持续。

(1) 信用卡的概念

信用卡是银行和其他财务机构签发给那些信用状况良好的人士的一种附有信用证明和防伪标志的特殊塑料制成的卡片。国际统一标准是:长 84.72 mm,宽 53.975 mm,厚 0.762 mm。信用卡正面印有发卡机构的名称、图案、简要说明、卡号、有效期、持卡人的英文或拼音姓名等信息,背面附有磁条或芯片,上面录有持卡人的账号、个人密码等信息资料。持卡人可以在发卡机构指定的商户购物和消费,也可以在指定的银行机构存取现金。

信用卡的最大特点是同时具备信贷和支付两种功能。持卡人可以不用现金,凭信用卡购买商品和享受服务,由于其支付款是发卡银行垫付的,银行便对持卡人发生了贷款关系,而信用卡又不同于一般的消费信贷。一般的消费信贷,只涉及银行和客户两者之间的关系,信用卡除银行和客户外,还与受理信用卡的商户发生关系。

信用卡的发行,使银行有了一种新的争取特约商户和信用卡客户存款的手段,有利于扩大银行转账结算业务,同时增加银行信贷资金的来源,从而获得更多的利息,也加快了社会流动资金周转速度,促进经济发展。另外,由于信用卡是转账结算,取代了一定数量的市场流通货币,减少了货币的发行量和国家每年用于货币印刷、调拨、运输、仓储和投放所耗费的资金。信用卡的发行和使用,使持卡人通过使用信用卡获得商品和服务,免除了携带大量现金的不便和风险,同时还可以通过透支,简便地获得银行贷款。作为特约商户来说,由于有信用卡发卡银行的信用保证,特约商户可以放心地为持卡人提供商品和服务,从而扩大商品的销售量,并减轻收款、点款工作量,简化了支付、记账和结账的过程。

(2) 信用卡的基本功能

信用卡主要有以下四项基本功能:

① 转账结算功能。持卡人在指定的场所消费之后,无须以现金支付款项,而只需要递交信用卡进行转账结算。

② 储蓄功能。信用卡可以在相当广泛的范围内,在发卡机构所指定的储蓄网点办理存款手续。

③ 汇兑功能。当持卡人外出旅游、购物或出差,需要在外地支取现金时,可以持卡在当地发卡银行办理存款手续,然后持卡在汇入地发卡银行办理取款手续。

④ 消费信贷功能。对于有信用的客户,在其购物消费过程中,所支付的费用超过其信用卡存款账户余额时,在规定的限额范围之内发卡银行允许持卡人进行短期透支。在透支时,要支付银行透支利息,且利率较高。

(3) 信用卡的类型

信用卡的种类很多。按照不同的划分标准,可以将信用卡大致分为以下五种类型:

① 根据清偿方式的不同,可分为贷记卡(credit card)和借记卡(debit card);

② 根据发卡机构的不同,可分为金融卡和非金融卡;

③ 根据发卡对象的不同,可分为主卡和附属卡,个人卡和公司卡;

④ 根据流通范围的不同,可分为国家卡和地区卡;

⑤ 根据持卡人的信誉和社会经济地位的不同,可分为普通卡和金卡。

6. 电子现金系统

电子现金(E-cash)又称为数字现金(digital cash),是以数字化形式存在的现金货币,可以用来表示现实中各种金额的币值。它可以被看作是现实货币的电子或数字模拟。电子现金以数字信息形式存在并流通,具有现金的属性,能够被消费者、商家和银行接受。

(1) 电子现金的特征

在现有的电子现金系统中,各系统以各自的特殊性来吸引消费者。原则上,电子现金系统必须具备以下共同的特性:

① 不易被复制或篡改。为了维护交易的公平性及安全性,电子现金必须具有不易被复制或被篡改的特性,避免不法的行为发生,以维护商店及消费者的权益。由于 Internet 的无国界性,对应可能在不同国度同时进行电子现金的重复使用问题,更是电子现金系统必须加以特别关注的问题。

② 安全可靠的载体。为了加强电子现金不易被复制或篡改的特性,电子现金必须储存于安全性较高的装置中,如智能卡等安全设备。

③ 存款和提款的功能。使用者可经由使用电话或个人通信设备,进行远程的存(取)款,以方便日后进行电子现金交易。

④ 具备货币价值。电子现金必须具有传统的货币、银行信用认证或银行本票的支持,以代表电子现金所具有的实际货币价值。

⑤ 具备相通性。可以和其他电子现金、货币、银行存款、银行本票等付款方式相互交易。

⑥ 防止诬陷和防止被盗用。可以防止不法之徒恶意破坏,保障消费者的合法权益。

⑦ 较高的匿名性。电子现金的使用与银行账户间不存在任何关联性,因此,使用者不用担心个人的消费行为会被泄露,可以自由地利用电子现金来进行任何消费。

(2) 常用的电子现金系统

① Ecash。Ecash 是由 Digicash 开发的在线交易用的数字货币。使用 Ecash 客户软件,消费者可以从银行提取和在自己的计算机上存储 Ecash。制造货币的银行验证现有货币的有效性并把真实的货币与 Ecash 进行兑换。商家能够在提供信息或货物时接收支付的 Ecash 货币。客户端软件叫计算机钱包(cyberwallet),负责到银行存/取款,以及支付或接收商家的货币。在这种支付方式下,支付者的身份是匿名的。

② Netcash。Netcash 是 Netcash 公司推出的一种付款方式,是可记录的匿名数字现金支付系统。客户先从该公司的 Netbank 银行用实际货币购得电子购物券,它由一个字符串组成,例如 NetcashOS＄95.00M8989.Z89032F。用这种购物券,可在 Internet 上购物,也可邮寄购物。卖主收到从电子邮件送来的购物券后,再用电子邮件向 Netbank 兑现成实际货币,后者将实际货币转入卖主的银行账户。由于这种电子货币没有下限,因此特别适用于小宗买卖。Netcash 的付款方式虽然十分方便,但与 Digicash 相比,安全性较差,Netcash 规定一次购物的金额不超过 100 美元。尽管如此,这种方式仍然受到客户的欢迎。

7. 电子货币的监管

支付体系是国民经济的战略性基础设施,以电子货币为代表的新兴支付业务是支付体系演进的方向。非金融机构在电子货币支付服务领域的崛起,为产业发展提供了新的原动力,同时也改变了支付体系潜在风险的分布,为监管当局带来了新的挑战。

美国、日本、欧盟及世界其他经济体在过去10年中均对电子货币的监管政策做出修订或出台新政策,如表4-1所示:

表 4-1 各国出台的电子货币监管相关法规

国 家	电 子 货 币 法 规
美 国	将电子货币发行机构界定为货币服务机构,各州参照《统一货币服务法案》制定法律,对货币进行监管
欧 盟	于2000年始,先后施行《电子货币监管指令》和《统一市场支付服务指令》,并于2009年出台《电子货币监管指令》修订案
日 本	1989年颁布《预付卡案》,2009年新的《支付服务案》颁布,取代了《预付卡案》对电子货币的监管
英 国	颁布了《金融服务与市场法》,明确对电子货币的监管,并制定了电子货币监管手册
新加坡	2000年提出了"新加坡电子法定货币SELT"框架,2006年颁布《储值工具指引》
印度尼西亚	2009年颁布了《印尼央行关于电子货币的监管规定以及通函》
马来西亚	2008年颁布了《电子货币指引》

中国人民银行于2005年10月出台《电子支付指引(第一号)》,明确将非金融类电子货币支付企业纳入监管范畴。2010年《非金融机构支付服务管理办法》和相关细则的出台实施,明确了具体的监管政策和运行机制。在《办法》中,有以下四点主要内容:

一是明确了电子货币监管主体,确立了中国人民银行对非金融机构支付服务的监管职责。

二是建立统一的非金融机构支付服务市场准入制度,允许非金融机构在取得《支付业务许可证》后,面向社会公众提供网络支付、预付卡的发行与受理、银行卡收单等支付服务。明确了市场准入资质要求和《支付业务许可证》审批程序。

三是提出了对电子货币业务的运营监督管理方法,包括客户备付金安全管理要求和支付业务的规范经营要求。

四是明确了《办法》的过渡期要求。为确保支付服务的稳定运行,《办法》实施前未经批准但已从事支付业务的非金融机构可在《办法》实施后一年内依法取得《支付业务许可证》。逾期未能取得的,将不得继续从事支付业务。

为确保《办法》的有效实施,央行又继续制订了《办法》实施细则及相关业务办法。实施细则主要对《办法》中有关监督管理主体范围、申请人的资质条件、相关申请资料的内容以及有关责任主体的义务等条款进行细化与说明,已于2010年末正式公布实施。相关业务办法在2011年出台,主要是指导支付机构规范开展各类业务的具体办法或指引。

4.1.2　网上银行

1. 网上银行的基本概念

(1) 网上银行的定义

网上银行也称为网络银行、在线银行,是指金融机构利用网络技术在Internet上开设的银行。这是一种全新的银行客户提交方式,银行利用Internet向客户提供开户、销户、查询、对账、行内转账、跨行转账、信贷、网上证券、投资理财等传统服务项目,使客户可以足不出户就能够安全便捷地管理活期和定期存款、支票、信用卡及个人投资等。

(2) 网上银行的特点

互联网的迅速普及并快速发展,为我国网络银行的发展提供了坚实的基础。中国银行于1996年2月率先建立和发布了自己的互联网主页,成为我国第一家在互联网上发布信息的银行。此后招商银行、工商银行、建设银行、交通银行、光大银行以及农业银行等都陆续推出网上银行业务。我国网上银行用户在2001年只有200多万户,而2010年的统计数据表明,超过89%的网民选择了网上支付方式,网上支付已经成为最为普遍和最受欢迎的付款方式。

与传统银行相比,网上银行具有以下特点:

① 无分支机构。传统银行是通过开设分支机构来发展金融业务和开拓国际市场的,客户往往只限于固定的地域,而网上银行是利用Internet来开展银行业务,因此可以将金融业务和市场延伸到全球每个角落。打破了传统业务地域范围局限的网上银行,不仅可吸纳本地区和本国的客户,也可直接吸纳国外客户,为其提供服务。

② 开放性和虚拟性。传统银行所提供的服务都是在银行的封闭系统中运作的,而网上银行的Web服务器代替了传统银行的实体服务体验模式,网址取代了地址,其分行是终端机和Internet这个虚拟化的电子空间。可以利用网络技术把自己与客户连接起来,在有关安全设施的保护下,随时通过不同的计算机终端为客户办理所需的一切金融业务。

③ 智能化。传统银行主要借助于物资资本,通过众多员工的辛勤劳动为客户提供服务。而网上银行主要借助智能资本,靠少数脑力劳动者的劳动提供更多比传统银行高效、便捷的业务。网上银行是一种不受时空限制、以任何方式为客户提供服务的银行。

④ 运营成本低。与传统银行服务相比,网上银行的运营成本最低。据统计,美国的网上银行运营成本相当于经营收入的 15%—20%,而传统银行的运营成本则占收入的 60%。

⑤ 采用 Internet/Intranet 技术

采用 Internet/Intranet 技术,因为它具有网络分布计算和与系统平台无关的特点,这两个特点特别适合解决银行业务系统分散和系统平台种类多的问题。另外,采用这种技术,对系统的开发和维护都会带来巨大的好处。

2. 网上银行的安全

由于网络银行的服务不受时间、地域的限制,以其便捷、高效和可靠的全方位服务优势拥有了广泛的客户群,但随着交易规模的迅速增长,网上银行的安全问题也日益凸显。如何确保网上银行的运营安全,是必须认真面对和解决的问题。

从目前的技术水平和网上银行的实际情况来看,网上银行主要从服务器安全、客户信息安全、通信安全和信息保密等方面来提供安全性措施和保障,具体包括以下三个方面:

(1) 服务器安全。网上银行的服务器包括两个方面:一是对外的 Web 服务器;二就是用于银行业务处理的内部数据服务器系统。一般利用防火墙、安全网关或与外部网络物理隔离的方式来保障其安全性。

(2) 用户身份真实性。通过各种方式保障银行支付网关和用户之间身份的真实性,并根据一定的措施来认证用户的真实身份和相应权限,大部分是通过 CA 系统来实现。

(3) 传输数据安全性。利用密码技术和安全协议来保证用户和网上银行之间的交易数据在网上传输时不可被窃取、不可被篡改,并对每笔交易有完整的记录,即保证数据的机密性、完整性和不可否认性。

根据以上需求,可利用多种技术和手段来保障网络银行安全性,主要包括防病毒技术、防火墙技术、密码技术、证书机构 CA 技术、安全协议和安全管理制度,已经完善统一的安全机制和策略等。

3. 典型的网上银行

知名的网上银行,国外有美国安全第一网络银行(www.sfnb.com)、美国银行(www.bankofamerica.com)、花旗银行(www.citibank.com)等,国内有招商银行(www.cmbchina.com)、中国建设银行(www.ccb.com)、中国工商银行(www.icbc.com.cn)等。

(1) 美国安全第一网络银行(SFNB)

当今世界一个典型的网络银行,即美国第一联合国家银行(First Union National Bank)。1995年10月18日,美国三家银行 Area Bank 股份公司、Wachovia 银行公司、Hunting Bancshares 股份公司、Secureware 和 Five Space 计算机公司联合在 Internet 上成立全球第一家无任何分支机构的纯网络银行,即美国安全第一网络银行 SFNB(Security First Network Bank)。它是得到美国联邦银行管理机构批准,在因特网上提供银行金融服务的第一家银行,也是在因特网上提供大范围和多种银行服务的第一家银行。1998年10月,在成功经营了5年之后,美国安全第一网络银行正式成为拥有1 860亿美元资产的加拿大皇家银行金融集团(Royal Bank Financial Group)旗下的全资子公司。

SFNB 的所有银行业务都通过 Internet 进行,其客户可以采用电子方式开出支票和支付账单,也可以上网了解当前货币汇率和升值信息等,而且该银行提供的是一种联机服务,因此客户的账户是平衡的。客户通过浏览器连接到 SFNB 的主页上,便可步入 SFNB 的"营业大厅",这是一个虚拟现实银行的格局:有若干个柜台,每个柜台后面都有一位银行工作人员,各个柜台标记有不同的职能,客户可以像走进任何一家银行一样,根据自己的需要进行各种交易活动。开设新的账户、查询账户、获悉当前的税率,客户还能通过电子系统填写支票和支付账单。SFNB 营业大厅还有保安人员,通过他可以了解银行的安全防卫系统。

SFNB 的安全系统由信息服务器和银行两部分组成。客户通过信息服务器获得银行及其服务的信息。如果客户决定在 SFNB 开立账户,就必须填写一个安全注册表,把加密报文发送到银行服务器中。银行在收到客户的开户申请,确定为其开户时,会通过 USmail 给客户发出一个确认函,其中包含了使用账户所需的密码。客户通过其 www 浏览器与银行建立联系,客户与银行间的所有信息通信全部采用公共密钥加密。

(2) 中国招商银行

招商银行成立于1987年4月8日,总行设在深圳。从1997年开始,招商银行把目光瞄向了刚刚兴起的互联网,并迅速取得了网上银行发展的优势地位。1997年4月,招商银行开通了自己的网站 www.cmbchina.com。这是中国银行业最早的域名之一,招商银行的金融电子服务从此进入了"一网通"时代。目前,招商银行的"一网通"已形成了网上企业银行、网上个人银行、网上商城、网上证券和网上支付等在内的较为完善的网上金融服务体系。其中三项主要业务的功能如下:

① 网上企业银行。企业银行充分契合不同类型企业的管理模式,提供个性化的企业网上银行解决方案。可根据企业的不同需求,度身定制灵活多样的网上企业银行功能组合,便于企业合理配置内部资源,适应网络经济发展的要求,企业网络理财得心应手。

② 网上个人银行。招商银行的个人网上银行系统分为三个版本：专业版、大众版和财富账户专业版。其中，专业版是招商银行的网上个人银行理财软件，可通过该软件进行资金调拨、全方位理财；大众版是招商银行为广大客户提供的全天候银行金融服务的自助理财系统，只要是招商银行的银行卡(包括"一卡通"、"一卡通"金卡和"金葵花卡"及其联名卡/认同卡)客户或存折客户，就可以通过个人银行大众版办理自助业务；财富账户专业版是招商客户细分的一个典型表现，是专为财富账户客户设计的网上银行，客户可完成财富账户所有的业务操作。财富账户帮助客户实现全方位的资金管理和投资管理，使财富管理更加简便和清晰。

③ 网上支付。为客户提供了网上商户进行消费的结算工具——"一网通"网上支付卡。招商银行网上支付已在全国联网，客户可在招商银行各地的网上特约商户进行网上购物、付费、投注、订票、捐款等各项业务。

4.1.3 网上支付

网上支付是电子商务最核心、最关键的环节，是交易双方实现各自交易目的的重要一步，也是电子商务得以进行的基础条件。网上支付是电子支付的一种主要形式，它在互联网的基础上，利用银行所支持的数字金融工具，实现了从买方到金融机构再到卖方之间的在线货币支付、现金流转、资金清算以及查询系统等一系列过程。网上支付有以下优势：

其一，不受时空的限制，可以让不同国家的不同人完成资金结算。

其二，支付成本低，手续简便。资金结算通过账户到账户的数字转移来完成结算功能。

其三，周期短。网上支付通过互联网可大大节省时间。

其四，信誉度高。提供网上支付的机构拥有良好的社会地位和信誉作为资金结算的保证。

其五，满足不同客户的各种个性化需求。

在我国，网上支付主要有两种方式：网上银行支付和第三方支付平台支付。

1. 网上银行支付

网上银行支付是指银行卡在线转账支付。付款人可以使用申请了在线转账功能的银行卡(包括借记卡和信用卡)转移小额资金到收款人的银行账户中，完成支付。由于银行是专门从事金融服务的机构，所以资金优势明显，技术实力强，且由于其长期从事金融服务，社会地位高，客户对其信誉比较看好，客户认可率较高。

2. 第三方支付平台

尽管电子商务成为商品交易的新模式，但是在交易的整个过程中，交易双方不能谋面，交易过程中的资金流与物流在时间和空间方面又是相互分离的，无法实现一手交钱一手交货的状态。这种信息的不对称，导致交易双方的博弈：卖家不愿意先发货,怕买家没有诚信不给货款;买家也不愿先付款,怕卖家不发货或者发假货,致使网购无法进行。第三方电子支付正是为了解除交易双方这种不安全感应运而生的。

第三方支付平台是在商家和消费者之间搭建了一个公共的、可以信任的中介平台。该平台通常是一些和产品所在的国家以及国外各大银行签约,是由具备一定实力和信誉保障的第三方独立机构提供的交易支持平台。在通过第三方支付平台的交易中,买方选购商品后,使用第三方平台提供的账户进行货款支付,由第三方通知卖家货款到达、进行发货,买方收到货并进行检验后,就可以通知付款给卖家,第三方再将款项转至卖家账户。这种支付模式不仅具有资金传递功能,而且可以对交易双方起到约束和监督的作用。

(1) 第三方支付的交易流程

第三方支付模式使商家看不到客户的信用卡信息,同时又避免了信用卡信息在网络多次公开传输而导致的信用卡信息被窃事件的发生。以支持 B2C 和 C2C 交易的网上银行在线为例的第三方支付模式的交易流程如下:

① 持卡消费者到加盟商户的网站选购商品,并选择网上支付货款;
② 加盟商户将持卡消费者网上支付的请求发送给网银在线支付平台;
③ 持卡消费者选择所属的银行卡种向相应的银行网关发送支付请求;
④ 自动登录相应银行支付网关界面;
⑤ 持卡消费者输入卡号密码等相关信息开始在线支付;
⑥ 在线支付完成后,银行反馈支付结果,并将货款转入在线支付平台;
⑦ 网银在线支付平台向加盟商户发送支付结果并通知其处理订单;
⑧ 加盟商户根据反馈的支付结果为消费者提供服务。

(2) 第三方支付的特点

① 第三方支付平台提供一系列的应用接口程序,将多种银行卡支付方式整合到一个界面上,负责交易结算中与银行的对接,使网上购物更加便捷、高效。消费者和商家不需要在不同的银行开设不同的账号,可以帮助消费者降低网上购物的成本,帮助商家降低运营成本。同时,还可以帮助银行节省网关开发费用,并为银行带来一定的潜在利润。

② 较之 SSL、SET 等支付协议,利用第三方支付平台进行支付操作更加简单而易于接受。SSL 是现在应用比较广泛的安全协议,在 SSL 中只需要验证商家的身份。SET 协议是目前发展的基于信用卡支付系统的比较成熟的技术。但在 SET 中,各方的身份都需要通过 CA 进行认证,程序复杂,手续繁多,速度慢且成本高。有了第三方支付平台,商家和客户之间的交涉由第三方来完成,使网上交易变得更加简单。

③ 相对于传统的资金划拨交易方式,第三方支付可以比较有效地保障货物质量、交易诚信、退换要求等环节。在整个交易过程中,都可以对交易双方进行

约束和监督。在不需要面对面进行交易的电子商务形式中,第三方支付为保证交易成功提供了必要的支持。因此,随着电子商务在国内的快速发展,第三方支付行业也发展得比较快。

(3) 中国第三方支付的发展与现状

中国的第三方支付平台分为两大类:一类是以支付宝、财付通为首的互联网型支付企业,它们以在线支付为主,捆绑大型电子商务网站,迅速做大做强。另一类是以银联电子支付、快钱、汇付天下为首的金融型支付企业,侧重行业需求和开拓行业应用。

① 支付宝(www.alipay.com)。支付宝诞生的最初原因是为了解决淘宝网交易收付款的问题,其成功的最大因素也正是基于淘宝网以及阿里巴巴的成长。作为内置性支付工具,支付宝目前担负着淘宝网站几千万注册用户交易金额的任务。在市场推广上,支付宝主打的信用计划在一定程度上消除了网民对网上交易安全性的担心,促成了其快速成长。但目前支付宝作为阿里巴巴和淘宝网的唯一支付工具,几乎与行业中所有阵营展开竞争。如何应对来自各方面的竞争,是摆在支付宝面前的最大问题。另外,由免费服务转向收费服务阶段后,如何留住客户也是支付宝发展的关键所在。

② 银联电子支付(www.chinapay.com)。银联电子支付公司是由中国银联控股的专业从事网上电子支付服务及网上跨行转账服务的公司,拥有面向全国的统一支付网关,是中国银联旗下的网络方面军。银联电子支付的最大优势在于其作为银联嫡系的支付企业,以及人们习惯性地认为它有着政府背景,从而造就了最广泛的用户基础以及最卓越的信誉。但是,与其他支付企业不同,银联电子支付最大的问题在于它的运作效率以及对市场的认知和执行力。如何开拓新市场、整合资源、提高效率是其今后发展的主要任务。

4.2 电子商务安全

随着因特网的迅猛发展,电子商务得到前所未有的重视,具有极为广阔的发展前景。但它的实现离不开一个重要的前提,就是安全问题的可靠解决。在国际互联网上进行买卖交易,必然需要可靠的保护买卖双方在交易过程中交换的各种重要信息,如银行账号、交易金额、信用卡号码和交易人身份等,但是开放式的国际互联网系统不能保证这一点。因此,保证商务信息的安全是进行电子商务的前提。

4.2.1 电子商务安全交易体系

建立电子商务安全交易体系,加强电子证书和密钥的管理工作,对于增强网上交易各方的信任,提高网上购物和网上交易的安全,控制交易风险,推动电子商务发展是必不可少的。

1. 电子商务安全的要求

在电子商务过程中,买卖双方是通过网络来联系的,因而建立交易双方的安全和信任关系相当困难。电子商务交易双方都面临安全威胁。

(1) 卖方面临的安全威胁

卖方面临的安全威胁主要有:

① 中央系统安全性被破坏。入侵者假冒成合法用户来改变用户数据、解除用户订单或生成虚假订单。

② 竞争者检索商品递送状况。恶意竞争者以他人的名义来订购商品,从而了解有关商品的递送状况和货物的库存情况。

③ 客户资料被竞争者获悉。

④ 被他人假冒而损害公司的信誉。不诚实的人建立与销售者服务器名字相同的另一个 www 服务器来假冒销售者。

⑤ 买方提交订单后不付款。

⑥ 虚假订单。

(2) 买方面临的安全威胁

买方面临的安全威胁主要有:

① 虚假订单。一个假冒者可能会以客户的名字来订购商品,而且有可能收到商品,而假冒的合法客户却被要求付款或返还商品。

② 付款后不能收到商品。在要求客户付款后,销售商中的内部人员不将订单和钱转发给执行部门,因而使客户不能收到商品。

③ 机密性丧失。客户有可能将秘密的个人数据或自己的身份数据发送给冒充销售商的机构,这些信息也可能会在传递过程中被窃取。

④ 拒绝服务。攻击者可能向销售商的服务器发送大量的虚假订单来挤占它的资源,从而使合法用户不能得到正常的服务。

(3) 电子商务安全的要求

综上所述,在电子商务交易过程中,为保证交易的成功进行,对电子商务的安全要求如下:

① 保密性。保护信息不被泄露或披露给未经授权的人或组织。

② 认证性。保证身份的精确性,分辨参与者所声称身份的真伪,防止伪装攻击。

③ 接入控制。保护系统资源不被未经授权的人或以未授权方式接入、使用、披露、修改、毁坏和发出指令等。接入控制是对认证的强化。

④ 数据完整性。保护数据不被未授权者建立、嵌入、删除、篡改、重放。

⑤ 不可否认性。主要用于保护通信用户对来自其他合法用户的威胁,如发

送用户对他所发信息的否认、接收用户对他已收信息的否认等,而不是对方来自未知的攻击者。

⑥ 匿名性。隐匿参与者的身份,保护个人或组织的隐私。可用盲签名和信息隐匿技术实现。

2. 电子商务安全的加密技术

(1) 加密技术概述

数据加密技术是电子商务领域所采用的关键安全技术,也是主要的安全防御技术。数据加密技术原理是采用加密(数学)算法对原始信息(明文)进行再整合,使得非法接收者接收到加密数据(密文)以后变成无意义的内容,而对于合法接收者,因为掌握正确的密钥,所以可通过解密过程得到原始数据。这一技术在整体数据传输链上,保证了数据的高保密性和完整性。如果按照收发双方密钥是否相同来分类,可以将加密技术分为对称密钥加密技术和非对称密钥加密技术,两种技术最有名的代表分别为 DES 和 RSA。

在加密和解密的过程中,都要涉及信息(明文和密文)、密钥(加密密钥和解密密钥)及算法(加密算法和解密算法),解密是加密的逆过程,加密和解密过程中依靠"算法"和"密钥"两个基本元素,缺一不可。

(2) 对称密钥密码体制

对称密钥加密又称为专用密钥加密,就是双方协商使用相同的密钥(Key)来完成加密、解密过程,并且密钥是保密的。在这种加密算法中,所采用的加密算法等于解密算法,因此密钥的安全管理就显得特别重要,成为安全与否的核心因素。对称加密的特点是具有高保密性,加密与解密速度快,效率高,因此适用于数据量比较大的加密操作。最具代表性的对称加密算法是 IBM 公司提出的 DES 算法,该算法于 1977 年被美国国家标准局 NBS 颁布为商用数据加密标准。

DES 综合运用了置换、代替、代数多种密码技术,把消息分成 64 bit 大小的块,使用 56 bit 密钥,迭代轮数为 16 轮的加密算法。DES 密码算法输入的是 64 bit 明文,在 64 bit 密钥的控制下产生 64 bit 的密文;反之输入 64 bit 的密文,输出 64 bit 的明文。64 bit 的密钥中含有 8 bit 的奇偶校验位,所以实际有效密钥长度为 56 bit。DES 算法加密时把明文以 64 bit 为单位分成块,而后用密钥把每一块明文转化成同样 64 bit 的密文块。DES 提供 72 000 000 000 000 000 个密钥,用每微秒可进行一次 DES 加密的机器来破译密码需 2 000 年。

DES 主要的设计原理是利用交乘加解密器(Product Cipher)、扩散(Diffusion)及混淆(Confusion)等方法来加密以提高安全的程度。数据保密的技巧,就是将原始数据打得越散越乱,让别人很难去组合原始数据,相对也就越能提高保密的效果。DES 方法的加密过程可分 16 个回合,每一回合都将上一回合打散的数据再打散一次,每一回合相当于在原始数据上加了一把锁,最后总共加了16把锁。锁加得越多,相对的保密性就越高,这也就是交乘加解密器原理。采用DES的一个著名的网络安全系统是Kerberos,由麻省理工学院(MIT)开发。

自DES算法公布以来,先后出现了许多DES的替代算法,其中比较有影响的有AES(Advanced Encryption Standard)算法和欧洲数据加密标准IDEA(International Data Encryption Algorithm)。

但是,对称加密也存在以下几个方面的安全问题:

① 在网络中建立通道传输数据过程中,可能导致密钥泄露,让攻击者有机可乘。

② 电子商务交易存在着多个交易对,每确立一对交易对关系,就要维护一个专用密钥,给密钥的安全管理和维护带来极大的难度。

③ 难以对交易双方的身份进行准确识别,因此缺乏数字实名验证的可行性。

因此,后来又提出了新的密钥体制,即非对称密钥密码体制。

(3) 非对称密钥密码体制

非对称密钥加密又称为公开密钥加密。在这种加密算法中有两个密钥:公开密钥(public key)和私有密钥(private key)。公钥不需要保密,可以公开;私钥必须严格保密,且加密密钥和解密密钥并不相同。这对密钥中的任何一把都可作为公开密钥(加密密钥)通过非保密方式向他人公开,而另一把则作为专用密钥(解密密钥)加以保存。专用密钥只能由生成密钥对的交易方掌握,公开密钥可广泛发布,但它只对该密钥的交易方有用。这种加密算法顺利地解决了密钥的管理和维护及数字实名验证的问题,安全性大大优于对称加密,是现在普遍采用的加密技术。

在公开密钥系统中,加密密钥Ke是公开的,加密算法E和解密算法D也是公开的,只有解密密钥Kd是需要保密的。虽然Kd是由Ke决定的,但却不能根据后者计算出前者。用Ke对明文M加密后,再用Kd解密,即可恢复明文,而且加密和解密的运算可以对调,加密密钥不能用来进行解密。

交易双方利用该方案实现机密信息交换的基本过程如下:

① 交易方甲生成一对密钥,将其中的一把作为公开密钥向其他交易方公开;

② 得到了该公开密钥的交易方乙使用该密钥对机密信息进行加密后再发送给交易方甲;

③ 交易方甲再用自己保存的另一把专用密钥对加密后的信息进行解密;

④ 交易方甲只能用其专用密钥解密由其公开密钥加密后的任何信息。

典型的非对称加密算法有RSA算法。RSA算法是建立在数论中大数分解和素数检测的理论基础上的。两个大素数相乘在计算上是容易实现的,但将该乘积分解为两个大素数因子的计算量却相当巨大,大到甚至在计算机上也不可能实现。

RSA 算法的加密密钥和加密算法分开,使得密钥分配更为方便。它特别符合计算机网络环境。对于网上的大量用户,可以将加密密钥用电话簿的方式印出。如果某用户想与另一用户进行保密通信,只需从公钥簿上查出对方的加密密钥,用它对所传送的信息加密发出即可。对方收到信息后,用仅为自己所知的解密密钥将信息脱密,了解报文的内容。由此可看出,RSA 算法解决了大量网络用户密码管理的难题。

3. 电子商务安全的认证技术

(1) 数字签名。数字签名技术是基于非对称加密技术而产生的,具有数字认证、身份核查的功能。数字签名技术具有以下特点:

① 发送方事后不可抵赖发送的包含自己签名的报文;
② 接收方能对发送方签名的身份予以核查;
③ 接收方不能篡改发送方的报文;
④ 接收方不能伪造发送方的数字签名。

数字签名技术的实现过程为:

① 发送方从报文文本中生成一个 128 bit 的散列值(或报文摘要),并用自己的私钥对这个散列值进行加密,形成发送方的数字签名;
② 这个数字签名作为报文的附件和报文一起发送给报文的接收方;
③ 报文接收方从接收到的原始报文中计算出 128 bit 的散列值(或报文摘要);
④ 接收方再用发送方的公开密钥来对报文附加的数字签名进行解密;
⑤ 如果两个散列值相同,那么接收方就能确认该数字签名是发送方的。

数字签名的加密与解密过程和一般秘密密钥的加密与解密过程虽然都使用公开密钥系统,但实现的过程正好相反,使用的密钥对也不同。数字签名使用的是发送方的密钥对,发送方用自己的私有密钥进行加密,接收方用发送方的公开密钥进行解密。这是一对多的关系:任何拥有发送方公开密钥的人都可以验证数字签名的正确性。而一般秘密密钥的加密与解密则使用的是接收方的密钥对。这是多对一的关系:任何知道接收方公开密钥的人都可以向接收方发送加密信息,只有唯一拥有接收方私有密钥的人才能对信息解密。

(2) 数字摘要。数字摘要,是指通过单向 Hash 函数,将需加密的明文"摘要"成一串固定长度(128 bit)的密文,不同的明文摘要形成的密文结果总是不相同的,同样的明文其摘要必定一致,并且即使知道了摘要也不能反推出明文。

数字摘要的实现过程为:

① 对原文使用 Hash 算法得到数字摘要;
② 将数字摘要与原文一起发送;

③ 接收方将收到的原文应用单向 Hash 函数产生一个新的数字摘要；

④ 将新数字摘要与发送方数字摘要进行比较。

一般的对称或非对称加密算法用于防止信息被篡改。数字摘要技术用于正面信息的完整性和准确性，主要用于防止原文被篡改。数字摘要是采用单向 Hash 函数对文件中若干重要元素进行某种变换运算而得到固定长度的摘要码，并在传输信息时将之加入文件一同送给接收方。接收方收到文件后，用相同的方法进行变换运算，若得到的结果与发送来的摘要码相同，则可断定文件未被篡改，反之亦然。

(3) 数字时间戳。数字时间戳是系统自动生成的，用来确认电子商务交易发生的日期和时间，防止恶意篡改交易数据的一种有效的手段。它由专业的第三方认证机构形成，采用加密形式的文件。数字时间戳服务(DTS，Digital Time Stamp Service)是一种专门提供电子交易文件的日期和时间的服务。数字时间戳包括三个部分：需加时间戳的文件的摘要、DTS 收到文件的日期和时间、DTS 的数字签名。产生时间戳的具体过程为：

① 需要数字时间戳的申请者向 DTS 发送请求(含加戳数据的散列值)；

② DTS 收到文件后从自己的时间源中获取一个时间值；

③ DTS 把时间值加入到含数据散列值的文件中，并对数据文件进行加密(用时间的私钥进行数字签名)；

④ 最后发送给申请者。

DTS 采用以下的过程：加密时将摘要信息归并到二叉树的数据结构，再将二叉树的根值发表在报纸上，这样可以为文件发布时间提供佐证。书面签署文件的时间是由签署人自己写上的，而数字时间戳是由认证单位 DTS 加的，以 DTS 收到文件的时间为依据。因此，时间戳也可作为科学家的科学发明文献的时间特征。

4. 数字证书及证书授权(CA)中心

(1) 数字证书。数字证书也称为公开密钥证书，在网络通信中标志着通信各方身份信息的一系列数据，其作用类似于现实生活中的身份证。它主要包含用户身份信息、用户公钥信息以及身份验证机构数字签名等数据。身份验证机构的数字签名可以确保证书信息的真实性，用户公钥信息可以保证数字信息传输的完整性，用户的数字签名可以保证数字信息的不可否认性。

数字证书是各类终端实体和最终用户在网上进行信息交流及商务活动的身份证明，在电子交易的各个环节，交易的各方都需验证对方数字证书的有效性，从而解决相互间的信任问题。人们可以在交往中用它来识别对方的身份，交易伙伴可以使用数字证书来交换公开密钥。

数字证书的内部格式是由 ITU X.509 V3 国际标准所规定的，它包含的内容如表 4-2 所示。

表4-2 数字证书的内部格式

标准域	证书版本号(certificate format version) 证书序列号(certificate serial number) 签名算法标识(signature algorithm identifier for CA) 证书签发者CA名称(issuer X.500 name) 证书有效期(validity period) 用户名称(subject X.500 name) 用户公钥细信息(subject public key information)
扩展域	CA的公钥标志(authority key identifier) 用户的公钥标志(subject key identifier) 证书中的公钥用途(key usage) CA承认的证书政策列表(certificate policies) 失效期(invalidity date)
自定义域	
CA签名	

(2) CA认证中心。CA认证中心是检验管理密钥是否真实的第三方,它是一个权威机构,专门验证交易双方的身份。验证的方法是:接受个人、商家、银行等涉及交易的实体申请数字证书,核实情况,批准或拒绝申请,颁发数字证书。

CA中心包括两大部门:

① 资格审查部门(简称RA,Registry Authority),它负责对证书申请者进行资格审查,并决定是否同意给该申请者发放证书,并承担因审核错误而可能引起的一切后果。

② 证书操作部门(简称CP,Certificate Processor),负责制作、发放和管理证书,并承担因操作错误所产生的一切后果。它可以由审核授权部门自己担任,也可委托给第三方担任。

认证中心主要有以下几种功能:

① 证书的颁发。中心接收、验证用户(包括下级认证中心和最终用户)的数字证书的申请,将申请的内容进行备案,并根据申请的内容确定是否受理该数字证书申请。如果中心接受该数字证书申请,则进一步确定给用户颁发何种类型的证书。新证书用认证中心的私钥签名以后,发送到目录服务器供用户下载和查询。为了保证消息的完整性,返回给用户的所有应答信息都要使用认证中心的签名。

② 证书的更新。认证中心可以定期更新所有用户的证书,或者根据用户的请求来更新用户的证书。

③ 证书的查询。证书的查询可以分为两类:其一是证书申请的查询,认证中心根据用户的查询请求返回当前用户证书申请的处理过程;其二是用户证书的查

询,这类查询由目录服务器来完成,目录服务器根据用户的请求返回适当的证书。

④ 证书的作废。当用户的私钥由于泄密等原因造成用户证书需要申请作废时,用户需要向认证中心提出证书作废请求,认证中心根据用户的请求确定是否将该证书作废。另一种证书作废的情况是证书已经过了有效期,认证中心自动将该证书作废。第三种情况是上级认证中心对下级认证中心不能信赖时,它可以主动停止下级认证中心公钥证书的合法使用。认证中心通过维护证书作废列表来完成上述功能。

⑤ 证书的归档。证书具有一定的有效期,证书过了有效期之后就将被作废,但是我们不能将作废的证书简单地丢弃,因为有时我们可能需要验证以前的某个交易过程中产生的数字签名,这时我们就需要查询作废的证书。基于此类考虑,认证中心还应当具备管理作废证书和作废私钥的功能。

⑥ 提供密钥托管和密钥恢复功能。认证中心可根据客户的要求提供密钥托管服务,备份和管理客户的加密密钥对。当客户需要时可以从密钥库中提出客户的加密密钥对,为客户恢复其加密密钥对,以解开先前加密的信息。在这种情况下,认证中心的密钥管理器采用对称加密方式对各个客户私钥进行加密,加密密钥在加密后即销毁,保证了私钥存储的安全性。密钥恢复时,采用相应的密钥恢复模块进行解密,以保证客户的私钥在恢复时没有任何风险和不安全因素。

CA中心是通过分级体系来验证的。各级的认证中心类似于各级行政机关,上级认证中心负责签发和管理下级认证中心的证书,最下一级的认证中心直接面向最终用户。处在最高层的是金融认证中心(RootCA),它是所有人公认的权威。如图4-4所示。如果当使用者A想要验证使用者B的数字证书的正确性,则使用者A利用其熟知的CA3的公钥来验证CA3对CA2的签证,则可确信CA2的公钥为可信赖的公钥,接着再以CA2的公钥验证CA1的可信赖性,并以此类推,便可得出使用者B的公钥可被使用者A所信赖。在进行网上购物

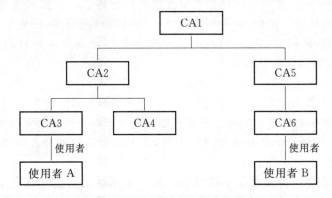

图4-4 CA认证中心的分级示意

时,持卡人的证书与发卡机构的证书关联,而发卡机构的证书通过不同品牌卡的证书连接到 RootCA,而 RootCA 的公共签名密钥对所有的软件都是已知的,可以校验每个证书。

4.2.2 电子商务安全交易协议

1. 安全协议概述

安全协议,有时也称作密码协议,是以密码学为基础的消息交互协议,其目的是在网络环境中提供各种安全服务。安全目标是多种多样的,例如认证协议的目标是认证参加协议的主体的身份。电子商务协议的目标除认证性、非否认性之外,还有可追究性、公平性等。我们把为了完成某种安全任务的协议称为安全协议。安全协议为了保证安全性,其设计必须采用密码技术。因此,我们也将安全协议称作密码协议。目前,安全协议已广泛应用于计算机网络与分布式系统中,包括现在电子商务主要应用的安全协议:SSL 协议和 SET 协议。

2. 国际通用电子商务安全协议

(1) SSL 协议。安全套接层协议(secure socket layer,简称 SSL)是美国网景公司(Netscape)推出的一种安全通信协议,其主要设计目标是在 Internet 环境下提供端到端的安全连接。它能使客户/服务器应用之间的通信不被攻击者窃听。SSL 协议建立在可靠的传输层协议之上。高层的应用层协议能透明地建立于 SSL 协议之上。SSL 协议在应用层协议通信之前就已经完成加密算法、通信密钥的协商以及服务器认证工作。在此之后应用层协议所传送的数据都会被加密,从而保证通信的私密性。

SSL 协议分为两层,一是握手层,二是记录层。SSL 握手协议描述建立安全连接的过程,在客户和服务器传送应用层数据之前,完成诸如加密算法和会话密钥的确定、通信双方的身份验证等功能;SSL 记录协议定义了数据传送的格式,上层数据包括 SSL 握手协议建立安全连接时所需传送的数据都通过 SSL 记录协议再往下层传送。这样,应用层通过 SSL 协议把数据传给传输层时,已是被加密后的数据,此时 TCP/IP 协议只需负责将其可靠地传送到目的地,弥补了 TCP/IP 协议安全性较差的弱点。

SSL 协议主要提供三方面的服务:

① 用户和服务器的合法性认证。认证用户和服务器的合法性,使得它们能够确信数据将被发送到正确的客户机和服务器上。客户机和服务器都有各自的识别号,这些识别号由公开密钥进行编号,为了验证用户是否合法,SSL 要求在握手交换数据时进行数字认证。

② 加密数据以隐藏被传送的数据。SSL 采用的加密技术既有对称密钥技术,也有公开密钥技术。在客户机与服务器进行数据交换之前先交换 SSL 初始

握手协议,在 SSL 握手协议中采用了各种加密技术对其加密,以保证其机密性和数据的完整性,并且用数字证书进行鉴别。这样就可以防止非法用户进行破译。

③ 保护数据的完整性。SSL 采用 Hash 函数和机密共享的方法来提供信息的完整性服务,建立客户机与服务器之间的安全通道,使所有经过安全套接层协议处理的业务在传输过程中能全部完整准确无误地到达目的地。

但是,SSL 协议也存在缺点:

① 客户的信息先到商家,让商家阅读。这样,客户资料的安全性就得不到保证。

② SSL 只能保证资料传递过程的安全,而传递过程是否有人截取就无法保证了。

(2) SET 协议。安全电子交易协议(secure electronic transaction,简称 SET)是美国 Visa 和 MasterCard 两大信用卡组织联合于 1997 年 5 月 31 日推出的电子交易行业规范,其实质是一种应用在 Internet 上、以信用卡为基础的电子付款系统规范,目的是为了保证网络交易的安全。SET 本身并不是一个支付系统,而是一个安全协议集,SET 规范保证了用户可以安全地在诸如 Internet 这样的开放网络上应用现有的信用卡支付设施来完成交易,SET 较好地解决了信用卡在电子商务交易中的安全问题。

SET 支付系统主要由持卡人、商家、发卡行、收单行、支付网关、认证中心六个部分组成。对应地,基于 SET 协议的网上购物系统至少包括电子钱包软件、商家软件、支付网关软件和签发证书软件。

SET 安全协议主要提供三方面的服务:

① 保证客户交易信息的保密性和完整性。SET 协议采用了双重签名技术对 SET 交易过程中消费者的支付信息和订单信息分别签名,使得商家看不到支付信息,只能接收用户的订单信息;而金融机构看不到交易内容,只能接收到用户支付信息和账户信息,从而充分保证了消费者账户和定购信息的安全性。

② 确保商家和客户交易行为的不可否认性。SET 协议的重点就是确保商家和客户的身份认证和交易行为的不可否认性,采用的核心技术包括 X.509 电子证书标准、数字签名、报文摘要、双重签名等技术。

③ 确保商家和客户的合法性。SET 协议使用数字证书对交易各方的合法性进行验证。

但是,SET 协议也存在缺点:

① 只能建立两点之间的安全连线,所以顾客只能把付款信息先发送到商家,再由商家转发到银行,而且只能保证连接通道是安全的而没有其他保证。

② 不能保证商家会私自保留或盗用顾客的付款信息。

 **本章小结**

在日渐流行的电子商务交易中,电子支付是极其关键的一个环节,也是交易双方都最为关心和重视的部分。电子货币和网上银行是目前比较常用的两种线上线下支付方式:

① 电子货币包括有电子支票、信用卡和电子现金等三种方式,其中电子支票和电子现金在国内使用还不是那么普遍,信用卡是目前最为方便也是使用比较普遍的一种支付方式。

② 网上银行主要是指通过开通了网上转账功能的借记卡和贷记卡来实现网上支付的方式。

除此之外,近年来第三方电子支付平台迅速发展,已经占据了网上支付的半壁江山,比如说随着淘宝网的用户飞速增长,为解决其支付问题而产生的支付宝平台,已经成为很多网上用户所信任的支付平台,他们愿意使用支付宝这个第三方平台来实施监督管理的作用,保障交易双方的利益不受损失。

为了保障网上支付的安全性,解决网上用户付款的后顾之忧,电子商务安全的重要性不可忽视。其中,加密技术是主要的防御技术,通过加密算法将明文变成密文,再通过解密算法来恢复成明文。这里包括对称密钥密码体制和非对称密钥密码体制。各种安全认证技术,包括数字签名、数字摘要、数字时间戳,对交易双方的身份进行核查,并保证交易中信息的完整性,不被随意篡改。CA认证中心是一个权威机构,专门验证交易双方的身份,经过情况核实后,批准或拒绝申请,颁发数字证书。

同时,为了构建起安全的网络环境,需要各种电子商务的安全协议,主流的安全协议有两种:

① SSL协议。实现了传输加密和数据完整性,相当于在两台计算机之间建立了一个安全通道,但它不能保证传递过程中客户资料的安全性。

② SET协议。通过认证中心和认证签名确认交易双方的真实身份,利用数字签名保证交易的不可否认性。但是运算速度比较慢,顾客只能把付款信息先发送到商家,再由商家转发到银行,而且只能保证连接通道是安全的而没有其他保证,不能保证商家会私自保留或盗用顾客的付款信息。

第5章 电子商务物流

本章导学

物流是伴随着商品交换和资源配置的出现而产生的,在人类经济与社会发展中起着重要的作用。在经济全球化的推动下,资源配置已经从一个企业、一个地区、一个国家扩展到整个世界,物流在国民经济中占有的比重逐渐加大,已经成为现代经济的重要组成部分和国民经济的一个新的快速增长点。传统物流业已经从原来的"货物配送"发展到集物流、信息流、资金流、商流于一体的全方位服务的现代物流阶段。现代物流通过现代化的运输手段和信息技术的充分运用,有效降低了物流成本,提高了物流的综合效率,在全球贸易中发挥着越来越大的作用。电子商务物流则是现代物流的重要组成部分和新的发展方向,成为新兴电子商务发展的重要支撑环境之一。

本章的教学内容包括三部分:物流的概念、物流的分类与各自的功能;电子商务与物流的关系;物流信息管理。第二部分着重介绍电子商务发展过程中物流的变化、电子商务对物流各功能环节的影响。第三部分着重讲述电子商务环境下物流信息技术的应用。

案例导入

中储从传统储运企业向现代物流企业的转变

中国物资储运总公司(以下简称"中储")占地面积1 300万平方米,货场450万平方米,库房200万平方米,仓储面积总量居全国同类企业之首。与新建物流企业相比,中储的成本极其低廉,具有大批量中转和多批次、小批量配送的先天优势,具备将仓库转变成大型物流中心的条件。这种转变便于各类企业物流业务的集中管理,形成规模效益,降低成本。

1. 中储的传统优势

中储的各物流中心共有铁路专用线129条,总长144公里,可与全国各铁路车站对发货物。无论从产地出货,还是在消费地进货,客户都能获得铁路运输直接入库的经济、安全和便利。这是形成中储全国物流与区域配送相结合的服务特色的重要基础。

中储在推行现代企业制度的过程中,建立了以资产为纽带的母子公司体制,理顺了产权关系,形成了集团公司的框架。中储所属 64 个仓库分布在全国各大经济圈中心和港口,形成了覆盖全国、紧密相连的庞大网络。中储利用这一网络,不仅提供仓储运输等物流服务,还有效地整合了商流资源,成为金属材料、纸制品、化肥等生产企业的代理分销商。物流重在网络。没有网络,就没有统一的服务标准、单证和结算体系,就不能真正做到门到门服务。中储有一个天然的网络,这是跻身市场、建立现代物流配送中心的基础。

2. 中储的增值服务

(1) 现货交易及市场行情即时发布。中储的 20 多个仓库根据区域经济的需要,成为前店后库式的商品交易市场,包括金属材料、汽车、建材、木材、塑料、机电产品、纸制品、农副产品、蔬菜水果、日用百货等市场,并在中储网站上发布全国各大生产资料市场的实时行情。

(2) 物流的中间加工。中储的各大金属材料配送中心都配有剪切加工设备,如在天津与上海宝钢、日本三菱商社合资兴建的天津宝钢储菱物资配送有限公司,总投资 1.3 亿元,从日本引进具有国际先进水平的钢材横剪、纵剪生产线,年加工能力 10—12 万吨。

(3) 全过程物流组织。中储凭借四十年的储运经验和专业的物流管理队伍,运用现代信息技术,为用户设计经济、合理的物流方案,整合内外部资源,包括不同运输方式的整合、仓储资源和运输资源的整合、跨地区资源整合等,组织全程代理和门到门服务,实现全过程物流的总成本最低。

(4) 形式多样的配送服务。第一,生产配送。作为生产企业的产成品配送基地,为生产企业提供产前、产中、产后的原材料及产成品配送到生产线及全国市场的配送服务。如中储的天津唐家口仓库、陕西咸阳仓库等为周边的彩电生产厂提供配送服务。第二,销售配送。生产企业在产品出厂到销往全国市场的途中,中储担当其地区配送中心的角色。生产企业将产品大批量运至中储各地的物流中心,由中储提供保管及其众多销售网点的配送服务。如海尔、澳柯玛、长虹等产品已通过中储各地的物流中心销往全国市场。第三,连锁店配送。为超级市场和连锁商店提供上千种商品的分拣、配送服务。如上海沪南公司为正大集团易初莲花超市提供随叫随到的配送服务。第四,加工配送。中储的许多物流中心为用户提供交易、仓储、加工、配送及信息查询的一条龙服务。

3. 运用现代物流技术

面对新经济给传统产业带来的严峻挑战和物流市场发展的巨大潜力,传统储运业务将退居从属地位,具备现代物流组织管理和实现内部信息化管理的新兴物流企业将成为行业的中坚。中储的目标是充分发挥中储股份的龙头作用,利用国内外两方资源及中储的内部资源,采取收购、兼并等手段,实现全国合理布局,建成一批与现代物流需求相适应的物流中心,进而推动中储整体向现代物流企业转变的步伐,与国际接轨,把中储建成服务一流的现代物流企业。为此,中储总公司加快了系统信息化建设,投资成立中储物流在线有限公司,目的是将虚拟的电子网络和有形的物流网络有机结合,整合国内外资源,提升传统业务。在实施过程中,中储充分发挥自身的优势。首先,完成系统内部物流网建设,包括数据源、单证和业务流程的标准化,再造业务流程,通过对传统企业的电子化改造,使之成为能够满足现代物流需求的数码仓库。其次,实现以电子化配送中心、仓库、运输网络为基础,以数码仓库完备的现代物流组织为纽带,以中储电子商务物流平台为核心,横向联合运输网络系统,纵向连接行业分销系统,建立布局合理、运转高效的现代物流配送和分销电子商务网络体系。中储通过运用现代物流技术实现了从传统储运向现代物流企业的跨越。

5.1 物流简介

5.1.1 物流的概念

1. 物流的产生

物流的概念萌芽于20世纪初的美国,于20世纪70年代由日本引入中国。它是随商品生产的出现而出现,随商品生产的发展而发展的,所以物流是一种古老传统的经济活动。阿奇·萧(Arch W. Shaw)被认为是最早提出物流(Physical Distribution)概念,并进行实际探讨的学者。他在1915年出版的《市场流通中的若干问题》一书中,明确将企业的流通分为创造需求的活动和物流活动。

将物流真正上升到理论高度是1920年由弗莱德·E·克拉克(Fred·E·Clark)在《市场营销的原则》一书中提出,将货物流纳入市场营销的研究范畴,明确指出市场营销是指商品所有权转移所发生的各种活动及包括物流在内的各种活动。这是迄今为止最早的现代意义上的物流理论研究。

第二次世界大战期间,美国在军火的战时供应中采用了后勤管理(Logistics Management)这一概念,对军火的运输、补给、调配等进行全面管理。二战后,后勤学逐渐向现代物流方向转变。目前使用的"物流"一词,是日语"物的流通"的简称。由于二战后日本正处于经济的高速成长期,物流概念随着日本经济的发展而不断完善,从最初的销售物流,逐渐扩展到采购供应和生产领域。

现在,企业经营决策者对物流的认识普遍得到提高,开始把寻求成本优势和差别化优势的视角转向物流领域,物流被视为"第三利润的源泉",是降低成本的最后领域。对物流各项功能活动的管理由过去的分散管理开始向系统化、集成化方向转变。通过物流功能的最佳组合,在保证物流服务水平的前提下,实现物流总成本的最低化成为现代物流的重要特征。

2. 现代物流的概念

传统物流指的是物质的存储与运输,主要包括运输、包装、仓储、加工、配送等。进入20世纪90年代,随着信息技术的发展,传统物流已向现代物流转变。近年来,关于现代物流的概念,产生了很多具有代表性的观点。

美国物流协会(The Council of Logistics Management)将现代物流定义为:以满足顾客需求为目的,对原材料、半成品、成品及与此相关的信息由产出地到消费地的有效且成本效果最佳的流动与保管进行计划、执行与控制。

欧洲物流协会(European Logistics Association)将现代物流定义为:是在一个系统内对人员或商品的运输、安排及与此相关的支持活动的计划、执行与控制,以达到特定的目的。

我国在2001年颁布的《中华人民共和国国家标准物流术语》国家标准中,对现代物流(logistics)的定义是:物流是指物品从供应地向接收地的实体流动过程。根据实际需要,将运输、储存、装卸、搬运、包装、流通加工、配送、信息处理等基本功能实施有机结合。

综上所述,现代物流非常强调顾客满意度及物流的效率,并且物流不仅仅是指销售物流,还包括采购物流、企业内物流。不仅包括生产前和生产过程中的物质、信息流通过程,还包括生产之后的市场营销活动、售后服务及市场组织等领域的发展。不仅包括与销售预测、生产计划的制定、顾客订货等处理相关的生产物流,还包括与顾客满意度相关联的各种营销物流活动。从以上对现代物流的定义中可以看出,现代物流具有以下重要特征:

(1) 现代物流是利用现代信息技术将多种物流活动进行有机整合的集成性活动。物流过程包括运输、仓储、装卸搬运、流通加工、包装、配送等实物处理过程,要实现对这一过程的计划、控制和组织,并且以满足顾客需要和实现自身利润为目的。在物流的过程中,要靠信息技术来进行统一和协调,借助于信息技术来实现对物的流动过程的控制和科学化,来降低物流的成本,提高物流的效率。

(2) 现代物流是有关"物"的流通的经济活动。现代物流是将货物从供应地向需求地移动的过程,包括运输、仓储、包装、装卸搬运、流通加工及配送等活动,是原材料从供应地开始,经过各个环节的加工及运输,最终到达消费者手中的过程。

(3) 现代物流以提高顾客满意度为目的。现代物流的目的是为顾客提供良好的服务及在提供服务的同时提高公司的利润。为此,企业需要更好地了解顾客的需求,利用更先进和更科学的技术手段,为顾客提供更好的服务,从而达到企业与客户双赢的目的。现代物流在传统物流的基础上拓宽了功能和服务范围,它强调的是整个系统的优化。

3. 物流的价值

物流创造的价值主要是时间价值和场所价值,有时也创造一定的加工价值。

(1) 时间价值。"物"从供给者到需求者之间有一段时间差,由于改变这一时间差而创造的价值,简称"时间价值"。时间价值通过物流获得的形式主要有缩短时间创造价值、弥补时间差创造价值和延长时间差创造价值。

(2) 场所价值。"物"从供给者到需求者之间有一段空间差异,而供给者和需求者之间往往处于不同的场所,由于改变这一场所的差别而创造的价值被称为"场所价值"。物流创造场所价值是由现代社会产业结构、社会分工所决定的,主要原因是供给和需求之间的空间差,商品在不同地理位置有不同的价值,通过物流将商品由低价值区转到高价值区,便可获得价值差,即"场所价值"。

(3) 加工附加价值。加工是生产领域常用的手段,并不是物流的本来职能。现代物流的一个重要特点是根据自己的优势从事一定补充性的加工活动,这种加工活动不是创造商品主要实体、形成商品主要功能和使用价值,而是带有完善、补充、增加性质的加工活动,这种活动必然会形成劳动对象的附加价值。虽然在创造加工附加价值方面,物流不是主要责任者,其所创造的价值也不能与时间价值和场所价值比拟,但这毕竟是现代物流有别于传统物流的重要方面。

5.1.2 物流的分类

由于在不同领域中物流的对象、目的、范围和范畴的差异,形成了不同类型的物流。根据物流的需求和物流在社会再生产过程中的地位与作用等不同角度,可以将物流划分为不同类型。

1. 按照物流系统性质分类

如果按照物流系统的性质对物流进行分类,可以将物流分为社会物流、行业物流、企业物流、第三方物流和第四方物流。

(1) 社会物流。社会物流是物流的主要研究对象,是指以全社会为范畴、面向广大用户的超越一家一户的物流。社会物流涉及商品的流通领域所发生的所有物流活动,因此社会物流带有宏观性和广泛性,所以也称之为大物流或宏观物流。伴随商业活动的发生,物流过程通过商品的转移,实现商品的所有权转移,这是社会物流的标志。

由于社会物流所涉及的是大社会领域,社会的物资流通网络是国民经济的命脉,加强对社会物流的研究可以为国家带来巨大的经济效益和社会效益。社会物流研究的重点是:流通网络分布是否合理;流通的渠道是否畅通;如何进行科学管理和有效控制;如何采用先进的技术来保证物流的高效率、低成本运行等,这些都是社会物流的研究内容。

(2) 行业物流。顾名思义,在一个行业内部发生的物流活动被称为行业物流。在一般情况下,同一个行业的各个企业往往在经营上是竞争对手,但为了共同的利益,在物流领域中却又常常互相协作,共同促进行业物流系统的合理化。

在行业的物流活动中,有共同的运输系统和零部件仓库以实行统一配送,有共同的新旧设备及零部件的流通中心,有共同的技术服务中心进行对本行业操作和维修人员的培训,有统一的设备机械规格、采用统一的商品规格、统一的法规政策和统一报表等。行业物流系统化的结果使行业内的各个企业都得到相应的利益。

(3) 企业物流。在企业经营范围内由生产或服务活动所形成的物流系统称为企业物流。不同类别的企业其物流的内容是不相同的。一个生产企业的产品生产过程,从采购原材料开始,按照工艺流程经过若干工序的加工变成产品,然后再销售出去,形成一个复杂的物流过程。一个商业企业,其物流的运作过程包括商品的进、销、调、存、退等各个环节。而一个运输企业的物流活动从按照客户的要求提货、将货物运送到客户指定的地点并完成交付。

(4) 第三方物流。美国物流管理协会在 20 世纪 90 年代后期,将第三方物流(third party logistics, 3PL)定义为:"物流渠道中的专业化物流中间人,以签订合同的方式,在一定期间内,为其他公司提供所有的或某些方面的物流业务服务"。第三方物流是一个为外部客户管理、控制和提供物流服务作业的企业,他们既非生产方,又非销售方,而是从生产到销售的整个流通过程中进行物流服务的第三方,不参与商品的买卖,不拥有商品,但通过提供一整套物流活动为客户提供专门的物流服务或者代理服务。其服务内容不仅包括仓储、运输和 EDI 信息交换,也包括物流策略、系统开发、信息管理、咨询、订货履行、自动补货、选择运输工具、运费谈判、包装、重新包装、粘贴标签、产品组配、进出口代理和支付、分装、集运、订单分拣、存货控制、分拣包装、货物跟踪、车辆维护、托盘化、质量控制、产品试验、客户化、售后服务、咨询服务等。他们和外部客户的关系是一种打破传统业务关系束缚的、一体的、长期的"伙伴型"的战略联盟。

(5) 第四方物流。第四方物流是指一个供应链的集成商,它对公司内部和具有互补性的服务供应商所拥有的不同资源、能力和技术进行整合和管理,提供一整套供应链解决方案,又称之为"总承包商"或"领衔物流服务商"。其提供物流方面的咨询,实际上是一种虚拟物流。它不仅控制和管理特定的物流服务,通过对整个供应链的影响力,提供综合的供应链解决方案,为其顾客带来更大的价值;而且通过电子商务将这个过程集成起来。它一方面提供了一整套完善的供应链解决方案,集中所有的资源为客户完善地解决问题,与客户共同管理资源、计划和控制生产,设计全程物流方案;另一方面利用和协调一切相关服务提供商的能力,包括 3PL、信息技术供应商、合同物流供应商、呼叫中心、电信增值服务商等,与各分包商协调,组织完成实际物流活动。

2. 按照物流活动在企业中的作用分类

按照物流所起的作用,可以将物流分为供应物流、销售物流、生产物流、逆向物流四个种类。

(1) 供应物流。企业的供应物流是指生产活动所需要的原材料、备品备件等物资的采购、供应活动所产生的物流。流通领域的供应物流是指交易活动中从买方角度出发在交易中所发生的物流。对于一个企业而言，企业的流动资金十分重要，但大部分是被购入的物资和原材料及半成品等所占用的。因此，供应物流的合理化管理对于企业的成本有着重要影响。

(2) 销售物流。生产企业或流通企业售出产品或商品的物流过程被称为销售物流，也即物资的生产者或持有者与用户或消费者之间的物流。工厂的销售物流是指售出产品。流通领域的销售物流是指在交易活动中从卖方角度出发的交易行为中的物流。企业通过销售物流，可以进行资金的回收并组织再生产的活动。销售物流的效果关系到企业的存在价值是否被社会承认。销售物流的成本在产品及商品的最终价格中占有一定的比例。因此，销售物流的合理化在市场经济中可以起到较大地增强企业竞争力的作用。

(3) 生产物流。生产物流包括从工厂的原材料采购入库起，直到工厂成品库的成品发送出去为止的物流活动的全过程。生产物流和企业的生产流程同步。企业在生产过程中，原材料、半成品等按照工艺流程在各个加工点之间不停顿的移动、流转形成了生产物流，如果生产物流中断，生产过程也将随之停顿。生产物流的重要性体现在：如果生产物流均衡稳定，就可以保证在制品的顺畅流转，缩短生产周期；如果生产物流的管理和控制合理，也可以使在制品的库存得到压缩，使设备负荷均衡化。因此，生产物流的合理化对工厂的生产秩序和生产成本有很大影响。

(4) 逆向物流。逆向物流是一种包含了产品退回、物料替代、产品再利用、废弃物处理、再处理、维修与再制造等流程的物流活动。逆向物流可以分为回收物流和废弃物流。对物资的回收和再加工过程形成了回收物流，但回收物资品种繁多，变化较大，且流通的渠道也不规则。因此，对回收物流的管理和控制难度较大，但如果企业能好好利用，反而可以为企业带来正面价值。商品的生产和流通系统中所产生的无用的废弃物，对这类废弃物的处理过程就形成了废弃物流。如开采矿山时产生的土石、炼钢生产中的钢渣、工业废水以及其他各种无机垃圾等。虽然废弃物流没有经济效益，为了更好地保障生产和生活的正常秩序，废弃物流也显得十分重要，它具有不可忽视的社会效益。

3. 按物流活动的空间范围分类

按物流活动的空间范围分类，可以将物流分为区域物流、国内物流和国际物流。

(1) 区域物流。它是区域性再生产过程或服务过程中形成的物流，其主要流动范围以本区域为主。例如快餐配送等，基本上是本地化的物流服务。

(2) 国内物流。为国家的整体利益服务，在国家自己的领地范围内开展的物流活动被称为国内物流。国内物流包括区域物流和城乡物流两类：区域物流包括行政区域物流和经济区域物流，城乡物流包括城镇物流和乡村物流等。

（3）国际物流。对不同国家（地区）之间和世界各大洲之间进行的原材料与产品的流通被称为国际物流。

5.1.3 物流的功能

物流的功能指的是物流系统所具有的基本能力。物流的功能涉及运输、仓储、包装、装卸搬运、流通加工、配送、信息服务等。这些能力有效地组合在一起，形成密切相关的一个系统，能合理、有效地实现物流系统的总目标。

1. 运输功能

运输是指利用运输工具对货物实行空间位移，是由供应方向需求方的移动，是创造空间价值的过程。运输是物流的核心业务之一，也是物流系统的一个重要功能。运输方式主要有铁路运输、水路运输、公路运输、航空运输和管道运输，对这几种物流方式的比较如表 5-1 所示。选择何种运输手段对于物流效率具有十分重要的意义。在选择运输方式时，必须综合考虑运输系统所要求的运输服务和运输成本等因素。例如：考虑运费、运输时间、频度、运输能力、货物的安全性、时间的准确性、路程等因素，从而选择一种合理的运输方式，或者组合的运输方式。

表 5-1 不同运输方式优缺点比较

方式	优点	缺点
铁路运输	运输量大，速度快，运费较低，受自然因素影响小，连续性好	短途运输成本高
公路运输	机动灵活，周转速度快，装卸方便，对各种自然条件适应性强	运量小，耗能多，成本高，运费高
水路运输	运量大，投资少，成本低	速度慢，灵活性和连续性差，受自然条件的影响大
航空运输	速度最快捷	运量小，能耗大，运费高，受自然条件影响大
管道运输	适合液体、气体等流动性物质，损耗小，连续性强，平稳安全，管理方便，可连续运输，运量大	设备投资大，灵活性差

2. 仓储功能

仓储是仓库储存和保管的简称，它与运输一起构成了物流过程的两大支柱，是物流的主要功能要素之一。仓储管理是物流系统的重要功能，其作用在于消除物品生产与消费在时间上的差异,以提高物流的时间效用。通过储存,增加了物品的时间价值,产生了物品的时间效用。

仓储功能包括对进入物流系统的货物进行出入库管理和库存、分拣、包装、配送、维护等一系列物品在库管理。物品的出入库与在库管理是仓储最基本的活动。它的作用主要表现在两个方面:一是完好地保证货物的使用价值;二是为了将货物配送给用户,在物流中心进行必要的加工活动和保存管理。

随着经济的发展,仓储功能从重视保管效率逐渐变为重视如何才能顺利地进行发货和配送作业,它将不再以储存保管为其主要目的。物流系统现代化仓储功能的设置,以生产支持仓库的形式,为有关企业提供稳定的零部件和材料供给,将企业独自承担的安全储备逐步转为社会承担的公共储备,减少企业经营的风险,降低物流成本,促使企业逐步形成零库存的生产物资管理模式。

3. 包装功能

包装不仅是为了商品销售,物流的各个环节都需要包装。在我国国家标准GB4122《包装通用术语》中,对包装是这样定义的:为在流通过程中保护产品、方便储运、促进销售,按一定技术方法采用的容器、材料以及辅助物等的总体名称。包装的功能体现在保护商品、单位化、便利化和传递信息等几个方面。有工业包装和商品包装两种。工业包装的作用是按单位分开产品,便于运输,并保护在途货物。商品包装的目的是便于最后的销售。

4. 装卸搬运功能

在同一地域范围内(如车站范围、工厂范围、仓库内部等)改变"物"的存放、支撑状态的活动称为装卸,改变"物"的空间位置的活动称为搬运,两者合称装卸搬运。在物流活动的全过程中,装卸搬运活动是频繁发生的。无论是生产物流,还是销售物流及其他物流,都离不开装卸搬运。装卸作业的代表形式是集装箱化和托盘化,使用的装卸机械设备有吊车、叉车、传送带和各种台车等。因而是产品损坏的重要原因之一。对装卸活动的管理,主要是确定最恰当的装卸方式,力求减少装卸次数,做到省时、省力,减少损失,以获得较好的经济效益。

5. 流通加工功能

流通加工功能是指在物品从生产领域向消费领域流动的过程中,为了促进产品销售、维护产品质量和实现物流效率化,对物品进行加工处理,使物品发生物理或化学性变化的功能。这种在流通过程中对商品进一步地辅助性加工,可以弥补企业、物资部门、商业部门生产过程中加工程度的不足,更有效地满足用户的需求,更好地衔接生产和需求环节,使流通过程更加合理化,是物流活动中的一项重要增值服务,也是现代物流发展的一个重要趋势。

流通加工功能其作用主要表现在:进行初级加工,方便用户,提高原材料利用率,提高加工效率及设备利用率,充分发挥各种运输手段的最高效率,改变品质,提高收益。它的内容主要有:装袋、定量化小包装、拴牌子、贴标签、配货、挑选、混装等。

6. 信息服务功能

信息处理也是整个物流业务活动中一项很重要的职能，包括处理与上述各项功能有关的计划、预测、动态（运量、收、发、存数）的信息，以及有关的费用信息、生产信息、市场活动信息等。物流信息活动的管理，要求建立信息系统和信息渠道，正确选定信息的科目和信息的收集、汇总、统计、使用方式，以保证其可靠性和及时性。

信息服务是物流活动的神经中枢，物流系统的信息服务功能必须建立在计算机网络和信息技术基础之上，才能高效地实现物流活动一系列环节的准确对接，真正创造物流的"场所效用"及"时间效用"。其主要作用表现为：缩短从接受订货到发货的时间，库存适量化，提高搬运作业效率，提高运输效率，使接受订货和发出订货更为省力，提高订单处理的精度，防止发货、配送出现差错，调整需求和供给，提供信息咨询等。

5.2 电子商务与物流的关系

电子商务与物流有着密切的关系，没有现代化的物流，电子商务交易将难以推广。这里所说的物流，是指建立在信息技术、自动化技术和现代管理模式基础上，通过电子商务运行环境建立起来的现代物流形式。电子商务物流则是现代物流的重要组成部分和新的发展方向，成为新兴电子商务发展的重要支撑环境之一。电子商务对物流产生的影响是全方位的，从物流业的地位到物流组织模式，再到物流各作业、功能环节，都将在电子商务的影响下发生巨大的变化。

5.2.1 电子商务对物流的影响

1. 电子商务大大提高了物流业的地位

电子商务将商务、广告、订货、购买、支付、认证等实物和事务处理虚拟化、信息化，使它们变成脱离实体而能在计算机网络上处理的信息，又将信息处理电子化，强化了信息处理，弱化了实体处理，为物流创造了一个虚拟的运动空间。电子商务是一次高科技和信息化的革命，在这种信息化的过程中，人们可以通过各种组合方式，寻求物流的合理化，使商品实体在实际的运动过程中，达到效率最高、费用最省、距离最短、时间最少的目的。

在电子商务时代，物流业会越来越强化。因为它们必须承担更重要的任务，既要把虚拟商店的货物送到用户手中，又要从生产企业及时进货入库。物流企业既是生产企业的仓库，又是用户的实物供应者。物流企业成为社会生产链条的领导者和协调者,为社会提供全方位的物流服务。可见,电子商务把物流提升到了前所未有的高度,为其提供了空前的发展机遇。

2. 电子商务改变了传统的物流运作方式

传统的物流活动在其运作过程中,不管是以生产为中心,还是以成本或利润为中心,其实质都是以商流为中心,从属于商流活动,因而物流的运作方式是伴随着商流而运动的。而在电子商务下,物流的运作是以信息为中心,信息不仅决定了物流的运动方向,而且也决定了物流的运作方式。在实际运作过程中,通过网络上的信息传递,可以有效地实现对物流的实时控制。

(1) 电子商务使物流实现网络的实时控制。传统物流活动的实质是以商流为中心,由于受到通信手段和管理模式的限制,信息流和物流都是逐级传递的,物流和供应信息是从供应商到制造商,再到分销商,最后到用户。而需求信息正好相反,是由用户逐级传到供应商。传统的物流运作方式的缺点是容易产生需求变异放大效应,到最后一道环节时,已经与真实的顾客需求相差甚远了。产生这种放大效应的原因之一就是供应链中各企业对于不同需求的反应时间延迟造成的。由于反应时间延迟,企业在需求产生的前期,如果不能迅速生产或生产过多,就会导致丧失市场机会或积压库存。然而在电子商务环境下,物流是以信息为中心进行运作的,信息不仅决定了物流的运动方向,而且决定了物流的运作方式。在实际运作中,可以通过网络及时、准确地掌握产品销售信息和顾客信息,有效地实现对物流的实时控制,实现物流的合理化。

(2) 电子商务打破了传统物流的分散状态。在传统的物流活动中,物流往往是基于某一企业来进行组织和管理的,而电子商务则要求物流以社会的角度来实行系统的组织和管理,打破了传统物流的分散状态。例如,在实施计算机管理的物流中心或仓储企业中所实施的计算机管理信息系统,大多是以企业自身为中心来管理物流。而在电子商务时代,网络化的特点可对物流在全球范围内实施整体的实时控制。

3. 电子商务促进物流基础设施改善、物流管理模式发生变化

电子商务全球性和高效率的特点,要求物流也必须达到这一目标。而物流要达到这一目标,良好的交通运输网络、通信网络等硬件基础设施则是最基本的保证。

物流技术水平的高低是保证物流效率的一个重要因素。从物流环节来分析,物流技术包括运输技术、保管技术、装卸技术、包装技术等。建立一个适应电子商务运作的高效率的物流系统对提高物流的技术水平有重要的作用。同时,电子商务对物流人才也提出了更高的要求。电子商务在网络环境下,要求物流管理人才具有深厚的电子商务知识,并能在实际的运作过程中,将计算机知识和电子商务知识有机地结合在一起。

电子商务缩短了生产厂家与最终用户之间供应链上的距离,改变了传统

市场的结构。企业可以通过自己的网站绕过传统的经销商与客户直接沟通，大大缩短了供应链，改变了物流的传统管理模式。虽然目前很多非生产企业的商业网站继续充当了传统经销商的角色，但由于它们与生产企业和消费者都直接互联，只是一个虚拟的信息与组织中介，不需要设置多层实体分销网络（包括人员与店铺设施），也不需要存货，因此仍然降低了流通成本，缩短了流通时间，减少了大量不必要的中间环节。在电子商务的推动下，供应链中货物流动方向由"推动式"变成"拉动式"，克服了传统存货管理中存货周期长、灵活性差的缺点。

4. 电子商务带来物流网络的变化

物流网络是在网络经济和信息技术的条件下，为适应物流系统化和社会化的要求发展起来的，由物流组织网络、物流基础设施网络和物流信息网络三者有机结合而形成的物流服务网络体系的总称。而电子商务的发展所带来的物流网络的变化也就可以从这三个方面的变化谈起。

(1) 物流组织网络的变化。电子商务的发展要求物流更加快捷地配合其实现交易活动，因此物流组织形式也必然处于动态发展中。每个物流组织同时都在进行两种模式的网络化扩张：一是自有网络的扩张，如邮政物流、UPS、中铁现代物流等，都是以扩张自有网络为主要竞争手段，这样可以更好地实现交付的快捷；二是在自有网络扩张的同时，积极寻求与其他物流企业的合作，如铁路和邮政的联盟等，利用联合其他企业的优势实现自身实力的扩充，更好地配合电子商务对物流的要求。

(2) 物流基础设施网络的变化。物流基础设施网络可划分为线路和结点两部分，它们相互交织连接，形成了物流基础设施网络。电子商务使物流基础设施网络发生了如下三方面的变化：

① 库存集中化、配送的及时性及 JIT（准时生产化理论）的运用已使某些企业实现了零库存生产。而且由于物流配送中心将成为生产者的仓库与用户的实物供应者，工厂、商场等都将实现零库存，也不会再设仓库。物流配送中心的库存将集中社会上千家万户的零散库存。

② 物流结点的主要形式是第三方物流，电子商务的跨时域性与跨区域性要求相关的物流活动点具有跨区域或国际化特征。在未来的电子商务环境下，物流管理以时间为基础，货物流转速度更快，制造业将实现"零库存"，仓库将为第三方物流企业所经营。第三方物流公司提供一票到底、门到门的服务，可以大大简化交易，减少货物周转环节，降低物流费用。第三方物流将随着电子商务的深入发展成为将来整个社会生产企业和消费者的"第三方"。这些趋势决定了"保管仓库"将进一步减少，而第三方物流的"流通仓库"将发展为物流网络节点。电子商务时代的物流重组需要第三方物流的支持和发展。

③ 综合物流中心将与大型配送中心合二为一。物流中心被认为是各种不

同运输方式的货站、货场、仓库、转运站等演变和进化而成的一种物流结点,主要功能是衔接不同的运输方式。综合物流中心一般设于大城市,数量极少,而且主要衔接铁路运输与公路运输。配送中心是集集货、分货、散货和流通加工等功能于一体的物流结点。物流中心和配送中心由于都处于相应的衔接点位置上,且都有极强的货物集散功能,因此它们很可能合二为一。

(3) 物流信息网络的变化。物流信息网络化指以下两种情况:一是物流配送系统的信息网络化。物流配送中心与制造商或供货商要通过计算机网络联系,物流配送中心与下游顾客之间也通过计算机网络通信;二是组织的网络化,即内部网。物流信息网络是物流信息化的必然,是电子商务下物流活动的主要特征之一。当今世界全球网络资源的可用性及网络技术的普及为物流信息网络的建设和发展提供了良好的外部环境。

5.2.2 物流在电子商务中的地位和作用

如果说电子商务能成为 21 世纪的商务工具,能像杠杆一样撬起传统产业和新兴产业,那么在这一过程中,现代物流产业将成为这个杠杆的支点。物流在电子商务中具有不可替代的重要地位,它的成功与否直接关系到电子商务的成败,它的实施与运作效率将直接影响网络所带来的经济价值。

物流是电子商务中实现"以顾客为中心"理念的最终保证。缺少了现代化的物流技术,电子商务给消费者带来的便捷就不能实现。因此,物流是实现电子商务的重要环节和基本保证,在电子商务中具有举足轻重的作用。

1. 物流保障生产

无论是在传统的贸易方式下,还是在电子商务模式下,生产都是商品流通之本,而生产的顺利进行需要各类物流活动的支持。生产的全过程从原材料的采购开始,便要求有相应的供应物流活动,将所采购的材料供应到位,否则,生产就难以进行。在生产的各工艺流程之间,需要原材料、半成品的物流活动,即所谓的生产物流,以实现生产的流动性。部分材料、可重复利用物资的回收,需要所谓的回收物流。废弃物的处理则需要废弃物物流。可见,整个生产过程实际上就是系列化的物流活动。现代化的物流,通过降低成本、优化库存结构、减少资金占压、缩短生产周期,保障了生产的高效进行。相反,缺少了现代化的物流,生产将难以顺利进行,无论电子商务是多么便捷的贸易形式。

2. 物流是实现电子商务的重要环节和基本保证

物流是实现电子商务的重要环节和基本保证。在商流活动中,商品所有权在购销合同签订的那一刻起,便由供应方转移到需求方,而商品实体并没有因此而移动到需求方。只有商品和服务真正转移到消费者手中,商务活动才终结。在整个电子商务的交易过程中,物流虽然是以商流的后续者和服务者的姿态出现的,但是如果没有现代化的物流,任何商流活动都将化为一纸空文。

3. 物流是影响电子商务运作质量的主要因素

电子商务的出现,大大方便了消费者或客户,使他们不必再跑到拥挤的商业街,一家又一家地挑选自己所需的商品,而只需在互联网上搜索、查看、挑选,就可以足不出户地完成他们的购物过程。如果他们所购的商品迟迟不能到达,或者送非所订,或是出现商品质量问题,那么就会大大影响消费者在网上购物的兴趣和积极性。所以,没有准确、及时的物流,电子商务给消费者带来的购物便捷是没有意义的,消费者必然会对电子商务失去信心,从而影响电子商务的发展。

4. 物流是电子商务企业实现赢利的重要环节

良好的物流管理可以大大降低企业的成本。在传统的商品成本中,物流成本可以占到商品总价值的30%—50%,而现代物流企业可以大大降低该部分的成本。电子商务网站不管采用什么配送形式,都必须将物流配送与电子商务网站的赢利联系起来,通过物流配送的规模化和标准化运作,大幅度降低成本,提高电子商务网站的赢利能力。目前,第三方物流成为现代物流的主要支柱。这样,使开展电子商务网站的企业有更多的精力关注企业的整体发展和提高商务水平,避免了专门设立物流配送系统所产生的建设费用高、销售范围广等难题,从而减少了企业的亏损代价和服务质量降低的代价。

现代物流在电子商务中发挥着重要的作用。物流不仅集成了电子商务中的商流、信息流和资金流,还实现了基于电子商务的供应链集成。不仅提高了电子商务的效率和效益,扩大了电子商务的市场范围,还在一定程度上促使电子商务成为最具竞争力的商务形式。

总之,电子商务和现代物流是相辅相成、相互依存的关系。现代物流是电子商务的重要组成部分,而电子商务是现代物流的重要支撑部分。从另一个角度来分析,物流、商流、资金流和信息流之间的相互服务功能则是它们的共性特征。

5.3 物流信息管理

21世纪以来,电子商务活动已经形成一股浪潮,迅速渗透每一个行业领域。在这一过程中,物流活动也不可避免地受到影响。电子商务提高了物流业在国民经济中的地位,使物流活动变得越来越重要,物流活动的信息化在电子商务活动中显示出举足轻重的地位。

5.3.1 物流信息的含义与特征

1. 物流信息的含义

信息是客观存在的、有意义的数据,在一切事物运动过程中,通过物质载体所发生的消息、情报、指令、数据、信号,它们所包含的一切可以传递和交换的知识内容就是信息。不同的物质和事物有不同的特征,不同特征要通过一定的物质形式,产生不同的消息、情报、指令、数据、信号。

物流信息就是物流活动所必需的信息,即由物流引起并能反映物流活动实际特征的,可被人们接受和理解的各种消息、情报、文书、资料、数据等的总称。

2. 物流信息的特征

除了信息的普遍性质外,物流信息还具有以下特征:

(1) 物流信息涉及面广、信息量大;

(2) 高峰时与平时的信息量差别很大;

(3) 每天发生信息的单位(每一件大小)并不一定很大;

(4) 信息发生的来源多样化,处理场所、转达对象分布在广大的地区;

(5) 要求与商品流通的时间相适应;

(6) 与仓储、生产等本企业其他部门的关系密切;

(7) 货主与物流从业者及有关企业之间物流信息相同,各连接点的信息再输入情况较多,信息更新快;

(8) 物流系统的环节同时兼具信息的中转和转送,贯穿于生产经营活动的全过程。

5.3.2 物流信息技术应用

1. 物流自动识别技术

自动识别技术是信息数据自动识读、自动输入计算机的重要方法和手段,它是以计算机技术和通信技术的发展为基础的综合性科学技术。自动识别技术近几十年在全球范围内迅猛发展,初步形成了一个包括条形码、磁条(卡)、光学字符识别、系统集成化、射频技术、声音识别及视觉识别等集计算机、光、机电、通信技术于一体的高新技术学科。

(1) 条形码识别技术。条形码技术是 20 世纪在计算机应用中产生和发展起来的一种自动识别技术,是集条形码理论、光电技术、计算机技术、通信技术、条形码印制技术于一体的综合性技术。条形码技术具有制作简单、信息收集速度快、准确度高、信息量大、成本低和条形码设备方便易用等优点,所以从生产到销售的流通转移过程中,条形码技术起到了准确识别物品信息和快速跟踪物品历程的重要作用,它是整个物流信息管理工作的基础。条形码技术在物流数据采集、快速响应、运输中的应用中极大地促进了物流业的发展。

物流条形码是物流过程中用以标识具体实物的一种特殊代码,它是由一组黑白相间的条、空组成的图形,利用识读设备可以实现自动识别、自动数据采集。在商品从生产厂家到运输、交换等整个物流过程中都可以通过物流条形码来实现数据共享,使信息的传送更加方便、快捷、准确,从而提高整个物流系统的经济效益。

条形码在物流中的应用较为广泛，主要有以下几方面：

① 生产管理。在生产中可以应用产品识别码监控生产，采集生产测试数据和生产质量检验数据，进行产品完工检查，建立产品识别码和产品档案，从而有序地安排生产计划，监控生产流程及流向，提高产品下线合格率。

② 销售信息系统。在商品上贴上条形码就能快速、准确地利用计算机进行销售和配送管理。其过程为：对销售商品进行结算时，通过光电扫描读取并将信息输入计算机，然后输入收款机，收款后开出收据，同时通过计算机处理，掌握进、销、存的数据。

③ 仓库管理。根据货物的品名、型号、规格、产地、牌名、包装等划分货物品种，并且分配唯一的编码，也就是"货号"。按货号管理货物库存和管理货号的单件集合，并且应用于仓库管理的各种操作。常用于仓库库位管理、单件货物管理、实际产品运输和出入库的差错管理、仓库业务管理等。

④ 运输中的分货、拣选系统。铁路运输、航空运输、邮政通信等许多行业都存在货物的分拣搬运问题，大批量的货物需要在很短的时间内准确无误地分装到指定的车厢或航班。解决这个问题的办法就是应用物流标识技术，使包裹或产品自动分拣到不同的运输机上。

⑤ 资产跟踪。大型的企业一般在各地拥有不同种类的产品。为了跟踪每件产品，将产品的编号、位置编号、制造厂商、长度、等级、尺寸、厚度及其他信息编成一个PDF417码，制成标签后贴在产品上。当产品移走或安装时，操作员扫描条形码标签，数据库信息就可以得到及时更新，这不仅方便了物流管理，还有利于公司的资产维护。

（2）无线射频识别（RFID）技术。无线射频识别（RFID）技术是一项利用射频信号通过空间耦合（交变磁场或电磁场）实现无接触信息传递，并通过所传递的信息达到识别目的的技术。简单地说，RFID技术是利用无线电波进行数据信息读写的一种自动识别技术，或者说是无线电技术在自动识别领域中的应用。RFID系统一般都由信号发射机、信号接收机、编程器、天线组成。其工作原理是：在产品的标签中贴上RFID芯片，标签随产品进入信号磁场后，接收阅读器发出的射频信号，凭借感应电流所获得的能量发送出存储在芯片中的产品信息（passive tag，无源标签），或者主动发送某一频率的信号（active tag，有源标签），阅读器读取信息并解码后，送至中央信息系统进行有关数据处理。

RFID技术在物流中的应用主要有以下几个方面：

① 高速公路的自动收费系统。高速公路上的人工收费站由于效率低下而成为交通瓶颈。RFID技术应用在高速公路自动收费上，能够充分体现它非接触识别的优势，让车辆在高速通过收费站的同时自动完成收费。据测试，采用这种自动收费方式，车辆通过自动收费卡口时车速可保持在40公里/小时，与停车

领卡交费相比,可节省时间 30%—70%,大大提高了流通速度。

② 交通督导和电子地图。利用 RFID 技术可以进行车辆的实时跟踪,通过交通控制中心的网络在各个路段向司机报告交通状况,指挥车辆绕开拥堵路段,并用电子地图实时显示交通状况,能够使交通流量均匀,大大提高道路利用率。通过实时跟踪,还可以自动查处违章车辆,记录违章情况。另外,公共汽车站实时跟踪显示公共汽车到站时间及自动显示乘客信息,可以带给乘客方便。

③ 停车智能化管理系统。出入无须停车,系统自动识别车辆的合法性,完成放行(禁止)、记录等管理功能,节约进出场的时间,提高工作效率,杜绝管理费的流失。

④ 邮政包裹管理系统。在邮政领域,如果在邮票和包裹标签中贴上 RFID 芯片,不仅可以实现分拣过程的自动化,而且邮件包裹到达某个地方,标签信息就会被自动读入管理系统,并融入"物联网"供顾客和企业查询。

⑤ 铁路货运编组调度系统。火车按既定路线运行,读写器安装在铁路沿线,就可得到火车的实时信息及车厢内装载的物品信息。通过读到的数据,能够确认火车的身份,监控火车的完整性,以防止遗漏在铁轨上的车厢发生撞车事故,同时在车站能将车厢重新编组。

⑥ 集装箱识别系统。将记录有集装箱位置、物品类别、数量等数据的标签安装在集装箱上,借助射频识别技术,就可以确定集装箱在货场内的确切位置,在移动时可以将更新的数据写入射频卡。系统还可以识别未被允许的集装箱移动,有利于管理和保证安全。

(3) 产品电子代码(EPC)识别技术。产品电子代码(electronic product code, EPC)识别技术是基于 RFID 与互联网的一种物流信息管理新技术,它通过给每一个实体对象(包括零售商品、物流单元、集装箱、货运包装等)分配一个全球唯一的代码来构建一个全球物品信息实时共享的实物互联网(internet of things,简称"物联网")。EPC 编码革命性地解决了条形码无法做到的单个商品识别问题。

EPC 识别技术在物流方面的应用主要有:

① 出厂。贴有 EPC 标签的产品随着托盘或包装箱运输出厂的时候,包装单元上的 EPC 被识别器识读,该批次产品的出厂信息被记录下来。

② 入库。产品运到配送中心或仓库,在配送中心的门口装有 EPC 识读器,帮助进行自动点货并 24 小时监控出入库情况。

③ 发货。发货的时候同样也要通过 EPC 读写器的识读,以记录发货时间、地点、批次等相关信息,以便将来跟踪查询。

④ 上架。产品被送到商店摆上货架后,货架上的 EPC 读写器可以随时查询整个商店内任意商品的货架位置、缺货情况以及是否已经过期等重要信息。

⑤ 结算。顾客只要推着购物车从装有 EPC 识读器的出口通过,所购商品

⑥ 售后。顾客完成结算以后，可以通过 EPC 标签的"灭活"指令对 EPC 标签进行销毁，以保护用户隐私，也可以继续使用，以享受相应的售后服务，并方便厂家在必要时间召回产品。

除了以上所描述的应用，EPC 还可以广泛地应用于整个供应链管理，在每个需要记录相关信息的物流结点都可以对 EPC 信息进行识别、比较、更新和保存，以随时对供应链进行管理。

2. 物流电子数据转换——EDI 技术

EDI 的英文全称为 Electronic Data Interchange，即电子数据交换。联合国标准化组织将 EDI 描述成：按照统一标准，将商业或行政事务处理转换成结构化的事务处理或报文数据格式，并借助计算机网络实现的一种数据电子传输方法。

EDI 既准确又迅速，可免去不必要的人工处理，节省人力和时间，同时可减少人工作业可能产生的差错。所以，它已被广泛应用于物流公司、制造商、批发商和运输商的作业流程中。EDI 技术在物流领域中的应用主要有：

（1）EDI 在物流公司中的应用。物流公司是供应商与客户之间的桥梁，它对调节产品的供需、缩短流通渠道、解决不经济的流通规模及降低流通成本有极大的作用。EDI 在物流公司的应用主要有引入出货单和引入催款对账单。通过 EDI 技术可方便、快速地知道出货情况以便及时补货，并且减轻财务人员的对账工作量，降低对账错误率。

（2）EDI 在制造商业务中的应用。制造商与其交易伙伴间的商业行为大致可分为接单、出货、催款及收款作业，其往来的单据包括采购进货单、出货单、催款对账单及付款凭证等。因此，EDI 技术主要应用于引入采购进货单、引入出货单、引入催款对账单及转账系统中。

（3）EDI 在运输商业务中的应用。运输商由于其强大的运输能力和遍布各地的营业点而在流通业中扮演着重要的角色。涉及引入托运单、托运收货、送货回报、对账、收款等各个工作环节。图 5-1 为运输商的交易流程。

① 引入托运单。引入托运单可接收托运人传来 EDI 托运单报文，将其转换为企业内部的托运单格式。

② 托运收货。事先得知托运货物详情后，可调配车辆前往收货。托运人传来的 EDI 托运数据可与发送系统集成，自动生成发送明细单。

③ 送货回报。托运数据和送货回报作业集成，将送货结果及早回报给托运人，提高客户服务质量。此外，对已完成送货的交易，也可回报运费，供客户提前核对。

④ 对账。可用回报作业通知每笔托运交易的运费，同时运用 EDI 催款对账

单向客户催款。

⑤ 收款。对托运量大且频繁的托运客户,可与其建立 EDI 转账作业,通过银行进行 EDI 对账。

另外,EDI 技术还被广泛应用于配送中心、批发商以及海关部门和商检中。

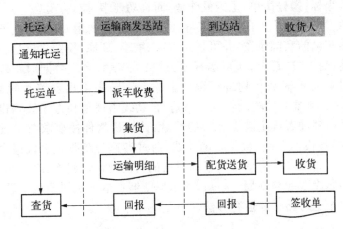

图 5-1　运输商的交易流程

3. 物流跟踪技术 GIS 和 GPS

(1) 地理信息系统(GIS)。地理信息系统(Geography Information System, GIS)是多门学科交叉的产物,它以地理空间数据为基础,在计算机软、硬件的支持下,对空间相关数据进行采集、管理、操作、分析、模拟和显示,并采用地理模型分析方法,适时地提供多种空间和动态的地理信息,是为地理研究和地理决策服务而建立起来的计算机技术系统。其基本功能是将表格型数据转换为地理图形表示,然后对显示结果进行浏览、操作和分析。其显示范围可以从洲际地图到非常详细的街区地图,显示对象包括人口、销售情况、运输线路及其他内容。

GIS 在物流领域的应用,主要是利用其强大的地理数据功能来完善物流分析技术。完整的 GIS 物流分析软件集成了车辆路线模型、最短路径模型、网络物流模型、分配集合模型和设施定位模型等。例如,设施定位模型,用于确定一个或多个设施的位置。在物流系统中,仓库和运输线共同组成了物流网络,仓库处于网络的结点上,结点决定线路,如何根据供求的实际需要并结合经济效益等原则,在既定区域内设立多个仓库。每个仓库的位置、每个仓库的规模,以及仓库之间的物流关系等问题,运用此模型均能很容易地得以解决。国内一些先进企业,相继采用了 Mapinfo GIS 系统,如北京市商业地理信息系统、天津可口可乐电子地图管理系统、工商银行系统等。

(2) 全球定位系统(GPS)。全球定位系统(Global Positioning System, GPS)是利用导航卫星进行测时和测距,使在地球上任何地方的用户,都能计算出他们所处的方位。现有的 GPS 系统有美国的全球卫星定位系统(GPS)和俄罗斯的全球卫星定位系统(Global Navigation Satellite System,简称 GLONASS)、中国的北斗星以及欧洲的伽利略。

GPS 定位精度高,观测时间短,测站间无须通视,只需测站上空开阔即可;可提供三维坐标;操作简单;全天候作业,而且功能多、应用广。

GPS 在物流中,用于车辆的自定位、跟踪调度。利用 GPS 和电子地图可以实时显示出车辆的实际位置,并可任意放大、缩小、还原、换图;可以随目标移动,使目标始终保持在屏幕上;还可实现多窗口、多车辆、多屏幕同时跟踪。利用该功能还可对重要车辆和货物进行跟踪运输。GPS 提供出行路线规划和导航。这是 GPS 的一项重要的辅助功能,它包括自动线路规划和人工线路设计。自动线路规划是由驾驶者确定起点和目的地,由计算机软件按要求自动设计最佳行驶路线,包括最快的路线、最简单的路线、通过高速公路路段次数最少的路线的计算。人工线路设计是由驾驶员根据自己的目的地设计起点、终点和途经点等,自动建立路线库。线路规划完毕后,显示器能够在电子地图上显示设计路线,并同时显示汽车运行路径和运行方法。

5.3.3 供应链管理

Internet 的不断完善和发展,推动了电子商务的应用和发展,也改变了传统企业的管理模式、经营方式和管理思想。物流企业、物流技术和物流管理也受到了 Internet 和电子商务带来的冲击,物流企业建立自己的 Intranet 和接入 Internet 势在必行。在这一背景下,物流管理理论上升到供应链管理的理论。

供应链(supply chain)指的是一种集合,是把产品和服务推向市场的所有的关联企业及它们之间的相关关系,涵盖不同过程中活动的上下游企业链接而成的组织化网络。供应链管理(supply chain management,SCM)是对构成供应链的各参与组织(包括供应商、制造商、运输商、分销商、零售商和最终用户)的物流、信息流与资金流进行计划、协调和控制,涉及原料供应商、制造过程、销售过程以及客户等整个产品制造与销售的全部流程,使用它可同步并优化由用户驱动的产品流、服务流、信息流、资金流和人力资源流。

供应链管理的目的是通过优化供应链提高所有相关过程的速度和确定性,以满足客户的需求,提高组织的运作效率和经济效益,并且在目标市场上获得最大的财务、运作和竞争优势。简洁地说,供应链管理是包括从最终用户一直到初始供应商的,向客户提供增值产品、服务和信息商务过程的一体化管理。

传统的供应链管理虽能在一定程度上改善对供应、生产、库存、销售的协调和优化,但费用昂贵,而且存在对新的需求趋势反应迟缓、预测准确度差等缺点,企业往往无法运用好供应链竞争方式。而在电子商务条件下,供应链管理可依托电子交易方式,以最小的投资获取最高利润,建立与供应商、分销商和客户之间更快、更方便、更精确的电子化联络方式，实现信息共享和管理决策支持。企业也能通过供应链管理来实现全球化的市场管理，统一调度企业内部的生产、市场、供货等部门，保证客户需求的产品及时生产、发货、调度，降低库存，减少在途时间，争取以最低的成本换取最大的效益。

供应链管理不只是一个新增加的产品或模块，或是一种单纯的先进计划系统。其实，供应链管理是一种整合的系统，将供应商、制造商、零售商与客户紧密地联系在一起，而在这其中贯穿的线索包含产品、服务、信息以及资金/资源等，它与 ERP（物料需求计划）、MRPII（制造资源计划）是不可分割的。

供应链管理是随着 Internet 和电子商务的发展应运而生的一种新型的管理系统，它能够帮助企业实现从订货、进货、生产、销售等日常工作全流程的自动化，并方便管理者获取与企业相关的各种信息。它有助于降低开支，提高工作效率，增加收入，提高客户的忠诚度，帮助企业的管理者作更明智的决定。Oracle 公司认为，供应链管理的运作过程是首先捕捉全球的需求信息，知道客户想要什么，什么时候要，作出确定的交货承诺。然后，在整条供应链上综观供货、需求、库存和需求信息，加速计划周期，自动执行计划，同时使供货商和客户可以得到计划信息。接着，从原材料供应商处以最低价格采购高质量的原材料和服务，然后用最有效的流程制造出符合客户需求的产品。

对企业来说，供应链管理是关系到自身生存、发展的关键。如何让供应商、制造商、运货商、分销商、零售商到最终用户的各个环节配合无误；如何能以最低成本把正确的商品卖给适合的消费群；如何消除积压与缺货，所有这些目标，都可利用电子商务，通过改善供应链管理而逐步实现。所以，利用电子商务技术优化供应链管理，首先完成企业内部业务流程一体化，然后再向企业外的合作伙伴延伸，实现信息共享，最终达到生产、采购、库存、销售以及财务和人力资源管理的全面集成，令物流、信息流、资金流发挥最大效能，把理想的供应链运作变为现实，这是供应链管理解决方案的重要目标。

本章小结

我国对现代物流（logistics）的定义是：物流是指物品从供应地向接收地的实体流动过程。根据实际需要，对运输、储存、装卸、搬运、包装、流通加工、配送、信息处理等基本功能实施有机结合。现代物流非常强调顾客满意度及物流的效率，并且物流不仅仅是指销售物流，还包括采购物流、企业内物流；不仅包括生产前和生产过程中的物质、信息流通过程，还包括生产之后的市场营销活动、售后服务及市场组织等领域的发展；不仅包括销售预测、生产计划的制订、顾客订货等相关的生产物流，还包括与顾客满意度相关的各种营销物流活动。

现代物流具有以下重要特征：① 是利用现代信息技术将多种物流活动进行

有机整合的集成性活动。② 是有关"物"的流通的经济活动。③ 以提高顾客满意度为目的。

　　物流创造的主要价值是时间价值和场所价值,有时也创造一定的加工价值。

　　根据物流的需求和物流在社会再生产过程中的地位与作用等不同角度,可以将物流划分为不同类型。按照物流系统的性质对物流进行分类,可以将物流分为社会物流、行业物流、企业物流、第三方物流和第四方物流。

　　物流的功能指的是物流系统所具有的基本能力。物流的功能涉及运输、仓储、包装、装卸搬运、流通加工、配送、信息服务等。

　　电子商务和现代物流是相辅相成、相互依存的关系。电子商务物流是现代物流的重要组成部分和新的发展方向,成为新兴电子商务发展的重要支撑环境之一。电子商务对物流产生的影响是全方位的,从物流业的地位到物流组织模式,再到物流各作业、功能环节,都将在电子商务的影响下发生巨大的变化。

　　物流信息就是物流活动所必需的信息,即由物流引起并能反映物流活动实际特征的,可被人们接受和理解的各种消息、情报、文书、资料、数据等的总称。常用的物流信息技术有自动识别技术、物流电子数据交换技术、物流跟踪技术。在电子商务背景下,供应链管理理论成为现代物流管理的重要理论指导。

第6章 电子商务平台构建

本章导学

广义的环境是指除人以外的一切。标准的环境是指相对于某一中心事物而言,围绕中心事物的外部空间、条件和状况,构成中心事物的环境。电子商务环境是以企业为中心的电子商务的一种基本形式。从系统角度看,电子商务是一个庞大、复杂的社会经济与技术系统。一个系统的运行必然受到环境的影响和制约。电子商务只有在一定的环境下才能顺利地开展,离开了外部环境的支持,就不能独立地生存和发展。电子商务赖以发展的支撑环境主要包括技术环境和社会环境两大部分。没有技术支撑,电子商务就回归传统商务;如果没有社会的支撑,电子商务就像离开水的鱼。当然这两类环境涉及的内容非常广泛:技术环境包括计算机网络技术、开发平台与运行平台的层次与功能、基于 Web 的电子商务拥有系统及其建构技术等;人文社会方面的支持环境包括公共政策、法律法规、经济环境、社会道德体系、市场环境体系等。这里我们只对前者进行探讨。

在此基础上,电子商务平台构建中最核心的部分是电子商务网站的建设,它是企业实施电子商务的物质基础。电子商务站点的建设,是个系统工程。策划作为站点建设的第一步,决定了站点的目标、服务对象、商务模式和未来的竞争优势,它是企业建设电子商务站点必须首先考虑的问题。在确定站点的规划后,需要对站点进行总体设计,确定站点的功能、风格、版式等,为站点的具体建设做好准备。确定了网站的建设方案后,可以进行具体的实施工作,包括申请域名、选择服务商、设计网页、测试和站点发布。而要维持网站的生命力,持续的更新是必不可少的。网站建设的基础是 Web 语言,在本章最后将介绍一些基本的设计 Web 页所涉及的一些语言,编辑设计 Web 页的一些常用工具以及如何根据企业的经营目标规划电子商务网站,如何按步骤建设电子商务网站。

案例导入

亚马逊书店无疑是电子商务发展的里程碑,它创造性地进行了电子商务中每一环节的探索,包括系统平台的建设、程序编写、网站设立、配送系统等方面。1994 年,WEB 网页吸引了全球网虫的目光。时任 Banker Trust 公司最年轻副总裁的 Effrey Bezos 看到了在线商场的广阔发展前景。Bezos 当时提出了 20 种他认为适合于虚拟市场销售的商品，包括图书、音乐制品、杂志、PC 硬件、PC 软件等。最后，在图书和音乐制品中，他选择了图书。Bezos 辞去副总裁的职位，把家搬到西雅图，招了 4 名程序员，就在自己的车库里开始为 Amazon 编写程序。他为自己的公司起名 Amazon 是希望它能够像亚马逊河一样勇往直前（后来，"车库公司"成了高科技创业公司的一个象征）。1995 年 7 月，Amazon 卖出了第一本书。作为一家虚拟商店，Amazon 每周 7 天，每天 24 小时营业。顾客可以通过书名、作者、主题或关键词，在 Amazon 的数据库中查找自己想要的书。如果顾客决定购买哪一本，就可以在线填写一份订单，指出要何种版本、包装方式、送货方式、付款方式等。Amazon 通知出版或图书分销商将顾客购买的书送到 Amazon 在西雅图的库房，包装好后发货。一般情况下，顾客下订单以后 5 天内可以拿到书。正确的经营思想和经营方式使得 Amazon 公司在短短的几年内迅速成长。目前，Amazon 公司雄心勃勃的扩张计划已远远超出了图书的范围，Amazon 坚定地朝着一家购物服务公司而不仅仅是一家零售商的方向发展。现在 Amazon 的产品种类已经扩大至音像光盘、录像带、化妆品、宠物用品及杂货等，并提供拍卖及问候卡片服务，它正努力成为全球最大的网上零售商。

6.1 电子商务环境

6.1.1 计算机网络

计算机与通信技术的紧密结合使得计算机网络成为可能，网络技术是在电子商务技术中处于最底层、最基础的技术。

对"计算机网络"这个概念的理解和定义，随着计算机网络本身的发展，人们提出了各种不同的观点。早期的计算机系统是高度集中的，所有的设备安装在单独的大房间中，后来出现了批处理和分时系统，分时系统所连接的多个终端必须紧接着主计算机。50 年代中后期，许多系统都将地理上分散的多个终端通过通信线路连接到一台中心计算机上，这样就出现了第一代计算机网络。第一代计算机网络是以单个计算机为中心的远程联机系统。典型应用是由一台计算机和全美范围内 2 000 多个终端组成的飞机订票系统。终端，即一台计算机的外部设备包括 CRT 控制器和键盘，无 CPU 内存。随着远程终端的增多，在主机前增加了前端机 FEP。当时，人们把计算机网络定义为"以传输信息为目的而连接起来，实现远程信息处理或近一步达到资源共享的系统"，但这样的系统已具备了通信的雏形。第二代计算机网络是以多个主机通过通信线路互联起来，为用户提供服务，兴起于 60 年代后期，典型代表是美国国防部高级研究计划局协助开发的 ARPAnet。主机之间不是直接用线路相连,而是接口报文处理机 IMP 转接后互联的。IMP 和它们之间互联的通信线路一起负责主机间的通信任务,构成了通信子网。通信子网互联的主机负责运行程序,提供资源共享,组成了资源子网。两个主机间通信时对传送信息内容的理解、信息表示形式以及各种情况下的应答信号都必须遵守一个共同的约定,称为协议。在 ARPA 网中,将协议按功能分成了若干层次。如何分层,以及各层中具体采用的协议的总和,称为网络体系结构。体系结构是个抽象的概念,其具体实现是通过特定的硬件和软件来完成的。70 年代至 80 年代中期第二代网络得到迅猛的发展。第二代网络以通信子网为中心。这个时期,网络概念为"以能够相互共享资源为目的互联起来的具有独立功能的计算机之集合体",形成了计算机网络的基本概念。第三代计算机网络是具有统一的网络体系结构并遵循国际标准的开放式和标准化的网络。ISO 在 1984 年颁布了 OSI/RM,该模型分为七个层次,也称为 OSI 七层模型,公认为新一代计算机网络体系结构的基础。为普及局域网奠定了基础。70 年代后,由于大规模集成电路出现,局域网由于投资少、方便灵活而得到了广泛的应用和迅猛的发展。与广域网相比有共性,如分层的体系结构,又有不同的特性,如局域网为节省费用而不采用存储转发的方式,而是由单个的广播信道来连接网上计算机。第四代计算机网络从 80 年代末开始,局域网技术发展成熟,出现光纤及高速网络技术,多媒体、智能网络,整个网络就像一个对用户透明的大的计算机系统,发展为以 Internet 为代表的互联网。在这里,计算机网络即是将多个具有独立工作能力的计算机系统,通过通信设备和线路,由功能完善的网络软件实现资源共享和数据通信的系统。

计算机网络的功能主要体现在三个方面:信息交换、资源共享、分布式处理。

① 信息交换。这是计算机网络最基本的功能,主要完成计算机网络中各个节点之间的系统通信。用户可以在网上传送电子邮件,发布新闻消息,进行电子购物、电子贸易、远程电子教育等。

② 资源共享。所谓的资源是指构成系统的所有要素,包括软、硬件资源,如:计算处理能力、大容量磁盘、高速打印机、绘图仪、通信线路、数据库、文件和其他计算机上的有关信息。由于受经济和其他因素的制约,这些资源并非(也不可能)所有用户都能独立拥有,所以网络上的计算机不仅可以使用自身的资源,也可以共享网络上的资源。因而增强了网络上计算机的处理能力,提高了计算机软硬件的利用率。

③ 分布式处理。一项复杂的任务可以划分成许多部分,由网络内各计算机分别协作并行地完成有关部分,使整个系统的性能大为增强。

1. 计算机网络分类

计算机网络的分类方式有很多种,可以按地理范围、拓扑结构、传输速率和传输介质等分类。

(1) 按地理范围分类

① 局域网 LAN(local area network)。局域网的地理范围一般为几百米到 10 km 之内，属于小范围内的联网。如一个建筑物内、一个学校内、一个工厂的厂区内等。局域网的组建简单、灵活，使用方便。

② 城域网 MAN(metropolitan area network)。城域网的地理范围可从几十公里到上百公里，可覆盖一个城市或地区，是一种中等形式的网络。

③ 广域网 WAN(wide area network)。广域网的地理范围一般在几千公里左右，属于大范围联网。如几个城市、一个或几个国家，是网络系统中的最大型的网络，能实现大范围的资源共享，如国际性的 Internet 网络。

(2) 按传输速率分类

网络的传输速率有快有慢，传输速率快的称高速网，传输速率慢的称低速网。传输速率的单位是 b/s(每秒比特数，英文缩写为 bps)。一般将传输速率在 Kb/s－Mb/s 范围的网络称低速网，在 Mb/s－Gb/s 范围的网称高速网。也可以将 Kb/s 网称低速网，将 Mb/s 网称中速网，将 Gb/s 网称高速网。

网络的传输速率与网络的带宽有直接关系。带宽是指传输信道的宽度，带宽的单位是 Hz(赫兹)。按照传输信道的宽度可分为窄带网和宽带网。一般将 KHz－MHz 带宽的网称为窄带网，将 MHz－GHz 的网称为宽带网，也可以将 kHz 带宽的网称窄带网，将 MHz 带宽的网称中带网，将 GHz 带宽的网称宽带网。通常情况下，高速网就是宽带网，低速网就是窄带网。

(3) 按传输介质分类

传输介质是指数据传输系统中发送装置和接收装置间的物理媒体，按其物理形态可以划分为有线和无线两大类。

① 有线网。传输介质采用有线介质连接的网络称为有线网，常用的有线传输介质有双绞线、同轴电缆和光导纤维。双绞线是由两根绝缘金属线互相缠绕而成，这样的一对线作为一条通信线路，由四对双绞线构成双绞线电缆。双绞线点到点的通信距离一般不能超过 100 m。目前，计算机网络上使用的双绞线按其传输速率分为三类线、五类线、六类线、七类线，传输速率在 10 Mbps 到 600 Mbps 之间，双绞线电缆的连接器一般为 RJ－45。同轴电缆由内、外两个导体组成，内导体可以由单股或多股线组成，外导体一般由金属编织网组成。内、外导体之间有绝缘材料，其阻抗为 50 Ω。同轴电缆分为粗缆和细缆，粗缆用 DB－15 连接器，细缆用 BNC 和 T 连接器。光缆由两层折射率不同的材料组成。内层是具有高折射率的玻璃单根纤维体组成，外层包一层折射率较低的材料。光缆的传输形式分为单模传输和多模传输，单模传输性能优于多模传输。所以，光缆分为单模光缆和多模光缆，单模光缆传送距离为几十公里，多模光缆为几公里。光缆的传输速率可达到每秒几百兆位。光缆用 ST 或 SC 连接器。光缆的

优点是不会受到电磁的干扰,传输的距离也比电缆远,传输速率高。光缆的安装和维护比较困难,需要专用的设备。

② 无线网。采用无线介质连接的网络称为无线网。目前无线网主要采用三种技术:微波通信、红外线通信和激光通信。这三种技术都是以大气为介质的。其中微波通信用途最广,目前的卫星网就是一种特殊形式的微波通信,它利用地球同步卫星作中继站来转发微波信号,一个同步卫星可以覆盖地球的三分之一以上表面,三个同步卫星就可以覆盖地球上全部通信区域。

(4) 按拓扑结构分类

计算机网络的物理连接形式叫做网络的物理拓扑结构。连接在网络上的计算机、大容量的外存、高速打印机等设备均可看作是网络上的一个节点,也称为工作站。计算机网络中常用的拓扑结构有总线型、星型、环型、树型。

① 总线型拓扑结构。总线型拓扑结构是一种共享通路的物理结构。这种结构中总线具有信息的双向传输功能,普遍用于局域网的连接,总线一般采用同轴电缆或双绞线。总线型拓扑结构的优点是:安装容易,扩充或删除一个节点很容易,不需停止网络的正常工作,节点的故障不会殃及系统。由于各个节点共用一个总线作为数据通路,信道的利用率高。但总线结构也有其缺点:由于信道共享,连接的节点不宜过多,并且总线自身的故障可能导致系统的崩溃。

② 星型拓扑结构。星型拓扑结构是一种以中央节点为中心,把若干外围节点连接起来的辐射式互联结构。这种结构适用于局域网,特别是近年来连接的局域网大多采用这种连接方式。这种连接方式以双绞线或同轴电缆作连接线路。星型拓扑结构的特点是:安装容易,结构简单,费用低,通常以集线器(Hub)作为中央节点,便于维护和管理。中央节点的正常运行对网络系统来说是至关重要的。

③ 环型拓扑结构。环型拓扑结构是将网络节点连接成闭合结构。信号顺着一个方向从一台设备传到另一台设备,每一台设备都配有一个收发器,信息在每台设备上的延时时间是固定的。这种结构特别适用于实时控制的局域网系统。

环型拓扑结构的特点是:安装容易,费用较低,电缆故障容易查找和排除。有些网络系统为了提高通信效率和可靠性,采用了双环结构,即在原有的单环上再套一个环,使每个节点都具有两个接收通道。环型网络的弱点是:当节点发生故障时,整个网络就不能正常工作。

④ 树型拓扑结构。树型拓扑结构就像一棵"根"朝上的树,与总线型拓扑结构相比,主要区别在于总线型拓扑结构中没有"根"。这种拓扑结构的网络一般采用同轴电缆,用于军事单位、政府部门等上下界限相当严格和层次分明的部门。树型拓扑结构的特点:优点是容易扩展、故障也容易分离处理,缺点是整个网络对根的依赖性很大,一旦网络的根发生故障,整个系统就不能正常

工作。

2. 计算机网络协议及网络模型

(1) 网络协议。在计算机网络中一系列的通信规则称为网络协议,如数据的格式是怎样的,以什么样的控制信号联络,具体传送方式是什么,发送方怎样保证数据的完整性、正确性,接收方如何应答等。这一系列工作就是网络协议需要完成的功能。常见的网络协议有 IPX/SPX,TCP/IP 等。

(2) 网络互联模型。计算机联网是随着用户的不同需要而发展起来的,是一个非常复杂的系统。不同的开发者可能会使用完全不同的方式来满足使用者的需求,由此产生了不同的网络系统和网络协议。在同一网络系统中网络协议是一致的,节点间通信是方便的,在不同的网络系统中网络协议很可能不一致,这种不一致给网络连接和网际网之间节点的通信造成了很大的不方便。

为了解决这个问题,国际标准化组织 ISO(International Standardization Organization)于 1981 年推出"开放系统互联结构模型"即 OSI(Open System Interconnection)标准。该标准的目标是希望所有的网络系统都向此标准靠拢,消除不同系统之间因协议不同而造成的通信障碍,使得在互联网范围内,不同的网络系统可以不需要专门的转换装置就能够进行通信。

图 6-1 OSI 七层参考模型

OSI 不是一个实际的物理模型,而是一个将网络协议规范化了的逻辑参考模型。OSI 根据网络系统的逻辑功能将其分为七层,并对每一层规定了功能、要求、技术特性等,但没有规定具体的实现方法。OSI 仅仅是一个标准,而不是特定的系统或协议。网络开发者可以根据这个标准开发网络系统,制定网络协议。网络用户可以用这个标准来考察网络系统、分析网络协议。图 6-1 是 OSI 七层模型图。

通常把计算机网络分成通信子网和资源子网两大部分。OSI 参考模型的低三层:物理层、数据链路层和网络层归于通信子网的范畴;高三层:会话层、表示层和应用层归于资源子网的范畴。传输层起着承上启下的作用。

(3) IP 地址。连在某个网络上的两台计算机在相互通信时,在它们所传送的数据包里含有某些附加信息,这些附加信息就是发送数据的计算机的地址和接收数据的计算机的地址。当网络中存在以 IP 协议为基础的通信时,这些发送和接收数据的地址就是 IP 地址。

现在的 IP 网络使用 32 位地址,以点分十进制表示,如 172.16.0.0。地址格式为:IP 地址=网络地址+主机地址或 IP 地址=主机地址+子网地址+主机地址。

最初设计互联网络时,为了便于寻址以及层次化构造网络,每个 IP 地址包括两个标识码(ID)，即网络 ID 和主机 ID。同一个物理网络上的所有主机都使用同一个网络 ID，网络上的一个主机（包括网络上工作站，服务器和路由器等）有一个主机 ID 与其对应。IP 地址根据网络 ID 的不同分为 5 种类型，A 类地址、B 类地址、C 类地址、D 类地址和 E 类地址。一个 A 类 IP 地址由 1 字节的网络地址和 3 字节主机地址组成，网络地址的最高位必须是"0"，地址范围从 1.0.0.0 到 126.0.0.0。可用的 A 类网络有 126 个，每个网络能容纳 1 亿多个主机。一个 B 类 IP 地址由 2 个字节的网络地址和 2 个字节的主机地址组成，网络地址的最高位必须是"10"，地址范围从 128.0.0.0 到 191.255.255.255。可用的 B 类网络有 16 382 个，每个网络能容纳 6 万多个主机。一个 C 类 IP 地址由 3 字节的网络地址和 1 字节的主机地址组成，网络地址的最高位必须是"110"。范围从 192.0.0.0 到 223.255.255.255。C 类网络可达 209 万余个，每个网络能容纳 254 个主机。D 类 IP 地址的第一个字节以"1110"开始，它是一个专门保留的地址。它并不指向特定的网络，目前这一类地址被用在多点广播(Multicast)中。多点广播地址用来一次寻找一组计算机，它标识共享同一协议的一组计算机。E 类 IP 地址以"11110"开始，为将来使用保留。全零("0.0.0.0")地址对应于当前主机。全"1"的 IP 地址("255.255.255.255")是当前子网的广播地址。

在 IP 地址的 3 种主要类型里，各保留了 3 个区域作为私有地址，其地址范围如：A 类地址：10.0.0.0—10.255.255.255；B 类地址：172.16.0.0—172.31.255.255；C 类地址：192.168.0.0—192.168.255.255。

子网掩码是一个 32 位二进制地址，用于快速确定 IP 地址的哪部分表示网络号，哪部分标识主机号，判断两个 ip 地址是否属于同一网络，这样就产生了子网掩码，子网掩码是按照 ip 地址格式给出的，A、B、C 类的子网掩码如下：

A：255.0.0.0

B：255.255.0.0

C：255.255.255.0

如：10.65.96.1 是 A 类 IP，所以默认的子网掩码就是 255.0.0.0；例如 202.10.138.6 和 202.10.138.95 是 C 类的 IP，所以掩码就是 255.255.255.0。

进行运算后得出两者网络号相同，说明此两主机位于同一网络。

子网掩码的另一个用处就是划分子网。在实际运营中，经常遇到网络号不够用的问题，此时就需要把主机号标识部分的一些二进制位划出来标识子网。

网络的主机 IP 有固定和动态 IP 之分。对于一些提供 Internet 服务的机构如信息港，开发了 WWW,FTP,Telnet,E-mail 服务的服务器，通常需要对外公布一个固定 IP，方便用户访问。这些机构往往有专线接入，IP 是固定的。对于拨号上网包括 ADSL 拨号的用户，由于上网的时间和空间的非固定性，为每个人提供一个 IP 地址是对 IP 资源的极大浪费。所以这些用户要拨入其 ISP 的 DHCP 服务器时会获得一个不固定的 IP。当然是有范围限制的。而在其每次连接时间内是固定的而不是随时变化的,而任意两次连接所获得的 IP 是不重复的。

(4) 域名和域名系统。Internet 域名是 Internet 网络上的一个服务器或一个网络系统的名字,在全世界,没有重复的域名。域名的形式是以若干个英文字母或数字组成,由"."分隔成几部分,如 sohu.com 就是一个域名。

互联网上的域名可谓千姿百态,但从域名的结构来划分,总体上可把域名分成两类,一类称为"国际顶级域名"(简称"国际域名"),一类称为"国内域名"。一般国际域名的最后一个后缀是一些诸如 .com,.net,.gov,.edu 的国际通用域,这些不同的后缀分别代表了不同的机构性质。比如 .com 表示的是商业机构,.net 表示的是网络服务机构,.gov 表示的是政府机构,.edu 表示的是教育机构。

国内域名的后缀通常要包括"国际通用域"和"国家域"两部分,而且要以"国家域"作为最后一个后缀。以 ISO31660 为规范,各个国家都有自己固定的国家域,如: cn 代表中国、us 代表美国、uk 代表英国等。

DNS 全名叫 Domain Name Server,在网路上辨别一台电脑的方式是利用 IP,但是一组 IP 数字很不容易记,因此,我们会为网路上的服务器取一个有意义且容易记的名字,这个名字我们就叫它 Domain Name。大多数的 DNS 维护着一个巨大的数据库,描述了域名和 IP 的对应关系,并且定时更新。但是 IP 和域名并不全是一一对应的,一个 IP 可以对应很多域名,而大型网站常常一个域名对应很多服务器。

3. 互联网接入方式

随着 Internet 的迅猛发展,人们对远程教学、远程医疗、视频会议等多媒体应用的需求大幅度增加,电子商务更是网络应用的典型热点。同时,人们对网络带宽及速率也提出了更高的要求,促使网络由低速向高速、由共享到交换、由窄带向宽带方向迅速发展。目前对于主干网来讲,各种宽带组网技术日益成熟和完善,波分复用系统的带宽已达 400 Gbit/s,IP over ATM、IP over SDH、IP over WDM(DWDM)等技术已经开始投入使用,并提出了建立全优化光学主干网络,可以说网络的主干已经为承载各种宽带业务作好了准备。但是位于通信网络与用户之间的接入网发展相对滞后,接入网技术成为制约通信发展的瓶颈。为了给广大用户提供端到端的宽带连接,保证宽带业务的开展,接入网的宽带化、数字化是前提和基础,同时也是网络技术中的一大热点和高利润增长点。传统铜线接入技术,即借助电话线路,通过调制解调器拨号实现用户接入的方式,速率已达 56 kbit/s(通信一方应为数字线路接入),但这种速率还远远不能满足用户对宽带业务的需求。虽然铜线的传输带宽有限,但由于电话网非常普及,电线占据着全世界用户线的 90% 以上。如何充分利用这部分宝贵资源,采用各种先进的调制技术和编码技术,提高铜线的传输速率,是中期、近期接入网宽带化的重要任务。目前,以电话线为传输介质的宽带接入技术主要有以下几种:高速数字用户环路(HDSL)技术、非对称数字用户环路(ADSL)技术、超高速数字用户环路(VDSL)技术、对称数字用户线(SDSL)。

(1) PSTN(public switched telephone network,公用电话交换网)技术是利用 PSTN 通过调制解调器拨号实现用户接入的方式(图 6-2)。由于电话网非常普及,用户终端设备 Modem 很便宜,而且不用申请就可开户,只要家里有电脑,把电话线接入 Modem 就可以直接上网。因此,PSTN 拨号接入方式比较经济。然而,它的速率远远不能够满足宽带多媒体信息的传输需求。

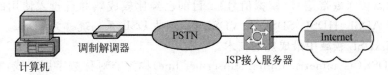

图 6-2　PSTN 通过调制解调器拨号实现用户接入的方式示意

(2) ISDN 拨号。ISDN(integrated service digital network,综合业务数字网)接入技术采用数字传输和数字交换技术,将电话、传真、数据、图像等多种业务综合在一个统一的数字网络中进行传输和处理。用户利用一条 ISDN 用户线路,可以在上网的同时拨打电话、收发传真。

用户计算机接入 ISDN 的方式如图 6-3 所示,其中,NT1 是 ISDN 终端接口,TA 是 ISDN 终端适配器。图中的电话与传真机是现有的模拟设备,非 ISDN 终端,所以需通过 TA 接入 NT1。ISDN 终端主要是指数字电话、数字传真、可视电话、电视会议系统、消息处理系统(MHS)、多功能终端以及终端适配器等单功能和多功能多媒体终端。ISDN 终端直接接入 NT1 即可。

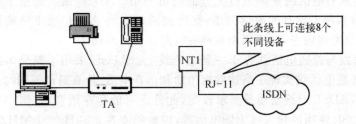

图 6-3　用户计算机接入 ISDN 示意

ISDN 实现了通信业务的综合化。利用一条用户线就可以提供电话、传真、可视图文及数据通信等多种业务;使用方便,数据信道和信令信道分离;实现了高可靠性及高质量的通信。由于采用数字信号传输,噪音、串音及信号衰落失真受距离与链路数增加的影响非常小,并具有可以压缩、便于处理与保密等特性;可以利用现有资源,允许使用现有的模拟设备,包括普通电话机和传真机等;数据传输速率较传统的 Modem 快,使用基本速率接口(2B+D);费用较低,与各自独立的通信网相比,将业务综合在一个网内的费用要低廉得多。此外,对于无须全天使用数据通信的用户来说,选用 ISDN 的费用远低于租用数字数据网(DDN)专线的费用。然而,ISDN 接入方式最主要的缺点还是带宽受限,常用的对普通用户的基本速率接口(2B+D)的最高传输速率只能适应低带宽的网络应用(如语音、可视电话等业务需求),但是无法满足网络日益增长的实时应用和多媒体应用对数据传输带宽的需求。

(3) ADSL。数字用户线 DSL(digital subscriber line)是一种不断发展的宽带接入技术。该技术采用更先进的数字编码技术和调制解调技术,利用现有的电话线路传送宽带信号(模拟信号)。目前已经比较成熟并且投入使用的 DSL 方案有 ADSL、HDSL、SDSL 和 VDSL 等,这些 DSL 系列统称为 xDSL。ADSL 是目前 xDSL 领域中最成熟的技术。

ADSL(asymmetric digital subscriber line)称为非对称数字用户线,它利用现有的电话线,为用户提供上、下行非对称的传输速率。ADSL 这种数据上下传输速率不一致的情况与用户上网的实际使用情况非常吻合。ADSL 采用复杂的数字信号处理技术,最大限度地利用可用带宽而达到了尽可能高的数据传输速率。用户可以在打电话的同时进行视频点播、发送电子邮件等上网操作。

ADSL 的主要特点与优点如下:

① 速率高。理论上 ADSL 可以达到 8 Mbps 的数据传输速率,不过实际使用过程中下行速率往往只能达到 4—5 Mbps。

② 独享带宽。ADSL 接入方案在网络拓扑结构上可以看作是星型结构,每个用户都有单独的一条线路与 ADSL 局端相连,因此每一用户独享数据传输带宽。

③ 对现有电话网资源进行充分的增值利用。ADSL 接入是基于电话线路的,它充分利用了现有的电话网络,在线路两端加装 ADSL 通讯终端设备即可为用户提供宽带服务,几乎不用对现有线路作任何改动。

④ 可以与普通电话共存于一条电话线上。ADSL 采用了频分多路复用技术,利用普通电话线实现了高速数据传输和语音电话、传真通讯等同时进行。

但是,ADSL 对线路质量要求较高,此外还可能存在语音、数据相互干扰的问题。ADSL 使用的接入线为铜电话线,传输频率在 30 kHZ—1 MHZ 之间,传输过程中容易受到外来高频信号的串扰。

(4) DDN(digital data network,数字数据网)。DDN 专线是指向电信部门租用的 DDN 线路。DDN 专线接入 Internet 是指用户与 ISP 之间以通过物理线路的实际连接来传输数字数据,继而达到接入互联网的目的,如图 6-4 所示。因为是专线接入,沿途不进行复杂的路由选择,因此延时较短,避免了传统的分组网中的传输协议复杂、传输时延大且不固定的缺点。

DDN 的优点主要是:通信保密性强,特别适合金融、保险等保密性要求高

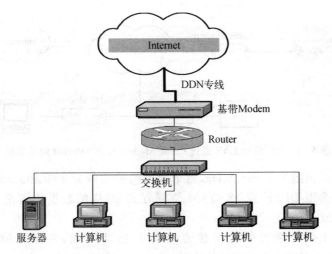

图 6-4　DDN 专线接入示意

的客户需要；传输质量高，网络时延小；用户网络的整体接入使局域网内的 PC 均可共享互联网资源；用户可免费得到多个 Internet 合法 IP 地址及域名。

DDN 的缺点如覆盖范围不如公用电话网，并且费用昂贵。

（5）Cable Modem。Cable Modem（线缆调制解调器）是利用已有的有线电视光纤同轴混合网 HFC（hybrid fiber coax）进行 Internet 高速数据接入的装置。HFC 是一个宽带网络，具有实现用户宽带接入的基础。

Cable Modem 一般有两个接口，一个与室内墙上的有线电视 CATV 端口相连，另一个与计算机网卡或 HUB 相连，如图 6-5 所示。

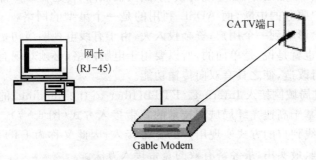

图 6-5　Cable Modem 接入示意

图 6-6 中加入一个分离器，分离器有三个端口，一个接到墙上的有线电视端口，另一个接有线电视，第三个接计算机。

Cable Modem 系统的主要性能分为上行通道和下行通道两部分。下行通道的频率范围为 88—860 MHz，每个通道的带宽为 6 MHz，采用 64 QAM 或 256 QAM 调制方式，对应的数据传输速率为 30.342 Mbps 或 2.884 Mbps。上

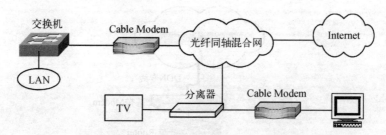

图 6-6　PC 机和 LAN 通过 Cable Modem 接入 Internet 的示意图

行通道的频率范围为 5—65 MHz,每个通道的带宽可为 200、400、800、1 600 或 3 200 kHZ,采用 QPSK 或 16 QAM 调制方式,对应的数据传输速率为 320—5 120 kbps 或 640—10 240 kbps。

　　Cable Modem 系统的主要优点有抗干扰能力强、共享介质等。Cable Modem 系统与有线电视共享传输介质,充分利用频分复用和时分复用技术,加之以新的调制方法,在高速传输数据的同时,空闲频段仍然可用于有线电视信号的传输,线路始终通畅;Cable Modem 系统不占用电话线,不需拨号,可永久连接;CMTS 同用户的 Cable Modem 之间建立了一个 VLAN(虚拟专网)连接,大多数 Cable Modem 提供的是一个标准的 10 BaseT 以太网接口,用于同用户计算机或局域网集线器相连。

　　但是,Cable Modem 接入方式也存在以下缺点:Cable Modem 的用户是共享带宽的,当多个 Cable Modem 用户同时接入 Internet 时,带宽就由这些用户共享,数据传输速率也会相应有所下降;可靠性不如 ADSL,由于有线电视网是一个树状网络,单点故障,如电缆的损坏、放大器故障、传送器故障都会造成整个结点上的用户服务的中断,而 ADSL 利用的是一个星型的网络,一台 ADSL 设备的故障只会影响到一个用户;资金投入大,由于有线电视网当初是用于广播式的电视传播,也就是说,是单向的,所以要用于电脑网络,必须对现有的网络前端和用户端进行改造,使之具有双向传输功能。

　　(6) 通过局域网接入 Internet。FTTB(fiber to the building)的含义是光纤到楼,是一种基于高速光纤局域网技术的宽带接入方式(图 6-7)。FTTB 采用光纤到楼、网线到户的方式实现用户的宽带接入,因此又称为 FTTB+LAN,这是一种最合理、最实用、最经济有效的宽带接入方法。

　　它的优点在于用户可以获取足够的带宽,速度优势极为明显,可扩展性、抗干扰性、稳定性都很好。缺点在于地域上受到一定限制,只有已经铺设了局域网的小区才能使用这种接入方式。

　　(7) 无线接入技术。无线接入方式不受线缆束缚,满足用户移动性要求,可提供高带宽的接入技术。然而,初期成本投入高,信号传输质量容易受外界影响。

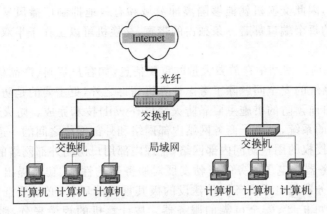

图 6-7　FTTB 接入示意

6.1.2　服务器

1. 硬件环境

（1）网络设备。主要用于网站局域网建设、网站与 Internet 连接。网络访问速度的快慢，很大程度上与网络设备有关。网络设备中的关键设备有 3 种：路由器、交换机和安全设备。

① 路由器是一种连接多个网络或网段的网络设备，是将电子商务网站联入广域网的重要设备。路由器能对不同网络或网段进行选择，并对不同网络之间的数据信息进行转换。此外，它还具有在网上传递数据时选择最佳路径的能力。目前在路由器市场中，Cisco 的产品占有绝对的优势，其产品各类档次比较齐全。在国产路由器中，华为、桑达等也分别占有一席之地。

由于局域网和广域网种类繁多，所以没有通用的路由器，需要根据实际情况进行选择或配置。对于局域网端，路由器会提供以太网、ATM 网、FDDI 和令牌环网接口（最常见的是以太网口，如 10Base-T、100Base-T 或千兆以太网接口），需要根据实际情况进行选择或配置。对于广域网端，接入线路种类繁多，如 DDN 方式、帧中继方式、ISDN 方式、ADSL 方式、Cable Modem 方式、以太网光纤方式。路由器的广域网端口也是各种各样的，可以满足接入不同数字线路的需求。目前大多数路由器都是模块化的，因此在选择路由器时，除品牌、型号外，还要根据路由器两边的端口不同，选择不同的模块，来适应不同的网络端口和通信速率。

② 交换机是局域网组网的重要设备，多台不同的计算机可以通过交换机组成网络。交换机不但可以在计算机数据通信时使数据的传输做到同步、放大和整形，而且可以过滤掉短帧、碎片，对通信数据进行有效的处理，从而保证数据传输的完整性和正确性。交换机发出请求的端口和目的端口之间相互响应而不影

响其他端口,因此交换机就能够隔离冲突域和有效地抑制广播风暴的产生。另外,交换机的每个端口都有一条独占的带宽,交换机可以工作于半双工模式或双工模式状态。

③ 电子商务网站中存放着大量的重要信息,如客户资料、产品信息等,网站开通之后,系统的安全问题除了考虑计算机病毒之外,更主要的是防止非法用户的入侵,而目前预防的措施主要靠防火墙(firewall)技术完成。防火墙是一个由软硬件结合的系统,是电子商务网站内部网络和外部网络之间的一道屏障,可限制外界未经授权的用户访问内部网络,管理内部用户访问外部网络的权限。

(2) 服务器。电子商务的蓬勃发展对服务器的性能、功能提出了更高的要求。选择服务器是电子商务网站建设的极其重要的环节,必须要选择一个性能好、成本低、可扩展、安全可靠的服务器。按计算机的规模来分,服务器有 PC 机、小型机及小型机以上的计算机系统。

PC 服务器的优点是:价格低,易管理,便于使用,应用软件丰富。小型机主要应用在大型商业、金融等各方面性能都要求较高的网站。不考虑价格,小型机在性能上占有较大优势,在可靠性、总线技术、I/O 速率、海量数据处理、支持多路 CPU 等方面都比 PC 服务器要领先。

选择服务器的原则应该视实际情况而定,如电子商务网站的规模、能够接受访问量的大小、今后的扩展计划以及经营的何种类型商品等。同时也要考虑到随着时间的推移,服务器的价格会下降,性能更好的服务器会不断上市。

2. 软件环境

电子商务网站的软件主要包括操作系统、服务器软件、数据库软件等,运行这些软件与网站提供的服务有关。

(1) 操作系统软件。目前比较流行的、能够用于电子商务网站的操作系统主要有 UNIX、Linux 和 Windows。如果网站选用 PC 服务器,操作系统可在 Windows、Linux、SCO UNIX、Solaris 中选择。如果服务器设备选用小型机,多数的小型机服务器都选用 UNIX 操作系统,如 IBM 公司的 RS6000 使用 AIX 操作系统,HP 公司使用 HP UNIX,Sun 公司的 Enterprise 系列使用 Solaris 等。下面简要介绍几种流行的操作系统。

① UNIX 操作系统。UNIX 操作系统的主要特点是技术成熟、开放性好、可靠性高、网络功能强大。UNIX 操作系统能运行于各种机型上,在网站建设中主要用于小型机。UNIX 最重要的特点是它不受任何计算机厂商的垄断和控制,并提供了丰富的软件开发工具。UNIX 具有强大的数据库开发环境,所有大型数据库厂商,包括 Oracle、Infomix、Sybase、Progress 等,都把 UNIX 作为主要的数据库开发和运行的平台。强大的网络功能是 UNIX 的另一个特点,它支持所有通信需要的网络协议。UNIX 操作系统有多种不同的版本。

② Linux 操作系统。Linux 操作系统是所有类 UNIX 操作系统中最出色的

一种，由于它是自由的、没有版权限制的软件，所以是计算机市场中装机份额增长得最快的操作系统之一，目前全球已有 800 多万用户。

Linux 操作系统在受到全球众多个人用户认同的同时，也赢得了一些跨国大公司的喜爱，如 Infomix、Oracle 等公司宣布了对 Linux 的支持，并推出了基于 Linux 的软件产品。Oracle 公司早在 1998 年底就完成了 Linux 使用的数据库 Oracle 8，1999 年又推出 Linux 版本的各种企业应用软件和 Web 服务器程序。一些计算机供应商还在自己销售的计算机中为用户预装了 Linux。

③ Windows 操作系统。Windows 的主要优点在于其技术先进、操作方便，能很好地兼容 Windows 丰富的应用软件，也有利于软件厂商开发新的应用。拥有可伸缩的解决方案，如需求式分页虚拟内存、均衡地并行处理大型卷册或文件等。能够安全、简单地访问 Internet，它捆绑了 DNS、DHCP、Gopher、Web、FTP 服务器，并提供了对等的 Web 服务、PWS（Personal Web Server）功能，Windows 还提供点对点通信协议的支持。

(2) Web 服务器软件。选择 Web 服务器时，不仅要考虑目前的需求，还要兼顾网站发展的需要，因为若更换 Web 服务器软件，将会产生一系列的问题。选择 Web 服务器时，还需要和操作系统联系起来考虑，大多数 Web 服务器主要是为一种操作系统进行优化的，有的只能运行在一种操作系统上，所以对于 Web 服务器的性能，一般要考虑以下几个方面：

① 响应能力，即 Web 服务器对多个用户浏览信息的响应速度。响应速度越快，单位时间内可以支持的访问量就越多，用户单击的响应速度也就越快。

② 与后端服务器的集成。Web 服务器除直接向用户提供 Web 信息外，还担负服务器集成的任务，这样客户机就只需用一种界面来浏览所有后端服务器的信息。Web 服务器可以说是 Internet 中的信息中转站，它将不同来源、不同格式的信息转换成统一的格式，供具有统一界面的客户机浏览器浏览。

③ 管理的难易程度。Web 服务器的管理包含两种含义，一是管理 Web 服务器，二是利用 Web 界面进行网络管理。

④ 信息开发的难易程度。信息是 Web 服务器的核心，信息是否丰富直接影响 Internet 的性能，信息开发是否简单对 Web 信息是否丰富影响很大，即它所支持的开发语言是否满足要求。

⑤ 稳定性。Web 服务器的性能和运行都要非常稳定。

⑥ 可靠性。如果 Web 服务器经常发生故障，将会产生严重影响。

⑦ 安全性。从两方面考虑：一是 Web 服务器的机密信息是否泄密；二是要防止黑客的攻击。

⑧ 与其他系统的搭配。对用户来讲，应选择最合适的 Web 平台。一个简单方法是视 Web 服务器的硬件平台而定。如果选择 PC 服务器，下面是几种比较常见的搭配方式：

a) Windows＋IIS＋ASP＋SQL Server；
b) Linux＋Apache＋PHP＋MySQL；
c) NetWare＋Novell Web Server；
d) Solaris for Intel＋iPlanet Web Server＋JSP＋Oracle。

前两个是比较流行的解决方案。由于 Linux 和 Apache 都是自由软件，所以该方案就具有最高的性价比，但这也不是绝对的，有时取决于网站制作和维护人员的习惯。如果他们熟悉 Windows 编程，就应该选择第一种方案；相反，如果他们熟悉 UNIX 和 Linux 编程，就应该选择第二种方案。如果选择了 IBM 公司的 UNIX 服务器，最好使用 IBM 公司提供 Websphere 套件；如果是 Sun 公司或 HP 公司的 UNIX 服务器，那么 IPlanet Web Server 则是最佳选择。除了平台问题，还需要考虑网站规模、可靠性（群集以及负载平衡）、开发环境、内容管理以及安全性等问题。

（3）数据库软件。电子商务网站建设是以 Web 网络技术和数据库技术为基础的。目前，Web 数据库中关系型数据库占据了主流地位。关系型数据库的发展主要经历了基于主机/终端方式的大型机上的应用阶段和客户机/服务器阶段。随着 Internet 应用的普及，人们对关系型数据库做了适应性调整，增加了面向对象成分以及处理多种复杂数据类型的能力，还增加了各种中间件（主要包括 CGI、ISAPI、ODBC、JDBC、ASP 等技术），相关的数据产品也非常多，如 DB2、Oracle、Sybase、Informix、MS SQL Server、MySQL 等。

3. WWW 技术

（1）WWW 概述

WWW 是一个基于超文本方式的信息查询工具，在 Internet 的基础上建立起能够提供文本、图形、视频、音频等多媒体信息的 WWW 服务器，这些超媒体信息之间通过超链接彼此关联。利用超链接，WWW 服务器不仅能够提供自身的信息服务，还能引导存放在其他服务器上的信息，而那些服务器又能引导更多的服务器，从而使全球范围内的信息服务器互相引导而形成一个庞大的信息网络。

万维网于 1989 年起源于欧洲的一个国际核能研究院中，一个科学家发现：随着研究的发展，研究院里文件不断更新，人员流动很大，很难找到相关的最新资料。他借用了五十年代出现的"超文本"的概念，提出了一个建议：服务器维护一个目录，目录的联结指向每个人的文件；每个人维护自己的文件，保证别人访问的时候总是最新的文档。这个提议文档现在依然可以在国际万维网组织 W3C 的网站上找到。超文本与计算机网络结合在一起，新世界向我们打开了大门。1993 年 2 月，第一个图形界面 WWW 浏览器 Mosaic 在美国国家超级计算机应用中心诞生，一年后，Mosaic 广为流行，它的作者组织创建了 Netscape 通信公司，开发 Web 的客户和服务器软件。

WWW 客户机即浏览器,是用来浏览 WWW 各种信息的工具,在用户的计算机上运行,负责向 WWW 服务器发出请求,并将服务器传来的信息显示在用户的计算机屏幕上。

WWW 服务器,在广义上是指 Internet 上的各种服务器,包括 HTTP 服务器、VIP 服务器、Gopher 服务器、新闻服务器和 Telnet 服务器等;在狭义上是指 HTTP 服务器,就是存有万维网文档,并运行服务器程序的计算机,负责发布信息,并把所要求的数据信息通过网络送回浏览器。

所谓"超文本"就是指它的信息组织形式不是简单地按顺序排列,而是用指针链接的复杂的网状交叉索引方式,对不同来源的信息加以链接,可以链接的有文本、图像、动画、声音或影像等,而这种链接关系则称为超链接(图6-8)。

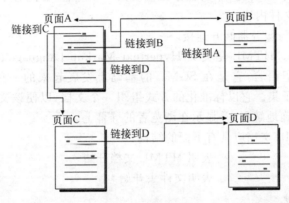

图 6-8 超链接结构图

主页是指个人或机构的基本信息页面,用户通过主页可以访问有关的信息资源。主页通常是用户使用 WWW 浏览器访问 Internet 上的任何 WWW 服务器所看到的第一个页面。

统一资源定位器 URL 是一种标准化的命名方法,它提供一种 WWW 页面地址的寻找方法。URL 的构成:"信息服务方式://主机名字.端口.路径.文件"。

WWW 的工作原理如图 6-9 所示。

浏览器(client 端)——用户电脑,发出 HTTP 请求,并按 HTML 等形式显示网页文件内容。

网站(server 端)——Web 服务器,响应浏览器请求,传送网页文件给浏览器。

(2) HTTP 与 HTML

① HTTP。HTTP 是应用层协议,通过两个程序实现:一个是客户端程序,一个是服务器程序。HTTP 的会话过程包括四个步骤:

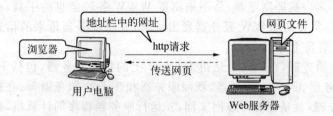

图 6-9 WWW 的工作原理图

a. 使用浏览器的客户机与服务器建立连接;
b. 客户机向服务器提交请求,在请求中指明所要求的特定文件;
c. 如果请求被接受,那么服务器便发回一个应答,在应答中至少应当包括状态编号和该文件内容;
d. 客户机与服务器断开连接。

② HTML。HTML 是英文 Hypertext Markup Language 的简写,中文名称为超文本标记语言,它是在 SGML 的基础上发展起来的一种标记语言,是 SGML 的一个子集。它以标准化的方式组织一个文档,以便该文档可以被各种 Web 浏览器正确地解释,并显示在浏览者的屏幕上。

一个 HTML 文档应具有下面的结构:

<html>　　　　　　表明 HTML 文档开始
<head>　　　　　　表明文件头开始
文件头部分
</head>　　　　　表明文件头结束
<body>　　　　　　表明正文开始
正文部分
</body>　　　　　表明正文结束
</html>　　　　　表明 HTML 文档结束

6.1.3 电子商务终端

从电子商务诞生至今,人们沉浸在信息化时代所带来的便利和实惠中,到今天足不出户就可以买到任何你想要的商品,充分节约时间和资源,使电子商务成了最主要的商业模式之一。然而,这种普通的 PC 电商在今天并不能让人体验随时随地购物的乐趣,你不能随时都带着你的个人 PC,于是一种新型的电子商务模式日渐成熟——移动电子商务。移动电子商务就是利用手机、PDA 及掌上电脑等无线终端进行的 B2B、B2C 或 C2C 的电子商务。它将因特网、移动通信技术、短距离通信技术及其他信息处理技术完美地结合,使人们可以在任何时间、任何地点进行各种商贸活动,实现随时随地、线上线下的购物与交易、在线电子支付以及各种交易活动、商务活动、金融活动和相关的综合服务活动等。移动电子商务是一个新兴产业，同时也是一个新的经济潮流。

6.2 电子商务平台规划

6.2.1 网站的建站流程

1. 注册域名和申请 IP 地址

因特网信息中心(InterNIC)于 1993 年 1 月诞生，它是一个域名注册及管理机构。任何一个企业都可以申请属于自己的域名，并与网站的 IP 地址对应，这样在 Internet 上客户就可以很容易地访问网站。域名是一个企业或机构在网上的永久性电子商标，它的作用如同商标在市场上的作用一样。它是一种无形资产，国内域名由中国互联网络信息中心(CNNIC)审批和维护。

在申请了域名之后，一个电子商务网站还需要有独立的 IP 地址。这个 IP 地址是由 ISP 提供的。根据 TCP/IP 协议，在 Internet 上的计算机都要有一个 32 位二进制数字的 IP 地址。它们的标准格式是将 32 位 IP 地址按 8 位一组分成 4 组，组与组之间用小数点分隔。为了书写方便，每组二进制数可用十进制数来表示。

2. 确定网站的技术解决方案

在建站时要考虑确定的技术因素有以下几点：

(1) 根据网站不同的规模，选择不同的主机方案，搭建不同的网站硬件平台；

(2) 根据网站不同的规模，选择网络操作系统、Web 服务器和数据库系统；

(3) 决定电子商务管理系统的解决方案，是选购还是自己开发电子商务的管理系统；

(4) 选择确定相关的开发程序，如网页编辑软件、数据库软件等；

(5) 确定网站的安全措施，如防黑客、病毒、商业欺诈等。

3. 规划网站的内容并制作网页

网页是电子商务网站的对外表现形式，建立电子商务网站重要的环节之一就是制作网站的主页。在制作主页前要考虑到网站的风格和主要实现的功能，要根据自己企业的特点作充分的准备，使网站的基调符合企业的需要，使网站的功能方便企业的使用，然后将要发布的信息制作成 Web 页面。网站的外观设计及制作将直接影响到浏览访问者的兴趣，一个有鲜明特色的电子商务网站会吸引很多的浏览者再次访问。这就需要在网站的内容、外观、栏目、功能上多下功夫。

4. 网站的发布和推广

将制作完成的网页上传到 Web 服务器中发布，网站的内容也需不断地更新。

网站的推广一般有以下方式:
(1) 在各大搜索引擎上注册,让客户可以通过搜索引擎搜索到网站;
(2) 在传统的广告媒体中对网站的内容、网站的地址、产品的性能以及可以提供的便捷服务进行宣传,扩大网站的影响;
(3) 在访客量较大的 BBS(电子公告板)上发布广告信息或开展与企业相关问题的讨论,进一步扩大网站的影响;
(4) 通过电子邮件将网站的信息发送给客户和消费者;
(5) 通过与其他类似网站合作,建立友情链接,获得双赢。

5. 网站的更新与维护

网站建成之后,在运营过程中需要定期不断更新网站的信息,及时总结经验与教训,逐步完善网站的功能。如更新网站的数据,使客户可以通过网络查询网站上的产品信息及各种资料;设立电子邮件服务、搜索引擎、BBS 区和产品服务登记区等。

在网站的日常维护工作中,网站的安全是至关重要的。网站的管理人员需要定期对网站的服务器、数据库、网页程序进行测试,对可能出现的故障和问题进行评估,制定出应急方案,使网站的维护制度化、规范化。

6.2.2 网站的域名注册

好的域名必须遵循以下原则:简短、切题、易记,与企业密切相关。一个著名的域名如同一个著名的品牌、著名的商标一样,具有无形资产价值。例如,www.microsoft.com 是美国 Microsoft 公司的域名,www.intel.com 是美国 Intel 公司的域名,www.sony.com 是日本 Sony 公司的域名。很多企业在 Internet 建立网站时,都会用自己公司的名字或商标的名称作为自己网站的域名。确定域名后,必须向权威机构申请注册,获得批准后方可使用。

在我国,2002 年 12 月 16 日之前可以向中国互联网络信息中心申请注册域名,在 2002 年 12 月 16 日之后,根据《中国互联网络域名管理办法》的规定,中国互联网络信息中心不再承担域名注册服务机构职责。但登录中国互联网络信息中心的网站(www.cnnic.net.cn)可以了解有关域名注册、变更、注销、转让的方法,现在有许多网站受理"域名"注册业务,输入选定的域名后,如果网站提示"您所申请的域名已经被注册,请更换为其他域名"或者类似信息,则必须更换域名后再进行查询。域名注册一般有如下步骤:
(1) 查询选择域名;
(2) 用户资料确认;
(3) 购物订单确认;
(4) 域名注册成功。

缴纳域名注册费用后,即可开通网站。

6.2.3 确定服务器解决方案

一个电子商务网站应有一台存放网站主页的服务器。对于确定网站的服务器,目前有下述多种解决方案。

1. 建立独立的电子商务站点

企业要建立一个电子商务网站,需要自建机房,配备专业人员,购买服务器、路由器、交换机、机房的辅助设备、网管软件等。在服务器上还要安装相应的网络操作系统(如 Windows 2000 或 UNIX),开发使用 Web 服务程序,设定各项 Internet 服务功能,包括设立 DNS 服务器、WWW 服务器、FTP 服务器、电子邮件服务器等,建立自己的数据库查询服务系统等,并向电信部门申请专线出口,这样便可建立一个完全由自己独立管理的电子商务网站。

企业自建电子商务网站的主要缺点是成本较高。但是,如果预计网站会有较大的访问流量,建立独立的站点也是很有必要的,因为这样可以真正控制自己的网站,使用、维护起来也相对方便。这种方案适合于对信息量和网站功能要求较高的大中型企业。

2. 利用 ISP 提供的服务方案

建立自己的站点,需要较大的投资,每年的运营费用较高,这在一定程度上制约了部分中小企业的建站进程。所以,对信息量和网站功能要求不高的中小企业来说,也可以选择由 ISP 提供一些比较经济的解决方案。

(1) 租用虚拟主机。虚拟主机是使用计算机软件技术,把一台运行在 Internet 上的服务器主机分隔成多台"虚拟"的主机,每一台虚拟主机都具有独立的域名或 IP 地址,如同独立的主机一样,它们也具备比较完整的 Internet 服务器功能,如 WWW、FTP、邮件等功能。虚拟主机的优点是成本低。由于多台虚拟主机共享一台真实主机的资源,所以分摊到每个用户的硬件费用、网络维护费用、通信线路的费用均大幅度降低,并且对硬件设备的维护,用户根本不用操心,基本上不需要管理和维护虚拟主机。租用虚拟主机适合刚起步开办电子商务网站的公司。

(2) 服务器托管。随着网络资源服务市场的成熟,除了虚拟主机的方案以外,还可以选择服务器整机托管的方案来建立电子商务站点。服务器托管也称主机托管。主机托管就是客户把属于自己的一台服务器放置在某个经营"整机托管"业务网站的数据中心的机房里,客户不用常去机房对自己的服务器进行维护,因为网站机房的技术人员会每天 24 小时对客户的许多服务器进行精心"看护和照顾"。服务器托管在成本和服务方面的优势更为明显。

6.2.4 电子商务网站的硬件平台规划

通常建立一个电子商务网站要考虑很多因素,如硬件。硬件是整个电子商务网站正常运行的基础,这个基础的稳定可靠,直接关系着网站的访问率以及网站的扩展、维护和更新等问题。电子商务网站的硬件构成主要有两大部分:网络设备、服务器。网络设备主要用于网站局域网建设、网站与Internet连接。网络访问速度的快慢,很大程度上与网络设备有关。网络设备中的关键设备有3种:路由器、交换机和安全设备。

6.2.5 电子商务网站的软件平台规划

电子商务网站的软件主要包括操作系统、服务器软件、数据库软件等。运行这些软件与网站提供的服务有关。前面的章节已详细介绍过,这里不再赘述。

6.3 电子商务网站的设计与制作

6.3.1 Web页设计与制作

1. Web页设计语言

Web页的设计,主要涉及的语言有HTML语言、Java语言、JavaScript和VBScript等脚本语言。关于HTML语言,下面有专门介绍,这里简要介绍其他Web设计语言。

(1) Java

Java既是一种编程语言,又是一个平台。Java作为一种程序语言,具有以下特征:简单、面向对象、可分布、可解释、强壮、安全性高、结构化、轻便、功能强大、多线程、动态。

Java既可以被编译,也可以被解释。通过编译器,可以把Java程序翻译成一种中间代码,称为字节码,是可以被Java解释器解释的独立于平台的代码。通过解释器,每条Java字节指令被分析,然后在计算机上运行。只需编译一次,程序运行时即可解释执行。可以把Java字节码看作运行在Java虚拟机(Java VM)上的机器代码指令。Java解释器,不管是Java开发工具还是可以运行Java小应用程序的Web浏览器,都是一种Java VM的实例。Java VM也可以由硬件实现。

Java字节码使"写一次,到处运行"成为可能。可以在任何有Java编译器的平台上把Java程序编译成字节码。这个字节码可以运行在任何Java VM上。例如,同一个Java程序可以运行在Windows NT、Solaris和Macintosh上。

Java作为平台,是程序运行的硬件或软件环境。Java平台与大多数其他平台不同之处在于它是运行于其他基于硬件平台的纯软件平台,大多数其他平台是硬件和操作系统的结合。

Java 平台由两部分组成：

① Java 虚拟机(Java VM)；

② Java 应用程序界面(Java API)。

Java VM 是 Java 平台的基础，可以移植到各种基于硬件的平台上。

Java API 是软件组件的集合，它们提供了很多有用的功能，如图形用户界面(GUI)。Java API 被分组为相关组件的库(包)。Java API 和 VM 把 Java 程序从硬件依赖中分离出来。作为一种独立于平台的环境，Java 比本地代码慢一些。

Java 小应用程序(applet)是最有名的 Java 程序之一。小应用程序是遵循一定的规则，运行在支持 Java 的浏览器上的 Java 程序。然而，Java 不只用来为 WWW 写聪明的、娱乐性的小应用程序，它是一个通用的、高级程序语言和强大的软件平台。使用通用的 Java API，可以写很多程序。

常见的程序类型包括小应用程序和应用程序，Java 应用程序是直接运行在 Java 平台上的独立的程序。一种特殊的称为"服务器"的应用程序可以支持网络上的客户。服务器包括 Web 服务器、代理服务器、邮件服务器、打印服务器和导入服务器。另一种特殊的程序是 servlet，它与小应用程序类似，都是应用程序的实时扩展。servlet 不运行在浏览器中，而是运行在 Java 服务器上，配置或裁剪服务器。

Java API 是如何支持各种程序的呢？它通过软件包提供各种功能。核心 API(core API)是实现 Java 平台功能的 API。Java 不仅有核心 API，还有标准扩展。标准扩展定义了 3D、服务器、合作、电话、演讲、动画等的 API。

在 WEB 页面上使用 JAVA 的步骤是：

① 编辑 JAVA 源代码；

② 使用 JAVA 开发环境对源代码进行调试和编译；

③ 在 HTML 文档中使用＜appletcode＝"Java 文件.class"＞和＜/applet＞标记引用编译后的 JAVA 程序。

(2) JavaScript

JavaScript 语言的前身是 NETSCAPE，开发者称之为"MOCHA"的语言。当开始在网上进行 β 测试时，名字改为"LIVESCRIPT"。直到发行 NETSCAPE 2.0β 测试版时才称为"JavaScript"。

JavaScript 是一种脚本语言。所谓脚本语言，是指一种能够完成某些特殊功能的小"程序段"。这些小的"程序段"并不是像一般的程序那样被编译，而是在程序运行过程中被逐行解释。在脚本中使用的命令与语句集称为脚本语言。JavaScript 在标识符形式上与 C、C++、PASCAL 和 DELPHI 十分相似，是面向非程序设计人员编写 WEB 页面、增加页面交互性的语言。

JavaScript 是一种基于客户端浏览器的语言，用户在浏览时填表、验证的交互过程只是通过浏览器对调入 HTML 文档中的 JavaScript 源代码进行解释执行来完成的。即使必须调用 CGI 的部分,浏览器也只将用户输入验证后的信息提交给服务器。

使用 JavaScript 设计 WEB 页面,除了可以增加页面的交互性、完成一些初步功能外,还可以节省浏览者的访问时间和网络流量。同时,JavaScript 是安全的语言。原因是它被设计为通过浏览器来处理并显示信息,但不能修改其他文件中的内容。也就是说,它不能将数据存储在 WEB 服务器或用户的计算机上,更不能对用户文件进行修改或删除操作。JavaScript 并不依赖于具体的计算机平台,它只与解释它的浏览器有关,因而它具有平台无关性。此外,JavaScript 的编制,同样只需文本编辑器,无须附加软件。

虽然 JavaScript 与 JAVA 语言在名字上有些相近,但它们还是存在如下差异:

① JavaScript 不是 JAVA 的替代语言。JAVA 面向计算机程序设计人员;而 JavaScript 面向非程序设计人员。二者相互支持、相互补充。

② JavaScript 源代码无须编译。装入 HTML 文档中的 JavaScript 源代码实际上作为 HTML 文档 WEB 页面的一部分而存在。访问者在浏览 WEB 页面时,由浏览器对 HTML 文档进行分析、识别、解释并执行 JavaScript 的源代码。而 JAVA 的源代码必须进行编译,成为服务器中的代码,通过 HTML 文档中的 <applet> 标记,经过 HTTP 的连接、加载后才能运行。

③ JavaScript 无须特殊开发环境。一般的文本编辑器就可以进行 JavaScript 代码的编制,其开发较 JAVA 更快捷。JavaScript 的使用很简单,只需在使用 JavaScript 的 HTML 文档中,用<script language="JavaScript">和</script>将 JavaScript 源代码标识出来。

(3) VBScript

与 JavaScript 功能和运行机制相类似的是由微软公司推出的另一种脚本语言 VBScript,它是基于非常流行的 Visual Basic 的基础上开发的。JavaScript 可以在大多数的平台上运行,而 VBScript 目前只能在 Windows 环境下的浏览器运行。由于大多数用户使用 Windows 系列操作系统,因此,许多 WEB 站点使用 VBScript。VBScript 流行的原因在于它将 ActiveX 对象的使用变得非常简单。使用 VBScript,与使用 JavaScript 类似,只需在 HTML 文档中用<script language="VBScript">和</script>将 VBScript 源代码标识出来。

(4) CGI

CGI 代表通用网关接口(Common Gateway Interface)。本质上,CGI 是运行在服务器上的程序。它可以用任何语言编写,只要能够在服务器上运行即可。Perl 之所以能够成为 CGI 编程的首选,是因为它可以适应所有的平台,而且拥有很多对 Web 来说非常理想的工具。访问者在一个网页上填充一个 Form 并

按"Submit"时,有如下事件在服务器上发生:
① 选择的所有信息被拷贝到服务器中;
② 服务器寻找在 form 顶部确定的程序,然后运行之;
③ 服务器将结果返回客户端浏览器。

程序做的事情通常是请求网页 form 中的内容,然后把它赋给变量,程序再可以查询数据库、发送一封电子邮件、加入留言板或做任何其他的事。

(5) XML

以往的 HTML 由于难以扩展、交互性差、语义性差以及单向的超链接等缺点使其在电子数据交换、数据库与搜索引擎等领域的应用存在着障碍。为解决这些问题,XML(Extensible Markup Language,即扩展标记语言)应运而生。

XML 有三个主要的设计目标:
① XML 可直接在 Internet 上使用;
② XML 应支持广泛的不同类型的应用;
③ XML 应与 SGML 兼容。

XML 应用于文档的制作和发布。XML 可广泛应用于 Internet、出版业、电子商务等当今热门的市场。每个行业的组织和开发人员都可用 XML 创建自己的标识语言,用于各自领域以实现信息的交互。

2. Web 页编辑制作

(1) Web 页面

当浏览 Web 时所看到的文件称为 Web 页面。Web 页面是使用 HTML 语言建立的。任何一种 Web 浏览器的计算机都能解释 HTML 语言,Web 浏览器把 HTML 语言翻译成为多媒体 Web 文件的可视化表现,包括预先设计背景主题样式、页面标题、动画、页面标题等。

这些 HTML 代码或标记告诉浏览器如何显示 Web 页面上的文本、图片和动画文件。HTML 标记在浏览器中是不可见的,但是,页面上的文本和图像是可见的。任何在 Web 页面中见到的图片、声音或动画元素都是相互独立的文件。这些文件的名称,以及有关如何打开该文件、如何下载该文件和应把该文件放到 Web 页面什么地方的信息,都由 HTML 标记提供。

典型的,当在浏览器中查看一个 Web 页面时,页面上的元素按时间延迟的顺序显示出来:最先显示文字,接着是图片、动画和与页面相连的声音。延迟的时间取决于调制解调器的速度和你在 Internet 上浏览期间的通信总量,页面下载的时间是设计 Web 页面所要考虑的一个关键因素。

(2) Web 页面制作工具

Web 页面制作工具分成两类。一类是即见即所得,如:Frontpage、DreamWaver 等。这类软件使用较简单,适于初学者。另一类是文本编辑类,如

Hotdog、Homesite、Webedit 等都是不错的软件,适合于已掌握一定 HTML 语法的制作者,其中 Hotdog 3.0 专业版更附有一些 Java 及 ActiveX 的程序,能制作出具有相当效果的主页。

FrontPage 是现在最流行的 Web 页面制作工具,这是因为:

① 提供众多的向导(Wizard)。使用 FrontPage 自带的许多向导,制作人员可以轻而易举地创建 Web 站点的框架,然后在这个框架的相应位置填入企业特定信息。

② 提供"机器人向导"。有了机器人向导,设计人员可以在网站加入计数器、搜索引擎、CGI 等比较高级的功能。

③ 提供站点的管理工具 Explorer。使用这个工具,可以大大减轻设计人员开发、发布、维护站点的工作量,极大地提高工作效率。

除此之外,建设网站还需要处理大量的图片,因此图形处理软件如 PhotoShop,也是必备的 Web 页面制作工具。

(3) Web 页编辑制作

使用上述提到的制作工具,编制 Web 页是比较简单的。

在制作 Web 页时,受到的制约主要来自两方面:

① 空间。对于访问者来说,网站给他们的感觉就是一个窗口,无论网站提供多么丰富的内容,都要受到计算机屏幕的约束。因此,在有限的视觉空间里,如何提供更丰富的内容,是设计人员必须考虑的。

② 速度。在互联网上无论何时,访问速度都是很关键的因素。因此,设计人员要在提供丰富的多媒体信息与访问速度间进行权衡。

制作 Web 页的一般步骤是:

● 使用诸如 FrontPage 之类的软件建立网站的框架;

● 在 Web 页面的单个页面中添加各种信息资料,如文字、图片、音频、视频等;

● 修改某些细节的 HTML 语言源程序;

● 在各个页面之间加入链接;

● 测试及发布。

6.3.2 电子商务网站建设步骤

1. 确定建站的目的

为什么要建立电子商务网站?建立一个怎样的网站?希望经营何种业务?与传统商务有什么区别?有哪些优越性?如何取得赢利?以上这些问题都需经过仔细考虑,反复论证。在商业领域赢利是第一目标,一个亏损的电子商务网站是无法生存的。

首先要处理好与供应方的关系,就是要将货物的采购过程做好,对于进货的品种、数量、价格要有预见性,既不要造成库存积压,也不要造成货品短缺。其次要做好物流和仓储管理工作,以最小的成本换取最大的价值。比较重要的是与客户建立良好的关系,以客户为中心,尽可能满足客户的需求。

2. 网站的内容策划

网站题材和名称的定位是设计一个网站的第一步。

一个好的电子商务网站和普通公司一样,需要有特色的形象包装和设计,有创意的形象设计非常重要。

网站的标志、主菜单、大标题应与网站的基本色彩协调,一般可采用固定的色彩搭配,给客户一种熟悉的感觉。

3. 网站的布局设计

一个网站的页面必须清晰明快、布局合理、重点突出,才能吸引浏览者的关注,网站的总体布局直接关系到能否吸引浏览者。

电子商务网站一般应包括：企业简介、产品介绍、服务内容、价格信息、联系方式、网上订单等基本内容。另外,电子商务类网站还应该提供会员注册、详细的商品服务信息、信息搜索查询、订单确认、付款方式及相关帮助等内容。

网站的重要信息应放在突出、醒目的位置上,对主要商品的描述应该尽量细致,让浏览者能在最短的时间内了解商品的信息。

规划网站内容时应该将所有信息按类别分开,分别纳入不同层次的页面中。网站的结构图有顺序结构、网状结构、继承结构、Web 结构等。

卓越亚马逊网整齐有序的页面是国内大型网站采用的通用布局方式。其布局如图 6-10 所示。

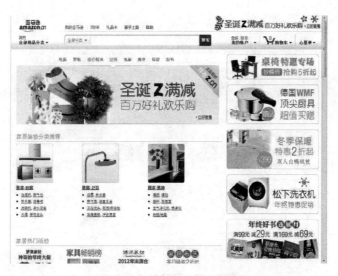

图 6-10　卓越亚马逊网主页

4. 建立经营内容明确的电子商务网站

电子商务网站选择经营项目和内容时必须有自身的优势,必须有明确的经营目标,这样才能建立一个能够赢利的电子商务网站。图 6-11 是经营办公用品的易优百网站主页。

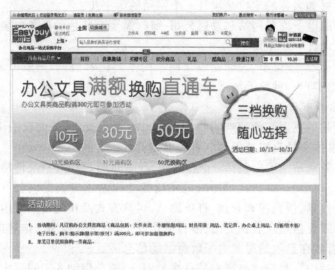

图 6-11 易优百主页

也可以建立一个经营旅游业务的电子商务网站,图 6-12 是一个经营旅游业务的网站。

图 6-12 欣欣旅游网主页

 **本章小结**

随着 Internet 的发展,电子商务已经逐渐成为人们进行商务活动的新模式。越来越多的人通过 Internet 进行商务活动,而对发展支撑环境的要求也变得越来越高。如何建立一个安全、便捷的电子商务应用环境,对商务活动提供足够的保护,已经成为商家、用户乃至社会都十分关心的话题。

在现实中,电子商务的支撑环境除了传统商业的因素之外,还包括网络基础设施的建设、电子商务技术标准的制定、信息传播工具的开发、金融电子化的建设、电子商务的安全保证、政策与法律环境等。

电子商务既是一种技术行为,也是一种新的社会观念,更是一个新的社会发展基础。作为一种技术,电子商务提供了能满足商务活动中各种信息处理和商务活动要求的几乎全部技术手段。作为一种新的社会观念,电子商务将对社会的基本行为特征提出新的要求。建立在新的社会观念和技术之上,电子商务必然成为以信息技术为基础的知识经济时代的社会发展基础。作为一种新的社会活动形式,建立在信息技术基础上的电子商务还处于起步阶段。

第7章 电子商务服务

 **本章导学**

2010年中国网购服务市场规模为20亿元,2011年交易额达50亿元,同比增速达到150%,2012年中国网购服务市场规模达到125亿元,未来三年将迎来井喷式发展。近十年来,国内电子商务发展迅猛,传统企业也纷纷向电商行业靠拢,电子商务呈现出蓬勃发展的态势,进而催生了新兴的电子商务服务产业。电子商务由于发展太快产生了种种问题,如质量监管、市场规范、有序经营等。专家呼吁社会更多关注电子商务服务,关注电子商务生态圈。电子商务服务业在推动电子商务进一步快速发展的同时,也进一步对经济与社会的发展产生了深远的影响,促使传统经济发展模式转型、社会大规模协作分工、资源的配置效率提升,在扩大内需、增加就业、提高产业竞争力和经济持续协调发展方面也具有历史性的意义和影响。

在金融、物流、旅游、咨询等传统服务业中,电子商务的应用具有独特优势。这些领域的一个共同特点是对信息的依赖程度高,有的服务内容本身就是信息服务,有的需要进行大量的信息处理,为服务提供分析依据,提高资源利用效率,提高企业自身经营效率,也为客户提供更为便利的服务。本章在介绍电子商务服务概念的基础上,介绍了基于Web 2.0的电子商务信息服务的最新发展和应用,以及电子商务信息收集整理的方法。通过本章学习,使读者从一个新的层面上了解电子商务,深入了解一些新型电子商务服务模式。

 **案例导入**

携程网——旅游电子商务服务的成功案例

携程旅行网是一家吸纳海外风险投资组建的旅行服务公司,创立于1999年初,主要的投资者有美国CarlyleGroup(凯雷集团)、日本SoftBank(软银)、美国IDG(国际数据集团)、上海实业、美国orchid(兰花基金)及香港Morningside(晨兴集团)等。凭借稳定的业务发展和优异的盈利能力,携程旅行网于2003年12月在美国纳斯达克成功上市。

携程的总部设在上海,目前已在北京、广州、深圳、成都、杭州、厦门、青岛、南京、武汉、沈阳、南通、三亚等12个城市设立分公司,员工超过10 000人。携程旅行网向超过五千余万注册会员提供包括酒店预订、机票预订、度假预订、商旅管理、高铁代购以及旅游资讯在内的全方位旅行服务。目前,携程旅行网拥有国内外五千余家会员酒店可供预订,是中国领先的酒店预订服务中心,每月酒店预订量达到五十余万间。在机票预订方面,携程旅行网是中国领先的机票预订服务平台,覆盖国内外所有航线,并在四十五个大中城市提供免费送机票服务,每月出票量四十余万张。作为中国领先的在线旅行服务公司,携程旅行网成功整合了高科技产业与传统旅行业,被誉为互联网和传统旅游无缝结合的典范。

携程的核心竞争力,可以归纳为四点:

① 规模。拥有先进的网络资源和业内最大的呼叫中心,实行大规模集中化处理方式。

② 技术。自行开发客户管理系统、呼叫排队系统、订单处理系统、电子地图查询系统,强大的技术力量在业内并不多见。

③ 系统的流程。打破传统小作坊模式,通过系统化规范,将整个运作过程通过合理分工,进行流水化操作,使得错误发生概率极小,从而使整体服务质量达到最优。

④ 理念。携程很重视对服务人员服务理念的强化,会定期进行相关培训。

7.1 电子商务服务

我国著名的电子商务专家梁春晓对电子商务服务和相应的电子商务服务业有一个简明的描述。他指出,如果将"电子商务应用"与"电子商务服务"比作市场经济中的需求与供给,那么前者是指一个个具体的机构和个人如何采用电子商务方式实现商务目标,如采购、销售或获取商务信息等;后者是指如何提供一定的服务以满足这些需求,如域名注册、虚拟主机、网络广告发布、商务信息搜索、信息咨询、认证和支付等服务。所有提供电子商务服务的企业的集合就是电子商务服务业,或称电子商务服务产业、电子商务服务行业。

纵观互联网发展史,商务活动一直是驱动互联网发展的强大力量。1995年,互联网上的商务信息量首次超过科教业务信息量,这是互联网此后形成爆炸性发展的标志。随着电子商务发展而形成的相应各种类型的服务应运而生,在各个行业形成了各具特色的电子商务服务业。近年来,全球电子商务服务业发展十分迅速,对经济活动的影响越来越大,正在重构全球经济格局,加速信息社会进程,并对未来信息社会的形成、结构和演化产生重要影响。电子商务促使社会分工进一步细化,基于网络的电子商务交易服务、业务服务、技术服务的服务模式和服务产品不断创新,服务规模逐渐扩大,成为国民经济新的增长引擎。

7.1.1 电子商务服务的优势

电子商务服务是随着电子商务的发展而兴起的,是电子商务应用的规模不断扩大、影响不断深化的结果。如果说起初企业要应用电子商务就必须自己从事注册域名、购买(或者租用)服务器、购买虚拟主机、制作网页等工作的话,那么电子商务服务业的兴起则意味着这一切都可以通过专业化的电子商务服务平台来完成;如果说起初网上商店要开通网上支付就必须与各家银行分别洽谈、签约而且未必成功的话,那么电子商务服务业的兴起则意味着只要与一家网上支付平台合作就可以了。电子商务服务业的兴起,标志着电子商务领域的专业化水平有了质的飞跃。在我国,这个阶段开始形成的时间大致是2003年前后。一直领军我国电子商务服务业的中小企业电子商务平台——阿里巴巴就从这一年开始赢利。

从现代服务业的角度看,电子商务服务业以互联网等计算机网络为基础工具,以营造商务环境、促进商务活动为基本功能,是传统商务服务在信息技术,特别是计算机网络技术条件下的创新和转型,是基于网络的新兴商务服务形态,位于现代服务业的核心位置。电子商务服务业营造商务环境、促进商务活动的作用,来自通过技术进步及相应的制度进步降低商务成本,也来自商务模式创新和商业生态的积极作用。电子商务服务所产生的优势可以体现在多个方面,例如:

① 基于网络优势,降低交易前的商务信息搜寻和发布成本,降低交易中和交易后的商务成交成本和交割成本,特别是无形商品。

② 基于电子商务服务商的规模化、专业化,降低单个电子商务应用者的应用成本,如人力资源成本等。

③ 基于信息的聚合、积累和挖掘,降低与交易风险相关的商务成本。

④ 基于电子商务服务平台所营造的良好环境,促进商务模式创新和商业生态的培养和构建。

7.1.2 电子商务服务的阶段

商务需求一直是驱动互联网发展的强大动力,互联网的未来在于电子商务,电子商务的未来在于电子商务服务。以电子商务服务为核心的电子商务将成为促进电子商务应用、创新和发展的重要力量。以下从电子商务交易过程来进行各阶段的服务分析。

1. 电子商务的交易前服务

在交易前阶段,实际上是买家对信息的收集及对多个卖家进行比较的过程。比较内容包括卖家的服务态度、卖家的信用等级、产品价格、配送周期、售后服务措施等。

(1) 交易平台服务——网站速度。这是顾客对网上商店的第一印象,往往影响顾客的购物心理,这其实也是所有网站应该具备的最基本的素质。谁也不愿意在一个速度极为缓慢的网站体验网上购物的折磨,正常情况下完成一个订单往往也要 10 分钟甚至更长,因此,网站的蜗牛速度是促使顾客走开的最好理由。无论是独立自营网站的企业还是借助于网络公司服务平台的企业,都有义务向顾客提供一个舒适、高效的商务环境。

(2) 产品查询服务。网站吸引顾客只是第一步,能否产生商务活动还是由产品本身决定。让顾客更好、更快、更准确地找到产品就是从事电子商务的企业与个人必须做到的。网上购物者多为理智型的消费者,事先对所需商品特性、价格等有一定的了解,上网之后,一般会到合适的分类目录中查找。如果知道商品名称,也许会直接查询;如果找不到合适的目录或者查询没有结果的话,这个顾客也许很快会离开这个网站。他最有可能去的地方,就是竞争者的网站,相信这是网站经营者最不愿意看到的结果。产品进行正确的分类管理和提供方便的查询方式是卖家的重要竞争条件。让消费者找到你,找到他需要的东西就是找到我们的商务之门和成功之路。

(3) 产品信息服务。当选定一件产品后,仔细查看说明是必不可少的一个步骤。电子商务上的产品说明更多的是靠图片、文字描述等。依赖于网络传递的数据信息,即使是一本书,购物者也会看一下内容提要、作者简介、目录之类的介绍。如果是一件价值较高的产品,想必更希望了解详细的资料:外观、功能、体积、重量、品质等。并非每个网站都能满足消费者的要求,如果得不到详细的信息,这次购物也许不会成交。当然产品的描述应该是与实物相符而不应为了吸引顾客而夸大事实,欺骗消费者。

(4) 提供服务条例。卖家应在交易前做好详细的相关声明,明确权责,确保沟通无障碍、描述无歧义、理解无偏差。同时帮助消费者进行很好的产品及服务定位,避免出现消费者期望过高、心理落差大导致的消费者对服务质量不满意的现象。

2. 电子商务的交易中服务

(1) 建立交易过程服务。在确定产品后进行购买,并建立一定合同关系,承担相关责任。卖方应尽可能地与顾客进行沟通,获得详细联系方式、收货地址。再次确认产品、数量、价格,认真倾听顾客要求,达成协商一致。

(2) 支付过程服务。这是非常关键的时刻,如果不能完成付款,订单仍然没有意义。不要以为链接到银行的支付系统就和网站没有关系了,在网上支付阶段仍然有很多意外问题而造成网上购物的失败。例如一些银行的支付系统只弹出一个小窗口,出现意外之后竟然无法刷新网页,连返回到购物网站的页面也不可能,只能关闭窗口,订单是否最终完成也无法确认。将银行服务器的问题产生的后果转嫁到网站身上似乎很冤枉,但是,对于消费者来说,网上支付也是网上购物的一个步骤。提供安全、准确的支付平台也是商家必须做好的,好在目前的支付平台发展较为完善,如我们常用的支付宝、paypal 等。同时我们还应该提醒消费者注意交易安全,提供查杀木马软件、安全控件或通过数字证书来加强顾客的交易安全。

(3) 订单查询及商品验收阶段服务。订单完成确认之后,作为卖家必须第一时间作出反应,如及时安排企业自营物流或利用第三方物流。当然还应注意到产品质量问题、包装问题。实物与网站描述不符、缺货、发货错误、送货误期等,每一个错误都可能造成顾客对于电子商务服务质量的质疑。发货过程中除了卖家本身的快速反应外,选择一个不错的物流公司也是很重要的。电子商务中唯一和消费者直接进行接触的就是物流送货的阶段。物流服务对整个电子商务服务有多重要根本就不用怀疑。试想作为消费者遇到一个态度恶劣又极不负责的物流公司,那么在顾客心里形成不良印象的可不只是物流公司,还有商家所提供的服务。连对合作伙伴也不用心选择的公司,消费者如何去相信?

(4) 提供订单跟踪服务。顾客希望能在最短的时间内收到货物,这是一个毫无疑问的事实,所以网站上的配送信息一点也马虎不得,没有人会在订货之后不期盼货物的准时到来。没有按时送到的货物很有可能被拒收,尤其对于货到付款的订单。订单跟踪服务的提供不仅是为顾客服务,也是对卖家的保护。

3. 电子商务的交易后服务

(1) 信息沟通与反馈服务。顾客收到自己订购的商品,必然要经过仔细的检查,一些在购物前期心存不悦的顾客甚至会加以挑剔。此时进行沟通是非常必要的。恰当的沟通能让顾客心情愉快,能消除误会,能把双方损失减到最少。遇到问题能够在第一时间处理,提升顾客的满意度,留住忠诚顾客,便是最好的市场推广。

(2) 售后服务。退换货政策对网上购物的影响有多大?根据 Jupiter 的调查结果,容易退货是对顾客购买动机影响力最大的因素,甚至超过了顾客服务和产品选择。清楚、明白地告诉消费者,什么样的条件下可以退货?对于款到发货的情况,退货后多长时间可以将货款退还给用户?往返运输费用由谁来承担?否则因为这个原因会让不少顾客犹豫不决。提供给顾客一个无后顾之忧的售后服务,便是为自己提供一个更宽阔的市场前景。

7.1.3 电子商务服务的分类

按行业范围划分,电子商务服务可以分为综合性电子商务服务和行业性电子商务服务。前者不区分行业,为所有行业厂商和所有产品与服务提供交易服务,如阿里巴巴、慧聪网等;后者专注于某一行业或产品、服务,如中国化工网等。

按交易环节划分,可以分为全程交易服务和专项交易服务。前者为交易全程提供交易服务,后者专注于某一个交易环节,如市场调查、采购、分销或售后等。

除此之外,还可以按服务对象(是厂商还是个人消费者)、交易品(是有形还是无形)、服务媒介(是线上还是线下)、地域(是地方还是全球)等划分。

电子商务服务平台是电子商务服务业的核心,也是电子商务服务业越来越重要的表现形式。按服务类型划分,电子商务服务平台大致分为三种类型:

第一,电子商务交易服务平台。提供网络营销、网上销售、网上采购和交易信息发布等交易服务,如阿里巴巴、慧聪网等。

第二,电子商务业务服务平台。提供基于网络的研发设计、现代物流、财务管理、人力资源、管理咨询和技能培训等服务,如金算盘全程电子商务平台等。

第三,电子商务技术服务平台。提供网络基础设施和技术支持,以及基于网络的信息处理、数据托管和应用系统等IT外包服务,如中国万网等。

7.2 基于 Web 2.0 的电子商务信息服务

随着互联网"草根主义"的蓬勃兴起,厂商们都意识到客户时代的来临,明白"以客户为中心"的理念更符合经济规律与商业本质,电子商务的成功几率将会更大。Web 2.0 重新定义了信息分享的方法,颠覆了未来信息社会必须有一个核心的理念,能让所有人更好地分享信息。

7.2.1 Web 2.0 的基本概念

互联网实验室认为:Web 2.0 是一套可执行的理念体系,践行着网络社会化和个性化的理想,使个人成为真正意义的主体,实现互联网生产方式的变革从而解放生产力。Web 2.0 的典型应用实践包括 Blog(博客)、RSS(简易聚合)、Wiki(维客)、Tag(分类分众标签)、Social-bookmark(社会性书签)、SNS(社会网络)、AJAX(异步传输)等,这些应用均是在一些 Web 2.0 体系下的理论和思想指导下形成的。

在 Web 1.0 时代,通过 WEB,互联网上的资源可以在一个网站里比较直观地表示出来,而且资源之间,在网页上可以链接来链接去。Web 1.0 是商业公司为主体把内容往网上搬。到了 Web 2.0 时代,则是以用户为主,以简便、随意方式通过 Blog 方式把新内容往网上搬。如果说 Web 1.0 是网站对用户为主,Web 2.0 则是以 P2P 为主。Web 2.0 客户端化,工作效率越来越高。通过 Ajax 技术,我们看到,用户在互联网的作用越来越大,他们贡献内容,传播内容,而且提供了这些内容之间的链接关系和浏览路径。

Web 2.0 的一个核心概念是让用户参与创造内容。Web 2.0 被普遍认为能更好地变革互联网的内容组织与信息传播,创造关联性与社会性。麻省理工的《技术观察》曾经针对 Web 2.0 的技术特性进行过分析,"博客、RSS、播客等符合 Web 2.0 定义的技术,都在强调分众传播的对等信息交互,也就是信息接受者同时也是这些信息的创造者,若干的博客汇集成新的信息输出者,每个人在挤奶的时候还要喝奶"。

对 Web 2.0 来说,"用户为王"的内涵已经完全不一样了。Web 2.0 时代,网络媒体的内容架构就是基于用户的紧密联系。因为,我们到了一个"用户自主"的网络媒体时代。网络用户已经从过去的新鲜、浏览、冲浪等随机性和趣味性的互联网活动转为目的性很强的、功利性很明确的、强调实用的,而且是创造性的互联网活动。

Web 2.0 具有以下基本特性:

(1) 个性化。Web 2.0 强调信息需求的个性化信息的发布不再是从速度和数量上来堆砌,而是通过 Tag 和 Rss 对内容进行筛选和分类,在到达用户之前已进行了信息组织,最终使用户得到个性化的信息服务,用户的体验和感觉成为影响信息传播效果的关键因素。

(2) 开放性。Web 2.0 和早期的 Web 阶段相比由于使用相关设备的成本降低、利用相关技术的门槛降低,人们可以自由生产并发布各种内容,比如文本信息、语音记录、视频录制等。信息的生产和传播不再仅仅是商业资本或者技术精英的特权。在 Web 的新阶段,原来在商业、技术与大众之间的信息生产和传播的落差被削平,消除信息垄断和去中心化已经成为可能。不仅如此,信息的生产和消费的模式也发生了变化,从原来的生产、消费的对立,变成了参与式的信息集市。

(3) 社会性。Web 2.0 强调个性,但并不是主张完全独立,而是让彼此相连的个体、群体、内容和应用等充分互动起来,进而带来更多的用户并产生更丰富的内容,使网站使用价值和凝聚力都大为增加,并据此结成一个庞大的信息网络,从而给用户提供一个绝佳的信息交流平台。

(4) 微内容。微内容(mircrocontent)是指在网络上至少拥有一个唯一编号或地址的元数据(metadata)和数据的有限的汇集。Web 2.0 的信息传播以微内容为基础,如 Blog 的应用中,一条评论、一张图片、一个书签、超链接等,都必须是微内容。通过聚合、管理、分享、迁移这些微内容,进一步组合成各种个性化的丰富应用。

7.2.2 基于 Web 2.0 的电子商务模式

传统的电子商务基本上是现实商务模式的网络化,只是简单地依靠网络提供的便利来节约成本、提高效率,缺乏重大创新与突破。而 Web 2.0 的理念就是开放、参与、分享,创造是其本质。在电子商务领域引入 Web 2.0,不是技术的简单应用,而是这种"以客户为中心"的经营理念的更新,给电子商务带来全新的模式。

1. 博客＋SNS 企业专区电子商务模式

SNS(social network service),即社交网络服务或网络社交平台。它的理论依据是哈佛大学心理学教授 Stanley Milgram 在 1967 年创立的六度分隔理论,即"你和任何一个陌生人之间所间隔的人不会超过六个"。也就是说,最多通过六个人你就能够认识任何一个陌生人。按照六度分隔理论,通过 SNS,每个个体的社交圈都会不断放大,最后成为一个大型社会化网络。

SNS 网站于 2003 年 3 月在美国悄然兴起,短短的五个月内就风靡整个北美地区。据统计,在硅谷工作的每三个人中就有一个人使用 SNS 来拓展自己的交际圈。在国内,联络家、人际中国、亿友等提供 SNS 服务的网站也如雨后春笋般破土而出。

博客＋SNS 企业专区电子商务模式是以博客为代表的 Web 2.0 技术的电子商务模式。它有别于传统的 B2C、B2B、C2C 模式。它通过 Blog,每个企业乃至每个人都可以建立自己的 Blog,向每个企业介绍自己的相关情况,吸引相关职业的人来接近自己,同时也了解他人从而建立良好的双赢关系,而能使职业相关者建立起企业专区,即博客＋SNS 的电子商务模式。

建立企业专区可使博客＋SNS 服务成为开展业务的商家的中介商店＋BSP(博客提供商),让广告客户成为博客＋SNS 社区的用户,产生可持续赢利的商业模式。

由于企业专区的用户面向的也是企业用户,所以网络资料必须是真实的,这样才能形成真正有效、可信的商务人际关系。所以企业专区网络要求用户进行实名登录,以确保真实性,这是其他交友网络做不到的。企业专区是企业深化品牌形象、拓展网络营销、加强客户关系、传播企业文化、培育公共关系的一个平等、开放、多元的信息交互和市场营销平台。公共企业博客可以在以下几个方面发挥作用:消费者沟通、品牌打造、市场调查、新产品测试、广告测试、售后服务、媒介关系处理等。因此,对企业而言,它是一个有效的市场营销渠道;对社会公众而言,它是一个自由、平等、开放地了解企业、发表见解和与企业交流对话的渠道。

2. 博客＋Tag 电子商务模式

Tag 的一般定义为:有表征含义的关键词(one-word descriptors),它用于标注个人喜欢的电子资源,如网页、博客、音乐等。Descriptors 是支持 Tag 功能的一个书签管理网站。当用户通过该网站把自己喜欢的网页的链接加入个人收藏夹时,网站提示用户用 Tag 标注这些网址,并进行分类管理。当用户再次登录 Descriptors 来访问自己的收藏夹时,就可以方便地访问收藏夹中分类整理过的网址。这不仅使得个人收藏夹的管理更加方便,也使得用户可以搜索系统中被标注为同一 Tag 的所有网址,从而共享其他用户的收藏夹资源。这类电子商务模式至少具有以下两大类的功能:

(1) 利用博客+Tag 实现分众分类的管理模式。利用博客+Tag 技术为企业的信息交换、共享带来极大的便利。Tag 的基本功能是实现分众分类的思想。Tag 的自发性使得用户可以根据自己的兴趣和需要随意地对资源进行不同的分类管理。这种分众分类的管理模式可以适应同一用户对各类资源的不同需要,也可以适应不同用户对同一资源的不同需要。与其他分类模式相比,分众分类的管理模式具有更大的灵活性和适应性。正是由于他们不断地创作标签,才能使得那些复杂、繁多的数据能够按照用户的意愿进行分类。

用户在定制某产品前,首先就是要找到一个与自己需求相似的他人定制的某产品。而标签则能够很快地让用户找到这种产品。这是因为 Tag 创作的标签相对于原有的搜索和分类,具有无法比拟的优势。

假设有一家钢材批发企业,它运作的主要目标是寻找报价最低的供应商,并且必须要满足下游零售商的需求。这是当前电子商务环境下一个典型的供应链的例子。在运作中,上游供应商是钢材批发企业的生命线,因此钢材批发企业必须每时每刻了解供应商的确切报价、供应商的库存情况、供应商的产品质量以及供应商的供货时间等。在传统的电子商务环境下,钢材批发企业运作的模式可以通过搜索引擎或行业网站搜索供应商,从而获得千百条左右的条目。然后再仔细地逐条浏览,就可以发现其中只有很小的一部分确实是钢材供应商,然后浏览每一家供应商的网站,查询报价、质量、库存、供货时间,最后做出选择。这样做业务,工作量确实是太大了。另一个严重的问题是,即使是最好的搜索引擎和行业网站,也只能覆盖部分的供应商。

Web 2.0 下的电子商务模式,利用博客+Tag 实现分众分类的管理,钢材批发企业将会发现他们的工作变得轻松多了。假设所有参与电子商务的钢材供应商都提供了基于 Web 2.0 技术的电子商务平台,那么钢材批发企业只需要登录到该类型的网站,在那里查询所有提供钢材的供应商,然后登录并录入需求,即可得到对应的报价、质量、库存等。博客+Tag 技术将使整个过程完全可以由计算机自动完成。同时,在查询完各家的报价之后,系统可以自动地进行比较,选出其中报价最低者,并向其发出订单。

(2) 利用博客+Tag 进行市场预测。Tag 为社会市场预测和引导消费提供了必要的信息。由于 Tag 代表了个体的兴趣和爱好,因此某个时段的所有 Tag 代表了该时段用户群体所关注的信息,某个时段 Tag 集中的方向则预示着人们关注的焦点。因此,我们可以通过统计 Tag 来及时了解和掌握最新的社会需求信息,从而做出有针对性的社会市场预测和引导,从而为产品的市场开发提供依据。

Tag 技术代表了一种新的组织和管理在线信息的方式,它不同于传统的、针对文件本身的关键字检索,而是一种模糊化、智能化的分类,这更加符合用户使用的顺滑感和提高检索结果的相似程度所带来的效率提升,将会极大地提升用户查询数字文件的能力。当 Tag 作为一种全新的技术和理念出现在我们面前的时候,Tag 的影响将超出技术和理念为我们设定的范围,它将深刻地影响着我们的思维方式和营销模式,同时给整个社会带来深远的影响。

两种模式的特点见表 7-1 所示。

表 7-1　基于 Web 2.0 电子商务模式类型及其特点

基于 Web 2.0 电子商务模式类型	理论依据	与现有模式的差异/特点	用途	要求
博客+SNS 模式	六度分隔理论	能使职业相关者建立起企业专区;交易双方可建立良好的双赢关系	消费者沟通、品牌打造、市场调查、新产品测试、广告测试、售后服务、媒介关系处理等	网络资料必须真实;要求用户进行实名登录
博客+Tag 模式	分众分类的管理模式	使得用户可以根据自己的兴趣和需要对资源进行不同的分类管理,具有更大的灵活性和适应性	采购管理、市场预测、引导消费等	网络资料必须真实;要求用户进行实名登录

7.2.3　Web 2.0 的典型应用

这里介绍几种典型的 Web 2.0 应用,包括博客(Blog)、维基(Wiki)、社会网络服务(SNS)和播客(Podcasting)。

1. 博客(Blog)

(1) 博客的概念

"博客"一词是从英文单词 Blog 音译而来。Blog 是 Weblog 的简称,而 Weblog 则是由 Web 和 Log 两个英文单词组合而成。Weblog 就是在网络上发布和阅读的流水记录,通常称为"网络日志",简称为"网志"。Blogger 即指撰写 Blog 的人,Blogger 在很多时候也被翻译成"博客"一词,而撰写 Blog 这种行为,有时候也被翻译成"博客"。因而,中文"博客"一词,既可作为名词,分别指代两种意思:Blog(网志)和 Blogger(撰写网志的人);也可作为动词,意思为撰写网志这种行为。

Blog 是一个网页,通常由简短且经常更新的帖子构成,这些帖子一般是按照年份和日期倒序排列的。而作为 Blog 的内容,它可以是你纯粹个人的想法和心得,包括你对时事新闻、国家大事的个人看法,或者你对一日三餐、服饰打扮的精心料理等,也可以是在基于某一主题的情况下或是在某一共同领域内由一群人集体创作的内容。它并不等同于"网络日记"。作为网络日记是带有很明显的私人性质的,而 Blog 则是私人性和公共性的有效结合。它绝不仅仅是纯粹个人思想的表达和日常琐事的记录,它所提供的内容可以用来进行交流和为他人提供帮助,是可以包容整个互联网的,具有极高的共享精神和价值。

(2) 博客的分类

第一,按功能分,博客可分为两类:

① 基本博客。Blog 中最简单的形式。单个的作者对于特定的话题提供相关的资源,发表简短的评论。这些话题几乎可以涉及人类的所有领域。

② 微型博客。目前它是全球最受欢迎的博客形式,博客作者不需要撰写很复杂的文章,而只需要抒写 140 字内的心情文字即可(如 twitter、新浪微博、搜狐微博、腾讯微博等)。

第二,按用户分,博客可分为两类:

① 个人博客

a) 亲朋之间的博客(家庭博客):这种类型博客的成员主要由亲属或朋友构成,他们是一种生活圈、一个家庭或一群项目小组的成员(如布谷小区网)。

b) 协作式的博客:与小组博客相似,其主要目的是通过共同讨论使得参与者在某些方法或问题上达成一致,通常把协作式的博客定义为允许任何人参与、发表言论、讨论问题的博客日志。

c) 公共社区博客:公共出版在几年以前曾经流行过一段时间,但是因为没有持久有效的商业模型而销声匿迹了。廉价的博客与这种公共出版系统有着同样的目标,但是使用更方便,所花的代价更小,所以也更容易生存。

② 企业博客

a) 商业、企业、广告型的博客。对于这种类型博客的管理类似于通常网站的 WEB 广告管理。商业博客分为:CEO 博客、企业博客、产品博客、"领袖"博客等。以公关和营销传播为核心的博客应用已经被证明将是商业博客应用的主流。

b) CEO 博客。"新公关维基百科"到 2012 年 11 月初已经统计出了近 200 位 CEO 博客,或者处在公司领导地位者撰写的博客。美国最多,有近 120 位;其次是法国,近 30 位;英德等欧洲国家也都各有先例,中国目前没有 CEO 博客列入其中。这些博客所涉及的公司虽然以新技术为主,但也不乏传统行业的国际巨头,如波音公司等。

c) 企业博客。即以企业的身份而非企业高管或者 CEO 个人名义进行博客写作。到 2012 年 11 月 5 日,"新公关维基百科"统计到 85 家严格意义上的企业博客。不仅有惠普、IBM、思科、迪斯尼这样的世界百强企业,也有 Stonyfield Farm 乳品公司这样来自增长强劲的传统产业的公司,这家公司建立了 4 个不同的博客,都很受欢迎。服务业、非赢利性组织、大学,如咖啡巨头星巴克、普华永道事务所、Tivo、康奈尔大学等也都建立了自己的博客,NOVELL 公司还专门建立了一个公关博客,专门用于与媒介的沟通。

d) 企业产品博客。即专门为了某个品牌的产品进行公关宣传或者以为客户服务为目的所推出的"博客"。据相关统计,目前有 30 余个国际品牌有自己的博客。例如在汽车行业,除了去年的日产汽车 Tiida 博客和 Cube 博客,去年底今年初我们看到了通用汽车的两个博客,不久前福特汽车的野马系列也推出了"野马博客",马自达在日本也为其 Atenza 品牌专门推出了博客。今年,通用汽车还利用自身博客的宣传攻势成功地处理了《洛杉矶时报》公关危机。

e) "领袖"博客。除了企业自身建立博客进行公关传播,一些企业也注意到了博客群体作为意见领袖的特点,尝试通过博客进行品牌渗透和再传播。

f) 知识库博客,或者叫 K - LOG。基于博客的知识管理将越来越广泛,使得企业可以有效地控制和管理那些原来只是由部分工作人员拥有的、保存在文件档案或者个人电脑中的信息资料。知识库博客提供给了新闻机构、教育单位、商业企业和个人一种重要的内部管理工具。

第三,按存在方式分,博客可分为四类:

① 托管博客。无须自己注册域名、租用空间和编制网页,只要去免费注册申请即可拥有自己的 Blog 空间,是最"多快好省"的方式。

② 自建独立网站的 Blogger。有自己的域名、空间和页面风格,需要一定的条件。

③ 附属 Blogger。将自己的 Blog 作为某一个网站的一部分(如一个栏目、一个频道或者一个地址)。这三类之间可以演变,甚至可以兼得,一人拥有多种博客网站。

④ 独立博客。独立博客一般指在采用独立域名和网络主机的博客,即在空间、域名和内容上相对独立的博客。独立博客相当于一个独立的网站,而且不属于任何其他网站。相对于 BSP 下的博客,独立博客更自由、灵活,不受限制。

(3) 博客的媒介价值

① 个人生活、情感、娱乐记录。博客是传统个人日记的网络表达,只不过从"私密"的文本搬到了"公开"的网上,因此,除了"自己写自己看"转向了"自己写大家看"之外,其他方面没有本质的变化,基本上还是延续、凸显了它的情感表达作用。在博客当中,我们可将个人的工作状况、生活故事、思想历程、闪现的灵感等及时记录和发布,充分发挥个人无限的表达力。

② 交友和社会沟通。博客与传统日记的本质区别是：后者重在个人的"我—我交流"，是封闭和私密的；而前者却与此恰恰相反，是开放和互动的，是"个人参与社会组织活动和人际沟通的网络协同"，为个人参与组织性好的社会团体沟通、搭建个人社会关系网络和积累个人社会经验提供网络平台，建设更深入和有效的人际关系网络。博客作为一种"自媒体"形式的网络交流方式，由阴暗封闭走向了阳光开放，走向了与大众的交流与互动。

③ 学习和自我提升。博客作为一种媒体的新形式，具备媒介传播的所有功能特征。它不仅能够用来记录情感、沟通社会，还能够传播和构建社会知识体系和个人知识体系。它的知识传播与构建是以个人知识构建为基础，旨在参与并融合社会知识，其目的是"为个人在知识时代参与知识经济、挖掘知识价值服务"，提升自我的学习能力和综合素质。

④ 个人自我价值实现。博客作为一种互联网技术下的交流与沟通平台，它表明的不仅是传播技术的进步，更是一种与时俱进的生活方式的选择。更主要的是，使用博客也是选择了一种文化，也是选择了欲自我价值实现的挑战。"通过综合的博客化在线生存，从知识、能力、思维、品牌、经验等方面全面激发个人潜能，挖掘个人潜力，提升个人价值。"

⑤ 商业营销。伴随博客的迅猛发展和不断普及，博客越来越成为互联网最引人注目的关注点，"互联网注意力"越来越表现为"博客注意力"。鲜明的市场理念和商业意识使得人们也越来越认识到它的商机和经济价值，他们从"注意力"中看到了"点击量"，从"点击量"中看到了滚滚的财源。面对博客商业浪潮，人们脱离了自娱自乐的初级阶段，从博客的记录情感、沟通社会和提升自我中转向更加重视它的赢利模式的探讨，更加重视博客技术平台对个人职业与事业的促进与帮助。

(4) 博客的发展策略

我国博客发展十分迅速，各行各业均有涉及。随着各大门户的强力推动，博客数量已呈几何式增长。其中新闻类博客和财经类博客最引人关注，人们也时常浏览新闻类博客。这些博客大多是由个人创建，在传递各类新闻事件中起到不可忽视的作用，为大众提供了一种新的舆论监督平台。但随着近年微博的迅猛发展，博客的发展面临着一些问题和挑战。

① 博客发展的问题

a) 博客的赢利问题。通过对各类博客的赢利分析，我们得知，目前大多数的门户网站博客的主要赢利方式还是广告，广告是最直接也是最广泛的方式，但从整个互联网发展趋势来看，广告并不是博客的最佳赢利模式。因为目前博客广告仍然是按照流量和点击来计费，相比很多的门户网站以及综合类网站，他们的广告更引人关注，比博客网站更有优势；另外，博客的分散和匿名性使得博客的广告效果无法进行准确的预估；此外，在博客上刊登广告牵涉到三方的利益：

博客服务提供商、博客作者和广告主,如何平衡这三者之间的关系是关键。

b) 博客系统存在技术漏洞。当前,博客平台应用的技术主要是 Web 2.0,在技术方面存在一些不容忽视的漏洞,如开放式的网络信息发布平台使其具备构建僵尸网络的潜质。僵尸网络可以通过 RC 聊天服务器获取并执行黑客命令。虽然目前还未发现这类僵尸网络,但它们的实现技术甚至要比传统的 RCBOT 简单些,所以说非常可能出现。还有就是多数的博客系统存在病毒传播隐患。一些知名的博客网,对文件类型进行简单的限制和检查,而对 OFFICE 文档、脚本文件、压缩文件等都不做进一步的查毒操作,使得博客系统存在重大的安全隐患,而且随着今后博客系统的继续普及和不断壮大,会越发严重。

② 问题解决之建议

a) 博客的赢利模式要多样化

● 无线增值业务。无线增值绝大部分是针对移动博客或手机博客,包括手机的域名绑定、移动发布、功能分类等。例如,韩国的赛我网,它借助"细分移动博客"这一业务,实现了韩国最大的社区网站和全球极个别的盈利博客网站的转变。

● 运用电子商务平台。电子商务现在已经是发展最快也是最好的,网上购物非常受欢迎,博客想要获得发展并实现赢利,必须充分利用电子商务平台,把博客与 C2C 和 B2C 平台连接起来,博客可以在 C2C 网站为大家接受。其一,网络用户的"平民化"使得博客使用者与 C2C 用户的文化相互具有契合点;其二,博客营销也运用于 C2C 模式。运用博客,可以适当培养、建立起用户群体,产生的这些用户群体,既能提高企业与用户的交流深度,也能同时激发起市场的潜在潜能,从而大大地降低了营销的成本。

b) 在技术层面上

● 增强 WEB 开发的安全意识。网络攻击在很大程度上是针对不严谨的 WEB 程序而设计的,如 XSS(跨脚本攻击)和 SQL 注入等。当今大量 COOKIE 的使用却大大地增加了防范 XSS 的难度。所以必须提高安全意识,特别是在网站开发初期,以便提高系统的整体安全性能,同时降低网站的维护成本。

● 提高网站信息发布的验证机制。在基于 Web 2.0 的网站信息主体来自数量庞大的用户群,几乎所有的信息发布平台,在达到一定规模数量时都会遇到同样的问题。因此,若能在初期建立起完善的验证机制,对网站的健康发展以及节约成本将会起到很大作用。在允许匿名提交信息的前提下,通常的方法是验证码技术,这样能够防止恶意程序自动提交垃圾信息。

● 加强外部 WEB API。一个网站的部分功能可能须依赖于其他网站提供的服务。大量网站之间彼此相互引用,功能共享,形成一个复杂的拓扑网络。倘若一个节点出现问题,就可能使整个网络上的节点都染上病毒。外部 WEB API 由其他网站提供,无法准确掌握它的安全系数,所以在这些 API 调用前后都有必要加强验证,保障它们是安全的。

(5) 博客的未来发展趋势

① 在博客群体方面。近年来,博客网推出"名人博客"这个全新的博客模式后,明星博客一直享受着博客中的"聚光灯"。然而,这些年来我国博客群体的发展正不断地走向多元化,名人博客这个模式单一火热的局面已被打破。我国博客未来将大致有四个朝向:一是以各大明星、炒股高手、企业名人为首的精英博客,在中国博客群体中将起着至关重要的作用,这一模式曾捧红了许多的各行业的精英人才。二是以美食类、旅游类、时尚类为主的草根名博,而如今草根博客正在不断发展,每个草根博客都彰显博主的个性,内容贴近生活,与我们更加亲切。三是在某一领域专业、技术性较强的独立博客,由于专注于一个领域,博客中所含的内容价值较高,具有一定的不可替代性,拥有特定的粉丝群体,在营销上可以达到很好的效果。四是各个知名大品牌所建立的企业博客。企业利用这个营销模式不仅能降低企业的营销成本,还能培养企业的客户忠诚度,并且建立起优异的企业形象。

② 在博客营销方面

a) 与电子商务平台挂钩

未来博客营销的发展方向将与其创造的价值密切相连。让博客和 C2C 网站融合,人们可以作为网上小店的店主,也可以同时是博客主,他们可以将自己的店铺的东西展示在自己的博客中,这样,博客主的身份也发生了变化,成为博客卖家,这样的融合完全可能产生全新的"情感型营销",在买与卖中产生了一种特定的情感。博客也可以成为 B2C 网站,也就是说可以让博客为公司服务。公司有些业务要外包,当他们发现博客主能做这些业务时,那么就可以由博客主代劳。按这种思维方式,我们可以利用博客,做成一个咨询的平台,通过各个专家的集中分析,这样会受到大家的欢迎。

b) 个性化营销模式

所谓的个性化是指企业根据客户的差异化需求,以信息技术为支撑,使得分别设计成为可能。现在一部分消费者已经进入到"个性化时代",在博客上制定相适应的个性化的营销是今后营销的要求,博客网站提供各种收费的个性化营销平台来吸引客户。

③ 内容更丰富,针对性更强

博客网站的质量问题是一个不容忽视的问题。无论博客是企业的还是个人的,其一个共同点是:只有在内容上有突破、有创新、有价值,才能吸引消费者的眼球;只有在消费者长时间的阅读基础上,才能让消费者对博客产生信任,进而认同博客中的企业文化。博客营销的内容出发点就是从消费者的角度,抓住消费者的心理,发布那些与产品紧密相关的内容,使消费者产生共鸣。长此以往,博客的点击率就会不断增加,博客的营销效果也会愈加明显。

2. 维客(Wiki)

(1) Wiki 的概念

Wiki 一词来源于夏威夷语的"wee kee wee kee",发音 wiki,原本是"快点快点"的意思,被译为"维基"或"维客",是一种多人协作的写作工具。Wiki 站点可以有多人(甚至任何访问者)维护,每个人都可以发表自己的意见,或者对共同的主题进行扩展或者探讨。Wiki 也指一种超文本系统。这种超文本系统支持面向社群的协作式写作,同时也包括一组支持这种写作的辅助工具。

Wiki 发明者是美国俄勒冈州的电子工程师沃德·坎宁安(Ward Cunningham)。最早的 Wiki 系统是他在 1995 年 3 月 25 日开发制作的一个面向社区的协作式写作系统。坎宁安将其作为"波特兰模式知识库"(Portland Pattern Repository)的模式定义和讨论的交互现场,以此来方便模式社区(Pattern Community)的交流。在建立这个系统的过程中,坎宁安最先提出了 Wiki 的概念,而 Wiki 这个名字则是他在看到一辆名为 Wiki Wiki Bus 的机场巴士后受到的启发。

(2) Wiki 的特点

Wiki 是一个供多人协同写作的系统。与博客、论坛等常见系统相比,Wiki 有以下特点:

① 使用方便

- 维护快速:快速创建、更改网站各个页面内容。
- 格式简单:基础内容通过文本编辑方式就可以完成,使用少量简单的控制符还可以加强文章显示效果。
- 链接方便:通过简单的"条目名称",可以直接产生内部链接。外部链接的引用也很方便。

② 自组织

- 自组织的:同页面的内容一样,整个超文本的相互关联关系也可以不断修改、优化。
- 可汇聚的:系统内多个内容重复的页面可以被汇聚于其中的某个,相应的链接结构也随之改变。

③ 可增长

- 可增长:页面的链接目标可以尚未存在,通过点选链接,我们可以创建这些页面,使系统得以增长。
- 修订历史:记录页面的修订历史,页面的各个版本都可以被取得。

④ 开放性

- 开放的:社群内的成员可以任意创建、修改或删除页面。
- 可观察:系统内页面的变动可以被来访者清楚观察得到。

Wiki 支持面向社群的协作式写作,同时也包括一组支持这种写作的辅助工具。有人认为,Wiki 系统属于一种人类知识的网络系统,我们可以在 Web 的基础上对 Wiki 文本进行浏览、创建、更改,而且这种创建、更改及发布的代价远比 HTML 文本小;与此同时,Wiki 系统还支持那些面向社群的协作式写作,为协作式写作提供了必要的帮助;最后,Wiki 的写作者自然构成了一个社群,Wiki 系统为这个社群提供了简单的交流工具。与其他超文本系统相比,Wiki 有使用简便且开放的优点,所以 Wiki 系统可以帮助我们在一个社群内共享某个领域的知识。

由于 Wiki 的自主性、可增长以及可观察的特点,使 Wiki 本身也成为一个网络研究的对象。对 Wiki 的研究也许能够让人们对网络的认识更加深入。

另外,因为 Wiki 是一个群体协作的平台,所以它还具有平等、共享的特点。

(3) Wiki 与 Blog 的区别

举例说明,Wiki 网站的应用:维基 Wiki 站点一般都有着一个严格的共同关注,Wiki 的主题一般是明确的坚定的,Wiki 站点的内容要求着高度相关性。对其确定的主旨,任何写作者和参与者都应当严肃地遵从。Wiki 的写作是针对同一主题作外延式和内涵式的扩展,将同一个问题谈得很充分、很深入。Blog 是一个简易便捷地发布自己的心得,关注个性问题的展示与交流的综合性平台。一般的 Blog 站点都会有一个主题,但是这个主旨往往都是很松散的,而且一般不会去刻意地控制内容的相关性。

Wiki 非常适合于做一种"All about something"的站点。个性化在这里不是最重要的,信息的完整性、充分性和权威性为真正的目标。Wiki 由于其技术实现和含义的交织和复杂性,如果你漫无主题地去发挥,最终连建立者自己都会很快地迷失。Blog 注重的是个人的思想,个性化是 Blog 的最重要特点。Blog 注重小范围的交流,主要是访问者对一篇 Blog 文章的评论和交互。

Wiki 最合适去共同进行文档的写作。特别是程序开发相关的 FAQ。Blog 也有协作的意思,但是协作一般是指多人维护,而维护者之间可能着力于完全不同的内容。这种协作就内容而言是松散的。任何人、任何主体的站点,你都可以以 Blog 方式展示,都有它的生机和活力。从目前的情况看,Wiki 的应用程度不如 Blog。

(4) Wiki 的应用

① 在线百科全书

基于 Wiki 技术的在线百科全书可以由任何喜欢它的人编写和修改。如果有人对某一条目做了不正确或不适当的修改,其他人就能把页面恢复到以前的样子,或者保留变化,但要进行进一步的编辑。维护的人越多,网站的内容质量一般就越高。

在线百科全书中最著名的应用案例就是维基百科全书(www.wikipedia.org)。维基百科自 2001 年 1 月 15 日正式成立,由维基媒体基金会负责维持,其大部分页面都可以由任何人使用浏览器进行阅览和修改。因为维基用户的广泛参与共建、共享,所以维基百科也被称为创新 2.0 时代的百科全书、人民的百科全书。这本全球各国人民参与编写，自由、开放的在线百科全书也是知识社会条件下用户参与、大众创新、开放创新、协同创新的生动诠释。英语维基百科的普及也促成了其他计划，例如维基新闻、维基教科书等计划的产生。虽然也造成对这些所有人都可以编辑的内容准确性的争议，但如果所列出的来源可以被审查及确认，则其内容也会受到一定的肯定。维基百科中的所有文本以及大多数的图像和其他内容都是在 GNU 自由文档许可证下发布的，以确保内容的自由度及开放度。所有人在这里所写的文章都将遵循 copyleft 协议，所有内容都可以自由地分发和复制。

截至 2011 年 11 月，已经有超过 3 172 万的注册用户以及为数众多的未注册用户贡献了 282 种语言超过 2 024 万篇的条目，其编辑次数已经超过 12 亿 3 192 万次。每天都有来自世界各地的许多参与者进行数百万次的编辑。维基百科的中文版本——中文维基百科正式开始于 2002 年 10 月 24 日，包括中文简体、中文繁体等。截至 2011 年 11 月 16 日，已经有超过 38.5 万篇中文条目。除了中文维基百科以外，还设有其他独立运作的中文方言版本，包括粤语维基百科、闽南语维基百科、文言文维基百科、吴语维基百科、闽东语维基百科及客家语维基百科等。图 7-1 为维基百科首页部分截图。

图 7-1　维基百科首页

虽然中国的百科类 Wiki 站点起步比较晚，但还是发展出不少形式上与维基百科全书相同的网站，主要有网络天书(www.cnic.org)、维库(www.wikilib.com)等。网络天书(cnic)是国内第一个自主创办的中文维客网站。其创始人叶群峰被誉为国内维客先锋。网络天书不是纯粹的百科全书，它没有明确的目标。文章的发挥空间比较自由，比较关心维客文化。而维库(Wikilib)的目标是利用 Wiki 建立一个自由分享知识与思想的社区。维库是目前中国最大的 Wiki 类知识站点之一。维库电子市场网是电子行业知名的专业化垂直门户网站，是国内外著名的电子产品交易平台。图 7-2 为网络天书首页截图。

百度百科(www.baike.baidu.com)是另一个比较有代表性的 Wiki 系统。百度百科是百度公司推出的一部内容开放、自由的网络百科全书，其测试版于 2006 年 4 月 20 日上线，正式版在 2008 年 4 月 21 日发布。它的交互设计很成功，编辑很简单、直接，而且引入了 Tag 式分类体系，让内容的再组织变得很方

图 7-2　网络天书首页

便。与常见的 Wiki 系统相比，百度百科的注册管理更为严格，创建条目还需要管理员审核，从某种程度上打消了用户的积极性，在一定程度上限制了自由贡献。此外，由于百度百科审查系统对文章转帖过于宽松，导致站内复制了大量非原创文章。有人认为百度百科更接近网摘的变种，与 Wiki 推崇的文章协作区别较大。图 7-3 为百度百科首页部分截图。

图 7-3　百度百科首页

② 商业活动协同

对所有的公司来说，尤其是一些大的公司，一个最基本的挑战是要确保在组织内部和部门之间流动的信息尽可能减少延误。Wiki 是企业人际交流与沟通的理想平台。Wiki 比其他一些协作应用程序和组件容易部署，成本更低。Wiki

非常简单,就连非技术背景的员工也能使用。

大企业在信息传递的过程中,容易破坏信息的准确性和完整性。如在微软这样的大企业中,信息从上至下大致需要通过5个管理层。据统计,当信息传达到最底层时,大概要衰减80%的内容。Wiki技术的发展和完善,极大便利了企业突破时空与障碍限制来进行交流与沟通。由于Wiki在信息传播上具有的公开性、迅即性、直接性、存储性及纠错补遗及时性等特点,在关键的信息准确性和完整性环节上,优于其他传播方式,保障了企业对内部人际交流沟通的有效管理。目前,Google公司就是利用Wiki系统进行内部的交流与沟通。

鉴于企业对使用Wiki系统来促进内部沟通的需求,市场上出现了一批企业级Wiki软件。Socialtext是最早将维基技术商业化的公司之一。Socialtext所倡导的是一种"商业开源"的思想。目前,该公司已实现了赢利,并获得了业内的广泛关注。TWiki公司开发的开放源代码的TWiki软件已应用于迪斯尼、SAP和摩托罗拉等大公司。TWiki可以利用服务器插件模块进行大规模扩展,增加处理像日历、电子报表、RSS、条形码等功能。雅虎公司使用TWiki软件帮助开发团队克服因在不同地点工作造成的各种问题。米其林中国公司也使用TWiki作为知识管理工具。

③ 企业知识管理

Wiki广泛应用于企业知识管理。它可以在一定程度上替代或改进系统的知识管理数据收集和发布的方法,提高交叉协作和共享的速度和质量,从而提高员工和客户的满意度。例如,在项目管理和规格控制方面,使用Wiki可以更加方便、直观地展现公司每个项目现在的状态,加深公司人员对现有项目、技术的理解,记录公司人员所遇到过的问题,给以后再遇到的人提供解决方案参考等。

Wiki还能解决文件管理的问题。由于电子邮件通过不同的路径发送,有时电子数据表格和Word文档传递,结果没人知道最新版本所在;有时在需要会议记录的时候,把会议记录储存在自己硬盘中的行政人员出去度假了;有时营销决策改变了,却没有告知网络管理员更新公司内部网上的信息。Wiki这种协同工具,能解决上述问题。

④ 专题信息库

以Wiki系统为基础的专题信息库,在世界范围内得到广泛应用,几乎涵盖了旅游、法律、翻译、计算机、美食、健康等领域。

EEmap(www.eemap.org)是一个中国的地图维客系统,也是多功能互动地图平台。提供类GE地标分享、免费标点、地图搜索、地图引用等服务。该项目启动于2006年8月,口号是"用中文点亮地球"。EEmap采用Google Maps api,目前数据已经接近8万。它与百度地图、丁丁地图等的不同之处在于,EEmap的数据大部分都是客户提供的。EEmap定位于分享平台,而不是信息搜索平台。在这个平台上,用户可以自主添加关于某一区域的各种图文信息,各自之间相互修改与充实,使得内容逐渐完善。图7-4为EEmap首页部分截图。

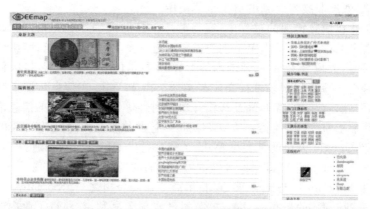

图 7-4 EEmap 首页

3. 社会网络服务(SNS)

SNS 全称是 social networking services，即社会性网络服务，专指旨在帮助人们建立社会性网络的互联网应用服务。但在国内，大众已经将 SNS 与社交网络服务等同看待，认为其主要作用是为一群拥有相同兴趣与活动的人建立在线社区。这类服务往往是基于互联网，为用户提供各种联系、交流的交互通路，如电子邮件、即时消息服务等。社交网络服务网站当前在世界上有许多，知名的包括 Facebook、Myspace、Orkut、Twitter 等，人人网、开心网等在国内比较有名。

SNS 社交网络服务的理论依据是哈佛大学心理学教授米尔格兰姆(Stanley Milgram)创立的六度分离理论，即"你和任何一个陌生人之间所间隔的人不会超过六个"。按照六度分隔理论，通过 SNS，每个个体的社交圈都会不断放大，最后成为一个大型社会化网络。现在，社会上流行的各种 SNS 网站便是基于这种理念创建的，并且主要采用实名制。通常的社会网络由现实世界中的社会关系形成，但是 SNS 中的用户有时也包括陌生人，用户不仅可以与认识的朋友交流，也可以在社交网络平台上与有着共同兴趣爱好的陌生人交流。因此，SNS 又不同于现实世界中的社会网络。

SNS 目前在国内应用最广泛的是案例是人人网(www.renren.com)。

2009 年 8 月 4 日，校内网更名为人人网，社会上所有人都可以来到这里，从而跨出了校园这个范围。人人网为整个中国互联网用户提供服务的 SNS 社交网站，给不同身份的人提供了一个互动交流平台，提高了用户之间的交流效率。通过提供发布日志、保存相册、音乐视频等站内外资源分享等功能搭建了一个功能丰富、高效的用户交流互动平台。2011 年 5 月 4 日，人人网在美国纽交所上市。

人人网刚建立时一个最重要的特点是限制具有特定大学 IP 地址或者大学电子邮箱的用户注册，这样就保证了注册用户绝大多数都是在校大学生。用户注册之后可以上传自己的照片、撰写日志、签写留言等。该网站鼓励大学生用户实名注册,上传真实照片,让大学生在网络上体验到现实生活的乐趣。图7-5为人人网首页部分截图。

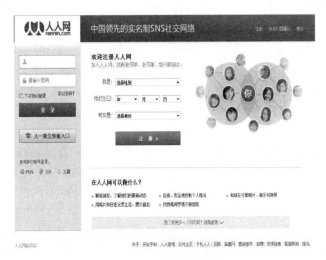

图7-5 人人网首页

4. 播客(Podcasting)

当前对于Podcasting一词并无统一定义,它源自苹果电脑的"ipod"与"广播"(broadcast)的合成词,中文译名为播客。它是数字广播技术的一种,出现初期借助一个叫"iPodder"的软件与一些便携播放器相结合而实现。Podcasting录制的是网络广播或类似的网络声讯节目,网友可将网上的广播节目下载到自己的iPod、MP3播放器或其他便携式数码声讯播放器中随身收听,不必坐在电脑前,也不必实时收听,享受随时随地的自由。你还可以自己制作声音节目,并将其上传到网上与广大网友分享。

播客颠覆了传统的被动收听、观看广播节目和电视节目的方式。首先,播客在创作节目方面是主动的。传统广播、电视在多数国家是被严格控制的,主体多局限于国家专业的媒介组织。与之相比,播客不用经过层层审批,不必为争取到一个清晰的无线电波段而煞费苦心。播客们是主宰自己作品的唯一决策者,每个人都能通过简单的注册申请,管理个性的空间。播客的操作十分简单,对设备也没有特殊要求,只需要麦克风、摄像头和连接因特网的电脑就能录制。其次,接收广播、视频是主动的。用户可以自由订阅、收听播客节目,不必像传统广播、电视一样必须依据电台的节目表,可以完全按照自己的时间安排随意收听节目。由于这些特点,从国内第一个播客网站——土豆网建立起,各类播客网站、播客频道纷纷开通,大批播客节目广泛传播。

土豆网(www.tudou.com)是中国最早和最具影响力的视频分享网站之一,是中国网络视频行业的领军品牌,也是全球最早上线的视频分享网站之一。土豆网于2005年4月15日正式上线,拥有超过8 000万的注册用户。他们提出的口号是"每个人都是生活的导演"。他们的目标是让富有创造力的节目的创造者和分享者们能够自由地让自己的节目在用户面前出现,同时,也让每一个用户随时随地都能看到自己想看到的任何节目。

土豆网视频内容广泛,包括三大类:

第一,网友自行制作或分享的视频节目,例如播客和用户原创视频。

第二,来自土豆众多内容提供商的视频节目,例如电影、电视剧和MV等。土豆网与2 500多家国内外知名的音乐厂牌、内容制作方、内容代理商和电视台建立了广泛的深度合作。

第三,土豆投资制作的节目,例如土豆摄线等日播栏目及系列短剧。

土豆网的主要收入来源于广告。2007年,土豆网推出了在线视频广告系统。该平台能够帮助广告客户便捷地管理预算,并对目标用户群进行基于数据分析的定向广告投放。土豆网的广告包括全屏展示的前贴片广告、背景广告等多种形式。目前,土豆网的客户数量正在迅速增长,现有客户包括阿迪达斯、福特、肯德基、联想、摩托罗拉、耐克、百事、三星和索尼等众多全球知名品牌。图7-6为土豆网首页部分截图。

图7-6 土豆网首页

7.3 电子商务信息的收集与整理

本节介绍的电子商务信息的收集与整理,主要指通过因特网收集并整理企业自身产品、消费者和竞争同行相关的各种有价值信息,及时把握市场发展态势,制定有效的营销策略,使企业在竞争中始终立于不败之地。

7.3.1　电子商务信息收集的基本要求

网络电子商务信息收集是指在网络上对商务信息的寻找和调取工作,这是一种有目的、有步骤地从各个网络站点查找和获取信息的行为。一个完整的企业网络商务信息收集系统包括先进的网络检索设备、科学的信息收集方法和业务精通的网络信息检索员。有效的网络电子商务信息必须能够保证源源不断地提供适合于网络营销决策的信息。网络电子商务信息收集的要求是:及时、准确、适度、经济。

(1) 及时。所谓及时,是指迅速、灵敏地反映销售市场发展各方面的最新动态。信息都是有时效性的,其价值与时间成反比。及时性要求信息流与物流同步。由于信息的识别、记录、传递、反馈都要花费一定的时间,因此信息流与物流之间,会存在一个时滞。尽可能地减少信息流滞后于物流的时间、提高时效性,是网络商务信息收集的主要目标之一。

(2) 准确。所谓准确,是指信息应真实地反映客观现实,失真度小。在网络营销中,由于买卖双方不直接见面,信息准确就显得尤为重要。准确的信息才可能产生正确的市场决策。信息失真,轻则会贻误商机,重则会造成重大损失。信息的失真通常有三个方面的原因:一是信源提供的信息不完整、不准确;二是信息在编码、译码和传递过程中受到干扰;三是接收信息时出现偏差。为减少网络商务信息失真,必须在上述三个环节上提高管理水平。

(3) 适度。所谓适度,是指提供信息要有针对性和目的性,不能无的放矢。没有信息,企业的营销活动就会完全处于一种盲目的状态;信息过多、过滥,也会使得营销人员无所适从。在当今的信息时代,信息量越来越大,范围越来越广,不同管理层次又对信息提出不同的要求。在这样的情况下,网络商务信息的收集必须目标明确、方法恰当,信息收集的范围和数量要适度。

(4) 经济。所谓经济,是指如何以最低的费用获得必要的信息。追求经济效益是一切经济活动的中心,也是网络商务信息收集的原则。许多人上网后,看到网络上有大量的可用信息,往往不加选择地下载下来,这实际上是一种财力和资源的浪费。我们没有力量,也不可能把网络上所有的信息全部收集起来。信息的及时性、准确性和适度性都要求建立在经济性的基础之上。此外,提高经济性,还要注意使所获得的信息发挥最大的效益。

7.3.2　网络信息资源的特点

网上信息资源与传统的文献信息相比,具有很多特色。主要有以下几点:
(1) 信息发布自由,信息来源广泛。网络的特色之一就是帮助人们快速获取各种信息。例如：任何一个人都可以很容易地在因特网上发表论文和观点。因此，因特网上的信息发布过程都没有严格的审查程序。这与报纸、杂志等印刷型信息有着极大区别。

(2) 信息量极大，传播范围极广。网络已成为继报纸、期刊、广播、电视等传统的四大媒体之后的第五大媒体。它的信息量之大、增长速度之快、传播范围之广是其他媒体无法比拟的。

(3) 信息内容庞杂、质量不一。信息内容无所不包，除了商业、学术和各种实用信息之外，也不乏色情、暴力内容，信息质量参差不齐。既有国际水平的研究成果，也有难登大雅之堂的涂鸦之作和不少虚假信息。

(4) 具有多媒体和超级链接特性以及交互性。比印刷型媒体表现力更加丰富、灵活、查找方便。网上信息还具有很强的交互性，信息提供者和读者可以就同一个问题在网上及时交流观点展开讨论。

(5) 网络信息的使用与提供的信息的站点的软硬件和服务有关。信息的好坏最终取决于信息提供者的服务，站点的联通性、速度、界面等因素是进行网上信息浏览的客观条件。网上每时每刻都在产生大量新站点，也有很多站点出于各种原因而改变、停滞甚至消亡，稳定性较差的站点所提供的信息缺乏连续性。

7.3.3 电子商务信息收集面临的问题

因特网所涵盖的信息远远大于任何传统媒体。人们在因特网上遇到的最大困难，是如何快速、准确地从大量的信息资源中找到自己最需要的信息，这已成为全球互联网用户最主要的问题。对于国内的用户来说，除了和国外用户面临同样的问题之外，还有信道拥挤、检索费用高、远程检索国外信息系统反应速度慢、语言和文化障碍及大多数用户没有受过网络检索专业培训等多方面困难。在因特网上检索和收集信息主要面临以下几个方面的问题：

(1) 因特网的信息多而分散。因特网是一个全球性分布式网络结构，大量信息分别存储在世界各地的服务器和主机上。信息资源分布的分散性、远程通信的距离和信道的宽窄都直接影响了信息的传输速率。一些专家认为，由于发达国家使用互联网络的检索费用比较便宜，使得大量用户在网上漫游，人为造成了网络信道拥挤、系统反应速度慢，降低了信息的传输速度。

(2) 检索质量还需要提高和改进。网络上的大多数 Web 浏览器和搜索引擎，检索结果通常是网站或检索线索，用户进行多次检索不一定能得到满意的答案；检索输出数量太多，用户要耗费大量的精力进行鉴别；检索结果中有大量的无关信息，相关信息特别是适用信息极少，有时甚至根本没有。

(3) 收集到的信息质量不高。不少网站采集信息以点击率为主要标准，收集的信息质量不高。

(4) 网络资源利用率低。各种检索工具和网络服务器收集的信息还没有覆盖全部网络资源。

(5) 网络上垃圾信息太多。过多的无用信息占用了大量网络空间,浪费了大量的社会资源。

上述问题正成为用户利用网络资源的障碍和困扰,也造成网络商务信息收集的低效。

7.3.4 解决问题的措施

要解决上述问题,关键在于努力实施以下措施:

(1) 开发功能更强大的检索工具。开发功能更强大、效率和质量更高的检索工具。特别是开发集成型的、质量更高的搜索引擎检索工具。此工具不但应当是界面友好的,更应该既能向用户提供信息线索,又能向用户提供信息摘要、评价和原始信息。

(2) 强化网络信息过滤功能。强化网络信息过滤功能,做好信息筛选,给用户提供高质量的适用信息。在数据库和信息系统开发与建设方面,应在大型化的同时,着力开发高质量的小型专业数据库。在数据库建设和评价方面要强调质量与用户利用率,强调数据库收集的信息是网络海洋中最好的信息,同时,数据库建设应该多样化和实用化,事实数据库、数值数据库、全文数据库和各类专业数据库都应当有计划地进行开发,并根据用户需求保持合理的比例。

(3) 提高网络安全管理水平。提高网络安全管理水平,加强网络法制建设和网络伦理建设。在安全技术投入和软件开发方面应有更有力的措施;安全软件产品应有客观的评价标准和相应的权威评价机构。在信息管理中,网络伦理的建设有重大意义。网络上大多数问题与伦理问题有关,网络伦理是建设良好网络环境的关键。

7.3.5 网络电子商务信息收集和整理的方法

1. 使用合适的搜索引擎查找商务信息

互联网上有很多优秀的国内外搜索引擎。在互联网上查找商务信息,既可以用综合类搜索引擎,也可以用各种专题搜索引擎,如商贸引擎。对不同的信息,可以用中文搜索引擎查,也可以用英文搜索引擎查。

(1) 英文搜索引擎——Google(www.google.com)

Google,中文音译为谷歌,目前被公认为全球最大的搜索引擎,也是互联网上五大最受欢迎的网站之一,在全球范围内拥有无数的用户。Google 允许以多种语言进行搜索,在操作界面中提供多达 30 余种语言选择。Google 创始人之一拉里·佩奇指出:"完美的搜索引擎需要做到确解用户之意,且返用户之需。"就搜索技术的现状而言,我们需要通过研究、开发和革新来实现长远的发展。Google 致力于成为这一技术领域的开拓者。尽管 Google 已是全球公认的业界领先的搜索技术公司,但其目标是为所有信息搜寻者提供更高标准的服务。Google 提供的主要搜索服务有:网页搜索,图片搜索,视频搜索,地图搜索,新闻搜索,购物搜索,博客搜索,论坛搜索,学术搜索,财经搜索。

Google 搜索技术所依托的软件可以同时进行一系列的运算,且只需片刻即可完成所有运算。而传统的搜索引擎在很大程度上取决于文字在网页上出现的频率。Google 使用 PageRank 网页排名技术检查整个网络链接结构,并确定哪些网页重要性最高,然后进行超文本匹配分析,以确定哪些网页与正在执行的特定搜索相关。在综合考虑整体重要性以及与特定查询的相关性之后,Google 可以将最相关、最可靠的搜索结果放在首位。

PageRank 是 Google 衡量网页重要性的工具,能够对网页的重要性做出客观的评价。PageRank 并不计算直接链接的数量,而是将从网页 A 指向网页 B 的链接解释为由网页 A 对网页 B 所投的一票。这样,PageRank 会根据网页 B 所收到的投票数量来评估该页的重要性。

此外,PageRank 还会评估每个投票网页的重要性,因为某些网页的投票被认为具有较高的价值,这样,它所链接的网页就能获得较高的价值。重要网页获得的 PageRank 较高,从而显示在搜索结果的顶部。搜索结果没有人工干预或操纵,这也是为什么 Google 会成为一个广受用户信赖、不受付费排名影响且公正客观的信息来源。

Google 的搜索引擎同时也分析网页内容。Google 的技术并不采用单纯扫描基于网页的文本的方式,而是分析网页的全部内容以及字体、分区及每个文字精确位置等因素,以确保返回与用户查询最相关的结果。图 7-7 为 Google 中文首页部分截图。

图 7-7 Google 中文首页

(2) 中文搜索引擎——百度(www.baidu.com)

百度目前是全球第二大独立搜索引擎和最大的中文搜索引擎,2000 年 1 月创立于北京中关村。百度的使命是让人们最便捷地获取信息。百度的核心价值观是"简单可依赖",口号是:"百度一下,你就知道"。百度已成为中国最受欢迎、影响力最大的中文网站。

百度主要推出以下几类产品:

① 网页搜索。作为全球最大的中文搜索引擎公司,百度一直致力于让网民更便捷地获取信息,找到所求。用户通过百度主页,可以瞬间找到相关的搜索结果,这些结果来自于百度超过数百亿的中文网页数据库。

② 垂直搜索。秉承"用户体验至上"的理念,除网页搜索外,百度还提供MP3、图片、视频、地图等多样化的搜索服务,给用户提供更加完善的搜索体验,满足多样化的搜索需求。

③ 百度快照。全新的浏览方式,解决了因网络问题、网页服务器问题及病毒问题所导致无法浏览的问题,它分成标准快照和快速版快照,标准快照只加载网上的文字、图片和超链接,快速版快照则不加载图片。

④ 社区产品。信息获取的最快捷方式是人与人直接交流。为了让那些对同一个话题感兴趣的人们聚集在一起,方便地展开交流和互相帮助,百度贴吧、知道、百科、空间等围绕关键词服务的社区化产品也应运而生,而百度 Hi 的推出,更是将百度所有社区产品进行了串联,为人们提供了一个表达和交流思想的自由网络空间。

⑤ 电子商务。2008 年 10 月,百度旗下电子商务交易平台正式上线。基于百度独有的搜索技术和强大的社区资源,"百度有啊"突破性实现了网络交易和网络社区的无缝结合,以打造完美满足用户期望的体验式服务为宗旨,为庞大的中国互联网电子商务用户提供更贴心、更诚信的专属服务。图 7-8 为百度首页部分截图。

图 7-8 百度首页

2. 利用网上商业资源站点查找商务信息

因特网上有大量的商业资源站点,集中了大量供用户免费使用的商务信息。其中与网络市场调研有关的资源站点有很多,市场调研人员通过它们可获得许多有价值的商务信息。

(1) 商业门户网站

商业门户网站指那些拥有门类齐全的公司/产品数据库信息的因特网内容服务商 ICP(Internet Content Provider)。它们自身都拥有功能完善的搜索引擎,供用户从各种途径查找产品、供求、服务等市场信息。

如环球资源(www.globalsources.com),其强大的搜索引擎分三大类:产品搜索(Product Search);供应商搜索(Supplier Search);全球搜索(Country Search)。

创立于 1999 年 3 月的阿里巴巴(www.alibaba.com)是全球著名的 B2B 系列网站,它可供检索的市场信息包括:① 商业机会:提供买、卖、合作、服务等即时商贸信息,可免费查询 200 多个国家和地区各种商业机会,也可以免费发布企业自己的供求合作信息。② 产品展示:它是注册会员陈列产品信息的大展台,可按类别查找感兴趣的产品信息,也可免费创建自己的私人"样品房",向广大网络用户宣传推广自己的各种产品。③ 公司库:它是一个收录并展示公司网页的信息库,可按类别查询合作伙伴,会员也可将自己公司的信息免费添加到"公司库"。

(2) 专业调查网站

如果已知专业调查网站和相关调查频道的资源分布,则可免费查阅各个行业、各种产品已完成的市场调查报告,了解专业调查机构的市场研究方法和服务项目,参与在线调查、学习和了解有关调查项目和问卷的设计思路,免费获得在线调查表设计的支持等。

本章小结

本章首先介绍了关于电子商务服务的一些基本理论,然后重点介绍两大部分:

● 基于 Web 2.0 技术的电子商务信息服务。在厘清相关概念之后,主要介绍了四种现在比较热门的 Web 2.0 的应用典型:博客(Blog)、维客(Wiki)、社会性网络服务(SNS)和播客(Podcasting)。

● 网络电子商务信息收集和整理。首先说明电子商务信息收集的基本要求、在收集过程中面临的问题以及解决问题的方法,然后重点介绍了网络电子商务信息收集和整理的方法。

随着电子商务近二十年来的迅猛发展,人们越来越关注配套的电子商务服务,并且,电子商务信息服务也得到了长足的发展,一些基于新技术的电子商务活动已经在网民中大量普及开来,我们相信,随着电子商务活动越来越规范和便利,电子商务服务必定会越来越健全。

第8章 电子商务发展趋势

本章导学

电子商务具有发展快、更新快的特点。本章着重介绍了国家电子商务发展目标、电子商务服务业、电子商务信用体系、电子商务评测指标体系以及物联网背景下的电子商务等内容。通过学习,希望读者能了解电子商务的发展趋势。

案例导入

大众点评网——以团购为跳板探索O2O

移动互联网的快速发展让线上和线下的连接从来没有像今天这样紧密。"本地"已经成为互联网、尤其是移动互联网最重要的下一站,同时O2O也已经成为互联网巨头和创业公司都关注的一个新的市场。

大众点评网CEO张涛认为:互联网的本质是带给人们更加便利及快捷的服务,目前有四大基本形态:门户及搜索等信息平台解决人与信息的关系;SNS等社交平台解决人与人的关系;电子商务平台解决人与商品的关系;本地生活消费平台即O2O解决人与服务的关系。

目前围绕本地生活消费平台开展业务的互联网公司主要有三类:一类是本地生活信息,如58同城、赶集网;一类是当地社区,如从杭州起家的19楼;还有一类是提供吃喝玩乐信息的网站,大众点评网就是最好的代表。

这三类公司既相似但各有不同,大众点评网最大的特点在于:在线下,它已经积累了大量的商户资源;在线上,它拥有大量的点评信息。这对大众点评网做O2O服务是天然的优势。大众点评网的切入点是团购,而移动互联网的发展则给了大众点评网做O2O更好的契机。

8.1 国家电子商务发展目标

目前,电子商务发展环境、支撑体系、技术服务和推广应用协调发展的格局基本形成，电子商务服务业成为重要的新兴产业，国民经济和社会发展各领域电子商务应用水平大幅提高并取得明显成效。国家电子商务发展具体目标包括：

(1) 网络化生产经营方式基本形成，企业间业务协同能力明显加强，网上采购与销售额占采购和销售总额的比重分别超过 25% 和 10%。中小企业电子商务应用普及水平大幅提高，经常性应用电子商务的中小企业达到中小企业总数的 30%。网络消费成为重要的消费形态。

(2) 基本形成以第三方电子商务服务为主流的发展态势，基于网络的交易服务、业务外包服务和信息技术外包服务等电子商务服务业初具规模。

(3) 模式创新、管理创新和技术创新能力显著提高，成果转化及产业化进程明显加快，自有品牌的电子商务关键技术装备与软件国内市场占有率超过 40%。

(4) 电子商务支撑体系基本满足应用需求，法律法规、人才培养、技术服务等基本适应电子商务发展的需要。企业管理人员五年内普遍接受信息化培训，掌握信息化基本技能。

与目前的状况相比，我们还有大量和艰苦的工作要做。例如中小企业应用电子商务的比例目前仅有 2%，与 30% 的目标尚有很大的差距。为了完成目标，必须总结经验，梳理出行业发展模式和产业链运行规律，特别是为适合中国国情的电子商务发展创新环境的建设和为广大中小企业服务的创新模式的形成提供依据等。

8.2 电子商务服务业

随着电子商务的广泛深入应用，越来越延伸出相关的增值服务，例如电子支付、电子认证、交易撮合、业务外包、业务咨询、虚拟主机、域名注册、代理发布等，所有这些工作目的就是使电子商务交易对象的双方能够在采购和销售等方面得到更方便和更便宜的服务。电子商务服务业是所有提供这类服务以及这些企业的一个通称。

电子商务服务业可以按照行业、环节、产业类别、服务对象、服务内容、服务平台等进行分类。一个电子商务服务企业可以就其中的一个内容进行服务，也可以提供多样性的综合服务。阿里巴巴就是一个综合服务的电子商务服务企业。

未来几年，作为电子商务服务核心的平台建设将呈现以下的发展趋势：

(1) 电子商务服务平台的规模将进一步扩大，如超市和快餐店一样，越规模化和品牌化的企业将越有生存的机会；

(2) 在服务的环节上，目前电子商务交易平台的服务环节主要集中在交易前的发布、搜索和排名等方面，未来越来越多的平台将向交易中和交易后进行延伸；

（3）在服务的范围上，目前大部分的电子商务服务和企业信息化管理仅有单线单向的联系，电子商务服务平台正在将这两个领域紧密地联系起来，将会形成更多的个性化在线服务和通过保障企业信息安全前提下的服务功能共享机制；

（4）随着电子商务服务平台的运行，将会出现更多的创新性的增值服务模式与功能，同时又将产生新兴的由小到大的电子商务服务平台，从而形成电子商务发展的良性生态环。

8.3 电子商务信用体系

在欧美国家，每一个人都有自己的信用记录，即使买了一个面包没给钱，也会记载入信用记录，完全有可能影响到贷款购房或是购车。eBay 的 Paypal 就是这种信用体系下的产物。

今天的阿里巴巴之所以能够有上千万的用户和上千亿以上的交易量，主要就是建立了适合中国国情的本土化的电子商务信用体系；在阿里巴巴和淘宝网的基础上通过发展诚信通和支付宝，从体制上来保障个人和企业的交易安全。例如诚信通作为一个交互式网上信用管理体系，它结合传统认证服务与网络实时互动的特点，将建立信用与展示产品相结合，从传统的第三方认证、合作商的反馈和评价、企业在阿里巴巴的活动记录等多方面，多角度，不间断地展现企业在电子商务中的实践和活动。如果某个企业在阿里巴巴上任何一个小动作，无论是好的还是坏的，诚信通都会像档案一样如实记录下来。这样的档案是公开的，谁都可以看得到。阿里巴巴与招商银行合作，用诚信通记录作为考核企业资质的一个标准，这种档案进一步加强了信用体系的作用。

从阿里巴巴一个企业的情况可以看出中国在信用体系建设方面努力的缩影。电子商务信用体系建设是一项长期的艰巨的工作。特别是中国的金融体制还在完善过程中，相关的法律法规还在制订过程中。如《电子签名法》这样的法律尽管已经颁布，但是其执行的力度和广度都还不够。此外，信任体系和信誉体系的建设和推广更是刚刚起步，亟须进一步地研究和建立适合中国国情的信任体系、信誉体系以及第三方信用服务体系。

为了保证电子商务交易的安全，我国几年前开始推行电子认证服务。截至2007 年 12 月，全国已有 26 家电子认证机构获得了认证证书，累计发放证书已有 700 多万张，应用对象涉及工商、税务、海关、商贸、质监、药检等政府部门和从事网上交易的企事业单位，应用的项目涉及工商年检、网上报税、网上采购、网上交易、网上支付等。但是与全国几千万的中小企业的庞大数量相比，电子认证服务才刚刚开始,特别是随着市场经济体制的逐步完善,加快建立与我国经济社会发展水平相适应的社会信用体系和运行机制已经成为电子商务发展中一项极为重要的工作。

8.4 电子商务评测指标体系

为了全面了解和定期监测我国电子商务的发展状况,为国家信息化发展战略以及国家中长期规划的制定和监测提供量化的科学参考依据,需要一个综合性的电子商务发展指标体系。这样的指标体系应该建立在系统性、完整性、可操作性、易量化性、可比性和客观性的基础上。

中国电子商务发展指标体系研究课题组按照国务院信息化工作办公室的要求,于2008年初完成了中国电子商务发展指标体系的研究课题。借鉴国内外对电子商务测度的研究成果,课题组将我国电子商务发展的指标体系从电子商务的就绪度、应用度和影响度等三个维度来设计。具体内容包括在图8-1中。

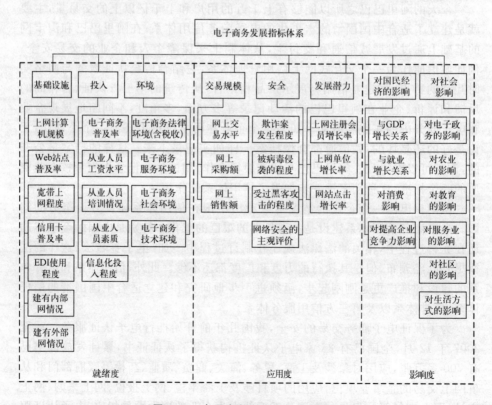

图 8-1 电子商务测度指标体系框架

8.5 物联网背景下的电子商务

物联网(internet of things,简称 IOT),就是"物物相连的互联网",它是通过射频识别(RFID)、红外感应器、全球定位系统、激光扫描器等信息传感设备,按约定的协议,把任何物品与互联网连接起来,进行信息交换和通讯,以实现智能化识别、定位、跟踪、监控和管理的一种网络。这其中包含两层含义:第一,物联网的核心和基础仍然是互联网,是在互联网基础上的延伸和扩展的网络;第二,其用户端延伸和扩展到任何物品与物品之间,进行信息交换和通讯。

物联网的实现,在电子商务上有着多方面的应用,对电子商务企业经营管理、消费者购物等方面将起着十分重要的作用。

(1) 物流服务质量的提升。在网络营销过程中,遇到的客户投诉很多集中在物流配送服务的质量上。虽然和前几年相比,现在的物流网络已经有很大的改善,但在物流服务质量上还有很多不尽如人意的地方,比如送错目的地、物流状态网络上查询不到、送货不及时等现象时有发生,这其中主要是由于企业和消费者对物流过程不能实时监控所造成的。物联网通过对包裹进行统一的 EPC 编码,并在包裹中嵌入 EPC 标签,在物流途中通过 RFID 技术读取 EPC 编码信息,并传输到处理中心供企业和消费者查询,实现对物流过程的实时监控。这样,企业或消费者就能实现对包裹的实时跟踪,以便及时发现物流过程中出现的问题,有效提高物流服务的质量,切实增强消费者网络购物的满意程度。

(2) 完善产品质量监控。在网络购物逐渐被人们接受的今天,仍有许多消费者对这种"看不见、摸不着"的购物方式望而却步。究其原因,除了对网络安全、购买习惯等因素外,对产品质量的不放心是一个主要原因。相比而言,消费者觉得在实体店那种"看得见、摸得着"的购物比较踏实。消费者对网络购物商品质量的疑问在物联网中将得到有效地解决。从产品生产开始,就在产品中嵌入 EPC 标签,记录产品生产、流通的整个过程。消费者在网上购物时,只要根据卖家所提供的产品 EPC 标签,就可以查询到产品从原材料到成品,再到销售的整个过程以及相关的信息,从而决定是否购买。彻底解决了目前网上购物中商品信息仅来自于卖家介绍的问题,消费者可以主动了解产品信息,而这些信息是不以卖家的意志而改变的。

(3) 改善供应链管理。通过物联网,企业可以实现对每一件产品的实时监控,对物流体系进行管理。不仅可对产品在供应链中的流通过程进行监督和信息共享,还可对产品在供应链各阶段的信息进行分析和预测。通过对产品当前所处阶段的信息进行预测,估计出未来的趋势或意外发生的概率,从而及时采取补救措施或预警,极大提高企业对市场的反应能力,加快了企业的反应速度。

电子商务作为一个基于网络环境下的社会经济活动的手段和方式,正在越来越大众化和个性化。无论是作为主体的企业还是平常百姓,随着网络应用环境的深入都将成为电子商务的服务对象。更多的电子商务创新模式将会不断涌现。未来的电子商务将作为电子服务的主体而成为服务世界的主旋律。

本部分主要讲述了国家电子商务发展目标、电子商务服务业、电子商务信用体系、电子商务评测指标体系、物联网背景下的电子商务。具体内容如图8-2所示。

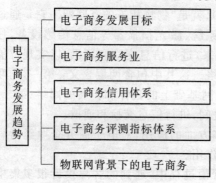

图8-2 电子商务发展趋势

下 篇
电子商务基础

- ◆ 第9章　网上银行与支付通初步
- ◆ 第10章　网络营销实践
- ◆ 第11章　个人网上银行操作实践
- ◆ 第12章　电子商务安全实践
- ◆ 第13章　电子商务物流实践
- ◆ 第14章　域名管理实践
- ◆ 第15章　B2B网上交易平台实践
- ◆ 第16章　B2C网上商城平台实践
- ◆ 第17章　C2C网上交易平台实践

第9章 网上银行与支付通初步

本书下篇实训部分主要结合"奥派电子商务应用实训平台"为电子商务初学者设计了实训任务,在学生掌握电子商务初步知识的基础上适度拔高。平台涵盖电子商务的基本概念、应用模式、支撑环境、网络营销、网络支付、安全和物流等核心部分,涉及电子商务的典型应用及最新发展。在内容上力求做到与企业电子商务实际应用的最新技术及商业模式保持同步,并通过独有和完整的电子商务实验、实践、实战和创业设计训练,全面提升学生对电子商务的理解和应用(图9-1)。

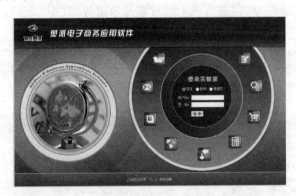

图9-1 奥派电子商务软件登录主界面

学生或教师通过系统管理员设置的用户名及密码登录系统。学生登陆系统后,在"我的实验"模块中可以看到教师设置的实训任务,点击相应实训任务右侧的"进入"链接可以进入相应的实训空间(图9-2),学生可根据教师的要求设置个人空间,并进入自行设置的实验空间完成相应的实训任务(图9-3)。

图9-2 奥派电子商务软件学生实验主界面

图 9-3 奥派电子商务软件学生实验空间主界面

9.1 客户申请网上银行账号

点击"个人账户申请"进入网上银行账号申请界面(图 9-4)。

图 9-4 个人账户申请页面

在网上银行申请界面中填写相关申请信息,同意"网银个人客户服务协议",点击"申请"按钮确定(图 9-5)。

图 9-5 提交个人账户申请信息页面

系统弹出申请成功对话框,个人账户申请完成(图 9-6)。

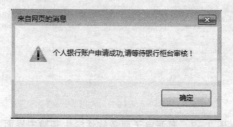

图 9-6 个人账户申请完成页面

9.2 银行柜面操作员审核开户（个人）

在角色选择中选择"银行柜台"并进入操作界面(图9-7)。

图9-7 用户角色选择页面

在界面左侧菜单栏中,点击"注册账户审批"(图9-8)。

图9-8 注册账户审批菜单页面

系统右侧显示出个人账户审批页面,点击待审批账号申请列表信息中"审批"操作进行账号审批(图9-9)。

图9-9 待审批客户信息页面

在系统跳出的审批页面中(图9-10),确认开户个人信息,点击底部的"审批通过"通过客户开户申请。

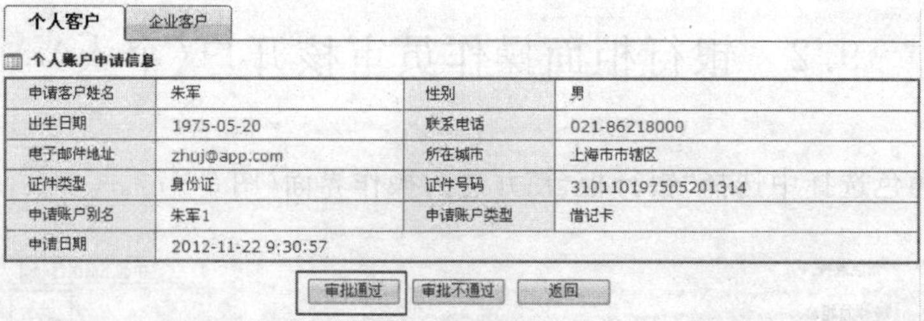
个人客户 企业客户

个人账户申请信息

申请客户姓名	朱军	性别	男
出生日期	1975-05-20	联系电话	021-86218000
电子邮件地址	zhuj@app.com	所在城市	上海市市辖区
证件类型	身份证	证件号码	310110197505201314
申请账户别名	朱军1	申请账户类型	借记卡
申请日期	2012-11-22 9:30:57		

审批通过 审批不通过 返回

图 9-10 审批通过提交页面

审批通过后,在界面中将显示该客户的借记卡用户账号以及基本信息(图 9-11)。

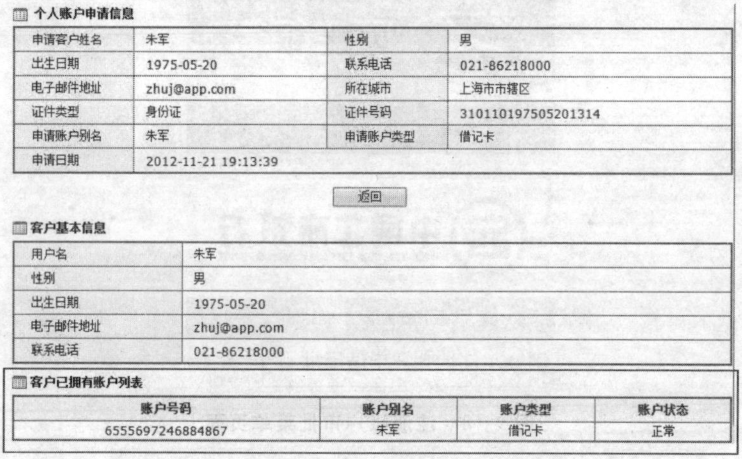
个人账户申请信息

申请客户姓名	朱军	性别	男
出生日期	1975-05-20	联系电话	021-86218000
电子邮件地址	zhuj@app.com	所在城市	上海市市辖区
证件类型	身份证	证件号码	310110197505201314
申请账户别名	朱军	申请账户类型	借记卡
申请日期	2012-11-21 19:13:39		

返回

客户基本信息

用户名	朱军
性别	男
出生日期	1975-05-20
电子邮件地址	zhuj@app.com
联系电话	021-86218000

客户已拥有账户列表

账户号码	账户别名	账户类型	账户状态
6555697246884867	朱军	借记卡	正常

图 9-11 用户账户信息页面

9.3 客户到银行柜台进行存款(个人)

在角色选择中选择客户名下的借记卡,点击“进入银行柜台”链接并进入操作界面(图 9-12)。

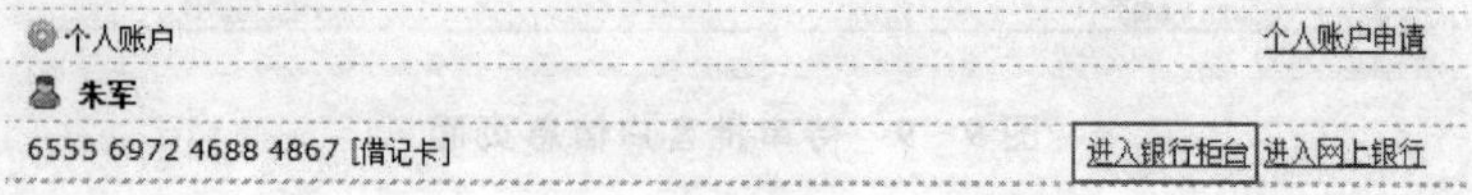

图 9-12 用户角色选择页面

在系统切换的"柜台业务"界面中输入存款金额,点击右侧"确定存款"按钮确认存款金额(图 9-13)。

图 9-13　个人账户存款页面

系统提示"存款操作成功"完成银行柜台操作流程(图 9-14)。

图 9-14　存款操作成功提示页面

9.4　客户申请企业银行账号

点击角色中的"企业账户申请"链接进入企业账户申请界面(图 9-15)。

图 9-15　用户角色选择页面

在系统中输入企业详细信息,并确认"网银企业客户服务协议",点击下方"申请"按钮确认信息(图 9-16)。

系统弹出申请成功对话框,企业账户申请完成(图 9-17)。

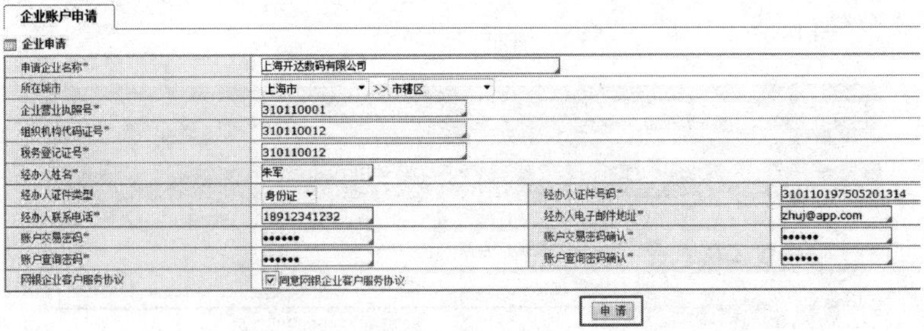

206 电子商务基础

图 9-16　企业账户信息提交页面

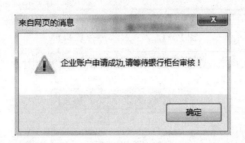

图 9-17　企业账户申请成功提示页面

9.5　银行柜面操作员审核开户（企业）

在角色选择中选择"银行柜台"并进入操作界面（同图 9-7）。

在界面左侧菜单栏中，点击"注册账户审批"（同图 9-8）。

在界面右侧的内容信息栏中，点击"企业客户"选项卡切换到企业待审批开户界面（图 9-18）。

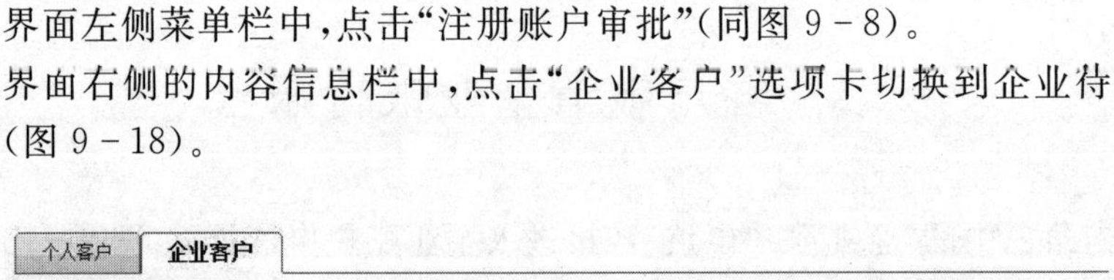

图 9-18　待审批客户信息页面

在系统跳出的审批页面中，确认开户企业信息，点击底部的"审批通过"通过客户开户申请（图 9-19）。

图 9-19 审批通过提交页面

审批通过后,在界面中将显示该客户的企业账户账号以及基本信息。并发送邮件告知企业网上银行登录用户名及密码。

9.6 客户到银行柜台进行存款(企业)

在角色选择中选择客户名下的"进入银行柜台"链接并进入操作界面(图9-20)。

图 9-20 用户角色选择页面

在系统切换的"柜台业务"界面中输入存款金额,点击右侧"确定存款"按钮确认存款金额(图9-21)。

图 9-21 企业账户存款页面

系统提示"存款操作成功"完成银行柜台操作流程。

9.7 客户申请开通企业账户 B2B 或 B2C 电子支付通道

在角色选择中选择客户名下的"进入银行柜台"链接并进入操作界面(同图 9-20)。点击菜单中"企业付款通道申请"进入企业付款通道申请界面(图 9-22)。

图 9-22　企业付款通道申请菜单页面

在系统右侧的信息填写栏中填写基本信息,并在底部点击"申请"按钮完成申请过程(图 9-23)。

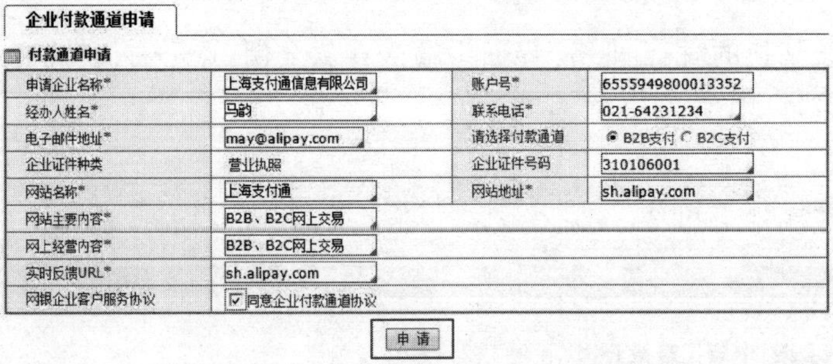

图 9-23　企业付款通道申请提交页面

9.8 银行柜面操作员审核开通企业付款通道

在角色选择中选择"银行柜台"并进入操作界面(同图 9-7)。
在菜单中点击"企业付款通道申请审批"进入企业付款通道审批界面(图 9-24)。

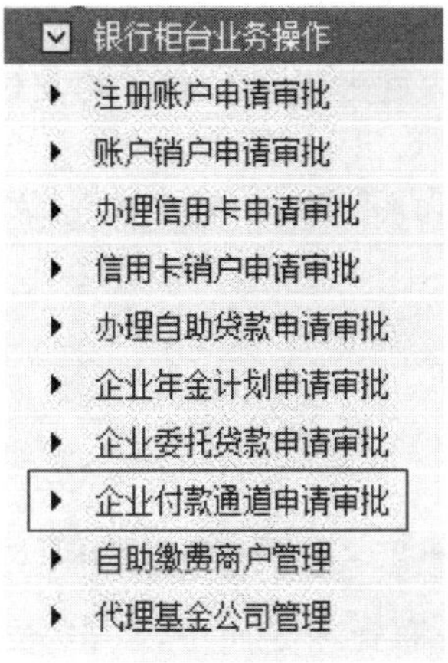

图 9－24　企业付款通道申请审批菜单页面

在右侧内容页中选择账号，点击“审批”链接进行审批操作(图 9－25)。

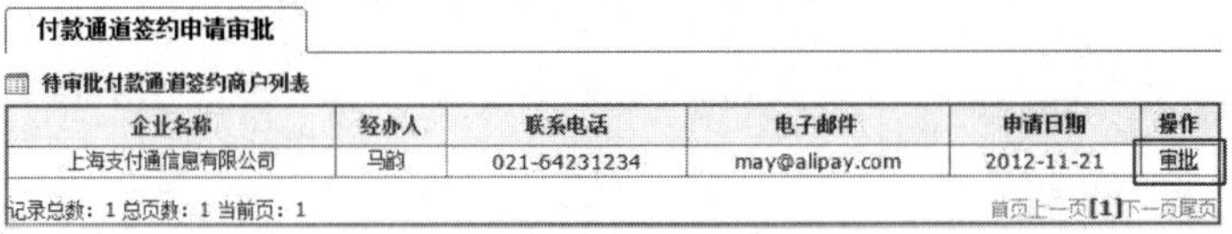
付款通道签约申请审批

待审批付款通道签约商户列表

企业名称	经办人	联系电话	电子邮件	申请日期	操作
上海支付通信息有限公司	马韵	021-64231234	may@alipay.com	2012-11-21	审批

记录总数：1 总页数：1 当前页：1　首页 上一页 [1] 下一页 尾页

图 9－25　待审批客户信息页面

浏览具体申请企业信息，点击下方“审批通过”通过该企业账户审批(图9－26)。

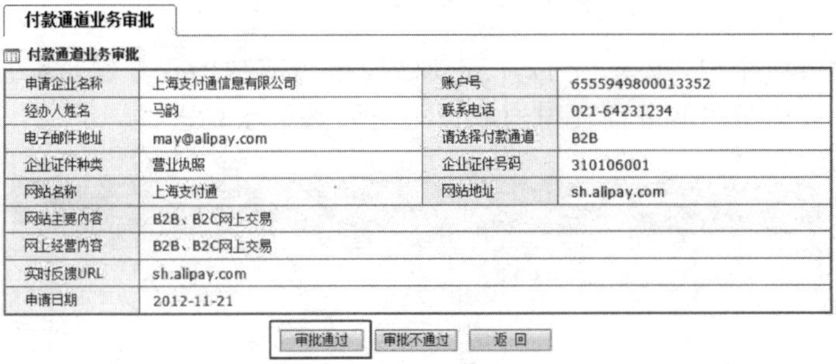
付款通道业务审批

付款通道业务审批

申请企业名称	上海支付通信息有限公司	账户号	6555949800013352
经办人姓名	马韵	联系电话	021-64231234
电子邮件地址	may@alipay.com	请选择付款通道	B2B
企业证件种类	营业执照	企业证件号码	310106001
网站名称	上海支付通	网站地址	sh.alipay.com
网站主要内容	B2B、B2C网上交易		
网上经营内容	B2B、B2C网上交易		
实时反馈URL	sh.alipay.com		
申请日期	2012-11-21		

审批通过　审批不通过　返回

图 9－26　审批通过提交页面

9.9　支付通服务商银行账户设置及绑定

在客户使用个人网上银行对支付通进行充值操作之前，需要对服务商账户进行管理，默认服务商是没有银行账户绑定用于收取用户转账的费用。如果不进行此操作，在客户使用个人网上银行对自己的支付宝进行充值时，会提示"系统服务商没有设置银行账户"。

在用户角色中，选择服务商平台，点击"进入"进入服务商管理界面（图9-27）。

图9-27　用户角色选择页面

在弹出的"支付通"服务商管理界面中，点击"支付管理"下的"银行账户管理"链接，添加服务商收款的银行账户（图9-28）。

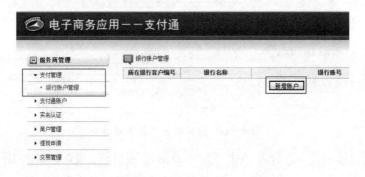

图9-28　添加收款账户页面

点击"新增账户"按钮，下拉并选择已经申请成功的企业银行账户，单击"添加银行账户"按钮将服务商支付通账户与企业银行账户进行绑定（图9-29）。

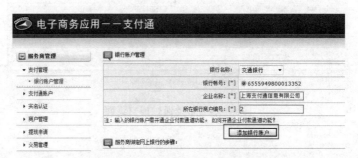

图9-29　添加银行账户提交页面

绑定成功后，系统会提示绑定成功对话框。此时服务商可以正常接收个人或商户支付的费用了。

9.10 客户注册支付通个人账户(手机注册)

在角色选择中选择"支付通平台"并进入操作界面(图 9-30)。

图 9-30 用户角色选择页面

在系统切出的支付通主页底部"免费注册"注册个人支付通账号(图 9-31)。

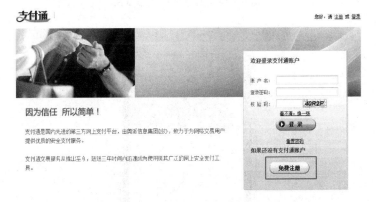

图 9-31 账户注册页面

系统切换后,选择"手机号码注册"作为注册方式开始注册(图 9-32)。

图 9-32 注册方式选择页面

在弹出的页面中输入手机号码和校验码,点击"同意并确认注册"(图 9-33)。

这时,注册手机会收到一条包含校验码的短信(图 9-34)。点击页面右下方状态栏。

点击手机旁边的"<1>"查看收到的校验码短信(图 9-35)。在弹出的页面中点击模拟手机中间的信息提示,获取校验码详细信息。

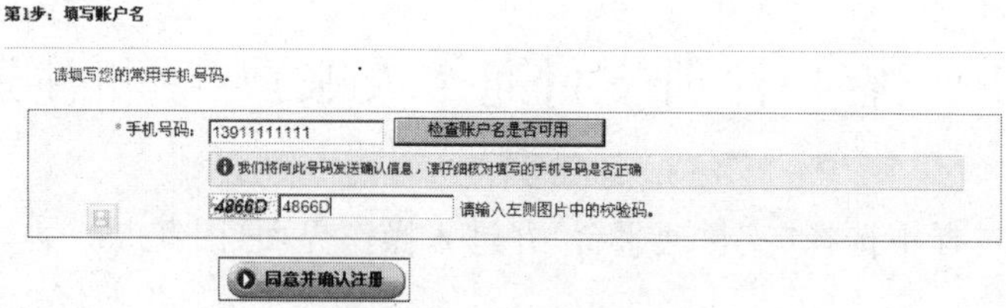

图 9-33 账户注册页面

图 9-34 虚拟手机链接页面

图 9-35 虚拟手机短信页面

在弹出的页面中,输入校验码,点击"下一步"(图 9-36)。

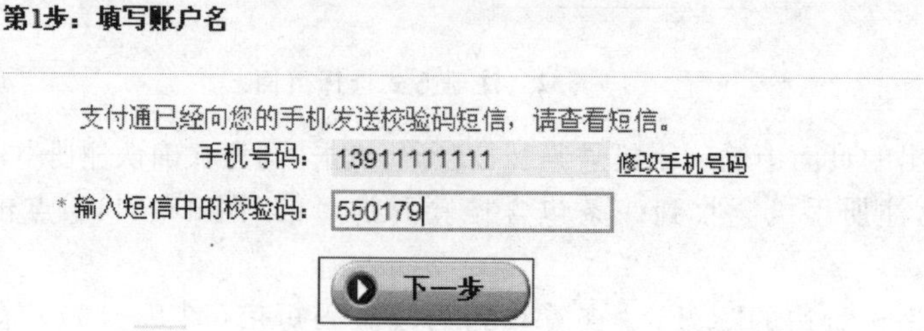

图 9-36 校验码输入页面

填写登录及支付密码,以及相关个人信息,点击"同意以上条款,并确认注册"(图 9-37)。

图 9-37 个人信息注册提交页面

确认完成后,系统提示注册成功(图 9-38)。

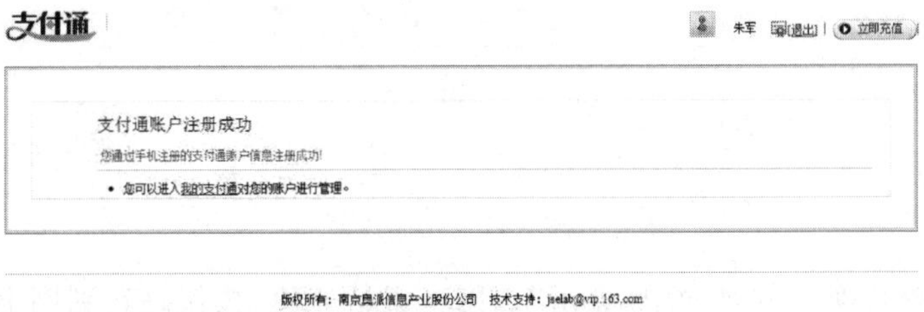

图 9-38 账户注册成功页面

9.11 客户使用个人网上银行对支付通充值

在用户角色中,选择支付通注册账号,点击"进入"进入支付通(图9-39)。

图9-39 用户角色选择页面

在支付通主界面右上角,点击"立即充值"按钮(图9-40)。

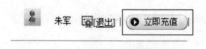

图9-40 充值按钮

在系统切换后的页面中,使用网上银行为本账户充值。选择当时客户开户银行,输入充值金额,如1 000元,点击"下一步"(图9-41)。

图9-41 充值页面

在系统切换后的页面中,点击"去网上银行充值"按钮跳转到网上银行充值界面(图9-42)。

第 9 章　网上银行与支付通初步　　215

图 9-42　网上银行充值跳转页面

在网上银行界面中,点击"直接用卡号密码支付",并输入相关银行账户信息,点击"确认"继续(图 9-43)。

图 9-43　网银支付页面

充值完成后,支付通页面会给出充值成功提示,而在"我的支付通"中查询账户余额,也可以看到支付通可用金额增加(图 9-44)。

　充值成功,金额已存入指定的支付通账户中。

图 9-44　网上银行支付成功页面

9.12 客户申请实名认证(个人)

在进行此操作之前,请先完成"第 9 章 网上银行与支付通初步"中个人网上银行账户申请及设置操作(10.1,10.2,10.3)及申请支付通个人账户操作(10.10)。

在用户角色中,选择支付通注册账号,点击"进入"进入支付通(同图9-39)。

在系统登录后的界面中,点击"我的支付通"选项卡切换到"我的支付通首页",点击"个人认证"链接进入个人认证申请界面(图9-45)。

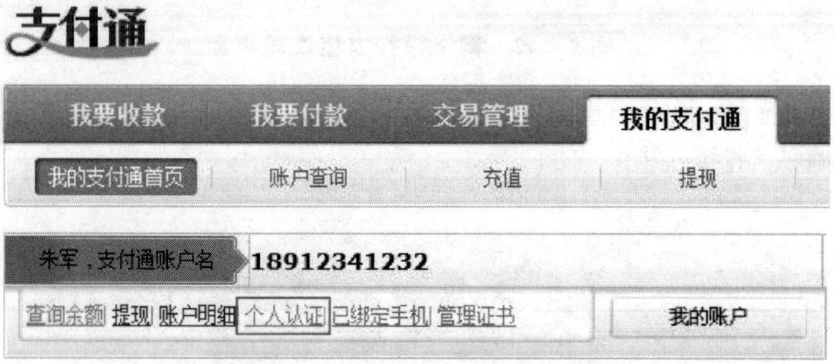

图 9-45 个人认证申请链接页面

在系统跳转的界面中,填写支付通注册的信息,点击"提交"按钮进入下一步(图9-46)。

图 9-46 身份证件信息提交页面

填写进一步的认证信息以及银行账号,点击"提交"进入下一步(图9-47)。
点击页面右下方状态栏(图9-48)。

图 9-47　认证信息填写页面

图 9-48　用户切换按钮

点击"切换用户"按钮切换用户,进入服务商平台(图 9-49)。

图 9-49　服务商平台进入链接页面

进入服务商平台,点击左侧菜单"实名认证申请"进入"个人实名认证"申请界面(图 9-50)。

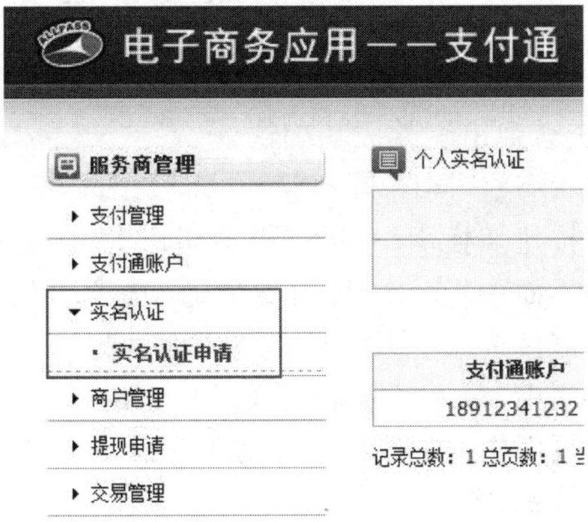

图 9-50　实名认证申请链接页面

点击右侧"个人实名认证"任务页中"汇确认款"链接进入操作(图9-51)。

图9-51 实名认证页面

在系统切换的页面中,确认实名认证账户信息,并点击"随机生成确认款"生成确认款金额,使用"确认已汇"按钮确认汇款金额(图9-52)。请牢记汇款金额!

图9-52 汇确认款页面

汇款成功后,系统会弹出汇款成功确认框。

点击页面右下方状态栏(同图9-48)。

点击"切换用户"按钮切换用户,进入申请用户支付通账户(同图9-39)。

在系统登录后的界面中,点击"我的支付通"选项卡切换到"我的支付通首页",点击"个人认证"链接进入个人认证申请界面(同图9-45)。

系统切换后的页面中"输入汇款金额"(图9-53)。

在系统切换后的页面中输入刚才在服务商平台中生成的确认款金额。并点击屏幕右侧的"确认"按钮(图9-54)。

系统再次弹出对话框确认,点击"确认"按钮(图9-55)。

系统匹配金额后,弹出通过实名认证页面信息(图9-56)。

图 9-53　汇款金额确认跳转按钮

图 9-54　汇款金额确认页面

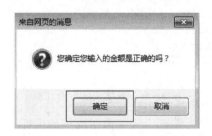

图 9-55　确认汇款金额对话框页面

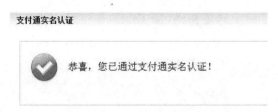

图 9-56　实名认证成功页面

9.13　客户申请支付宝数字证书

在用户角色中，选择支付通注册账号，点击"进入"进入支付通（同图 9-39）。点击"安全中心"选项卡，再点击"数字证书"跳转到数字证书管理页面（图 9-57）。

图 9-57　数字证书管理页面

在数字证书内容页中,点击"点此申请数字证书"申请数字证书。注意,数字证书申请只能在个人实名认证申请完成后才能继续申请(图 9-58)。

图 9-58　数字证书申请页面

在系统切换的界面中,输入个人申请时提供的证件号码,并点击"确定"完成校验(图 9-59)。

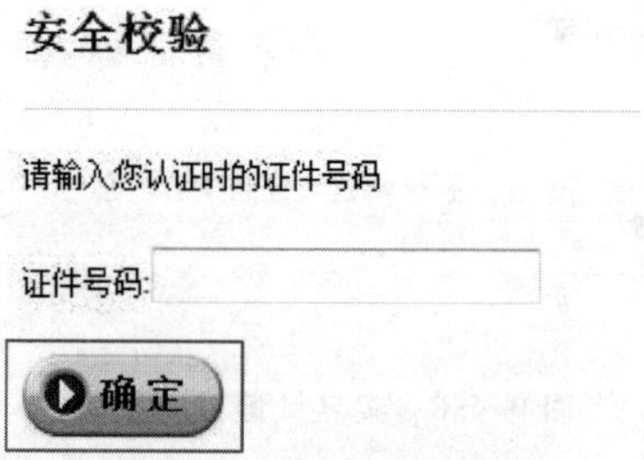

安全校验

请输入您认证时的证件号码

证件号码：_____

▶ 确定

图 9-59　安全校验页面

在系统切换的界面中,填写证书使用的地点,点击"确定"进入下一步(图 9-60)。
在系统切换的界面中,填写证书使用的地点,点击"确定"进入下一步(图 9-61)。
在系统弹出的确认框中,点击"确定"按钮完成证书申请。申请成功后,右上角账户信息旁边的证书标记会亮起(图 9-62)。

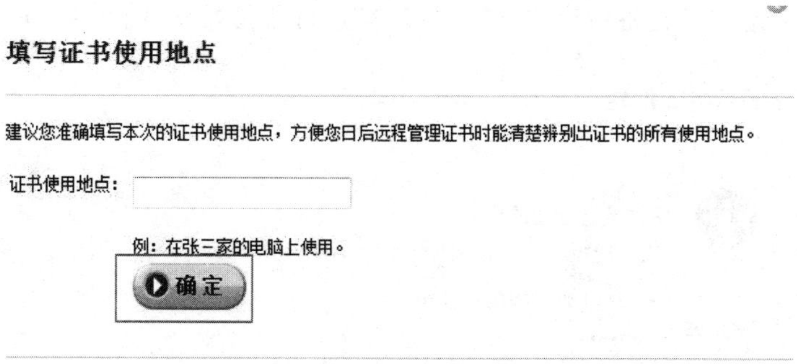

填写证书使用地点
建议您准确填写本次的证书使用地点，方便您日后远程管理证书时能清楚辨别出证书的所有使用地点。
证书使用地点：
例：在张三家的电脑上使用。
确定

图 9－60　填写证书使用地点页面

根据提示操作
确认个人信息
您的支付通账户：
18912341232
您的姓名：
朱军
确定

图 9－61　个人信息确认页面

来自网页的消息
您是否确认申请证书？
确定
取消

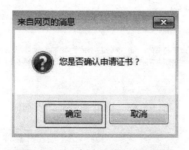

图 9－62　申请证书确认页面

继续点击切换后页面中的“备份”按钮备份已申请成功的数字证书(图 9－63)。

特别提醒
请备份数字证书：
请将数字证书备份到移动存储器上（如U盘，移动硬盘），请不要备份到系统盘上（如C盘），避免电脑系统重装删除。
备份

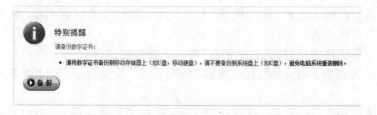

图 9－63　数字证书备份页面

输入自定义设置备份密码,点击"备份"进行备份操作(图 9-64)。

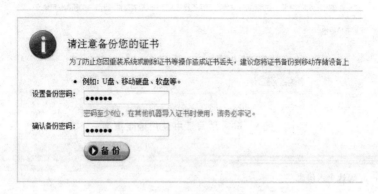

图 9-64 设置备份密码页面

系统弹出备份证书成功页面信息,点击"下载"链接下载已备份的证书(图 9-65)。

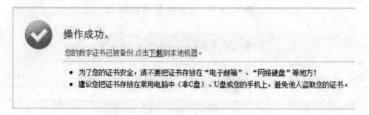

图 9-65 证书备份成功页面

9.14 客户注册支付通公司账户(邮箱注册)

在进行此操作之前,请完成"第 9 章 网上银行与支付通初步"中有关企业银行账号申请相关操作(10.4,10.5,10.6)。

在角色选择中选择"支付通平台"并进入操作界面(同图 9-30)。

在系统切出的支付通主页底部"免费注册"注册个人支付通账号(同图 9-31)。

系统切换后,选择"Email 注册"作为注册方式开始注册,点击"Email 注册"并进入(图 9-66)。

图 9-66 注册方式选择页面

在弹出的页面中输填写登录及支付密码,以及相关企业信息,点击"同意并确认注册"(图 9-67)。

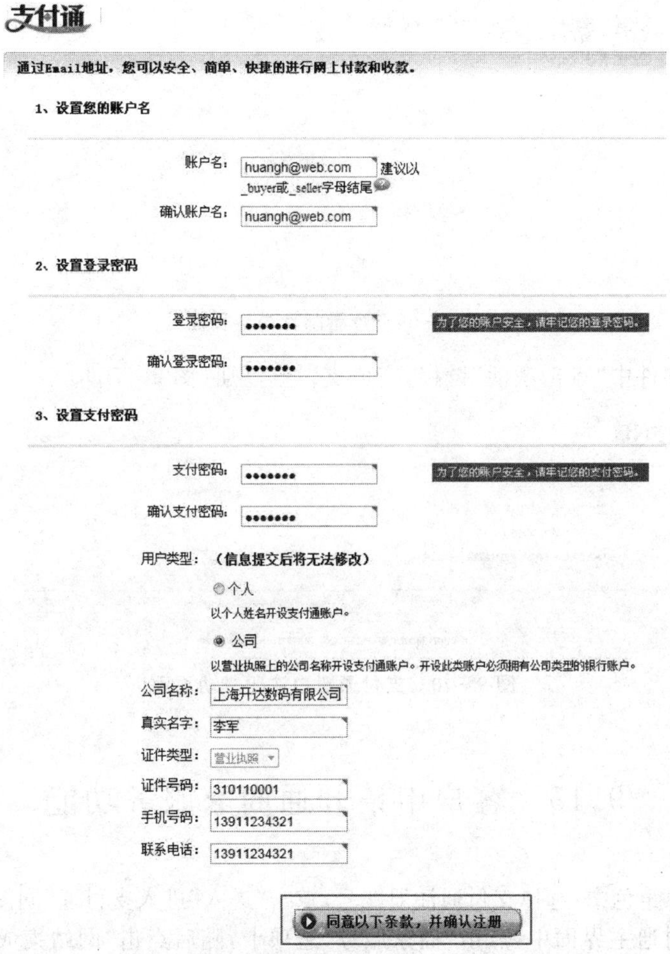

图 9-67 注册信息提交页面

这时,注册邮箱会收到一条包含激活信息的邮件(图 9-68)。点击页面右下方状态栏。

图 9-68　虚拟邮箱链接

点击邮件旁边的"<1>"查看收到的激活邮件。在弹出的页面中点击模拟邮箱中间的信息提示(图 9-69)。

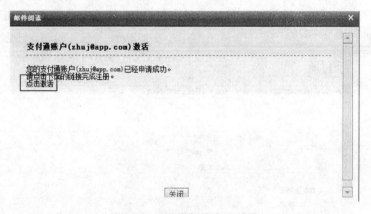

图 9-69　查看邮件内容页面

点击邮件中"点击激活"链接,完成支付宝注册(图 9-70)。

图 9-70　支付通账户注册成功页面

9.15　客户申请开通商家服务功能

在用户角色中,选择支付通注册账号,点击"进入"进入支付通(同图 9-39)。
在支付通主界面中,点击"商家服务"选项卡,随后点击"网站集成支付通"子选项卡(图 9-71)。

图 9-71 开通商家服务链接按钮

在页面中点击"立即签约"进入商家服务申请签约操作(图 9-72)。

图 9-72 商家服务签约页面

点击"立即签约"后,在系统中输入商家基本信息,并点击"下一步"(图 9-73)。

图 9-73 商家服务信息填写页面

阅读并接受协议,点击"同意协议并付款"(图 9-74)。

系统跳转到支付宝支付页面,点击"确认付款"继续(图 9-75)。

在网上银行界面中,点击"直接用卡号密码支付",并输入相关银行账户信息,点击"确认"继续(图 9-76)。

图 9-74　协议确认页面

图 9-75　网上银行付款页面

图 9-76　企业网银支付页面

完成付款后,点击"商家服务"选项卡下的"我的商家服务"选项卡,可以看到签约网站及安全校验码等信息(图9-77)。

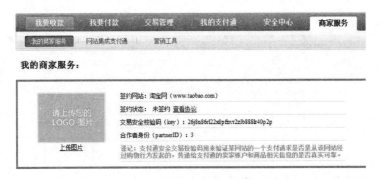

图9-77 商家服务信息确认页面

9.16 支付通服务商确认开通商家服务功能

在客户申请开通商家服务功能之后,需要服务商操作人员对客户的申请进行确认。如果不进行此操作,客户将无法真正开通商家服务功能,只会停留在申请阶段。

在用户角色中,选择服务商平台,点击"进入"进入服务商管理界面(图9-78)。

图9-78 服务商平台进入页面

在弹出的"支付通"服务商管理界面中,点击"商户管理"下的"商户信息管理"链接,对用户提交的商户申请进行审核。查询到相关申请信息后,点击"确认付费,开通功能"链接进行商户申请审核操作(图9-79)。

图9-79 商户信息管理页面

在右侧跳转的界面中,点击"确认已汇款"按钮完成对商户申请信息的审核(图9-80)。

图9-80　签约协议确认页面

完成审核后,系统会提示申请成功对话框。

点击页面右下方状态栏"切换用户"按钮切换用户,进入申请商家服务用户支付通平台(同图9-68)。

继续点击"商家服务"选项卡下的"我的商家服务"选项卡,可以看到签约状态已更改为"已签约"及相应付款信息(图9-81)。

图9-81　商家服务信息页面

第 10 章 网络营销实践

10.1 客户搜索引擎用户注册

在进行搜索引擎实践之前,请先完成"第 9 章网上银行与支付通初步"中企业银行账户申请和相关操作(9.4,9.5,9.6,9.7,9.8,9.9)。

在角色选择中选择搜索引擎平台,点击"进入"链接进入操作界面(图 10-1)。

图 10-1 搜索引擎平台进入页面

进入用户搜索引擎平台后,点击搜索引擎页面右上方"注册"按钮进行新用户注册(图 10-2)。

图 10-2 进入注册页面

系统会跳出用户注册页,填写用户基本信息并同意服务协议后,点击"注册"完成用户注册(图 10-3)。

如果操作成功,系统将弹出注册成功提示框(图 10-4)。

用户登录后将看到搜索引擎后台竞价排名系统(图 10-5)。

10.2 搜索引擎服务商会员审核操作

在角色选择中选择服务商平台,点击"进入"链接进入操作界面(图 10-6)。

230　电子商务基础

图 10-3　注册信息填写页面　　　　　　图 10-4　注册成功页面

图 10-5　竞价排名系统页面

图 10-6　服务商平台进入页面

点击会员管理菜单“会员资格审核”链接进行注册会员资格审核(图 10 - 7)。

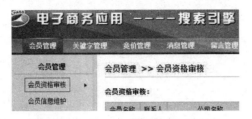

图 10 - 7　会员资格审核进入页面

在右侧内容页中选择注册会员并点击操作栏中“审核”链接进行审核操作(图 10 - 8)。

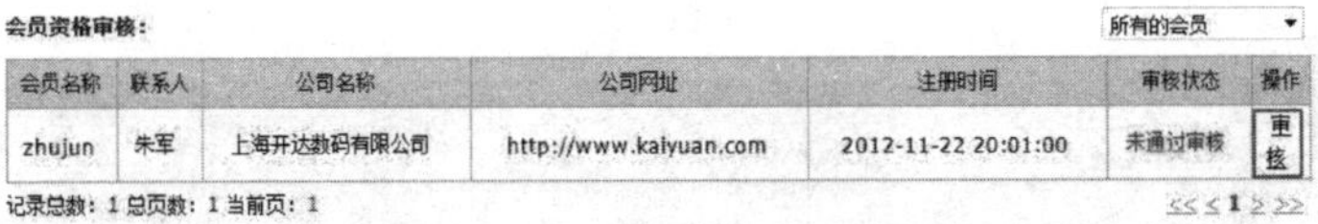

会员资格审核:　　所有的会员

会员名称	联系人	公司名称	公司网址	注册时间	审核状态	操作
zhujun	朱军	上海开达数码有限公司	http://www.kaiyuan.com	2012-11-22 20:01:00	未通过审核	审核

记录总数：1 总页数：1 当前页：1　　<< < 1 > >>

图 10 - 8　会员资格审核操作页面

确认用户信息后,点击“审核通过”按钮通过审核(图 10 - 9)。

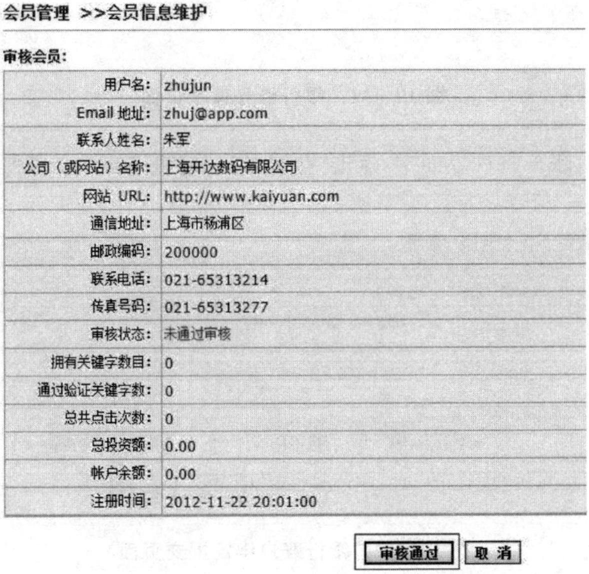

会员管理 >>会员信息维护

审核会员:

用户名:	zhujun
Email 地址:	zhuj@app.com
联系人姓名:	朱军
公司(或网站)名称:	上海开达数码有限公司
网站 URL:	http://www.kaiyuan.com
通信地址:	上海市杨浦区
邮政编码:	200000
联系电话:	021-65313214
传真号码:	021-65313277
审核状态:	未通过审核
拥有关键字数目:	0
通过验证关键字数:	0
总共点击次数:	0
总投资额:	0.00
帐户余额:	0.00
注册时间:	2012-11-22 20:01:00

审核通过　取 消

图 10 - 9　会员资格审核通过页面

通过审核的会员在系统中的审核状态会相应改变(图 10 - 10)。

图 10-10 会员资格审核状态页面

10.3 搜索引擎服务商支付账户绑定

在角色选择中选择服务商平台,点击"进入"链接进入操作界面(同图10-6)。点击支付管理菜单"银行账号管理"链接进行服务商支付网银绑定(图10-11)。

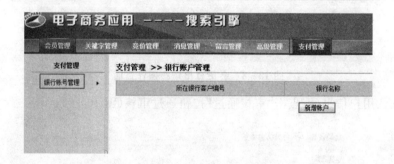

图 10-11 银行账号管理页面

在右侧银行账户管理界面中,点击"新增账户"按钮进行下一步操作(图10-12)。

图 10-12 银行账户绑定提交页面

选择已经开通企业付款通道功能的企业账号作为服务商收取服务费账号进行网银绑定。

10.4 搜索引擎服务商搜索关键字竞价设定及管理

在角色选择中选择服务商平台，点击"进入"链接进入操作界面(同图10-6)。

点击竞价管理菜单进行关键字竞价信息维护。点击"竞价信息维护"链接，点击"添加竞价关键字"按钮进行竞价关键字添加(图10-13)。

图 10-13 竞价管理页面

在系统弹出的对话框中输入竞价关键字及起价，点击"添加"按钮完成添加操作(图10-14)。

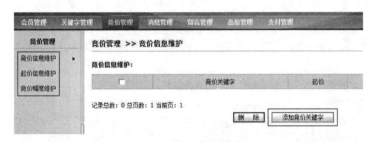

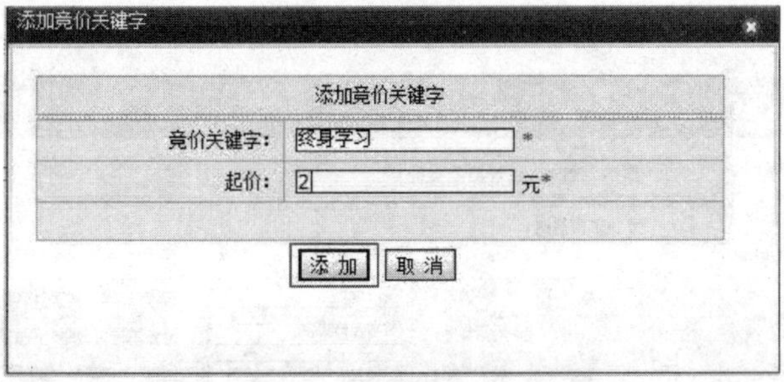

图 10-14 添加竞价关键字页面

点击竞价管理菜单进行起价信息维护。点击"起价信息维护"链接，输入"新的起价"并按"编辑"按钮完成修改(图10-15)。

点击竞价管理菜单进行竞价幅度维护。点击"竞价幅度维护"链接，输入"新的竞价幅度"并按"编辑"按钮完成修改(图10-16)。

点击高级管理菜单进行关键字置顶维护。输入关键字以及相应介绍和链接，点击"发布置顶信息"完成置顶关键字维护(图10-17)。

点击高级管理菜单搜索记录维护，查看已经被搜索的关键字(图10-18)。

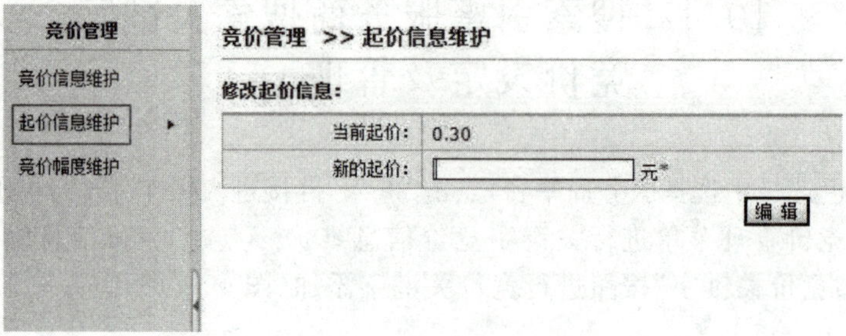

图 10-15　起价信息维护页面

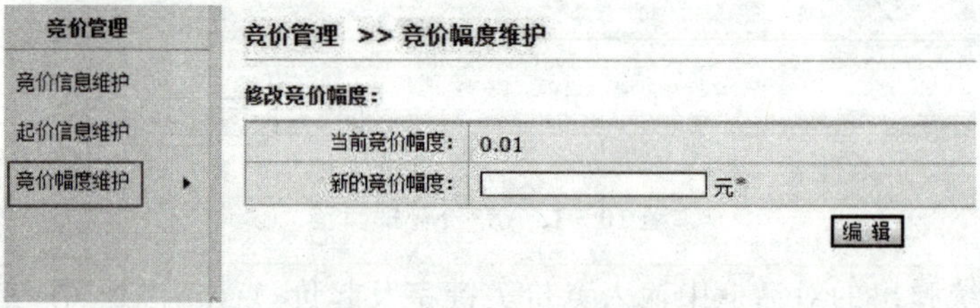

图 10-16　竞价幅度维护页面

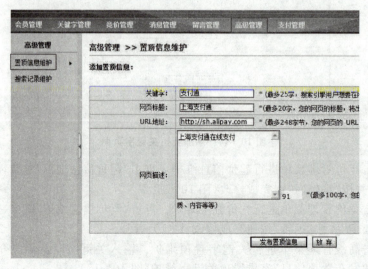

图 10-17　置顶信息维护页面

图 10-18　搜索记录信息维护页面

10.5　搜索引擎服务商搜索关键字管理

在角色选择中选择服务商平台,点击"进入"链接进入操作界面(同图 10-6)。

点击关键字管理菜单进行关键字管理。点击"关键字管理"链接审核会员用户提交的关键字竞价信息。点击右侧操作栏中"审核"界面进行审核操作(图 10-19)。

图 10-19　关键字管理页面

在关键字详细信息页面中,审核会员提交的竞价信息以及关键字信息,点击"审核通过"按钮完成审核操作(图 10-20)。

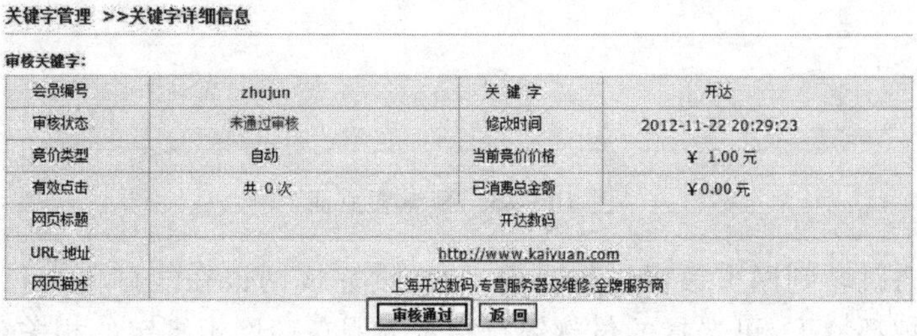

图 10-20　关键字审核通过页面

10.6 搜索引擎会员客户进行预消费充值

在角色选择中选择已注册的搜索引擎会员用户,点击"进入"链接进入操作界面(图10-21)。

图10-21 用户进入页面

会员登录后,在系统后台首页中显示出系统的账户消息,点击右侧"点击这里续费"进行关键字竞价排名预充值操作(图10-22)。

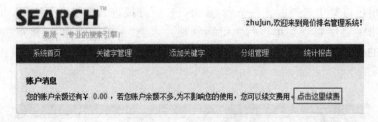

图10-22 账户消息页面

在系统弹出的对话框中,输入预充值金额并点击"去银行支付"按钮进行网上支付(图10-23)。

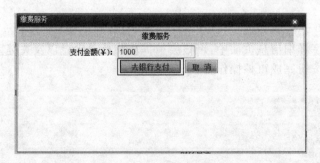

图10-23 预缴费页面

系统将跳转到网上银行付款界面,请继续完成网银在线订单支付操作。请注意在模拟环境下,可选择的付款银行指定为服务商网银绑定的相关银行。

完成网上支付后,系统会弹出提示框显示支付成功。

10.7 搜索引擎会员添加关键字并进行关键字分组

在角色选择中选择已注册的搜索引擎会员用户,点击"进入"链接进入操作界面(同图 10-21)。

会员登录后,在系统后台菜单中点击"添加关键字"菜单,输入关键字、链接以及网页描述,点击"下一步"继续(图 10-24)。

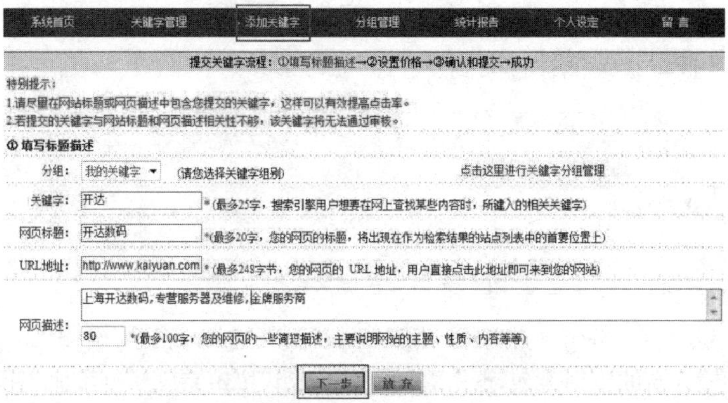

图 10-24 添加关键字信息页面

输入竞价方式以及竞价价格,这里我们选择"自动竞价"。点击"下一步"继续(图 10-25)。

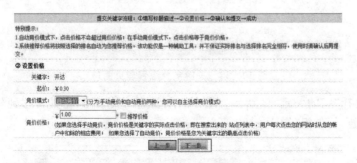

图 10-25 价格设置页面

确认关键字以及竞价信息,点击"确认提交"按钮完成会员关键字添加(图 10-26)。

如果操作成功,系统会弹出提交成功提示框。此时,点击系统后台"关键字管理"菜单,可以看到刚才添加的关键字,而会员用户提交的关键字竞价信息需

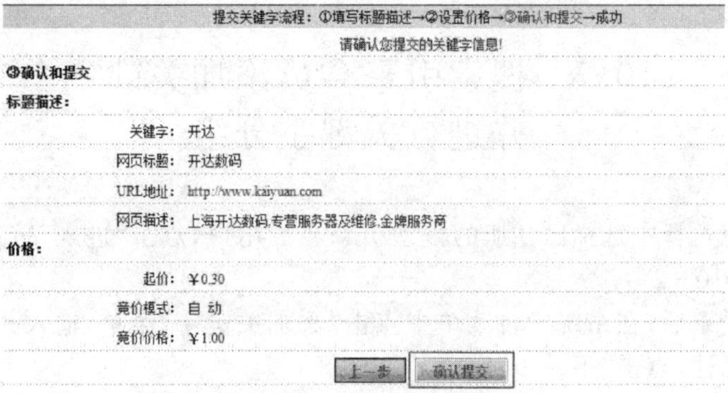

图 10－26 关键字信息确认页面

要通过服务商审核才能被搜索到(图 10－27)。

关键字基本信息				关键字价格设置		关键字当前情况		访问统计	
关键字	审核状态	起价	竟价模式	最高价格	排名	点击价格	点击次数	点击平均价	消费金额
开达	未通过审核	0.30	自动	1.00	1	0.00	0	0.00	0.00

记录总数：1 总页数：1 当前页：1 << < 1 > >> 添加关键字

版权所有：南京奥派信息产业股份公司 技术支持：jselab@vip.163.com

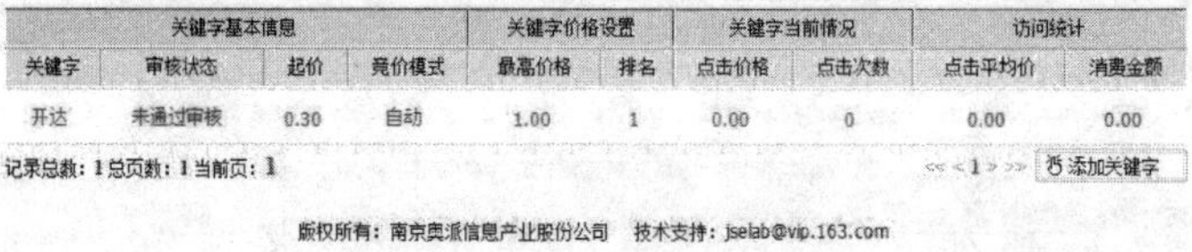

图 10－27 关键字管理页面

点击系统后台“分组管理”菜单,对刚才添加的关键字进行分组操作。在右侧“组别名称”中输入新的组别类型,点击右侧“添加新组”按钮完成新组添加(图 10－28)。

图 10－28 关键字分组管理页面(1)

在选择“我的关键字”默认分组中刚刚新建的关键字,将其转移到新组中去,如“科技公司”分组(图 10－29)。

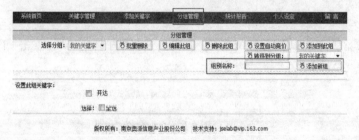

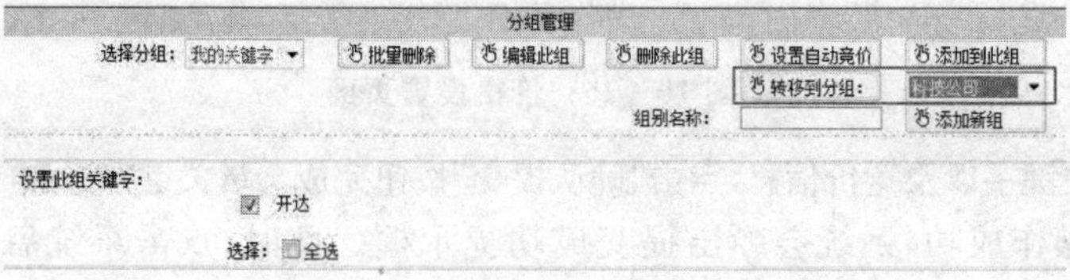

图 10－29 关键字分组管理页面(2)

10.8　搜索引擎搜索关键字

在角色选择中选择搜索引擎平台,点击"进入"链接进入操作界面(图 10-30)。

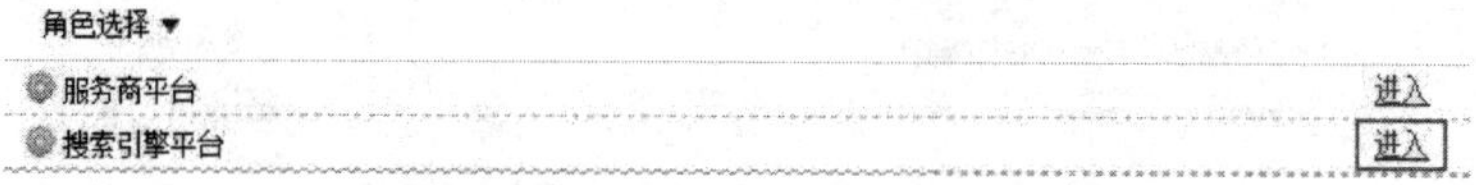

图 10-30　搜索引擎平台进入页面

在搜索主页上输入已经通过服务商审核的会员自定义关键字,点击"Allpass 搜索"按钮进行搜索(图 10-31)。

图 10-31　搜索页面

可以看到,会员自定义的搜索信息被排在搜索结果的首页第一条链接的位置。点击"开达数码"链接跳到指定的页面(图 10-32)。

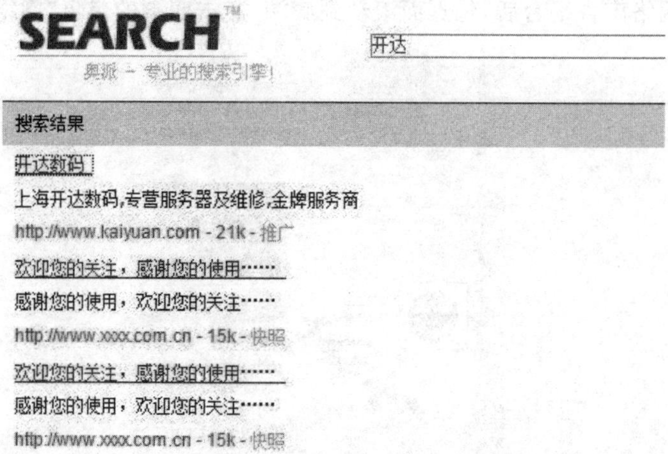

图 10-32　搜索结果页面

而在用户登录后的后台系统统计报告中,服务商按照用户竞价设定收取搜索服务费(图 10-33)。

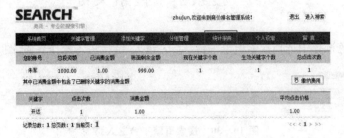

图 10-33　统计报告页面

10.9　客户网络广告平台注册

在进行搜索引擎实践之前,请先完成"第 9 章网上银行与支付通初步"中企业银行账户申请和相关操作(9.4,9.5,9.6,9.7,9.8,9.9)。

在角色选择中选择网络广告平台,点击"进入"链接进入操作界面(图 10-34)。

图 10-34　网络广告平台进入页面

进入网络广告平台后,将页面滚动到底端,点击底端的黑色"网络广告"图标

图 10-35　切换至网络广告页面

进入网络广告平台用户登录页（图 10-35）。

点击系统切换后新网页中的"注册"按钮进行网络广告平台用户注册（图 10-36）。

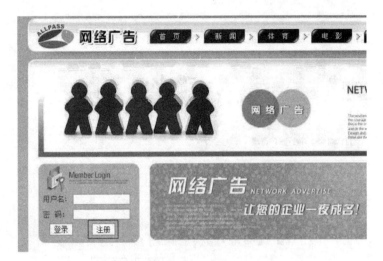

图 10-36　注册页面

点击"注册"按钮后，在页面中间会列出用户注册需填写的信息，填写相关信息并单击"确定"按钮完成注册。

10.10　网络广告服务商后台管理

在角色选择中选择服务商平台，点击"进入"链接进入操作界面（图 10-37）。

图 10-37　服务商平台进入页面

点击支付管理菜单"银行账号管理"链接进行服务商支付网银绑定（图 10-38）。

在右侧银行账户管理界面中，点击"新增账户"按钮进行下一步操作（图 10-39）。

选择已经开通企业付款通道功能的企业账号作为服务商收取服务费账号进行网银绑定。

点击会员管理菜单"会员控制"链接进行注册会员权限管理（图 10-40）。

图 10-38 支付管理页面

图 10-39 银行账户绑定页面

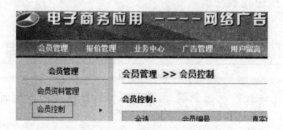

图 10-40 会员管理页面

在右侧内容页中选择注册会员并点击操作栏中"控制"链接进行用户权限控制操作(图 10-41)。

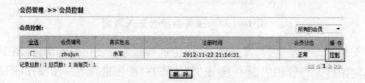

图 10-41 会员控制页面

确认用户信息后,点击修改"会员状态"(图 10-42)。

图 10-42　会员信息控制页面

点击会员管理菜单"会员资料修改"链接进行注册会员资料修改（图 10-43）。

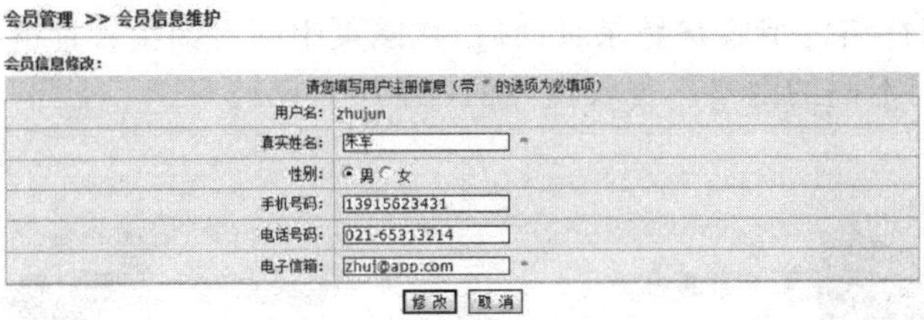

图 10-43　会员信息维护页面

点击报价管理菜单对每个页面的广告报价进行设置和查看（图 10-44）。

图 10-44　报价查看页面

10.11 网络广告注册客户后台预付费

在角色选择中选择网络广告注册客户,点击"进入"链接进入操作界面(图10-45)。

图10-45 客户进入操作页面

进入网络广告注册客户登录页面后,在网页中间有四个管理链接,点击其中的"Go"链接到不同的网络广告管理界面(图10-46)。

图10-46 网络广告管理页面

点击"广告报价"查看服务商设定的各模块广告报价信息(图10-47)。

根据自身需要,点击用户主页的"广告申请"页面申请发布广告(图10-48)。

点击"确定"按钮,系统将跳转到网上银行付款界面,请继续完成网银在线订单支付操作。请注意在模拟环境下,可选择的付款银行指定为服务商网银绑定的银行。

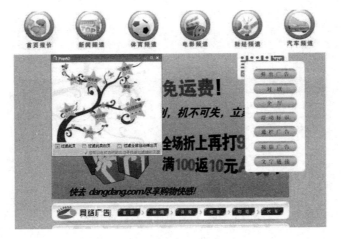

图 10-47 广告报价页面

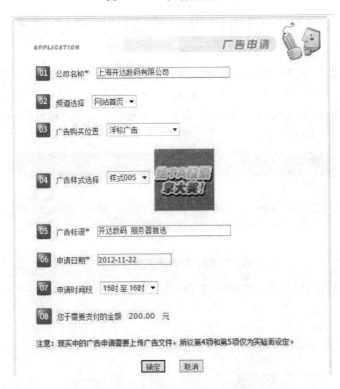

图 10-48 广告发布申请页面

完成网上支付后,系统会弹出提示框显示支付成功。

提交网络广告申请并完成付款后,可以点击用户主页中的"广告管理"链接查看广告申请状态(图 10-49)。

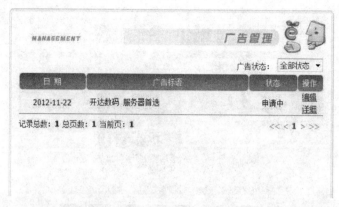

图 10-49　广告申请状态查看页面

10.12　网络广告服务商广告申请管理

在角色选择中选择服务商平台,点击"进入"链接进入操作界面(同图 10-37)。

点击业务中心菜单"广告安排"链接进行注册会员申请的广告信息进行审核。选择相应会员提交的广告申请,点击右侧操作栏中的"审核"链接进行进一步操作(图 10-50)。

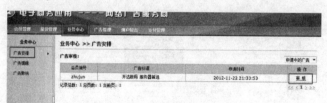

图 10-50　广告安排审核页面

确认广告信息后,点击"审核"按钮完成广告申请审核(图 10-51)。

图 10-51　广告审核确认页面

第 11 章　个人网上银行操作实践

11.1　客户个人网上银行基本业务操作

在进行个人网上银行操作实践之前,请先完成"第 9 章网上银行与支付通初步"中个人网上银行账户申请和设置操作(10.1,10.2,10.3)。

点击"进入网上银行"进入个人网上银行(图 11-1)。

图 11-1　个人网银进入页面

点击左侧菜单进行基本业务操作(图 11-2)。

点击"账务查询"菜单查询账务信息(图 11-3)。

点击"定活互换"菜单进行定期活期转换,输入转账金额,选择约转类型。点击"下一步"继续(图 11-4)。

输入交易密码,完成活期转定期存款操作,点击"转账确认"按钮完成(图 11-5)。

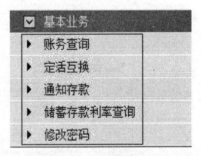

图 11-2　业务选择页面

点击"定期转活期"选项卡,同样输入转账金额以及交易密码,点击"转账确认"按钮完成定期储蓄转活期储蓄操作(图 11-6)。

完成定活转换操作后,可以看到实际定期存储明细表(图 11-7)。

点击左侧菜单"通知存款"菜单进行通知存款相关操作。在"活期转通知存款"选项卡中输入转账金额以及通知种类。建议输入 50 000 元。点击"下一步"继续操作(图 11-8)。

操作成功后,点击"查询账户信息"选项卡查看通知存款信息(图 11-9)。

点击"活期转通知存款"选项卡,可以发现已经设立通知存款的账户无法进行第二次通知存款操作(图 11-10)。

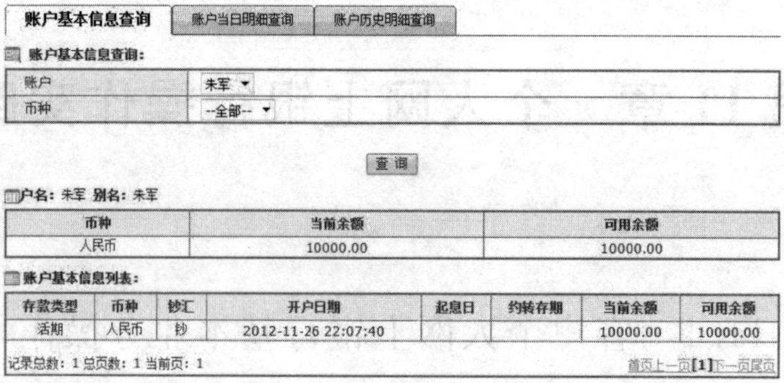

图 11-3 账户信息查询页面

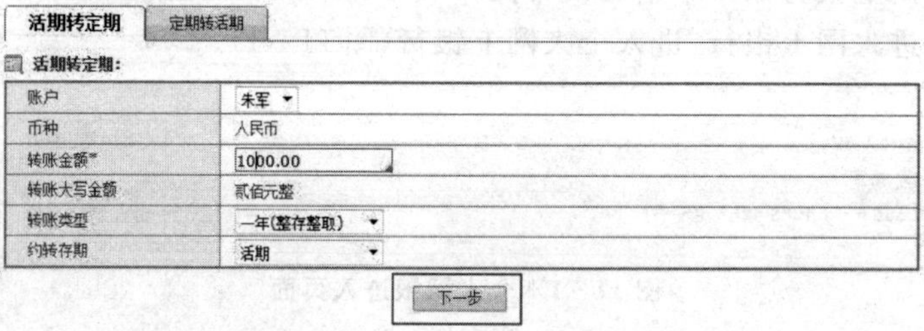

图 11-4 定活期转换页面

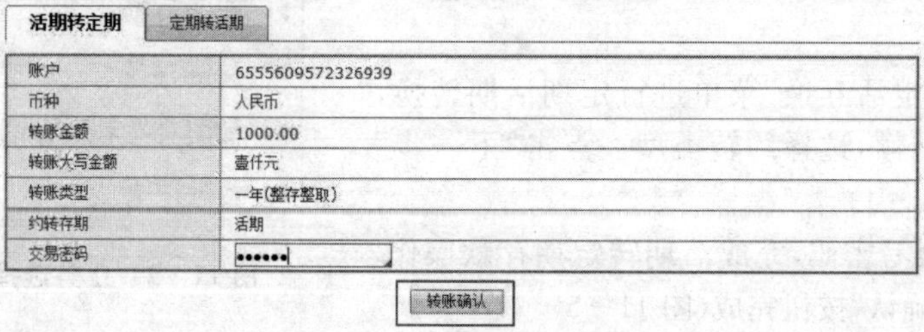

图 11-5 转账确认页面

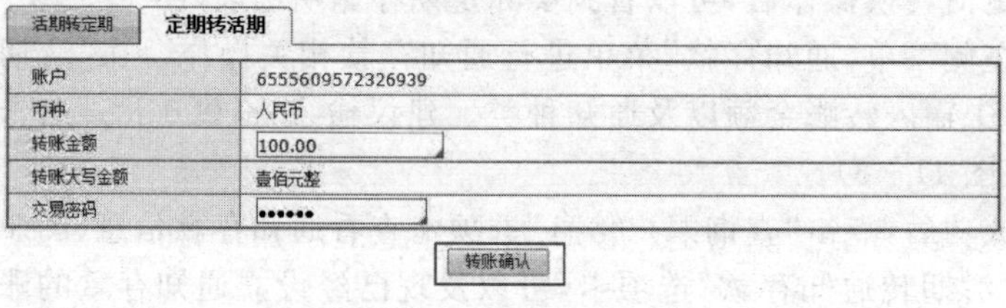

图 11-6 定活期转换页面

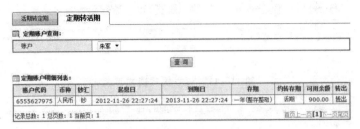

图 11-7　账户明细页面

图 11-8　活期转通知存款页面

图 11-9　账户信息查询页面

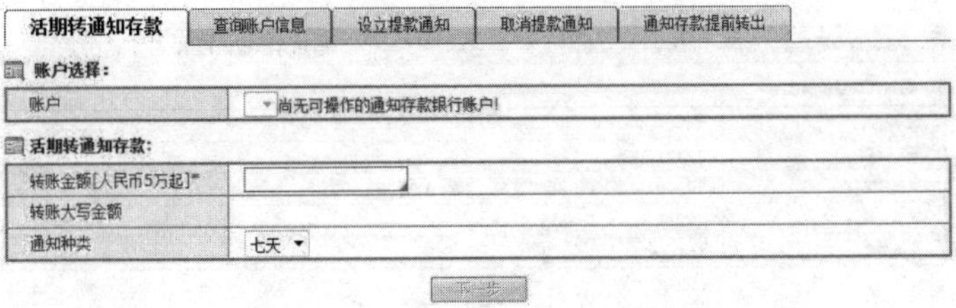

图 11-10　活期转通知存款页面

点击"设立提款通知"选项卡增加提款通知,选择相应账户后点击"下一步"(图 11-11)。

点击"取消提款通知"选项卡进行通知存款取消操作。选择已经设定通知存款的账户,点击操作栏中"取消通知"链接取消通知存款(图 11-12)。

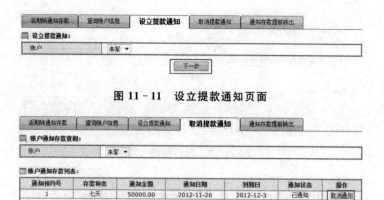

图 11-11　设立提款通知页面

图 11-12　取消提款通知页面

确认通知存款信息后,点击下方"取消通知"按钮完成通知存款取消(图 11-13)。

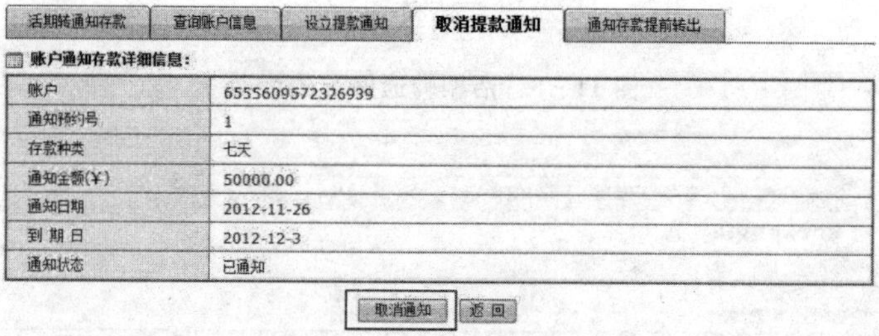

图 11-13　取消通知确认页面

输入转出金额以及交易密码,点击"确定"完成通知存款提前转出操作(图 11-14)。

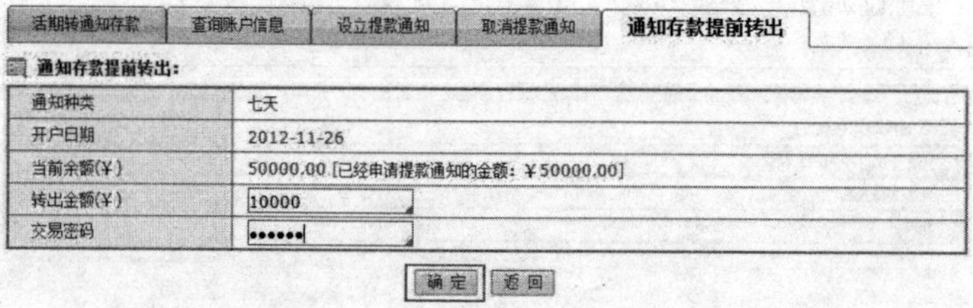

图 11-14　通知存款提前转出确认页面

在"通知金额"中设定提款通知金额,一般与当前余额相同,点击"确定"完成操作(图 11-15)。

点击"通知存款提前转出"选项卡进行通知存款提前转出操作,选择账户名并点击"下一步"(图 11-16)。

图 11-15　设立提款通知金额页面

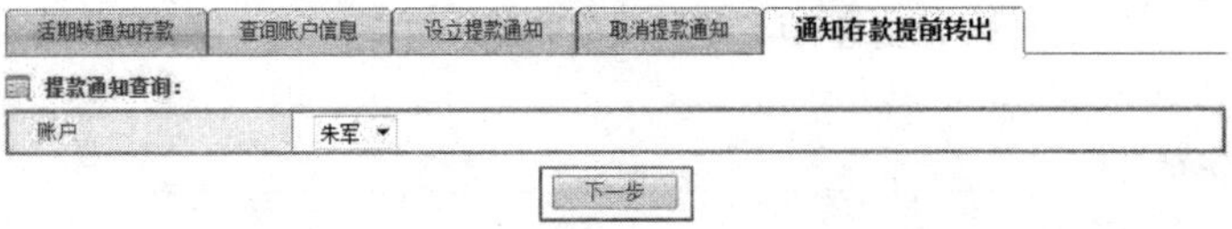

图 11-16　通知存款提前转出页面

点击左侧菜单中"储蓄存款利率查询"查看当前系统中存款的利率(图 11-17)。

币种/年利率%	活期	一个月(整存整取)	三个月(整存整取)	六个月(整存整取)	一年(整存整取)	两年(整存整取)	三年(整存整取)	五年(整存整取)	一年(零存整取)	三年(零存整取)	五年(零存整取)	通知存款一天	通知存款七天
人民币	0.7200	3.3300	3.7800	4.1400	4.6800	5.4000	12.0000	1.2530	2.3654	3.2014	5.0120	0.8100	1.3500
欧元	0.1000	0.7500	1.0000	1.1250	1.2500	5.0000							0.3750
日元	0.0001	0.0100	0.0100	0.0100	0.0100	0.0100							0.0005
加元	0.0100	0.0500	0.0500	0.3000	0.4000	0.4000							0.6250
英镑	0.3000	1.7500	2.3125	2.6875	3.0625	3.1250							1.0000
港币	1.0000	1.8750	2.3750	2.5000	2.6250	2.7500							1.2500
美元	1.1500	2.2500	2.7500	2.8750	3.0000	3.2500							1.3750
瑞郎	0.0500	0.1000	0.1250	0.2500	0.5000	0.5625							0.0725
澳元	0.2500	0.3000	1.2500	1.3125	1.3125	1.5000							1.5000

注：人民银行历次存款利息调整取照表

图 11-17　储蓄存款利息查询页面

11.2　客户个人网上银行转账操作

点击"进入网上银行"进入个人网上银行(同图 11-1)。

点击左侧菜单进行转账汇款操作(图 11-18)。

点击"转账汇款"下拉菜单中的"我的收款人"链接,进入我的收款人添加操作(图 11-19)。

点击"添加"按钮添加收款人信息,输入收款人基本信息后,点击"添加"(图 11-20)。

添加完成的收款人将在"我的收款人列表"中显示出来(图 11-21)。

图 11-18　转账汇款功能进入页面

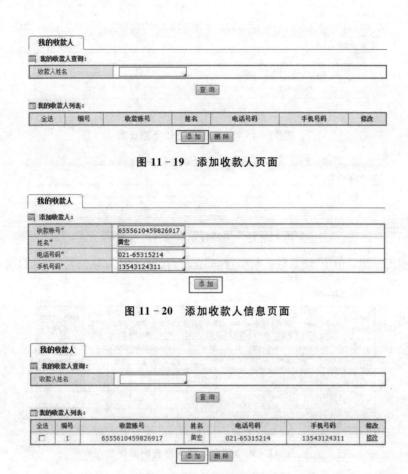

图 11-19 添加收款人页面

图 11-20 添加收款人信息页面

图 11-21 收款人列表页面

点击"同行转账"菜单(同图 11-18)进行同行转账操作(图 11-22)。

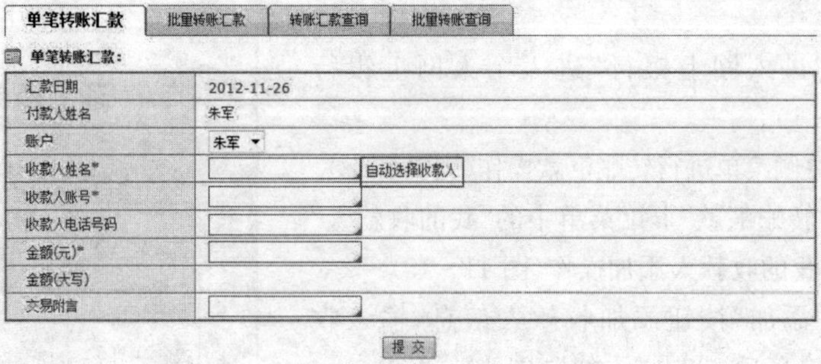

图 11-22 转账汇款页面

点击"自动选择收款人"链接自动获取刚才添加的收款人信息(图 11-23)。

图 11 - 23　收款人选择页面

在系统弹出的窗口中,选择我的收款人并点击"选择"按钮,填写转账金额以及交易附言后,点击"提交"按钮进入下一步(图 11 - 24)。

图 11 - 24　转账汇款确认页面

核对转账信息以及金额后,输入交易密码,点击"确定"按钮完成同行转账操作。完成转账操作后,点击"转账汇款查询"选项卡可以查看转账信息(图 11 - 25)。

图 11 - 25　转账信息查询页面

点击"跨行转账"菜单(同图 11 - 18)进入跨行转账操作。输入收款人账号等信息,点击"提交"按钮进行下一步操作(图 11 - 26)。

核对转账信息以及金额后,输入交易密码,点击"提交"按钮完成跨行转账操作(图 11 - 27)。

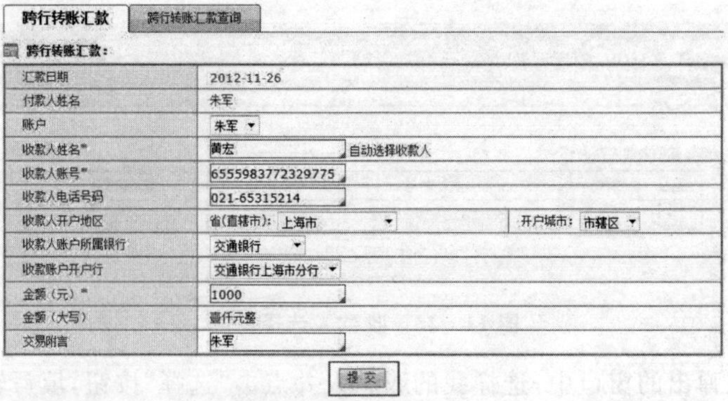

图 11-26　跨行转账页面

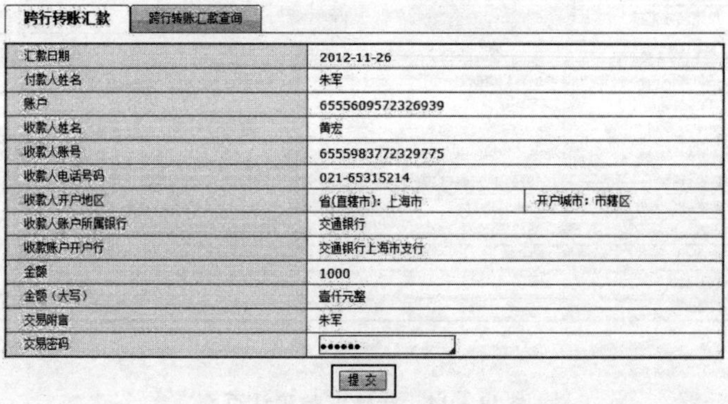

图 11-27　跨行转账提交页面

完成转账操作后,点击"跨行转账汇款查询"选项卡可以查看转账信息(图 11-28)。

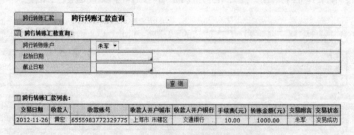

图 11-28　跨行转账查询页面

11.3　客户个人信用卡账户申请

点击"个人账户申请"进入个人信用卡申请界面(图 11-29)。

图 11-29 个人账户申请进入页面

点击账户申请菜单中的"信用卡账户申请"子菜单进行信用卡申请操作(图 11-30)。

图 11-30 信用卡申请页面

在右侧"信用卡申请"选项页中输入具体信息,并同意信用卡申请协议,点击"申请"按钮进入下一步(图 11-31)。

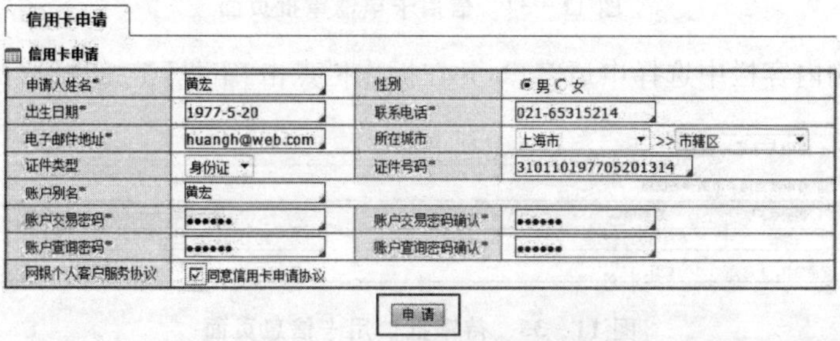

图 11-31 信用卡申请提交页面

系统弹出申请成功提示框,个人信用卡申请操作结束(图 11-32)。

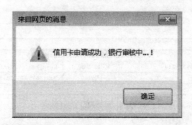

图 11-32 信用卡申请提交成功页面

11.4 银行柜面操作员审核开户(信用卡)

在角色选择中选择“银行柜台”并进入操作界面(图 11-33)。

角色选择 ▾
中国工商银行
银行柜台
进入

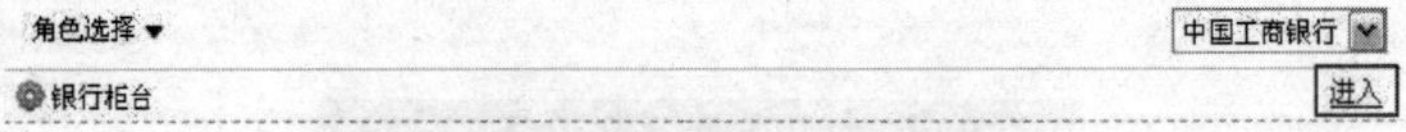

图 11-33 角色选择页面

在界面左侧菜单栏中,点击“办理信用卡申请审批”进入审批页面(图 11-34)。

中国工商银行
银行柜台业务操作
注册账户申请审批
账户销户申请审批
办理信用卡申请审批
信用卡销户申请审批

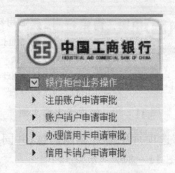

图 11-34 信用卡申请审批页面

在右侧内容栏中选择申请客户,并在操作栏点击“审批”链接继续(图 11-35)。

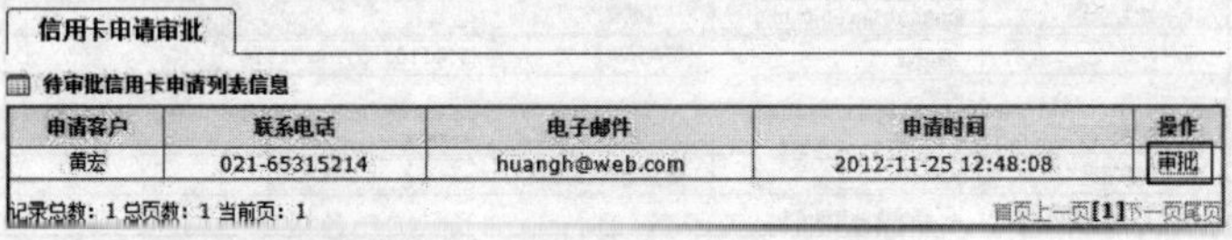
信用卡申请审批
待审批信用卡申请列表信息
申请客户
联系电话
电子邮件
申请时间
操作
黄宏
021-65315214
huangh@web.com
2012-11-25 12:48:08
审批
记录总数:1 总页数:1 当前页:1
首页上一页[1]下一页尾页

图 11-35 待审批信用卡信息页面

在系统跳转后的页面中查看申请人基本信息,确认无误后点击“审批通过”按钮通过信用卡评审(图 11-36)。

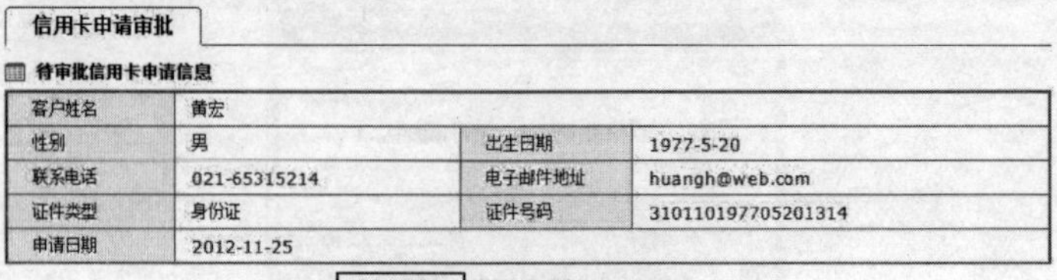
信用卡申请审批
待审批信用卡申请信息
客户姓名
黄宏
性别
男
出生日期
1977-5-20
联系电话
021-65315214
电子邮件地址
huangh@web.com
证件类型
身份证
证件号码
310110197705201314
申请日期
2012-11-25
审批通过
审批不通过
返 回

图 11-36 信用卡审批通过页面

11.5　客户个人信用卡激活与信用卡基本操作

在角色选择中选择客户名下的信用卡,点击"进入网上银行"链接并进入操作界面(同图 11-1)。

第一次登录的用户,在右侧内容页会直接显示"信用卡激活"页面,如果系统默认没有显示该页面,也可以通过信用卡菜单中"信用卡激活"显示页面(图 11-37)。

在"信用卡激活"页面中输入申请信用卡所需填写的用户信息,点击"激活"按钮进行激活(图 11-38)。

若输入的信息与系统中记录的信息一致,信用卡激活成功,系统会弹出成功界面。

图 11-37　信用卡激活页面

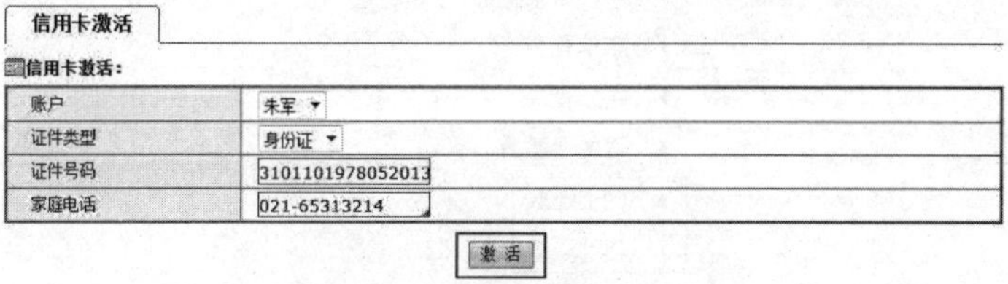

图 11-38　信用卡激活信息页面

而点击"账户管理"菜单可以查询到信用卡的基本账户信息(图 11-39)。

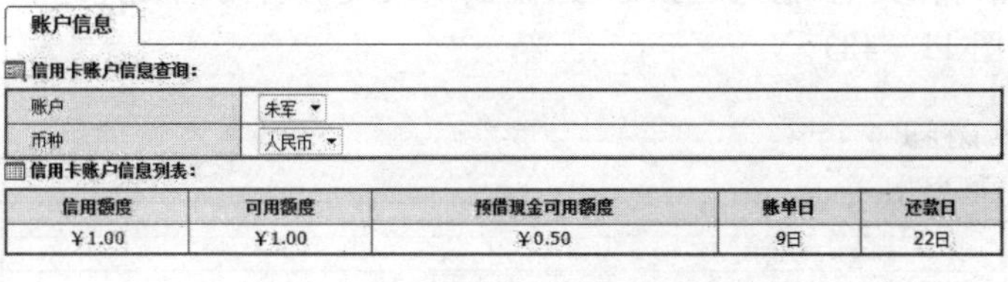

图 11-39　信用卡账户信息查询页面

11.6　客户信用卡信息绑定及还款

在角色选择中选择客户名下的借记卡,点击"进入网上银行"链接并进入操作界面(同图 11-1)。

图 11-40 信息绑定页面

在左侧菜单中,选择"我的账户"中"添加下挂卡及账户",点击进行操作(图 11-40)。

在右侧内容页中选择账户种类,并填写账号以及该账号交易密码信息,点击"添加"按钮完成绑定操作(图 11-41)。

点击"信用卡服务"菜单,选择"网上还款"菜单进行还款操作(图 11-42)。

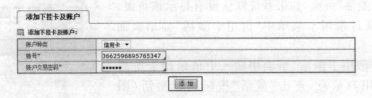

图 11-41 提交绑定信息页面

图 11-42 网上还款设置页面

在右侧内容页上,输入还款账号、金额以及交易密码,点击"还款"按钮进行还款操作(图 11-43)。

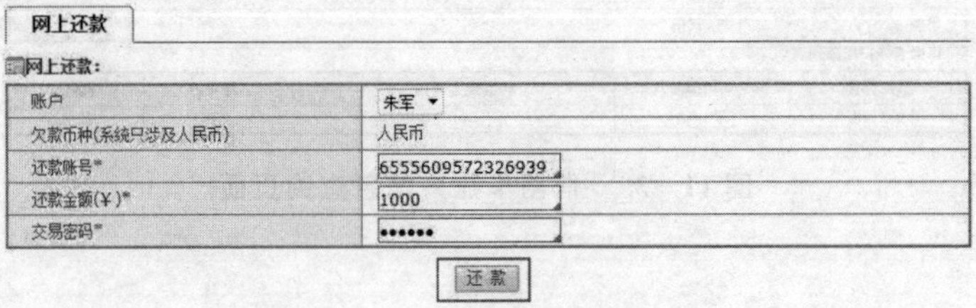

图 11-43 提交还款信息页面

如果操作成功,系统会弹出还款成功提示框。

点击"信用卡服务"中"自动还款"链接进入自动还款相关设定。在右侧内容页上输入还款绑定账号以及借记卡的登记身份证号和交易密码,点击"绑定"按

第 11 章　个人网上银行操作实践　259

图 11-44　自动还款设置成功页面

钮进行设定(图 11-44)。

如果操作成功,系统将弹出绑定成功提示框。

第 12 章　电子商务安全实践

12.1　CA 认证平台用户证书申请

在角色选择中选择 CA 认证平台,点击"进入"链接进入操作界面(图 12-1)。

图 12-1　CA 认证平台进入页面

在系统弹出的 CA 证书服务页面中,点击"申请一个证书"申请 CA 证书(图 12-2)。

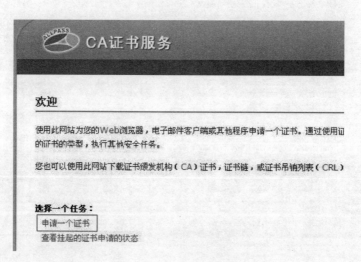

图 12-2　证书申请页面

在系统跳转的页面中输入申请信息,点击"提交"完成申请信息(图 12-3)。

申请完成后,点击 CA 认证平台"查看挂起的证书申请状态"查看已申请证书的服务商回复状态(图 12-4)。

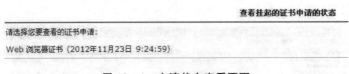

图 12-3　申请信息提交页面

图 12-4　申请状态查看页面

12.2　CA 认证服务商平台证书审核

在角色选择中选择服务商平台，点击"进入"链接进入操作界面（图 12-5）。

图 12-5　服务商平台进入页面

点击服务商平台中"挂起的申请"查看用户提交的证书颁发申请（图 12-6）。

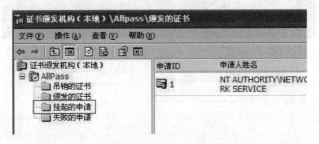

图 12-6　申请查看页面

选中审核通过的用户申请,用鼠标右键点击该申请,弹出右键菜单,选择"颁发"完成 CA 证书颁发操作(图 12-7)。

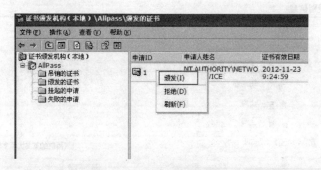

图 12-7　颁发证书页面

颁发操作成功后,点击服务商界面"颁发的证书"可以看到已经确认颁发证书的详细信息(图 12-8)。

图 12-8　颁发证书信息页面

12.3　CA 认证平台用户导出已颁发的证书

在角色选择中选择 CA 认证平台,点击"进入"链接进入操作界面(同图 12-1)。在系统弹出的 CA 证书服务页面中,点击"申请一个证书"申请 CA 证书(同图 12-2)。点击相应的"Web 浏览器证书"查看挂起证书的申请状态(图 12-9)。

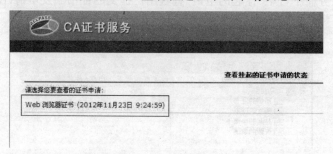

图 12-9　证书申请状态查看页面

若 CA 认证服务商已经通过您的证书申请请求,系统会显示"证书已颁发"信息,点击"下载证书"获取已颁发的证书(图 12-10)。

在接下来的跳转页面中设置证书密码,点击"下载"下载证书(图 12-11)。

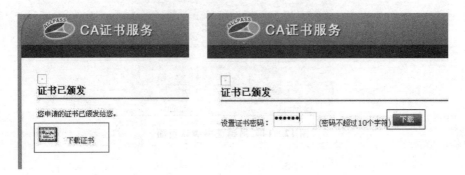

图 12-10　证书状态显示页面　　　　图 12-11　导出证书页面

在系统弹出的下载对话框中,选择本地位置保存证书(图 12-12)。

图 12-12　证书保存页面

12.4　CA 认证服务商平台证书吊销

在角色选择中选择服务商平台,点击"进入"链接进入操作界面(同图 12-5)。

在认证服务商操作界面中,点击"颁发的证书"目录查看已经颁发的证书(同图 12-8)。

在需要吊销的证书列点击鼠标右键,选择"吊销证书"进行证书吊销操作(图 12-13)。

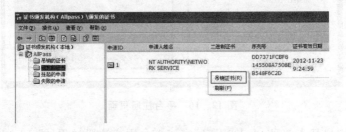

图 12-13　吊销证书列表页面

在系统弹出的吊销原因提示框中,选择理由码,并点击"是"完成证书吊销操作(图12-14)。

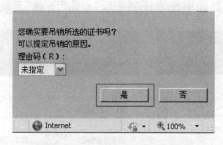

图12-14 吊销证书确认页面

12.5 电子签章平台用户注册及登录

在进行电子签章相关实践之前,请先完成"第12章电子商务安全实践"中的CA认证部分(12.1,12.2,12.3,12.4)。

在角色选择中选择服务商平台,点击"进入"链接进入操作界面(图12-15)。

图12-15 电子签章平台进入页面

进入电子签章平台后,点击左侧"注册"按钮注册电子签章平台用户(图12-16)。

图12-16 平台注册页面

填写用户基本信息,点击"提交"完成平台用户注册过程(图12-17)。

图 12-17　注册信息提交页面

12.6　电子签章平台数字证书操作

在角色选择中选择已经注册平台的用户名,点击"进入"链接进入操作界面(图 12-18)。

图 12-18　用户进入页面

在左侧"我的操作台"中选择数字证书栏下的"证书申请"申请证书(图 12-19)。

图 12-19　证书申请页面

证书申请流程参见"CA 认证平台用户证书申请"操作(图 12-20)。

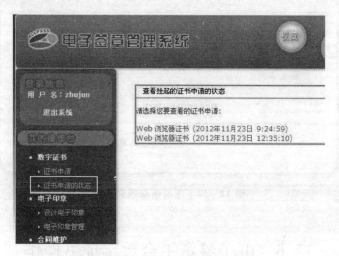

图 12-20　证书申请状态查看页面

证书审核需要切换到 CA 认证平台进行操作,使用"切换用户"功能切换用户(图 12-21)。

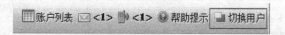

图 12-21　用户切换页面

进入 CA 认证平台,点击服务商平台"进入"按钮进入 CA 认证服务商平台(同图 12-5)。

在 CA 认证服务商平台操作界面中,点击挂起的申请进行颁发操作(图 12-22)。

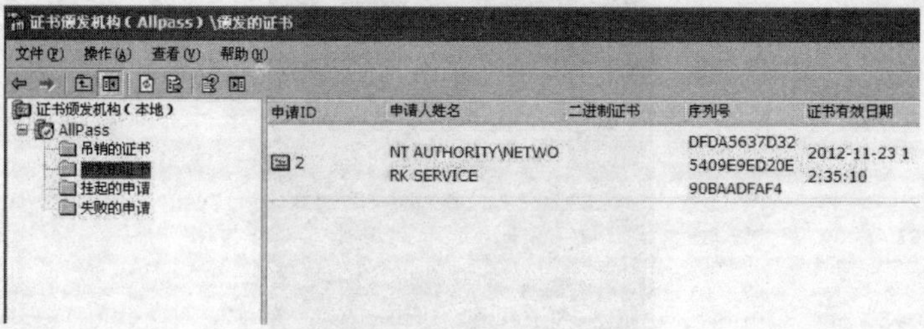

图 12-22　颁发证书信息页面

CA 证书颁发操作完成后,点击"切换用户"进入电子签章平台。点击"证书申请状态"查看已申请证书的审核状态(同图 12-20)。

点击相应的"Web 浏览器证书",如果 CA 证书服务商已经颁发证书,在电子签章管理系统中将显示"证书已颁发"页面(图 12-23)。

图 12-23 证书状态显示页面

证书申请完成后,我们可以开始设计电子印章,点击我的操作台中"设计电子印章"进入电子印章设计界面,输入电子印章名字和使用单位,点击"预览"查看印章状态(图 12-24)。

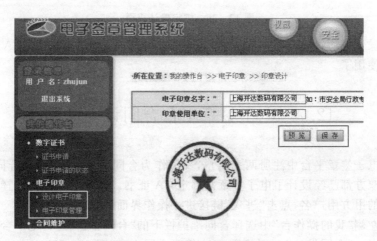

图 12-24 印章设计预览页面

预览完成后,点击"保存"按钮保存印章,在我的操作台"电子印章管理"中可以看到保存的印章信息。点击印章右边的操作栏"绑定证书"链接为电子印章绑定 CA 证书(图 12-25)。

在证书绑定界面中点击选择证书,点击"绑定"进行绑定。注意:由于是模拟系统,无论申请几个 CA 认证证书,在此处只会出现第一个 CA 认证证书;而

图 12-25 印章绑定证书页面

真实操作环境中,不同公司的印章需绑定不同的 CA 认证证书,使用 CA 认证确定电子印章的有效性(图 12-26)。

图 12-26 绑定确认页面

若操作成功,系统会弹出证书绑定成功提示框,至此我们设计的 CA 证书已经可以使用了。

12.7 电子签章平台合同订立操作

在电子签章平台中注册两个用户,一个作为合同甲方,一个作为合同乙方,且甲乙双方都已经设计了电子签章并绑定 CA 证书。在角色选择中选择已经注册平台的甲方用户名,点击"进入"链接进入操作界面(同图 12-18)。

在左侧"我的操作台"中选择合同维护栏下的"合同维护"进行电子合同订立操作。点击"合同设计",在右侧页面中填写合同文本(图 12-27)。

合同内容填写完成后点击"保存"按钮保存合同文本,系统会弹出合同设计成功提示框。注意:由于是模拟系统,填写的合同内容、权利和义务以及违约责任都将不被保存,而以默认文本代替。

在左侧"我的操作台"中选择合同维护栏下的"合同草稿管理"查看已经保存的合同目录。点击"盖章签字"链接进行甲方合同操作(图 12-28)。

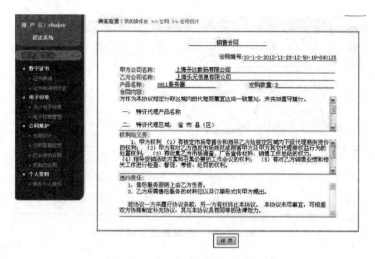

图 12-27　合同填写提交页面

图 12-28　进入合同签章页面

在系统切换后的界面中,查看合同甲乙双方公司名称及产品名称信息是否正确,点击右上方的"盖章"按钮为合同盖章(图 12-29)。

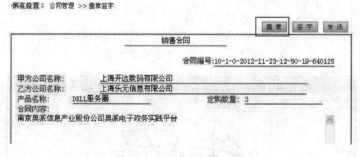

图 12-29　合同盖章页面

在系统弹出的选择印章对话框中,选择电子印章,点击"确定"继续操作(图 12-30)。

稍等一会儿后,印章会在合同中出现,点击印章的边缘或文字部分将其拖到合同甲方盖章位置(图 12-31)。

同样,点击右上方的"签字"按钮为合同签字。在中间的框中手写签字,并按"保存"按钮保存签名(图 12-32)。

图 12-30 印章选择页面

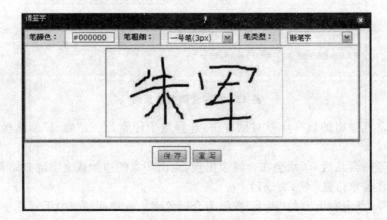

图 12-31 印章位置确认页面

图 12-32 签字页面

同样,等待一会儿后,在合同上会出现签字,将签字拖至指定位置(图 12-33)。

图 12-33　签字确认页面

甲方完成合同的签字盖章后,点击"发送"按钮将合同发给乙方(图 12-34)。

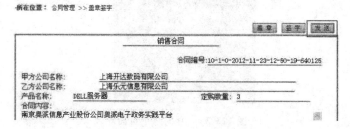

图 12-34　合同发送页面

在弹出的"选择接收者"对话框中,选择乙方账号,点击"确定"将合同发给乙方(图 12-35)。

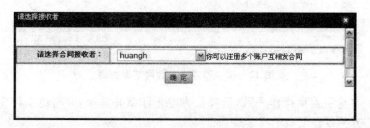

图 12-35　合同接收者选择页面

接下来需要切换到乙方电子签章用户进行操作,使用"切换用户"功能切换用户(同图 12-21)。

点击乙方用户名对应的"进入"按钮进入乙方账户(图 12-36)。

图 12-36　用户进入页面

点击乙方操作台,选择合同维护栏下的"收到的合同"查看收到的合同(图 12-37)。

图 12-37 合同维护页面

点击"收到的合同"链接后,在右侧内容页中会显示接收到的合同,同样选择"盖章签字"进行乙方盖章签字操作(图 12-38)。

图 12-38 乙方进入合同签章页面

与甲方签字盖章操作一致,选择乙方电子印章并签字,并将电子印章以及签名拖入乙方签章位置(图 12-39)。

图 12-39 乙方签章确认页面

点击合同页面右侧的"合同生效"按钮完成电子合同订立操作(图 12-40)。

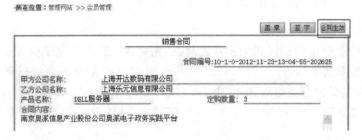

图 12-40　合同签订完成页面

接下来切换到甲方电子签章用户进行操作,使用"切换用户"功能切换用户(同图 12-21)。

点击甲方用户名对应的"进入"按钮进入甲方账户(同图 12-18)。

点击乙方操作台,选择合同维护栏下的"已发送的合同"查看已发送的合同(同图 12-37)。

从右侧的内容页中我们可以看到,合同状态已更改为"已生效",点击"查看详细"链接查看已生效的合同(图 12-41)。

图 12-41　合同查看页面

使用甲方可以看到经过双方盖章和签字的合同,由于模拟系统限制,乙方账号无法看到这一情况(图 12-42)。

图 12-42　合同双方签章页面

12.8 企业信用认证平台用户注册

在进行企业信用认证相关实践之前,请先完成"第 12 章电子商务安全实践"中的电子签章实践(12.5,12.6,12.7),并申请相应的企业网上银行账户(详见"第 9 章网上银行与支付通初步"中 10.4,10.5,10.6,10.7)。

在角色选择中选择信用认证平台,点击"进入"链接进入操作界面(图 12-43)。

图 12-43 信用认证平台进入页面

系统跳转到信用认证平台首页,点击"注册"按钮注册用户(图 12-44)。

图 12-44 认证注册页面

在系统跳出的用户注册页面中,输入基本信息,点击"看过并同意服务条款,确认提交"按钮确认注册信息(图 12-45)。

12.9 企业信用认证平台服务商基本操作

在角色选择中选择服务商平台,点击"进入"链接进入操作界面(图 12-46)。

系统跳转到服务商平台首页,点击"支付管理"菜单"银行账户管理"链接绑定服务商网银。在右侧银行账户管理界面中,点击"新增账户"按钮进行下一步操作(图 12-47)。

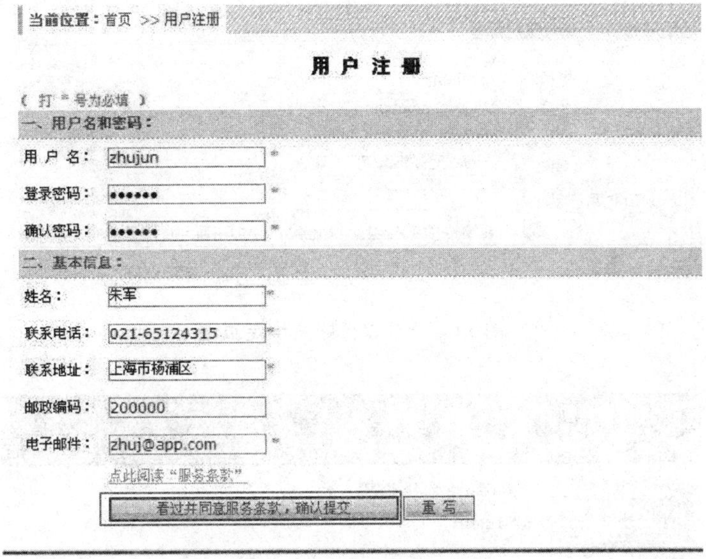

图 12-45　注册提交页面

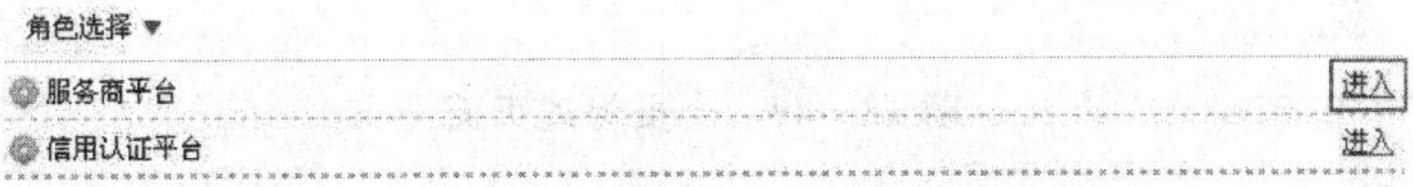

图 12-46　服务商平台进入页面

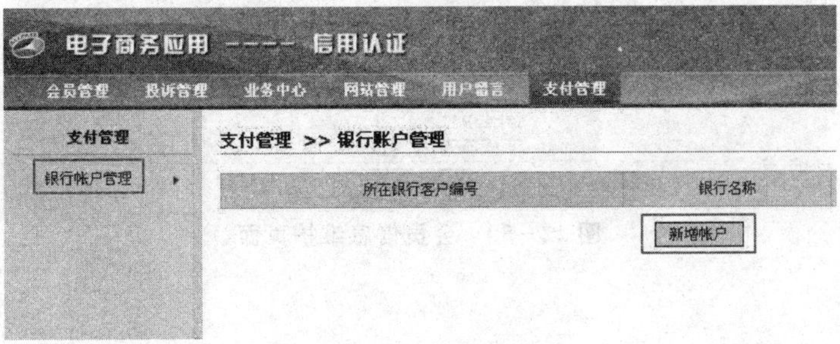

图 12-47　支付管理页面

选择已经开通企业付款通道功能的企业账号作为服务商收取服务费账号进行网银绑定。点击"提交"完成网银绑定(图 12-48)。

点击"会员管理"菜单"会员资料管理"链接查看和管理已经注册会员信息(图 12-49)。

点击具体会员可以进行注册会员资料修改(图 12-50)。

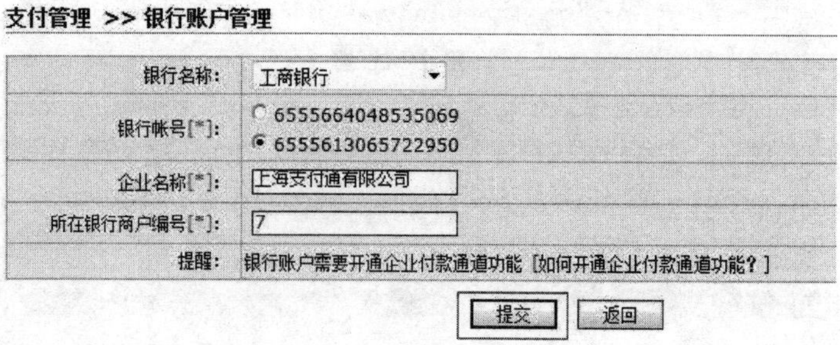

276　电子商务基础

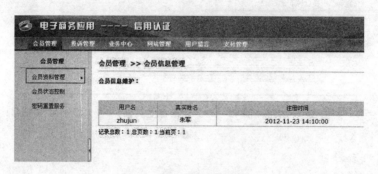

图 12-48　银行账户绑定页面

图 12-49　会员管理页面

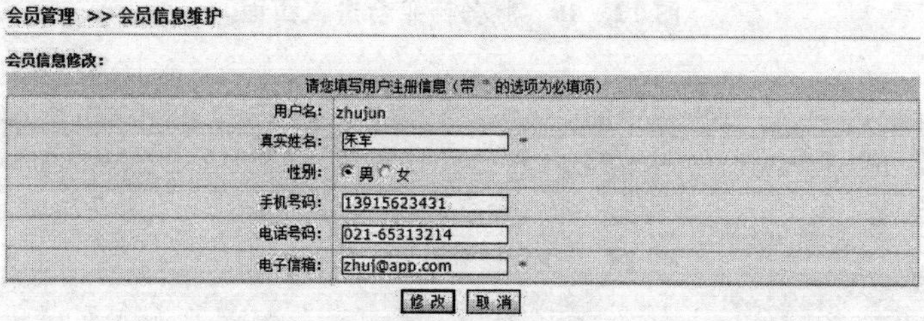

图 12-50　会员信息维护页面

12.10　企业信用认证平台客户企业信用申报

在角色选择中选择已注册的用户,点击右侧"进入"链接进入操作界面(图12-51)。

在信用认证平台首页"信用档案查询"栏中,点击"企业信用档案查询"进入企业信用档案查询界面(图12-52)。

图 12-51　用户进入页面

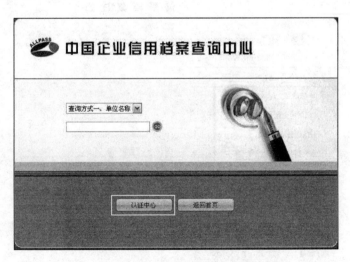

图 12-52　信用档案查询页面

系统跳转到企业信用档案查询中心,点击下方的"认证中心"进入用户认证后台系统(图 12-53)。

图 12-53　认证中心进入页面

在系统切换后的用户认证后台系统中,点击"企业信用申报系统"开始企业信用申报操作(图 12-54)。

在右侧内容页中进行信用档案注册,选择认证类型,填写联系人、联系地址以及单位信息(图 12-55)。

278 电子商务基础

图 12-54 信用认证页面

第 12 章 电子商务安全实践

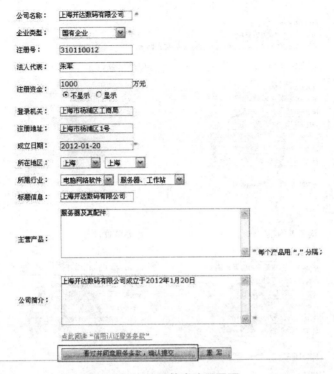

图 12-55 信用档案注册页面

填写完成后,点击上图中"看过并同意服务条款,确认提交"按钮进入下一步操作。系统将跳转至认证合同界面,查看合同后,在申办单位处盖章(图 12-56)。

信用管理体系评级认证合同

认证方(甲方):奥派信用认证代理
委托方(乙方):上海开达数码有限公司
签订日期: 2012 年 11 月 23 日
有效期限: 本合同自签字之日起生效

图 12-56 认证合同页面

点击页面最下方"申办单位(乙方)"处模拟图章进行盖章操作(图 12-57)。
盖章完成后,点击最下方的"确认并付费"按钮进行确认并进入缴费操作。
在系统弹出的网上银行付款界面,选择服务商指定的付款银行并进行网上银行缴费(图 12-58)。
缴费完成后,系统将提示"申报成功,请等待审核"提示框。请耐心等待信用认证平台服务商审核完成(图 12-59)。

附件一：信用认证申报表
附件二：认证收费及服务标准
附件三：认证程序及中华人民共和国境内合法信用认证机构名单

认证机构(甲方)：	申办单位(乙方)：
经办人：贾任政	经办人：朱军
通讯地址：南京奥派路信用大厦E座	通讯地址：上海市杨浦区
电话：025-87658888	电话：021-65124315
传真：025-87658881	传真：021-65124
E-mail：credit@allpass.com	E-mail：zhuj@app.com
网址：www.allpass.com	网址：http://www.aida.com
日期：2012 年 11 月 日	日期：2012 年 11 月 23 日

呈报机构：

认证机构(甲方)：	申办单位(乙方)：
经办人：贾任政	经办人：朱军
通讯地址：南京奥派路信用大厦E座	通讯地址：上海市杨浦区
电话：025-87658888	电话：021-65124315
传真：025-87658881	传真：021-65124
E-mail：credit@allpass.com	E-mail：zhuj@app.com
网址：www.allpass.com	网址：http://www.aida.com
日期：2012 年 11 月 日	日期：2012 年 11 月 27 日

呈报机构：

认证监督机构：
奥派信用认证委员会监督

图 12-57　合同签订页面

图 12-58　网银支付页面

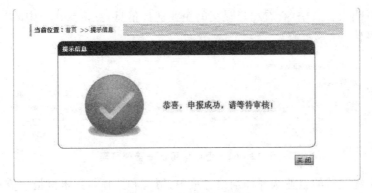

图 12-59　申报成功页面

12.11　企业信用认证平台服务商审核客户企业信用

在角色选择中选择服务商平台,点击右侧"进入"链接进入操作界面(图 12-60)。

图 12-60　服务商平台进入页面

点击信用认证服务商平台"业务中心"菜单"未审核的认证企业"链接,审核用户提交的企业信用认证信息(图 12-61)。

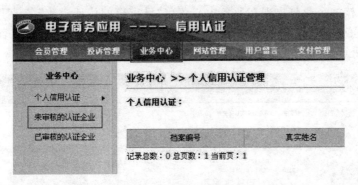

图 12-61　认证审核页面

在右侧内容页中，查看用户提交的企业认证信息，点击操作栏中的"审核"链接进行审核（图12－62）。

图12－62　企业信用认证管理页面

在系统跳转的企业认证详细信息页中，填写和选择信用审核指标信息，并选择审核状态，点击"审核"按钮以确认通过或不通过审核（图12－63）。

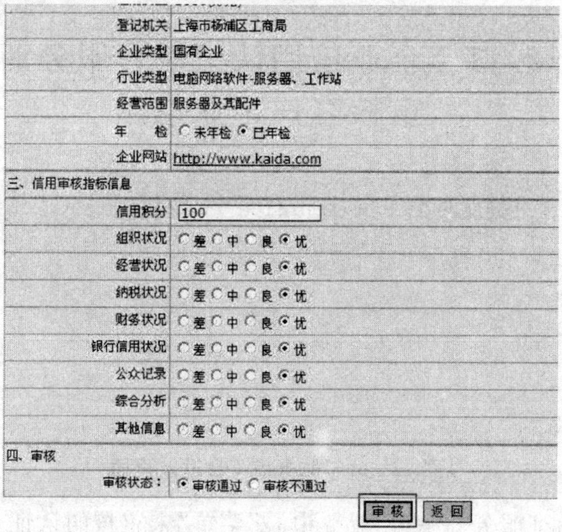

图12－63　审核指标信息页面

已审核的企业将出现在业务中心菜单"已审核的认证企业"名录下，通过点击业务中心菜单"已审核的认证企业"链接可以查看企业认证审核状态，点击操作栏中"重审"链接可以对该企业信用评级进行重新审定（图12－64）。

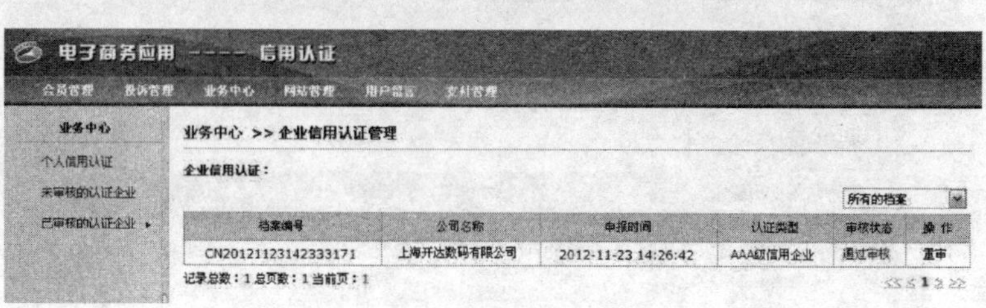

图12－64　审核状态查看页面

12.12 企业信用认证平台客户企业信用结果查看

在角色选择中选择已注册的用户,点击右侧"进入"链接进入操作界面(同图 12-51)。

在信用认证平台首页"信用档案查询"栏中,点击"企业信用档案查询"进入企业信用档案查询界面(同图 12-52)。

系统跳转到企业信用档案查询中心,点击下方的"认证中心"进入用户认证后台系统(同图 12-53)。

在系统切换后的用户认证后台系统中,点击"我申报的企业档案"查询用户申报企业信用评审情况(图 12-65)。

图 12-65 信用档案查看页面

点击右侧内容页中"查看信用档案"可以查看具体审核通过后的企业评级和信用档案(图 12-66)。

图 12-66 企业信用档案页面

12.13 企业信用认证平台客户投诉曝光操作

在角色选择中选择已注册的用户,点击右侧"进入"链接进入操作界面(同图12-51)。

在信用认证平台首页"信用档案查询"栏中,点击"企业信用档案查询"进入企业信用档案查询界面(同图12-52)。

系统跳转到企业信用档案查询中心,输入单位名称,并且点击旁边的"GO"查询企业信用信息(同图12-53)。

点击右侧内容页中"查看信用档案"可以查看按关键字查找到企业评级和信用档案(图12-67)。

图12-67 信用档案查询页面

在该企业信用档案底部,点击"公开投诉"链接对企业发起投诉(图12-68)。

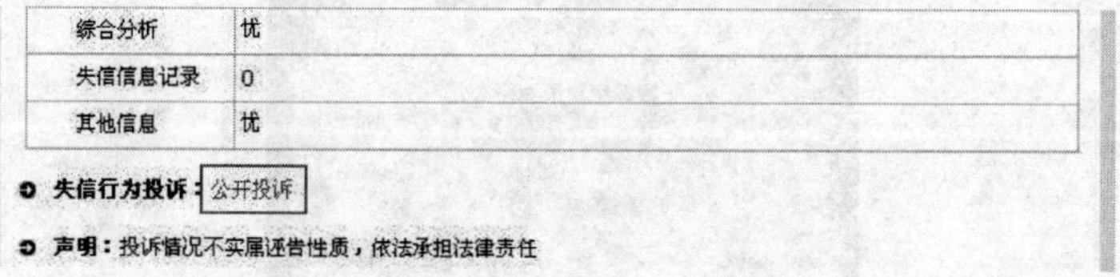

图12-68 投诉页面

在系统跳转的"企业投诉曝光台"中,输入投诉类型和投诉内容,点击"提交"按钮完成公开投诉(图12-69)。

图 12-69　投诉信息提交页面

12.14　企业信用认证平台服务商对公开投诉进行处理

在角色选择中选择服务商平台,点击右侧"进入"链接进入操作界面(同图 12-46)。

点击信用认证服务商平台"投诉管理"菜单"投诉管理"链接处理公开投诉信息。点击具体投诉操作栏中的"处理"查看具体投诉内容(图 12-70)。

图 12-70　投诉内容查看页面

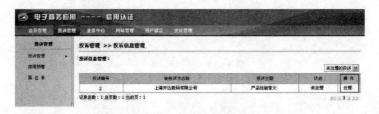

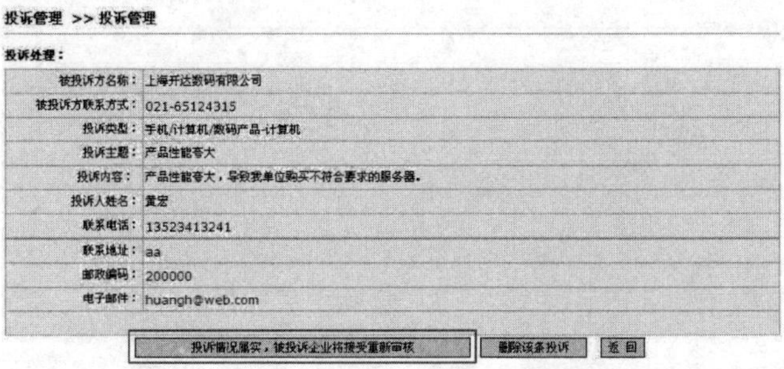

图 12-71　投诉审核页面

服务商根据会员用户提交的投诉信息进行审核。确认属实,点击"投诉情况属实,被投诉企业将接受重新审核"按钮对企业进行处罚,该企业将失去已有的信用评级,而需要重新申请企业信用评级或等待服务商对企业信用进行重新认定(图12-71)。

第 13 章　电子商务物流实践

13.1　企业仓储实践公司注册操作

在角色选择中选择仓储管理员,点击右侧"进入"链接进入操作界面(图 13-1)。

图 13-1　角色选择页面

进入仓储平台后,系统首先弹出公司注册页面,在公司注册界面中填写相关的公司信息,点击"保存"进入仓储平台主界面(图 13-2)。

图 13-2　公司信息注册页面

13.2　企业仓储实践平台基础设置

在角色选择中选择仓储管理员,点击右侧"进入"链接进入操作界面(同图 13-1)。

在系统左侧菜单中选择"基础设置"菜单(图13-3)。

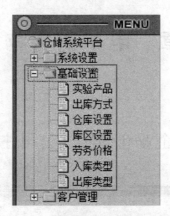

图13-3 仓储系统基础设置页面

点击菜单"基础设置"中"实验产品"链接进行仓库产品添加和管理。第一次进入时,系统会要求添加行业,输入行业名称及介绍,点击"添加"完成行业添加操作(图13-4)。

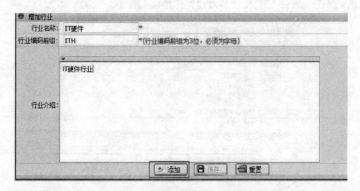

图13-4 添加行业页面

添加完行业后,在右侧内容界面中查看该行业,点击下属产品栏中的图标添加行业下属产品(图13-5)。

图13-5 行业管理页面

在系统右侧内容页弹出的产品管理页面中,点击"添加"按钮添加产品(图13-6)。

图 13-6 产品管理页面

在系统跳出的产品信息添加页中,添加产品具体信息,点击"保存"按钮保存产品(图 13-7)。

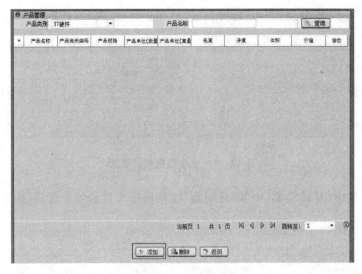

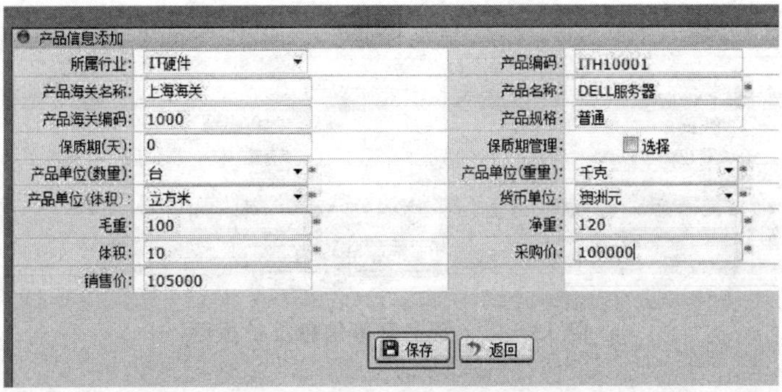

图 13-7 产品信息添加页面

点击菜单"基础设置"中"出库设置"链接进行出库方式添加和管理(图 13-8)。

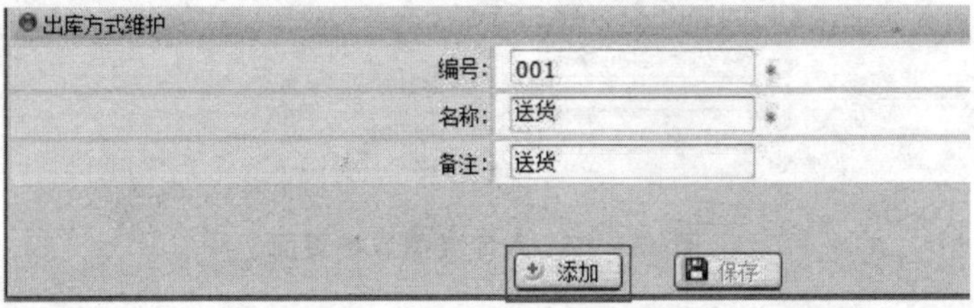

图 13-8 出库方式维护页面

点击菜单"基础设置"中"仓库设置"链接进行仓库添加和管理(图 13-9)。

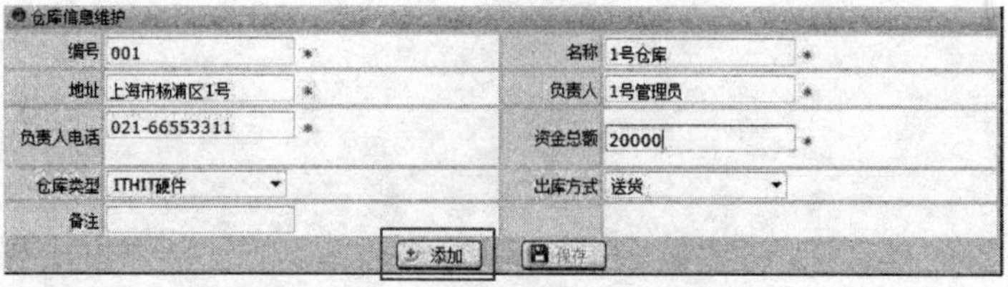

图 13-9　仓库信息维护页面

点击菜单"基础设置"中"库区设置"链接进行库区添加和管理(图 13-10)。

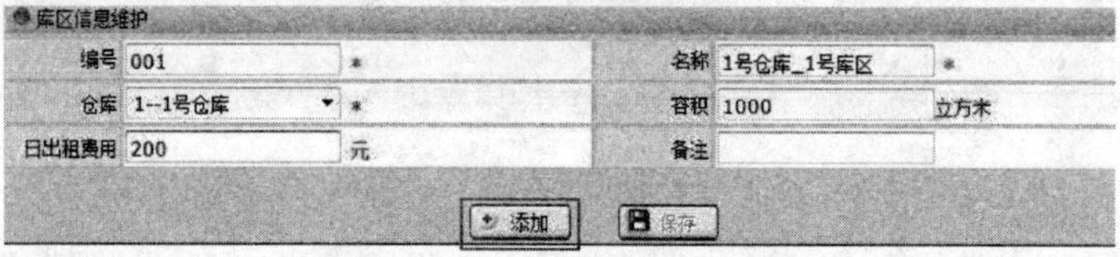

图 13-10　库区信息维护页面

点击菜单"基础设置"中"劳务价格"链接进行劳务费添加和管理(图 13-11)。

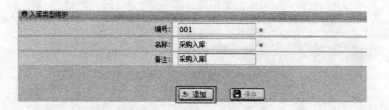

图 13-11　劳务费率信息维护页面

点击菜单"基础设置"中"入库类型"链接进行入库类型添加和管理(图 13-12)。

图 13-12　入库类型维护页面

点击菜单"基础设置"中"出库类型"链接进行出库类型添加和管理(图 13-13)。

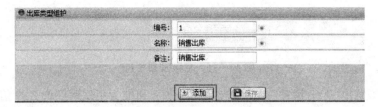

图 13-13　出库类型维护页面

13.3　企业仓储实践平台客户管理

在角色选择中选择仓储管理员,点击右侧"进入"链接进入操作界面(同图 13-1)。

在系统左侧菜单中选择"客户管理"菜单(图 13-14)。

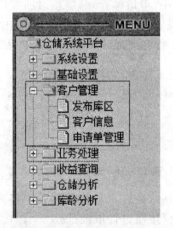

图 13-14　客户管理页面

点击菜单"客户管理"中"发布库区"链接向客户发布仓库库区,发布的仓库库区可以被客户租用以存放物品(图 13-15)。

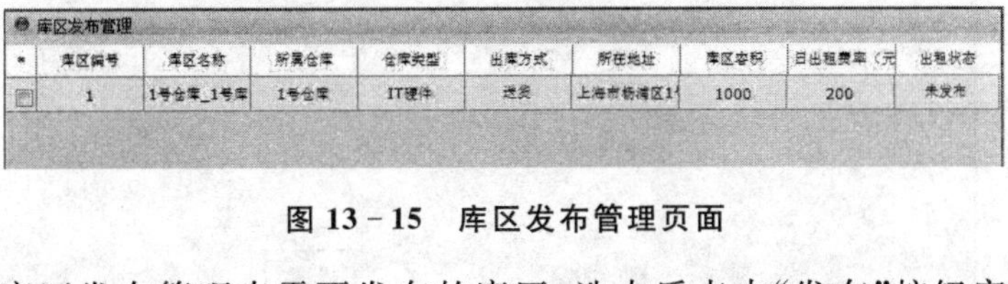

图 13-15　库区发布管理页面

选择库区发布管理中需要发布的库区,选中后点击"发布"按钮完成发布操作(图 13-16)。

图 13-16 库区发布按钮

点击菜单"客户管理"中"客户信息"链接添加准备租用库区的客户信息。填入相关公司及联系信息后,点击"添加"按钮完成客户信息添加(图 13-17)。

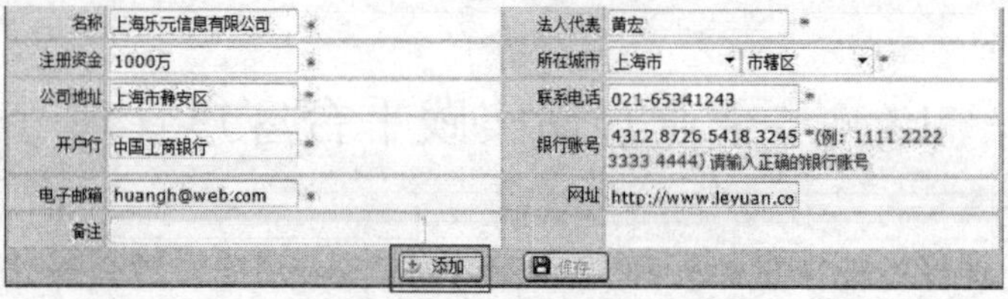

图 13-17 客户信息添加页面

点击菜单"客户管理"中"申请单管理"链接添加客户租用库区申请单,选择客户信息以及库区名称,并设定起始日期和结束日期,点击"算租金"按钮算出库区租用金额,确认后点击"添加"按钮完成客户库区使用申请单添加(图 13-18)。

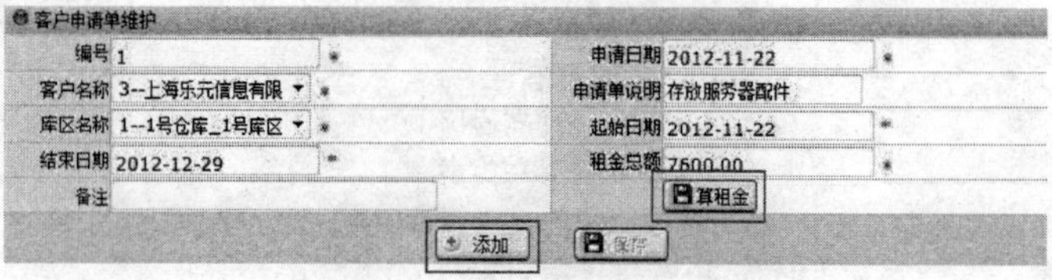

图 13-18 客户申请库区页面

完成客户申请单添加后,在客户申请单列表中将列出刚才添加的客户申请单信息,点击底部的"审批"按钮进行审批(图 13-19)。

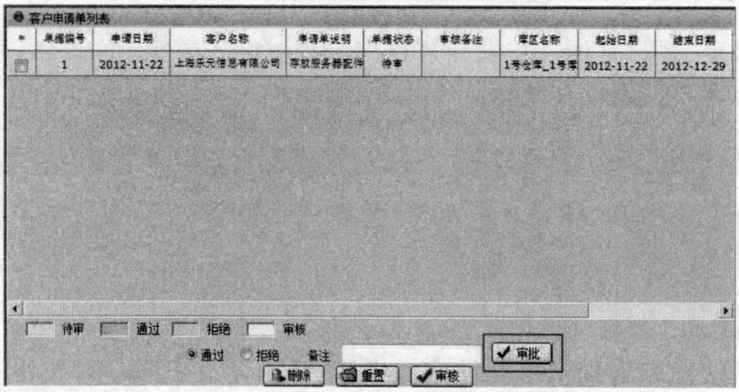

图 13-19 客户申请单列表页面

审批通过的客户申请单会变成绿色,此时申请客户可以使用该库区存放物品(图13-20)。

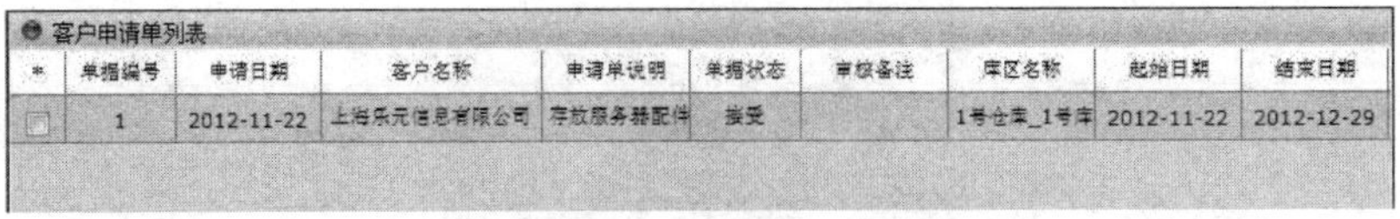

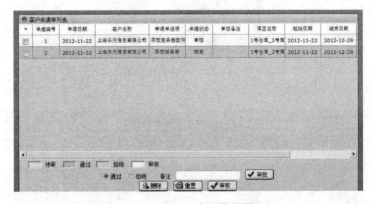

图13-20　审批通过列表页面

点击已通过审批的客户申请单前复选框选中单据,继续点击"审核"完成对客户申请信息的二次审核批准(图13-21)。

图13-21　二次审批页面

13.4　企业仓储实践平台出入库管理

在角色选择中选择仓储管理员,点击右侧"进入"链接进入操作界面(同图13-1)。

在系统左侧菜单中选择"业务处理"菜单,进而点击"出入库"子菜单查看相关操作(图13-22)。

点击菜单"出入库"中"入库单"链接进行仓库产品入库操作。在系统右侧跳转的入库单界面中,点击底部的"添加"按钮进入入库单编辑界面(图13-23)。

在入库单编辑界面中,选择客户公司、入库日期,并点击"备注"旁边的按钮获取入库类型,点击"保存"按钮创建入库单(图13-24)。

点击入库单编辑界面底部的"添行"按钮为入库单添加具体的入库产品(图13-25)。

在系统弹出的产品列表对话框中,选择客户公司、货物名称、入库库区等信

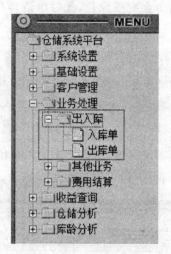

图 13-22 业务处理页面

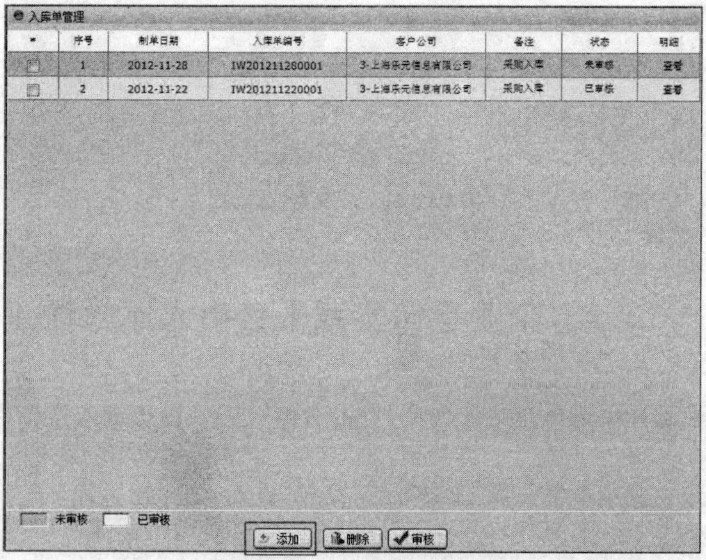

图 13-23 入库单管理页面

息,点击"确定"按钮完成入库单具体产品添加(图 13-26)。

点击入库单编辑界面底部的"刷新"按钮(图 13-25)可以看到入库单已经包含的具体产品信息。点击"返回"按钮返回入库单管理主界面(图 13-27)。

选中已经创建的入库单,点击入库单前方的复选框,点击底部的"审核"按钮对添加的入库单进行审核确认(图 13-28)。

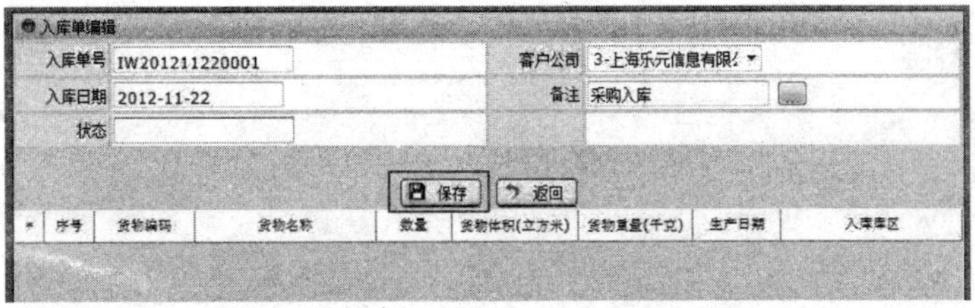

图 13-24 入库单编辑页面

图 13-25 添行按钮

图 13-26 入库单产品添加页面

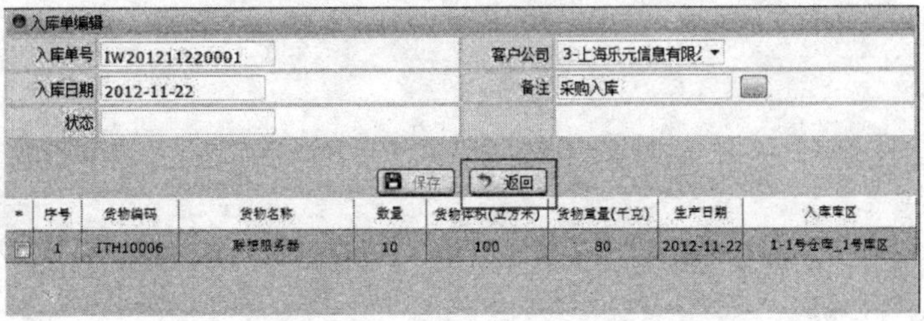

图 13-27 产品信息页面

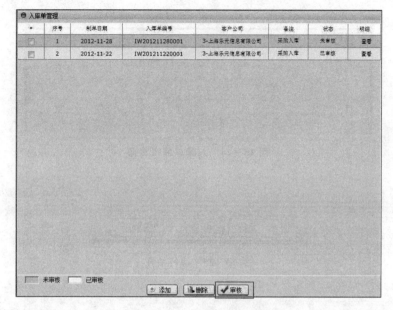

图 13-28　入库单审核页面

点击菜单"出入库"中"出库单"链接进行仓库产品出库操作。在系统右侧跳转的出库单界面中,点击底部的"添加"按钮进入出库单编辑界面(图13-29)。

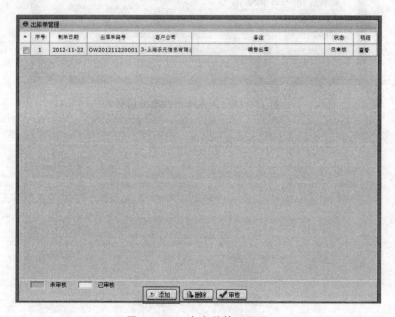

图 13-29　出库单管理页面

与入库单编辑一样,填写出库单信息,并点击保存创建出库单(图 13-30)。

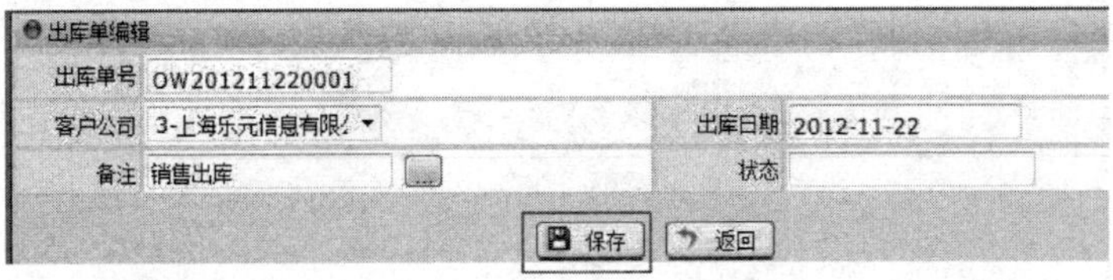

图 13-30　出库单编辑页面

点击出库单编辑界面底部的"添行"按钮为出库单添加具体的入库产品(同图 13-25)。

在系统弹出的产品列表对话框中,选择客户公司、货物名称等信息,点击"确定"完成出库单具体产品添加(图 13-31)。

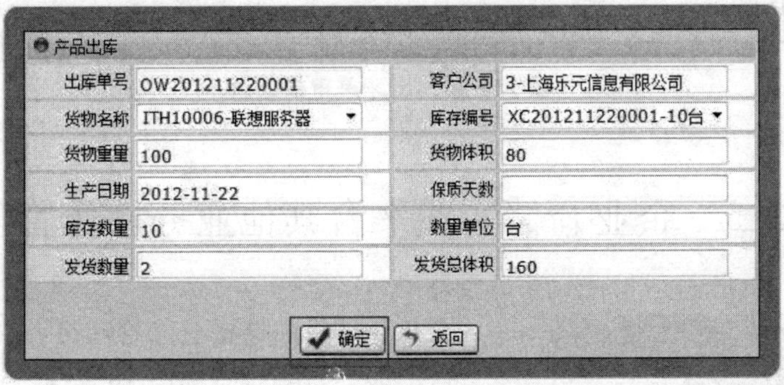

图 13-31　出库单产品添加页面

点击出库单编辑界面底部的"刷新"按钮(同图 13-25)可以看到出库单已经包含的具体产品信息。点击"返回"按钮返回出库单管理主界面(图 13-32)。

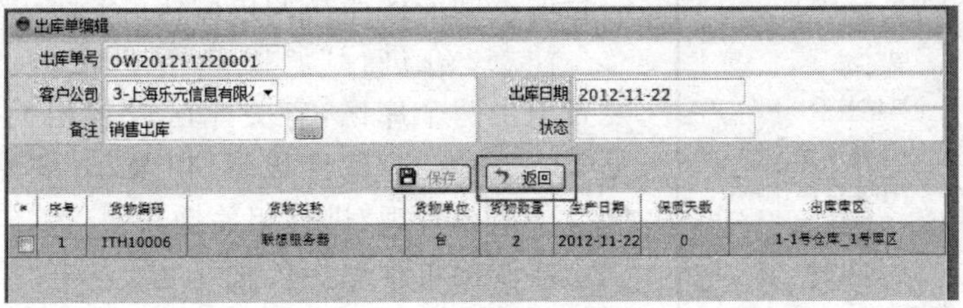

图 13-32　产品信息页面

选中已经创建的出库单,点击出库单前方的复选框,点击底部的"审核"按钮对添加的出库单进行审核确认(图 13-33)。

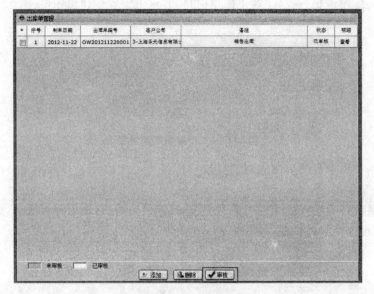

图 13-33　出库单审核页面

13.5　企业仓储实践平台其他业务操作管理

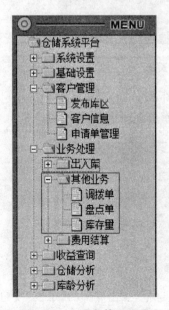

图 13-34　业务管理页面

在角色选择中选择仓储管理员,点击右侧"进入"链接进入操作界面(同图 13-1)。

在系统左侧菜单中选择"业务处理"菜单,进而点击"其他业务"子菜单查看相关操作(图 13-34)。

点击菜单"其他业务"中"调拨单"链接进行同一仓库不同库区产品调拨操作(图 13-35)。

注意:在进行"调拨单"实践之前,需要设置发布至少两个库区,有关库区设置相关操作请参见 13.2 中有关"库区设置"以及 13.3 中"发布库区""申请单管理"进行相关操作。

在调拨单管理主界面下方,点击"添加"按钮进行产品调拨单创建操作(图 13-36)。

在系统弹出的库存货物调拨界面中,选择需要调拨的货品名称,点击调拨栏中的图标进行下一步操作(图 13-37)。

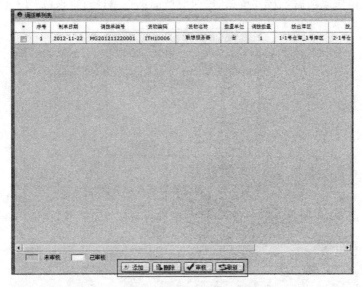

图 13-35　调拨单列表页面

图 13-36　添加按钮

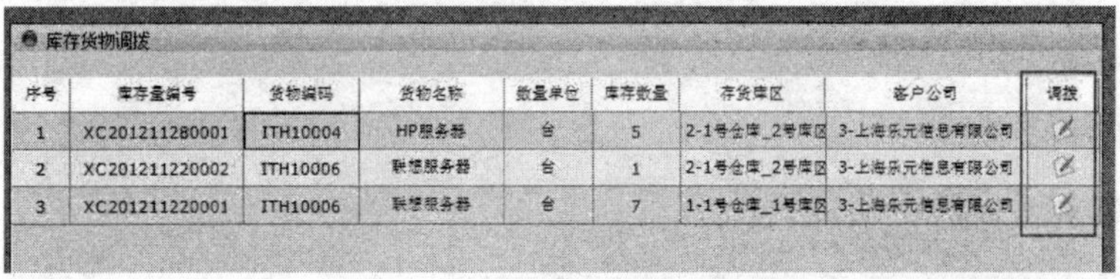

图 13-37　调拨货品清单页面

在系统弹出的产品调拨单填写界面中，填写和选择相关信息，点击下方"保存"按钮完成库存货物调拨（图 13-38）。

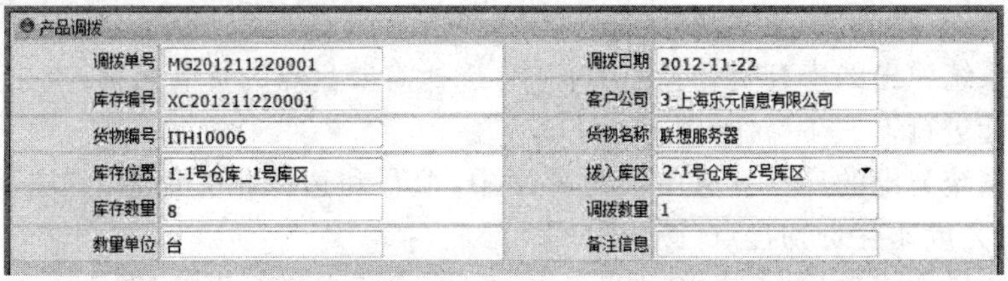

图 13-38　调拨单信息填写页面

系统操作成功后,点击"审核"按钮对产品调拨单进行审核(图 13-39)。

图 13-39 调拨单审核成功页面

点击菜单"其他业务"中"盘点单"链接进行仓库盘点操作(图 13-40)。

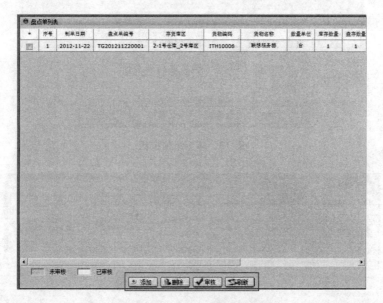

图 13-40 盘点单列表页面

在调拨单管理主界面下方,点击"添加"按钮进行产品盘点单创建操作(同图 13-36)。

在系统弹出的库存货物盘点界面中,选择需要盘点的货品名称,点击盘点栏中的图标进行下一步操作(图 13-41)。

在系统弹出的产品盘点单填写界面中,填写和选择相关信息,点击下方"保存"按钮完成库存货物盘点(图 13-42)。

系统操作成功后,点击"审核"按钮对产品盘点单进行审核(图 13-43)。

点击菜单"其他业务"中"库存量"链接查看产品库存情况(图 13-44)。

第 13 章　电子商务物流实践　301

图 13-41　货物盘点清单页面

图 13-42　盘点货物信息填写页面

图 13-43　盘点单审核成功页面

图 13-44　库存信息查看页面

13.6　企业仓储实践平台费用结算查看

在角色选择中选择仓储管理员,点击右侧"进入"链接进入操作界面(同图 13-1)。

在系统左侧菜单中选择“业务处理”菜单，进而点击“费用结算”子菜单查看相关操作(图 13－45)。

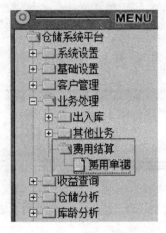

图 13－45 业务处理页面

点击菜单“费用结算”中“费用单据”链接查看产品库存情况。可以点击操作栏中“催费”链接模拟缴费操作(图 13－46)。

费用结算

序号	单据编号	制单日期	单据名称	客户公司	费用金额	单据状态	明细	操作
1	MB201211220001	2012-11-22	出租费用单	上海乐元信息有	7600	已缴费	查看	催费
2	MB201211220002	2012-11-22	出租费用单	上海乐元信息有	7600	已缴费	查看	催费
3	MB201211220003	2012-11-22	入库费用单	上海乐元信息有	20000	未缴费	查看	催费
4	MB201211220004	2012-11-22	出库费用单	上海乐元信息有	0	未缴费	查看	催费
5	MB201211280001	2012-11-28	入库费用单	上海乐元信息有	20000	未缴费	查看	催费
6	MB201211280002	2012-11-28	入库费用单	上海乐元信息有	20000	未缴费	查看	催费
7	MB201211280003	2012-11-28	入库费用单	上海乐元信息有	10000	未缴费	查看	催费
合计					85200.00			

图 13－46 费用结算页面

13.7 企业物流实践平台公司注册操作

在角色选择中选择运输管理员，点击右侧“进入”链接进入操作界面(图 13－47)。

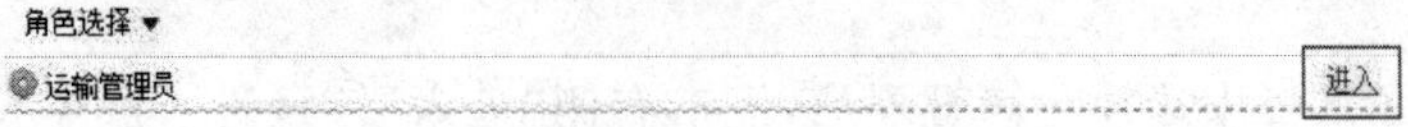

图 13－47 角色选择页面

进入运输平台后,系统首先弹出公司注册页面,在公司注册界面中填写相关的公司信息,点击"保存"进入运输平台主界面(图13-48)。

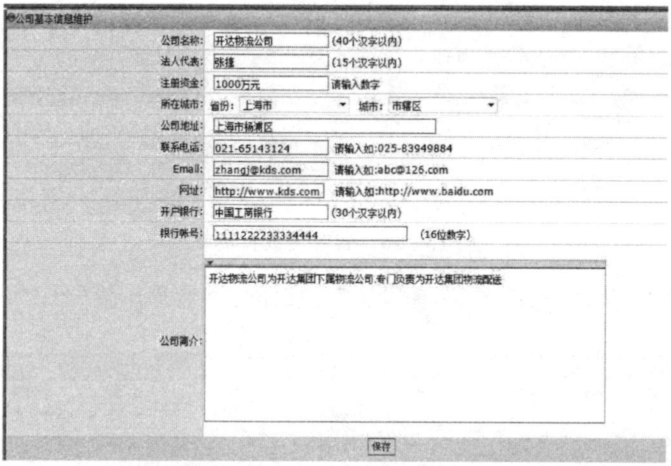

图13-48 公司信息注册页面

13.8 企业物流实践平台公司基本设置

在角色选择中选择运输管理员,点击右侧"进入"链接进入操作界面(同图13-47)。在系统左侧菜单中选择"基础设置"菜单查看相关操作(图13-49)。

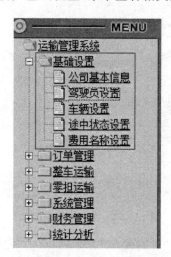

图13-49 运输管理系统基础设置页面

点击菜单"基础设置"中"驾驶员设置"链接添加和管理驾驶员(图13-50)。

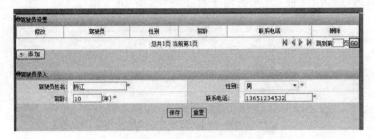

图 13-50　驾驶员设置页面

点击菜单"基础设置"中"车辆设置"链接添加和管理车辆(图13-51)。

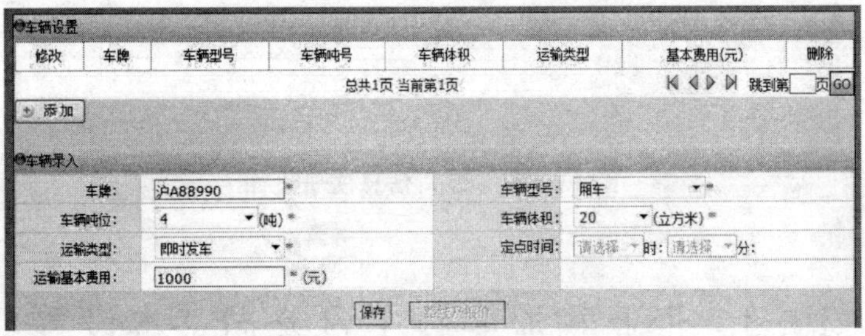

图 13-51　车辆设置页面(1)

选中已经添加的车辆,点击车辆前"修改"栏中的图标,点击"路线和报价"进一步设置路线和报价(图13-52)。

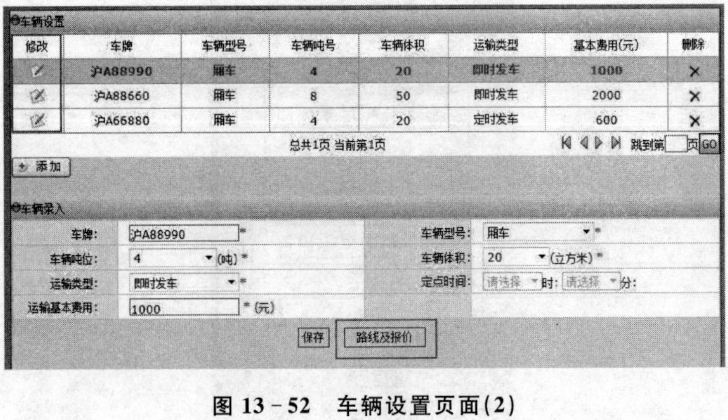

图 13-52　车辆设置页面(2)

点击选中运输类型为"即时发车"的车辆,点击"路线和报价"定义其路线始终点以及运输报价(图13-53)。

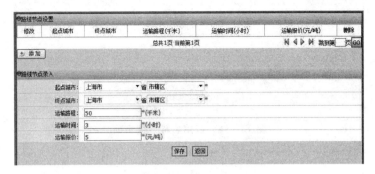

图 13-53 路线节点设置页面(1)

点击选中运输类型为"定时发车"的车辆,点击"路线和报价"定义其节点城市及运输报价(图 13-54)。

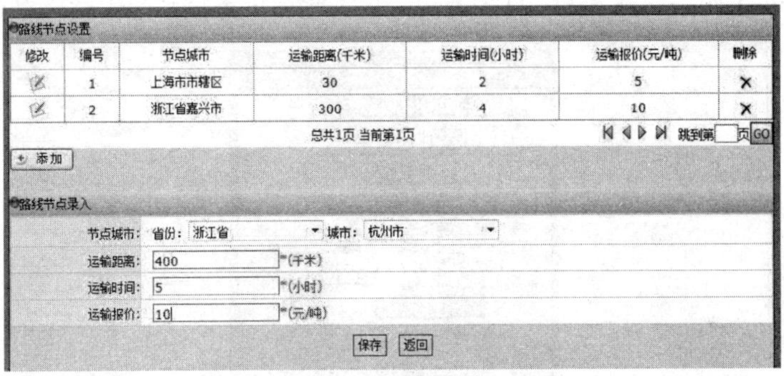

图 13-54 路线节点设置页面(2)

点击菜单"基础设置"中"途中状态设置"链接添加和管理运输途中状态(图 13-55)。

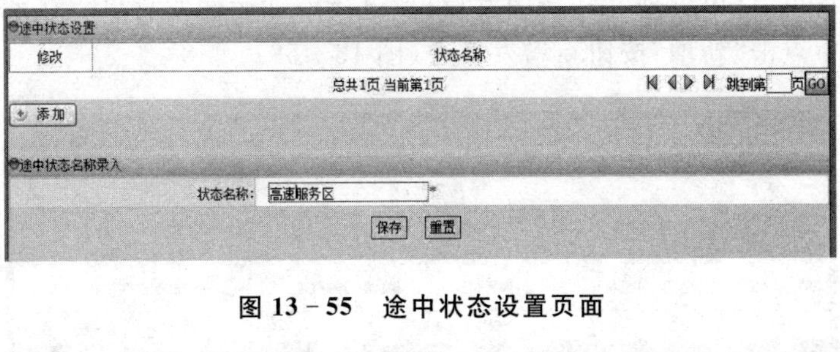

图 13-55 途中状态设置页面

点击菜单"基础设置"中"费用名称设置"链接添加和管理运输费用名称(图 13-56)。

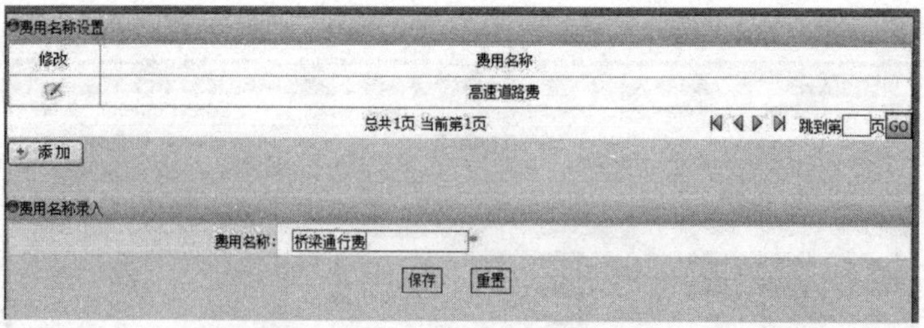

图 13-56　费用名称设置页面

13.9　企业物流实践平台公司订单操作

在角色选择中选择运输管理员,点击右侧"进入"链接进入操作界面(同图 13-47)。在系统左侧菜单中选择"订单管理"菜单查看相关操作(图 13-57)。

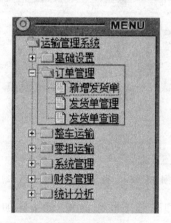

图 13-57　订单管理页面

点击菜单"订单管理"中"新增发货单"链接添加运输发货单。在系统右侧跳转的界面中点击"新增"按钮新增发货单(图 13-58)。

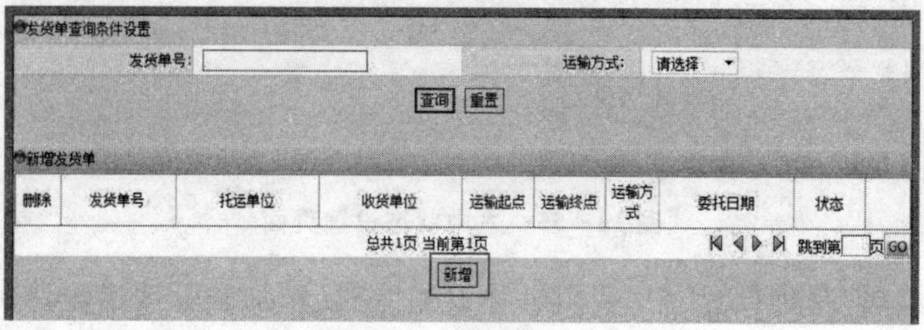

图 13-58　新增发货单页面

在系统跳转的发货单明细表填写界面中添加相关的发货单信息,点击"确认"继续下一步操作(图 13-59)。

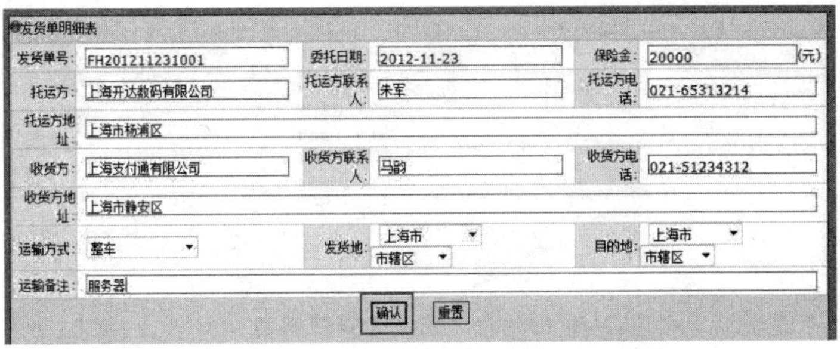

图 13-59　发货单信息填写页面

在系统跳转的发货单明细表填写界面中添加或修改运输货物信息,点击"添加"按钮后填写相关产品信息,点击"保存"按钮继续(图 13-60)。

图 13-60　货物信息填写页面

填写完成后,点击页面"返回"按钮返回发货单主界面(图 13-61)。

图 13-61　发货单主页面

点击菜单"订单管理"中"发货单管理"进入发货单管理页面(图 13-62)。

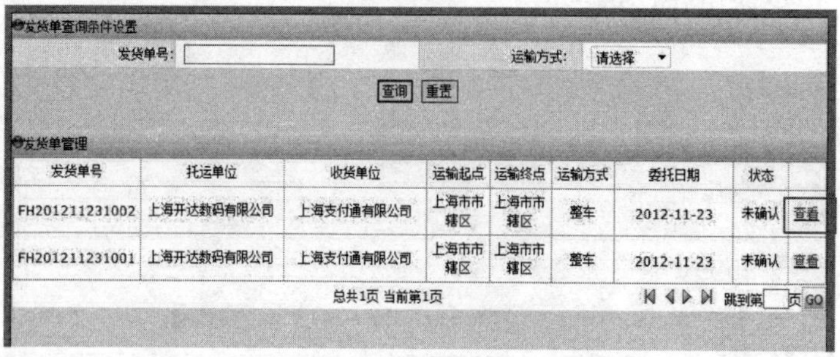

图 13-62　发货单管理页面

点击具体发货单的"查看"链接进入发货单审核页面。在发货单审核页面中查看发货单描述的具体信息,点击"确认"按钮确认发货单,点击"拒绝"按钮驳回发货单(图 13-63)。

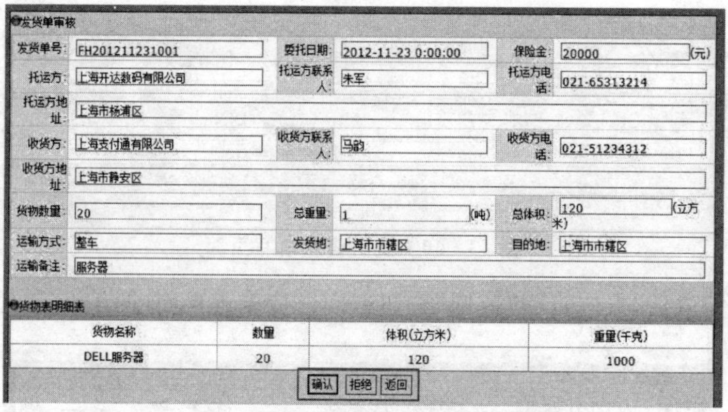

图 13-63　发货单审核页面

点击"返回"按钮可以看到订单具体审核信息(图 13-64)。

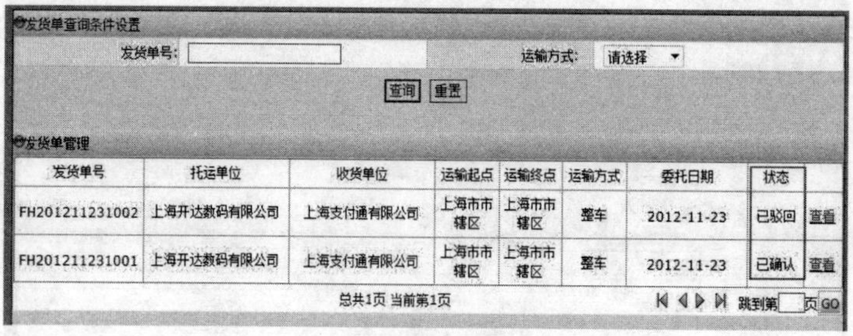

图 13-64　审核信息查看页面

点击菜单"订单管理"中"发货单查询"可以跟踪已确认发货单的运输信息（图13-65）。

图13-65　发货单查询页面

第 14 章　域名管理实践

14.1　域名服务提供商相关操作

在进行域名管理实践之前,请先完成"第 9 章网上银行与支付通初步"中有关企业账户申请和基本设置操作(9.4,9.5,9.6,9.7,9.8)。

在角色选择中选择服务商平台,点击"进入"链接进入操作界面(图 14-1)。

图 14-1　服务商平台进入页面

点击服务商界面中"支付管理"菜单,进行银行账户绑定。选择已经开通企业付款通道的企业网银账户进行绑定(图 14-2)。

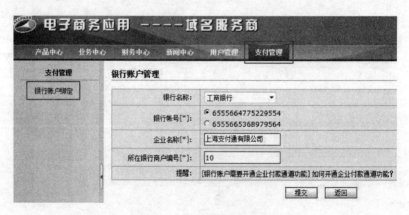

图 14-2　银行账户绑定页面

点击服务商"产品中心"菜单,点击"域名类型维护"添加域名类型。点击内容页中"添加"按钮进行下一步操作(图 14-3)。

在系统跳转的页面中,输入域名类型和描述,点击"保存"按钮保存域名类型(图 14-4)。

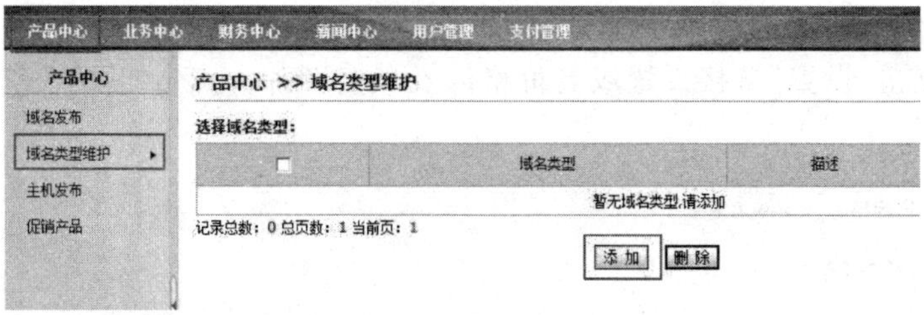

图 14-3　域名类型添加页面

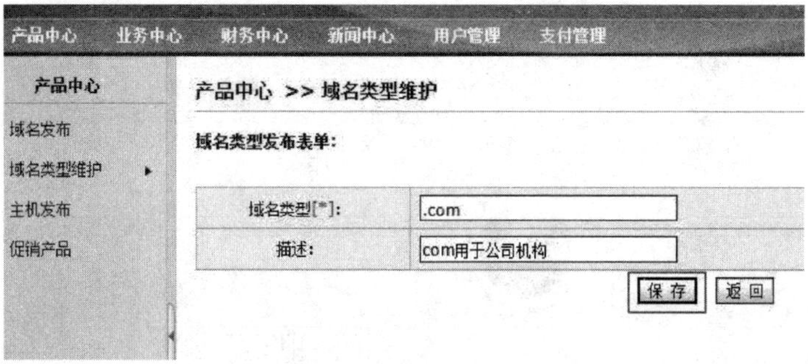

图 14-4　域名类型添加保存页面

域名类型添加完成后,在内容页中将显示相应域名类型(图 14-5)。

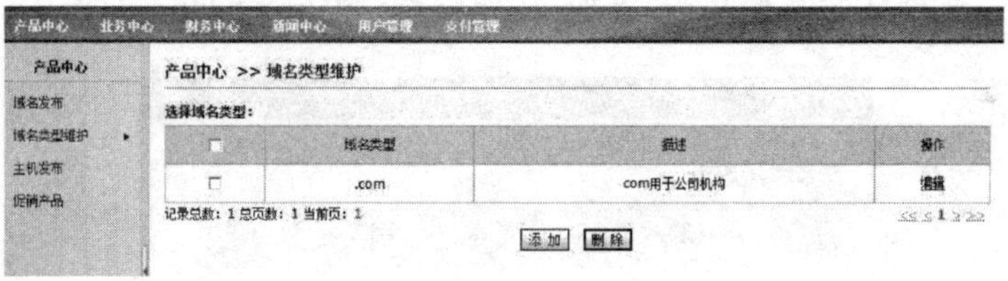

图 14-5　域名类型列表页面

点击"产品中心"菜单域名发布子菜单进行域名发布操作。在右侧内容页中点击"添加"进行下一步操作(图 14-6)。

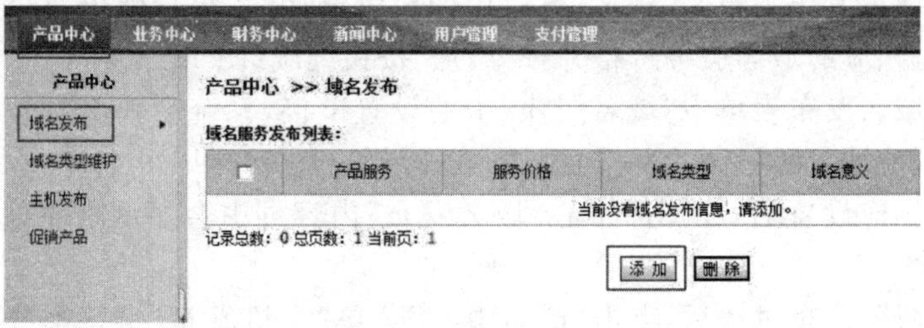

图 14-6　域名发布页面

在系统切换的内容页中填写域名服务名称,点击"选择"链接添加设定的域名类型,点击"设置"链接设置域名价格以及域名图片。点击"保存"完成域名发布操作(图 14-7)。

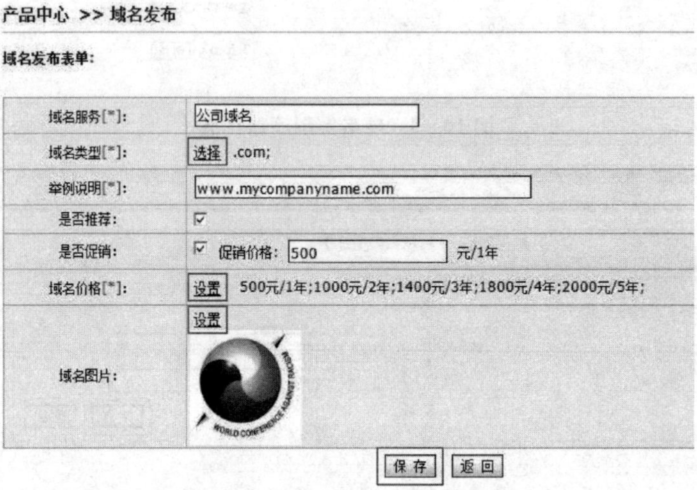

图 14-7 域名发布表单填写页面

点击域名发布表单中"域名类型"中的选择链接,系统会弹出"选择域名类型"对话框,选择域名类型并按"添加"按钮继续(图 14-8)。

图 14-8 域名类型选择页面

点击域名发布表单中"域名价格"中的设置链接,系统会弹出"设置价格"对话框,填写相应的域名服务价格并按"添加"按钮继续(图 14-9)。

点击域名发布表单中"域名图片"中的设置链接,系统会弹出"图片库"对话框,浏览本地域名服务图片并按"添加"按钮继续(图 14-10)。

完成相应设置后,在产品中心"域名发布"内容页中会显示刚才添加的域名服务(图 14-11)。

完成域名发布过程后,点击"产品中心"菜单"主机发布"链接继续发布域名服务主机(图 14-12)。

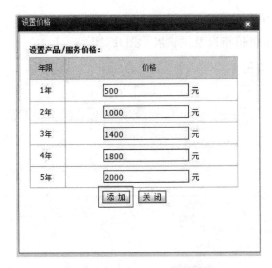

图 14-9 域名价格设置页面

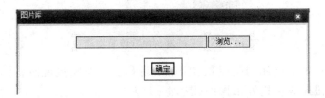

图 14-10 域名图片添加页面

图 14-11 域名发布列表页面

图 14-12 主机发布页面

在主机发布内容页中,点击"添加"按钮添加主机。与域名服务相同,点击"设置"链接设置主机价格以及主机展示图片(图 14-13)。

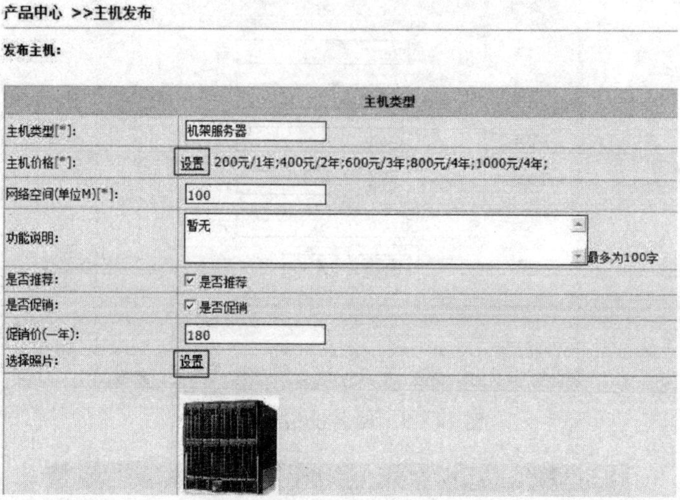

图 14-13　主机发布内容填写页面(1)

继续发布主机可用网络流量、CPU 资源信息以及相关说明。填写完成后点击"发布"按钮完成主机发布操作(图 14-14)。

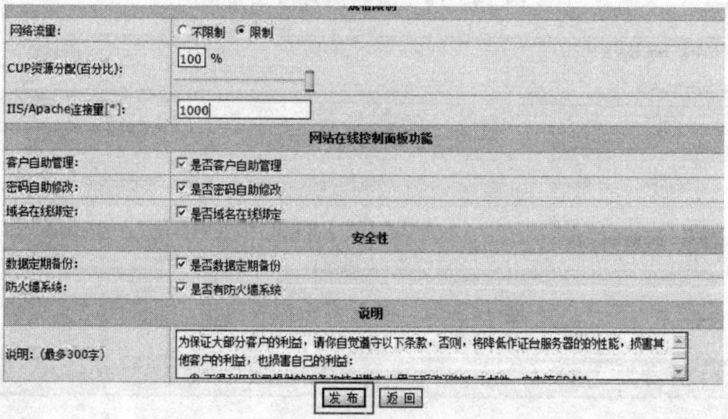

图 14-14　主机发布内容填写页面(2)

完成主机发布操作后,在"主机发布"内容页列表中会显示已经发布的主机(图 14-15)。

继续点击服务商平台新闻中心菜单中的"新闻发布"链接进行操作。我们已经设置了域名服务以及主机服务,现在使用后台新闻系统将服务商发布的这些信息告知用户(图 14-16)。

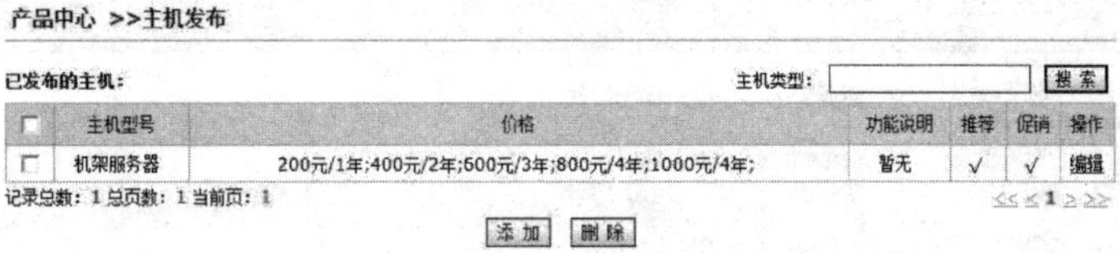

图 14-15　已发布主机列表页面

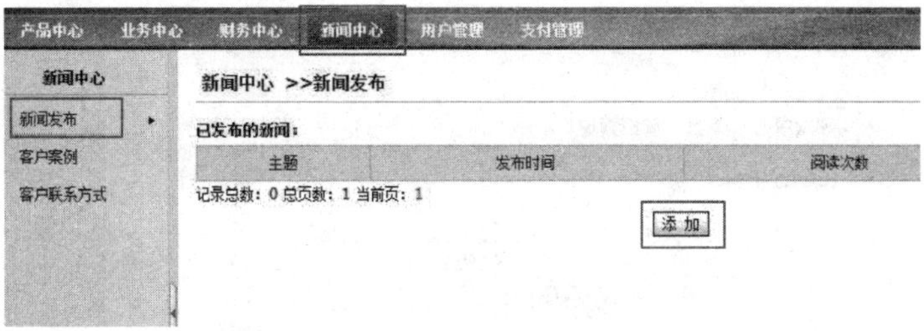

图 14-16　新闻发布页面

点击右侧"新闻发布"内容页中的"添加"按钮进行新闻添加操作。输入新闻主题以及新闻内容,点击"添加"完成新闻的添加操作(图 14-17)。

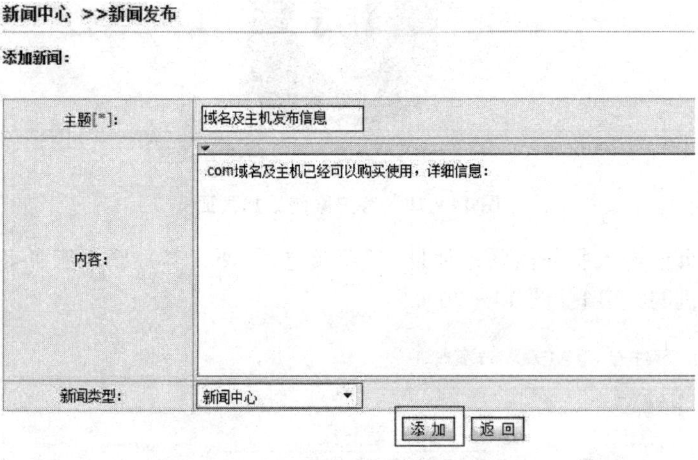

图 14-17　新闻发布内容添加页面

点击服务商平台新闻中心菜单中的"客户案例"链接进行操作,为服务商的域名服务增加可靠度和可信度,吸引用户购买域名(图 14-18)。

在"客户案例管理"内容页中点击"添加"按钮,输入案例域名,通过点击"请选择图片"链接加入案例图片,点击"添加"按钮完成客户案例添加(图 14-19)。

继续点击服务商平台新闻中心菜单中的"客户联系方式"链接进行操作,在

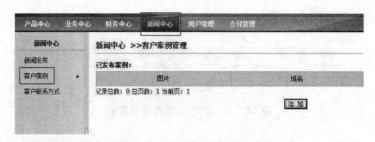

图 14-18　客户案例管理页面

图 14-19　客户案例添加页面

右侧内容页中输入服务商联系地址、邮箱及电话,便于客户联系服务商洽谈相关域名及主机购买事宜(图 14-20)。

图 14-20　客户联系方式管理页面

至此，服务商已经完成了域名发布以及主机发布，并设置了相关的联系信息及新闻内容，客户可以根据服务商发布的内容进行域名及主机的购买和消费了。

14.2 域名服务平台客户注册操作

在角色选择中选择域名服务平台，点击"进入"链接进入操作界面（图14-21）。

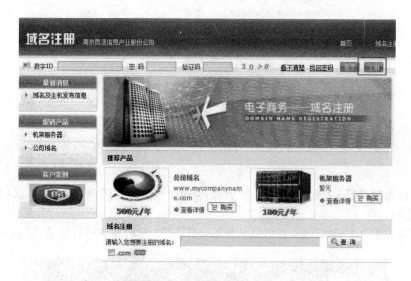

图14-21 域名服务平台进入页面

客户进入域名服务平台主界面，在平台首页已经能够看到服务商发布的域名及主机信息以及相关的新闻及客户案例，点击右上角"注册"按钮进行用户注册（图14-22）。

图14-22 域名注册页面

在系统跳转的页面中，输入相关的注册信息，点击"注册"完成用户注册（图14-23）。

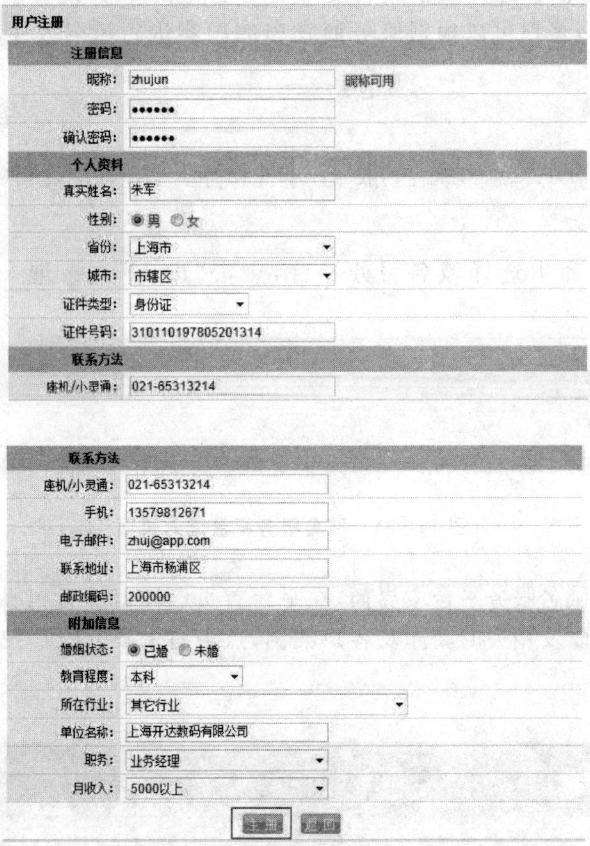

图 14-23 注册信息提交页面

14.3 域名服务平台客户登录及域名购买

在角色选择中选择域名服务平台,点击"进入"链接进入操作界面(同图 14-21)。

完成用户注册操作后,点击域名服务平台中的"登录"按钮进行登录(图 14-24)。

图 14-24 用户登录页面

在系统中跳转页面中，输入注册时填写的昵称和密码，点击"查询数字 ID"按钮获取系统为用户设置的唯一数字 ID，点击"登录"登录系统（图 14-25）。

图 14-25　登录信息填写页面

系统登录成功后，点击首页用户名旁边的"进入账户"链接进入用户操作界面（图 14-26）。

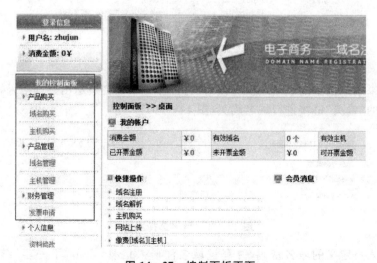

图 14-26　账户进入页面

系统跳转到用户管理页面，在"我的控制面板"中进行产品购买和相关操作（图 14-27）。

图 14-27　控制面板页面

点击"我的控制面板"中"域名购买"链接进行域名购买操作,在页面右侧将跳转到域名注册向导页面(图 14-28)。

图 14-28 域名购买页面

在右侧"域名注册"搜索页中输入域名名称,选择域名类型并点击"查询"(图 14-29)。

图 14-29 域名注册搜索页面

如果用户设置的域名还没有被人购买使用,系统会显示出查询结果,点击操作栏中的"购买"链接进行域名购买(图 14-30)。

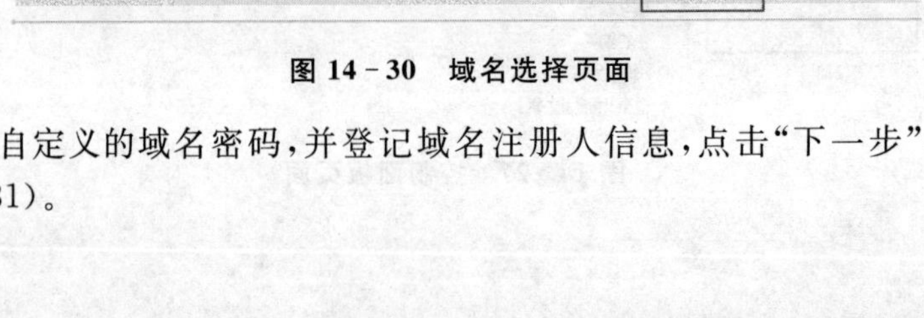

图 14-30 域名选择页面

输入自定义的域名密码,并登记域名注册人信息,点击"下一步"继续操作(图 14-31)。

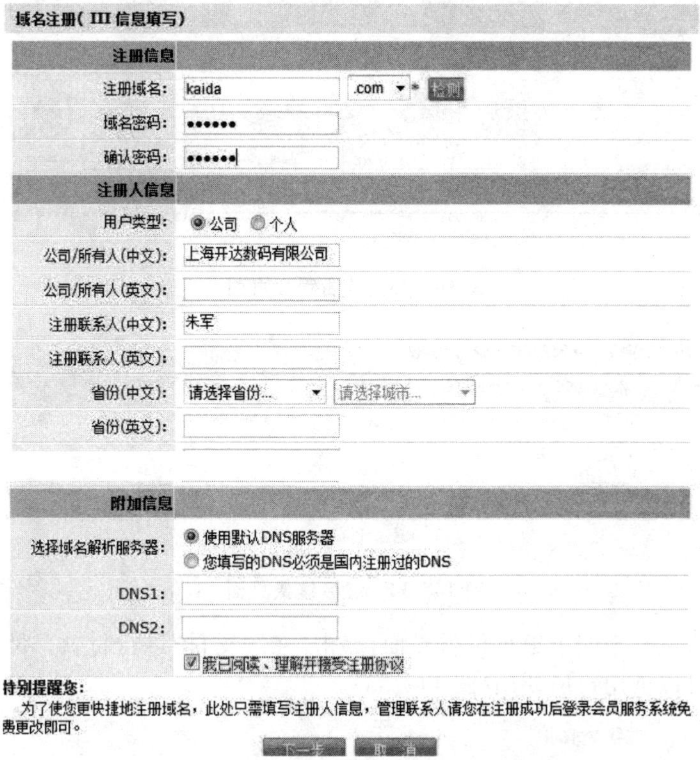

图 14-31 注册信息填写页面

确认附加信息（DNS 服务器地址），点击"确认注册"完成域名注册申请（图 14-32）。

图 14-32 注册确认页面

如果用户操作成功，系统将弹出域名注册成功提示框。

域名注册完成并不代表域名可供使用，继续点击"我的控制面板"中"域名管理"链接进行域名续费及管理工作（图 14-33）。

选择已经申请成功的域名，并点击"域名续费"图标进行域名续费操作。在域名续费内容页中确认域名需交费用。点击"支付"进入下一步（图 14-34）。

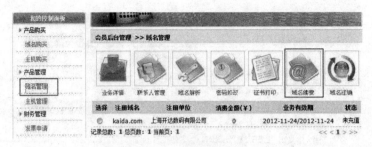

图 14-33　域名管理页面

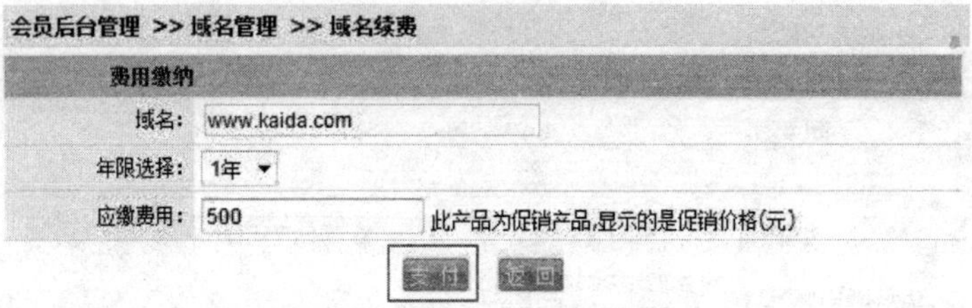

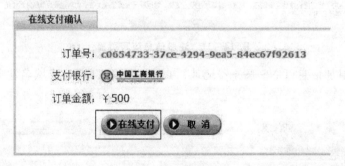

图 14-34　域名续费页面

系统将跳转至网上银行付款界面,点击"在线支付"进行付款。付款完成后该域名就可以被用户所使用(图 14-35)。

图 14-35　支付页面

完成网上支付后,系统会弹出提示框显示支付成功。

14.4　域名服务平台客户登录及主机购买

在角色选择中选择域名服务平台,点击"进入"链接进入操作界面(同图 14-21)。

完成用户注册操作后,点击域名服务平台中的"登录"按钮进行登录(同图 14-24)。

在系统中跳转页面中,输入注册时填写的昵称和密码,点击"查询数字ID"按钮获取系统为用户设置的唯一数字ID,点击"登录"登录系统(同图14-25)。

系统登录成功后,点击首页用户名旁边的"进入账户"链接进入用户操作界面(同图14-26)。

完成域名申请和续费后,我们还要申请一台主机放置客户网站的具体内容,否则互联网用户点击域名,将无法跳转至用户设定的个人主页或者公司主页,因此我们需要继续下一步操作。点击"主机购买"链接购买主机。选择服务商提供的主机,点击"购买"进行购买操作(图14-36)。

图14-36 主机购买页面

确认您选择的主机并配置预装操作系统及机房,点击"购买"按钮完成购买意向达成(图14-37)。

图14-37 确认购买页面

如果用户操作成功,系统会提示主机购买成功提示框。

主机购买成功后,需要进行缴费才能使用,点击"主机管理"中"主机续费"链接为购买的主机进行充值。选择已经购买的服务器,并点击"主机续费"进行进一步操作(图 14-38)。

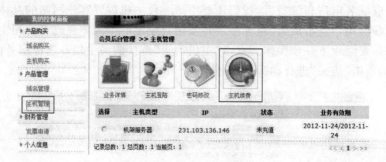

图 14-38 主机管理页面

选择购买年限,点击选择年限,确定缴费金额并点击"确认"进入具体缴费(图 14-39)。

图 14-39 主机续费页面

系统跳转到网上银行进行付款,点击"支付"进行支付操作,支付完成后,主机就可以被使用了(图 14-40)。

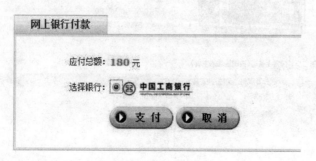

图 14-40 支付页面

14.5 域名服务平台客户登录及域名、主机管理

在角色选择中选择域名服务平台,点击"进入"链接进入操作界面(同图14-21)。完成用户注册操作后,点击域名服务平台中的"登录"按钮进行登录(同图14-24)。

在系统中跳转页面中,输入注册时填写的昵称和密码,点击"查询数字ID"按钮获取系统为用户设置的唯一数字ID,点击"登录"按钮登录系统(同图14-25)。

系统登录成功后,点击首页用户名旁边的"进入账户"链接进入用户操作界面(同图14-26)。

域名购买成功后,点击"我的控制面板"中"域名管理"链接进行域名管理工作。选中注册域名并点击"域名解析"(图14-41)。

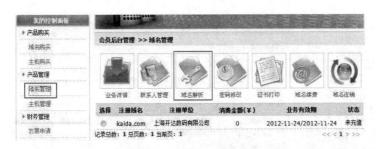

图14-41 域名管理页面

在系统跳转的登录页面中,输入注册域名时填写的域名密码。点击"登录"按钮继续(图14-42)。

图14-42 域名服务器登录页面

在此页面可以看到域名服务商提供的域名解析服务器地址(图14-43)。

点击"我的控制面板"中"域名管理"链接进行域名管理工作。选中注册域名并点击"证书打印"查看服务商提供的域名注册证书(图14-44)。

在系统弹出页面中可以看到域名服务商提供的域名注册证书。用户可以进行打印或保存操作(图14-45)。

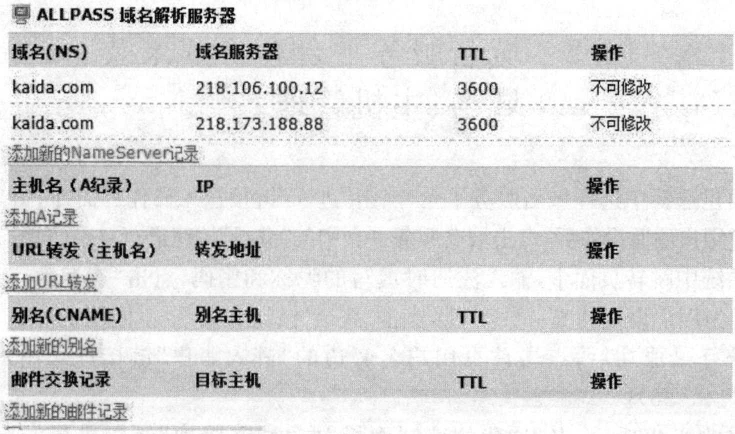

域名(NS)	域名服务器	TTL	操作
kaida.com	218.106.100.12	3600	不可修改
kaida.com	218.173.188.88	3600	不可修改
添加新的NameServer记录			
主机名（A纪录）	IP		操作
添加A记录			
URL转发（主机名）	转发地址		操作
添加URL转发			
别名(CNAME)	别名主机	TTL	操作
添加新的别名			
邮件交换记录	目标主机	TTL	操作
添加新的邮件记录			

图 14-43　服务器地址列表

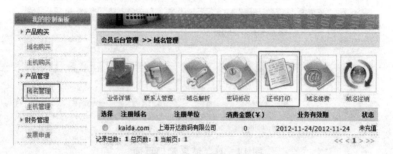

图 14-44　域名管理页面

图 14-45　域名注册证书

主机购买成功后,点击"主机管理"中"主机登录"链接为购买的主机进行网站绑定。选择已经购买的服务器,并点击"主机登录"进行进一步操作(图14-46)。

图 14-46　主机管理页面

输入服务商提供的主机初始密码。若用户已经使用主机管理"密码修改"功能修改过密码,请使用自己设定的主机登录密码。点击"登录"进入主机管理(图14-47)。

图 14-47　主机登录页面

在系统切换的页面中,会员用户将看到主机信息,点击"上传网站"按钮上传用户网站内容(图14-48)。

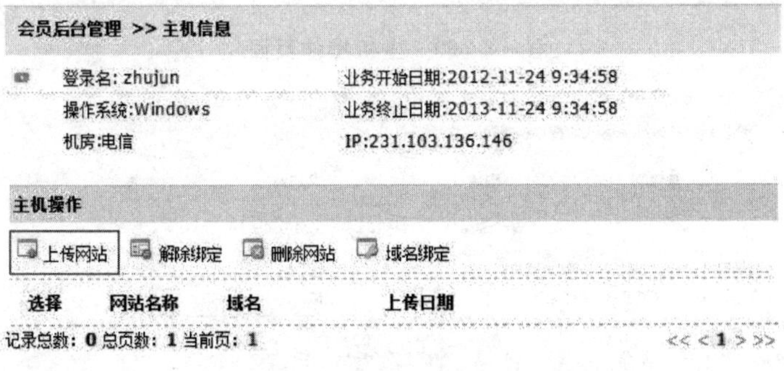

图 14-48　主机页面

选择已经设定的网站名称和类型，点击底部"添加"按钮完成网站上传操作（图 14-49）。

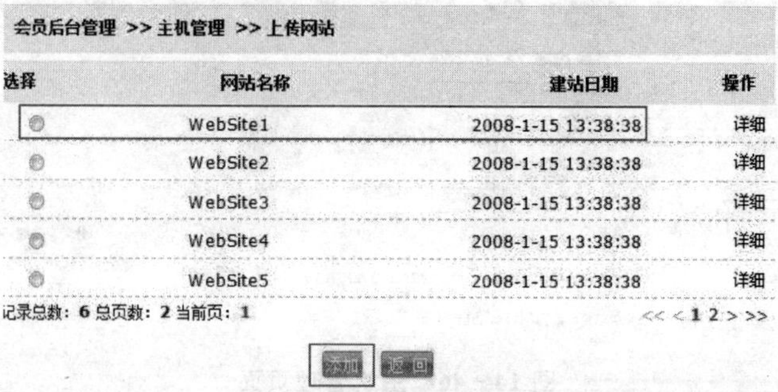

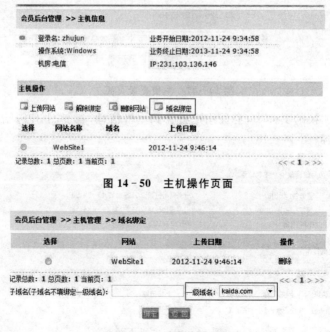

图 14-49 上传网站页面

若操作成功，系统会弹出网站添加成功提示框。

完成网站内容添加后，我们还要将自己购买的主机资源与域名进行绑定，这样互联网用户才能通过域名访问到主机上传的用户网站内容。点击选中上传的网站并点击"域名绑定"进行操作（图 14-50）。

在系统跳出的"域名绑定"页中选择网站，并选择一级域名，也可填写子域名（图 14-51）。

图 14-50 主机操作页面

图 14-51 域名绑定页面

若操作成功,系统会弹出域名绑定成功提示框。至此用户可以通过域名访问到用户上传的网站系统。

主机购买成功后,点击"主机管理"中"密码修改"链接为购买的主机进行初始密码修改。选择已经购买的服务器,并点击"密码修改"进行进一步操作(图14-52)。

由于服务商设定了初始密码,而初始密码较为简单,为保证用户主机的安全性,在跳转的页面中修改密码。输入新密码后点击"更新"完成密码更改(图14-53)。

图14-52 主机管理页面

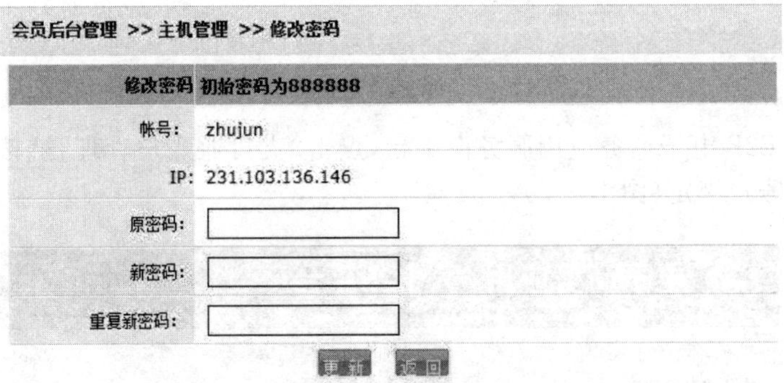

图14-53 密码修改页面

第 15 章 B2B 网上交易平台实践

15.1 B2B 平台网上商城服务商基本操作

在进行 B2B 平台网上商城服务商基本操作之前,请先完成"第 9 章网上银行及支付通初步"的有关操作。申请相应的企业网上银行账户和支付通商家账号。

在角色选择中选择服务商平台,点击右侧"进入"链接进入操作界面(图 15-1)。

图 15-1 服务商平台进入页面

进入 B2B 电子商务应用服务商平台,点击"支付通账户管理"链接进行服务商支付通账户绑定(图 15-2)。

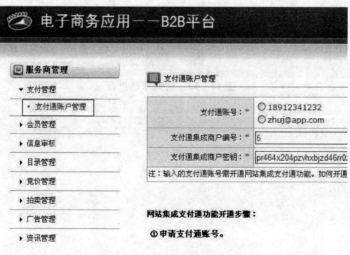

图 15-2 支付通账户管理页面

如果服务商用户已经开通支付通账户并已经申请完成商户服务,在支付通账号中选择相应的支付通账号,点击"确定"按钮绑定支付通账户(图 15-3)。

图 15-3 支付通账户绑定页面

如果商户绑定操作成功,系统将弹出成功提示框。

15.2 B2B 平台网上商城用户注册操作

在角色选择中选择 B2B 平台,点击右侧"进入"链接进入操作界面(图 15-4)。

图 15-4 B2B 平台进入页面

在系统切换的 B2B 购物平台主页中,点击右上方"免费注册"按钮进行用户注册操作(图 15-5)。

图 15-5 用户注册页面

在系统切换的用户注册页中填写注册信息,完成相关信息填写后,点击"接受服务协议",点击"统一服务条款,提交注册信息"按钮进行下一步操作(图 15-6)。

在系统切换的页面中点击"下一步"按钮继续注册操作(图 15-7)。

系统切换页面后会提示用户收取邮箱中的注册邮件(图 15-8)。

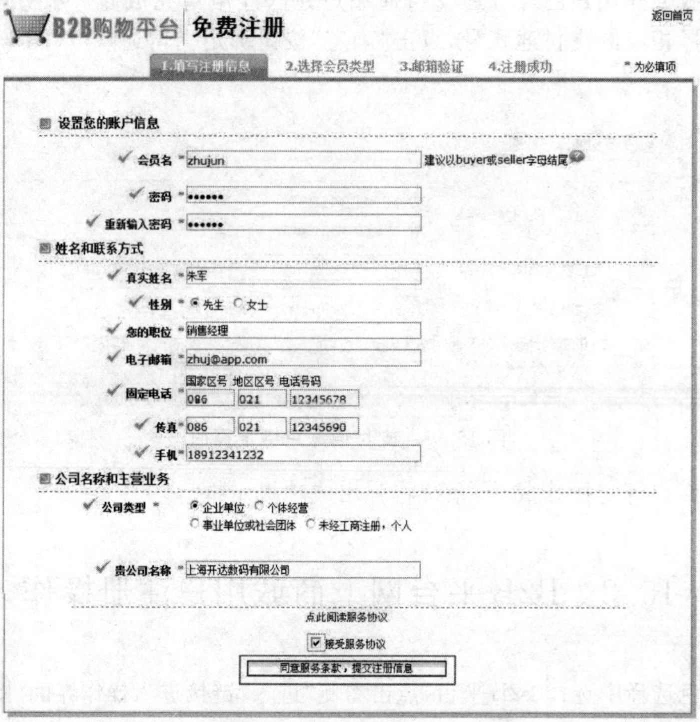

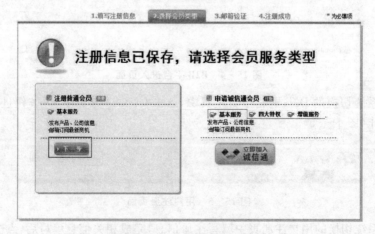

图 15-6　注册信息提交页面

图 15-7　会员类型选择页面

这时,注册邮箱会收到一条 B2B 会员激活邮件。点击页面右下方状态栏(图 15-9)。

图 15-8 验证邮件发送页面

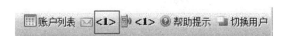

图 15-9 状态栏

点击邮箱旁边的"<1>"查看收到的校验码短信。在弹出的页面中点击模拟邮箱中的激活邮件(图 15-10)。

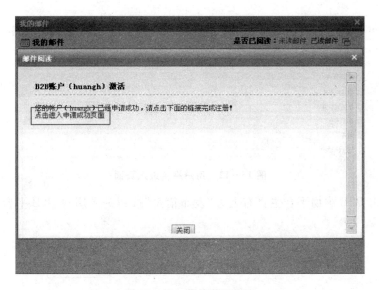

图 15-10 邮件激活页面

点击具体邮件中"点击进入申请成功页面"完成用户激活。在系统弹出框中会显示注册成功信息,填写有关公司信息并点击"确定提交"按钮完成 B2B 购物平台免费注册(图 15-11)。

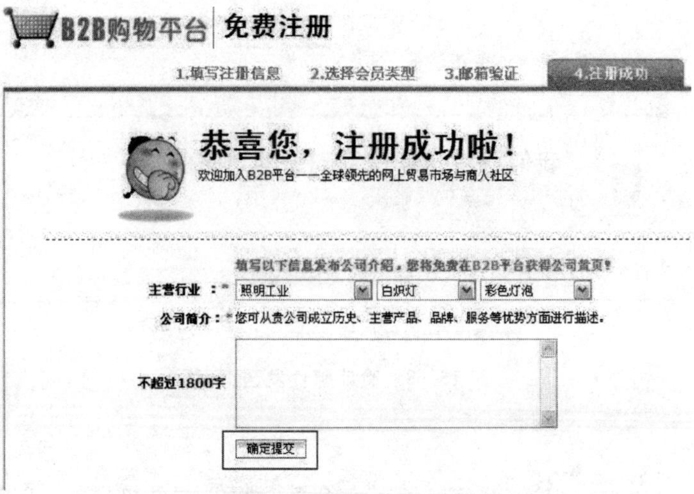

图 15-11　注册成功页面

15.3　B2B 平台网上商城用户支付通账号绑定

在角色选择中选择已注册用户账户,点击右侧"进入"链接进入操作界面(图 15-12)。

图 15-12　用户平台进入页面

点击 B2B 购物平台主页右上方"发布信息"按钮进入用户 B2B 平台管理页面(图 15-13)。

图 15-13　发布信息按钮

在用户 B2B 平台管理页面中,选择左侧菜单,点击"支付通账户"菜单前面的加号进入下一步操作(图 15-14)。

在"支付通账户"菜单下点击"支付通菜单"进行绑定(图 15-15)。

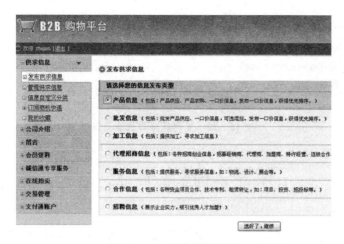

图 15-14　平台管理页面

由于新注册用户没有绑定支付通账户，点击"进行设置"绑定 B2B 账户及支付通账户信息（图 15-16）。

图 15-15　账户选择页面

图 15-16　账户设置页面

选择已经申请并开通商务服务功能的支付通账号，点击"确认"继续下一步操作（图 15-17）。

系统将跳转至支付通账户登录页面。输入账户名及登录密码，点击"登录"按钮绑定支付通账户（图 15-18）。

图 15-17　设置确认页面

如果支付通绑定成功，系统将弹出支付通绑定成功对话框（图 15-19）。

图 15-18　账户登录页面

图 15-19　绑定成功页面

绑定成功后，在 B2B 支付通账户中可以看到已经绑定的支付通账户（图 15-20）。

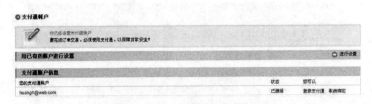

图 15-20　支付通账户信息页面

15.4　B2B 平台网上商城诚信通会员开通

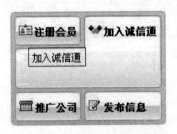

图 15-21　快捷选项页面

在角色选择中选择已注册用户账户,点击右侧"进入"链接进入操作界面(同图 15-12)。

点击 B2B 购物平台右侧的快捷选项加入诚信通(图 15-21)。

在系统跳转的页面中填写诚信通会员公司信息,点击"确认提交"按钮进行下一步操作(图 15-22)。

在系统跳转的界面中,点击"网上在线支付"进入下一步操作(图 15-23)。

图 15-22　会员信息提交页面

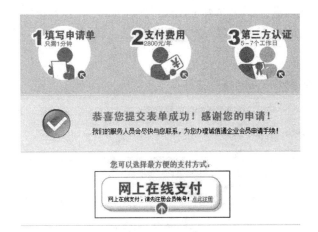

图 15-23 支付方式选择页面

系统跳转到支付通界面,在支付通系统中完成付款(图 15-24)。

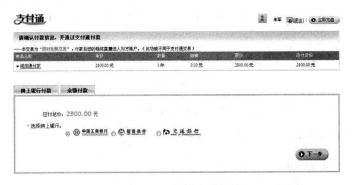

图 15-24 网银支付界面

完成付款后,用户将成为 B2B 诚信通会员。

15.5 B2B 平台网上商城诚信通会员发布供求信息

在角色选择中选择已注册用户账户,点击右侧"进入"链接进入操作界面(同图 15-12)。

点击 B2B 购物平台主页右上方"发布信息"按钮进入用户 B2B 平台管理页面(同图 15-13)。

在用户 B2B 平台管理页面中,选择左侧菜单,点击"供求信息"菜单前面的加号进入具体菜单。点击右侧内容页"发布供求信息"链接开始发布供求信息操作,选择内容页中的"产品信息",点击"选好了,继续"按钮进入下一步操作(同图 15-14)。

在系统跳转的内容页中填写供求基本信息,包括信息类型、产品名称并选择分类,点击"选好了,继续"按钮进入下一步(图 15-25)。

图 15-25　发布信息填写页面(1)

在系统跳转的页面中,继续添加产品详细信息(图 15-26)。

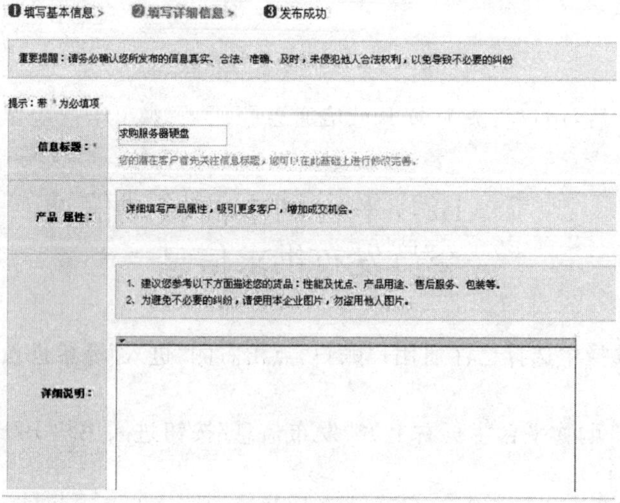

图 15-26　发布信息填写页面(2)

在系统"填写详细信息"页中,上传产品图片并设置有效期,点击"同意服务条款,我要发布"按钮进入下一步操作(图 15 - 27)。

图 15 - 27　发布信息填写页面(3)

操作成功,系统将跳转到发布成功页面(图 15 - 28)。

图 15 - 28　发布成功页面

点击左侧供求信息菜单中"管理供求信息"菜单查看已经提交的供求信息(图 15 - 29)。

点击右侧页面中相应的标签信息查看供求信息审核情况(图 15 - 30)。

服务商审核供求信息通过后,在 B2B 购物平台首页可查看"最新求购信息"(图 15 - 31)。

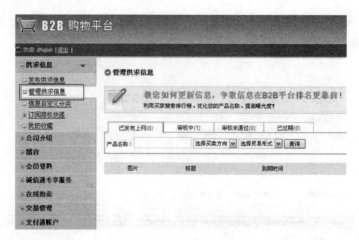

图 15-29　供求信息管理页面

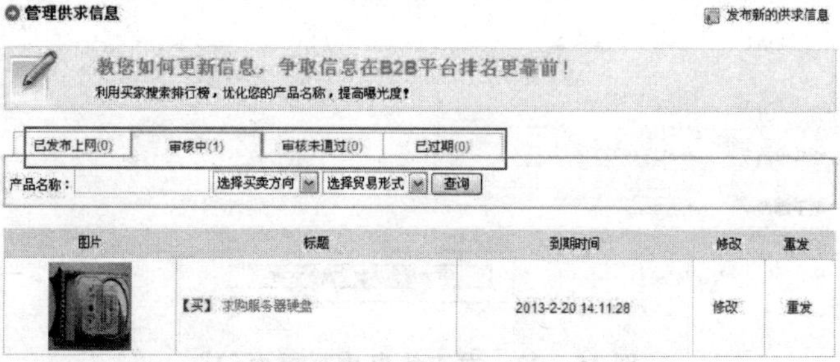

图 15-30　供求信息审核情况页面

图 15-31　最新供求信息查看页面

15.6　B2B 平台网上商城服务商供求信息审核操作

在角色选择中选择服务商平台,点击右侧"进入"链接进入操作界面(同图 15-1)。

进入 B2B 电子商务应用服务商平台,点击信息审核中"供求信息审核"链接进行供求信息审核(图 15-32)。

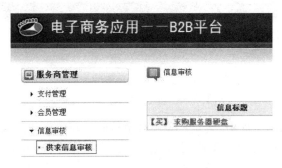

图 15-32　供求信息审核页面

点击信息标题中的链接查看供求详细信息,点击审核操作中的"通过"链接通过审核(图 15-33)。

图 15-33　审核通过页面

15.7　B2B 平台网上商城诚信通会员第三方认证

客户申请成为 B2B 诚信通会员前,其填写的个人信息还需经过第三方认证后才能真正成为网站诚信通会员。在角色选择中选择第三方认证,点击右侧"进入"链接进入操作界面(图 15-34)。

在系统跳转的页面中,我们可以看到诚信通会员认证情况。我们点击申请

图 15-34　第三方认证平台进入页面

人信息右侧的"认证"链接进行第三方认证操作(图 15-35)。

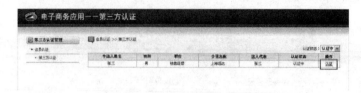

图 15-35　第三方认证管理页面

在系统右侧的页面中,会显示该会员申请时填写的详细信息,第三方认证员核实相关的情况后,点击"认证"按钮完成第三方认证操作(图 15-36)。

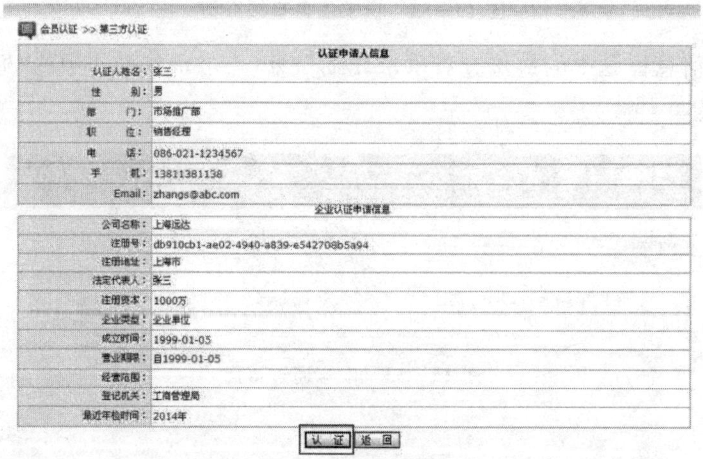

图 15-36　认证信息核实页面

如果支付通绑定成功,系统将弹出支付通绑定成功对话框。

15.8　B2B平台网上商城诚信通会员基本操作

在角色选择中选择已注册用户账户,点击右侧"进入"链接进入操作界面(同

图 15-12)。

点击 B2B 购物平台主页右上方"发布信息"按钮进入用户 B2B 平台管理页面(同图 15-13)。

在用户 B2B 平台管理页面中,选择左侧菜单,点击"诚信通专享服务"菜单前面的加号进入具体菜单。使用诚信通专享服务构建自己的 B2B 电子商务网站(同图 15-14)。

在诚信通专享服务菜单中,点击"网站管理"菜单中相关链接进行用户公司 B2B 网站设置操作(图 15-37)。

点击"页面设计"链接进入页面设计具体操作,在右侧页中点击选择相应的网站风格并设置公司 LOGO(图 15-38)。

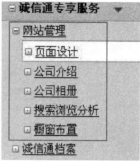

图 15-37 网站管理页面

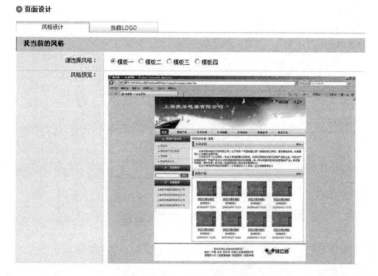

图 15-38 页面设计页面

点击"公司介绍"链接进入公司信息设置,在右侧页中点击"公司简介"标签填写公司简介,点击"公司动态"标签添加公司动态(图 15-39)。

点击"公司相册"链接进入公司相册,在右侧页中点击"类别管理"标签设置公司相册类别,点击"公司相册"标签添加相册照片(图 15-40)。

点击"搜索浏览分析"链接查看 B2B 平台内公司网页的被点击情况和发布的供求信息浏览情况(图 15-41)。

点击"橱窗布置"链接设置公司网站橱窗标题以及相关产品(图 15-42)。

在诚信通专享服务菜单中,点击"诚信通档案"菜单查看公司诚信通档案(同图 15-37)。

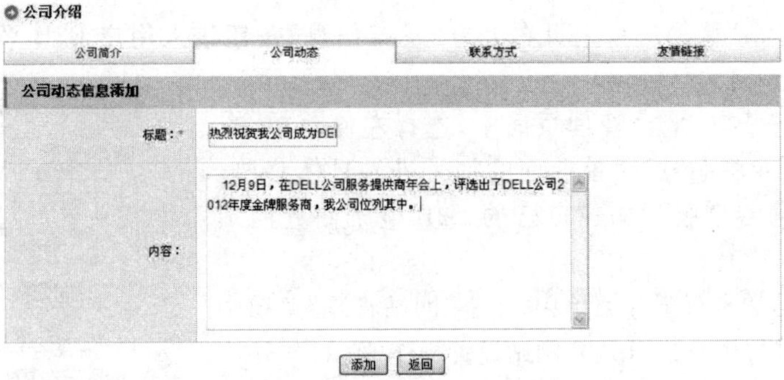

图 15－39 公司信息添加页面

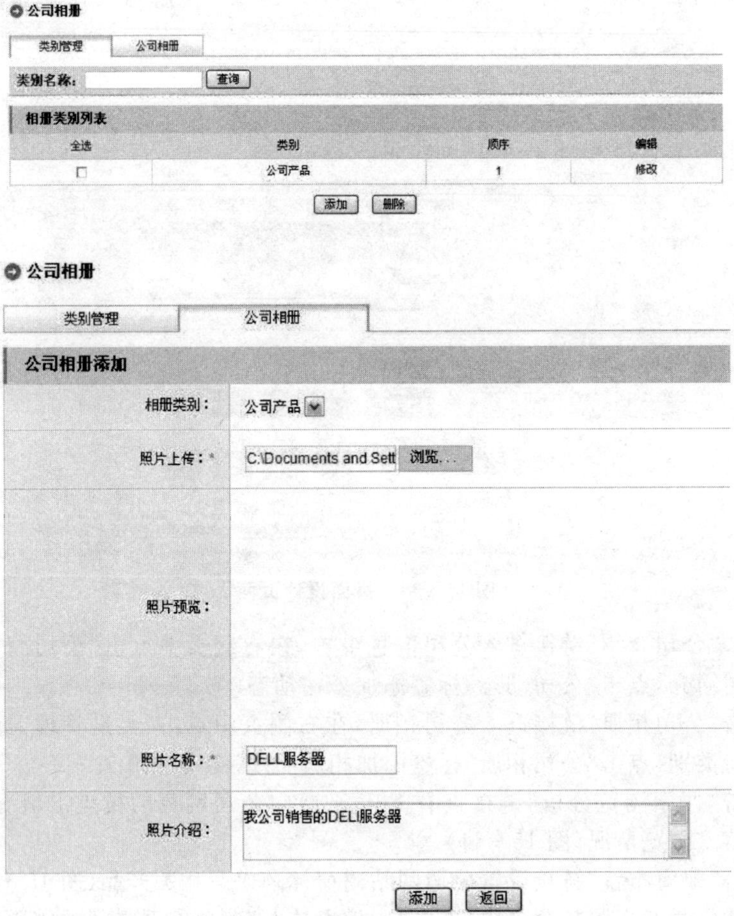

图 15－40 公司相册添加页面

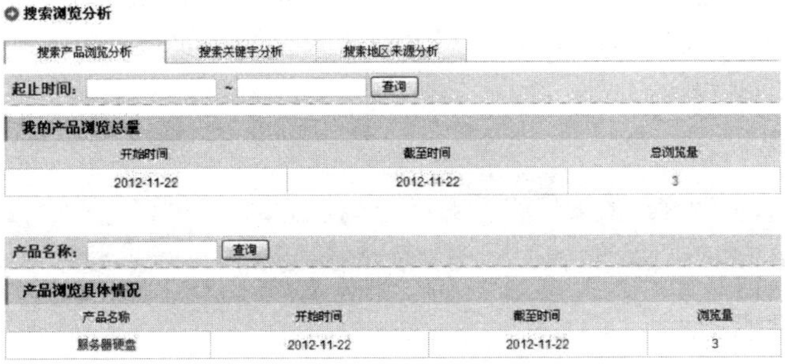

图 15‐41　浏览情况分析查看页面

图 15‐42　橱窗布置页面

在系统右侧内容页中,点击相应标签查看 B2B 平台中所认证的公司具体信息(图 15‐43)。

图 15‐43　诚信通档案查看页面

完成诚信通会员用户相关设置后,在 B2B 购物平台主页中点击"找公司"标签,选择经过相关设置后的 B2B 公司名称进入公司主页(图 15-44)。

图 15-44　B2B 购物平台首页页面

在系统跳转的公司主页中,可以查看刚才设置的各类公司信息(图 15-45)。

图 15-45　平台内各类公司信息页面

15.9 B2B 平台网上商城会员商品询价基本操作(买家)

在角色选择中选择已注册用户账户,点击右侧"进入"链接进入操作界面(图 15-46)。

图 15-46 用户平台进入页面

在系统切换的 B2B 购物平台首页中,点击"找产品"标签查找平台中各家公司提供的供求信息(图 15-47)。

图 15-47 平台首页找产品页面

点击相关的供求信息名称进入查看商品具体信息。点击具体商品信息页面中"点此询价"按钮向对方商家咨询商品具体情况(图 15-48)。

在系统跳转的页面中填写询价内容以及希望了解的信息。点击"发送询价单"按钮发送询价单给供应公司(图 15-49)。

点击 B2B 购物平台主页右上方"发布信息"按钮进入用户 B2B 平台管理页

图 15-48 点击询价页面

图 15-49 询价单发送页面

面(同图 15-13)。

在左侧菜单项中点击"留言"菜单"我发出的留言"链接可以看到和管理买家用户发出的留言(图 15-50)。

在用户后台"我收到的留言"中可以看到卖家公司的回复信息。而如果卖家公司回复了留言,在上图中留言的状态会变成"对方已回复"。

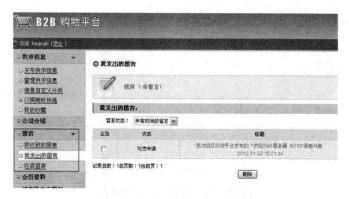

图 15-50　留言管理页面(买家)

15.10　B2B 平台网上商城会员商品询价基本操作(卖家)

在角色选择中选择已注册用户账户,点击右侧"进入"链接进入操作界面(同图 15-12)。

点击 B2B 购物平台主页右上方"发布信息"按钮进入用户 B2B 平台管理页面(同图 15-13)。

在左侧菜单项中点击"留言"菜单"我收到的留言"链接可以看到买家用户发出的留言并进行回复(图 15-51)。

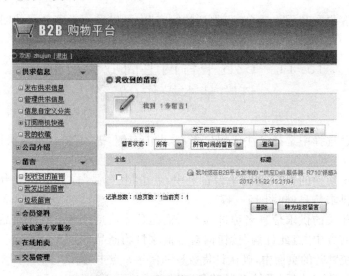

图 15-51　留言管理页面(卖家)

点击留言标题查看买家公司具体留言内容(图15-52)。

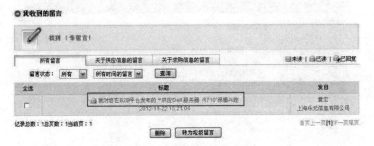

图15-52 买家留言查看页面

在系统跳转的页面中,对买家询价留言进行回复,填写回复主题以及正文,点击"回复留言"进行回复(图15-53)。

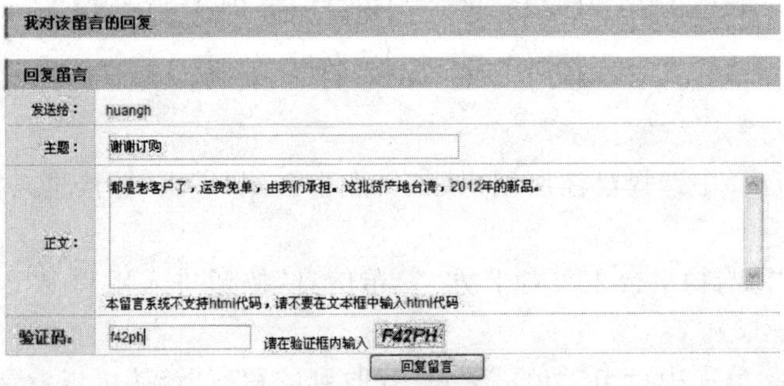

图15-53 回复买家留言页面

买家客户在其用户后台"我收到的留言"中可以看到卖家公司的回复信息。

15.11 B2B平台网上商城会员商品订购基本操作(买家)

在角色选择中选择已注册用户账户,点击右侧"进入"链接进入操作界面(同图15-46)。

在系统切换的B2B购物平台首页中,点击"找产品"标签查找平台中各家公司提供的供求信息(同图15-47)。

点击相关的供求信息名称进入查看商品具体信息。点击具体商品信息页面商品报价右方中"点此订购"按钮向对方商家订购商品(图15-54)。

在系统跳转的页面中,确认订货数量和信息。点击"确认订购"(图15-55)。

用户订购完成后,系统会跳转订单提交成功页面(图15-56)。

图 15-54　点击订购页面

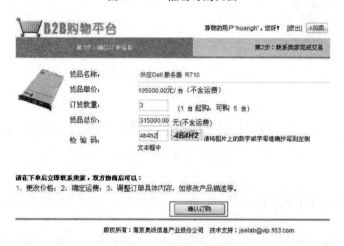

图 15-55　订购确认页面

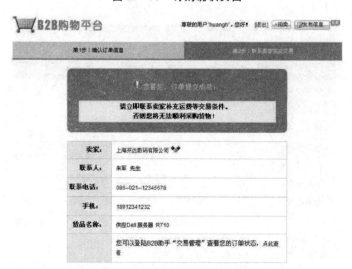

图 15-56　订单提交成功页面

点击 B2B 用户管理平台中"交易管理"菜单"我是买家"链接可以查看订单状态(图 15-57)。

图 15-57 交易管理页面(买家)

15.12 B2B 平台网上商城会员商品交易基本操作(卖家设置运费)

在角色选择中选择已注册用户账户,点击右侧"进入"链接进入操作界面(同图 15-12)。

点击 B2B 购物平台主页右上方"发布信息"按钮进入用户 B2B 平台管理页面(同图 15-13)。

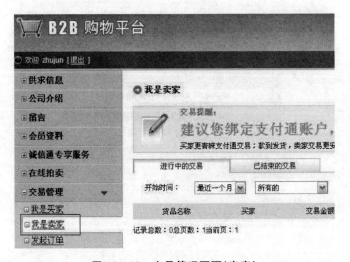

图 15-58 交易管理页面(卖家)

点击左侧菜单中"交易管理"项下的"我是卖家"链接,查看买家提交的订单信息(图15-58)。

在右侧内容页中点击"进行中的交易"标签查看买家提交的订单,选择相应的买家订单并点击"补充运费"按钮进行运费设定(图15-59)。

图15-59 运费补充页面

在系统右侧内容页跳转的界面中,设置运费承担方以及价格优惠,确认无误后点击"确认提交"按钮完成运费交易补充(图15-60)。

图15-60 运费补充提交页面

在右侧内容页中点击"进行中的交易"标签查看买家提交的订单,可以看到交易状态已经从"等待您补充运费"变更为"等待买家确认收货"(图15-61)。

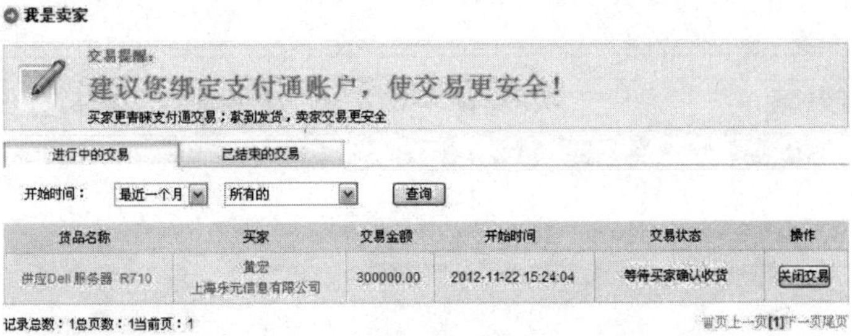

图15-61 交易状态查询页面(卖家)

15.13　B2B平台网上商城会员商品交易基本操作(买家付款)

在角色选择中选择已注册用户账户,点击右侧"进入"链接进入操作界面(同图15-46)。

点击B2B购物平台主页右上方"发布信息"按钮进入用户B2B平台管理页面(图15-62)。

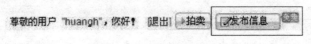

图15-62　发布信息按钮

点击左侧菜单中"交易管理"项下的"我是买家"链接,查看买家提交的订单信息(同图15-57)。

在右侧内容页中点击"进行中的交易"标签查看买家提交的订单,选择相应的买家订单并点击"付款"按钮进行付款(图15-63)。

图15-63　买家付款页面

系统将弹出支付通付款界面,查看交易信息,点击"付款"按钮进行付款(图15-64)。

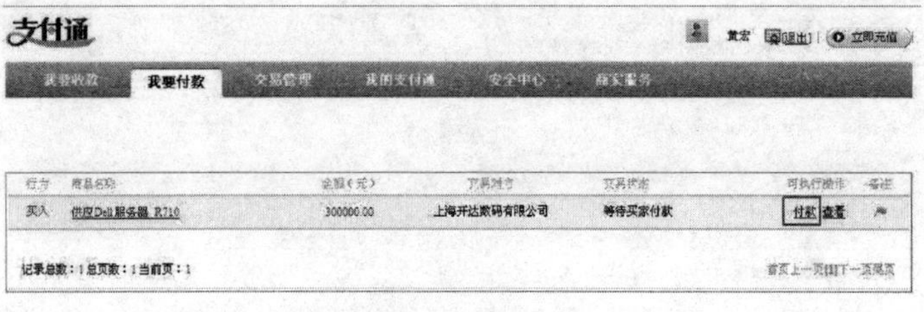

图15-64　支付通付款页面

在支付通界面跳转界面中,完成付款操作(图 15-65)。

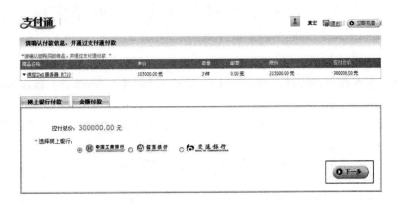

图 15-65　网银付款页面

付款完成后,在支付通系统中点击"交易管理",可以看到交易状态改变为"买家已付款,等待买家发货"(图 15-66)。

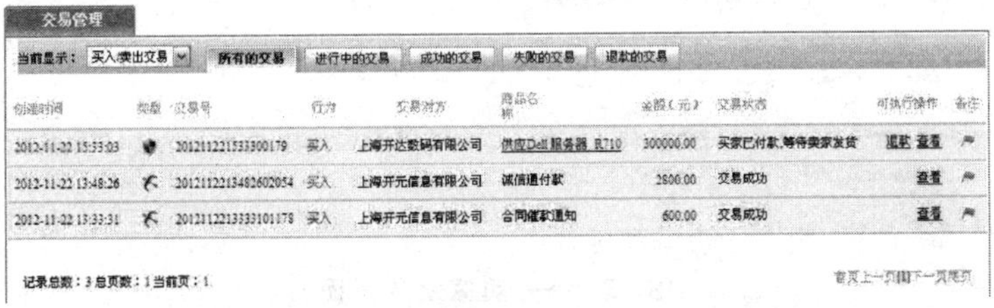

图 15-66　支付通系统交易状态查看页面

而点击 B2B 用户平台中"交易管理"项下的"我是买家"链接,可以在右侧内容页中点击"进行中的交易"标签查看买家提交的订单,交易状态也转变为"等待卖家发货"(图 15-67)。

图 15-67　交易状态查询页面(买家)

15.14　B2B 平台网上商城会员商品交易基本操作（卖家发货）

在角色选择中选择已注册用户账户，点击右侧"进入"链接进入操作界面（同图 15－12）。

点击 B2B 购物平台主页右上方"发布信息"按钮进入用户 B2B 平台管理页面（同图 15－13）。

点击左侧菜单中"交易管理"项下的"我是卖家"链接，查看买家提交的订单信息（同图 15－58）。

在右侧内容页中点击"进行中的交易"标签查看买家提交的订单，选择相应的买家订单并点击"发货"按钮进行模拟发货（图 15－68）。

图 15－68　卖家发货页面

在系统跳转的支付通页面中，选择物流方式并填写模拟的承运公司名称和单据，点击"确定"完成发货操作（图 15－69）。

图 15－69　发货信息提交页面

15.15 B2B 平台网上商城会员商品交易基本操作（买家确认收货）

在角色选择中选择已注册用户账户，点击右侧"进入"链接进入操作界面（同图 15-46）。

点击 B2B 购物平台主页右上方"发布信息"按钮进入用户 B2B 平台管理页面（同图 15-62）。

点击左侧菜单中"交易管理"项下的"我是买家"链接，查看买家提交的订单信息（同图 15-57）。

在右侧内容页中点击"进行中的交易"标签查看买家提交的订单，选择相应的订单并点击"确认收货"按钮进行确认收货（图 15-70）。

图 15-70 买家确认收货页面

在系统弹出的支付通页面中，输入支付密码并点击"确认收货"按钮完成交易（图 15-71）。

图 15-71 支付确认页面

交易完成后,系统会弹出资金转账提示框(图 15-72)。

点击左侧菜单中"交易管理"项下的"我是买家"链接,在右侧内容页中点击"已结束的交易"标签查看已结束的交易。点击"评价"按钮对此次交易进行评价(图 15-73)。

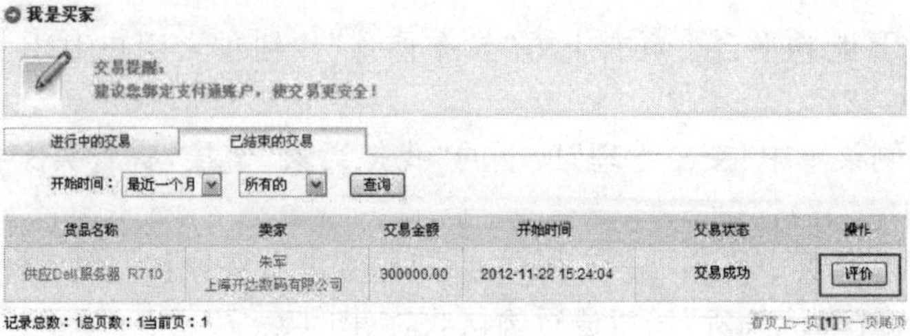

图 15-72 收货成功页面

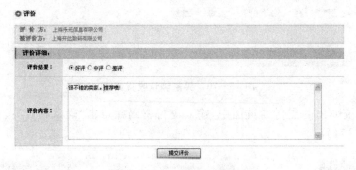

图 15-73 买家评价页面

在系统跳转的页面中输入评价信息,点击"提交评价"按钮提交评价信息(图 15-74)。

图 15-74 评价提交页面

15.16 B2B 平台网上商城会员商品交易基本操作(卖家评价)

在角色选择中选择已注册用户账户,点击右侧"进入"链接进入操作界面(同图 15-12)。

点击 B2B 购物平台主页右上方"发布信息"按钮进入用户 B2B 平台管理页面(同图 15-13)。

点击左侧菜单中"交易管理"项下的"我是卖家"链接,查看买家提交的订单信息(同图 15-58)。

在右侧内容页中点击"已结束的交易"标签查看已结束的交易。点击"评价"按钮对此次交易进行评价(图 15-75)。

图 15-75 卖家评价页面

在系统跳转的页面中输入评价信息,点击"提交评价"按钮提交评价信息(图 15-76)。

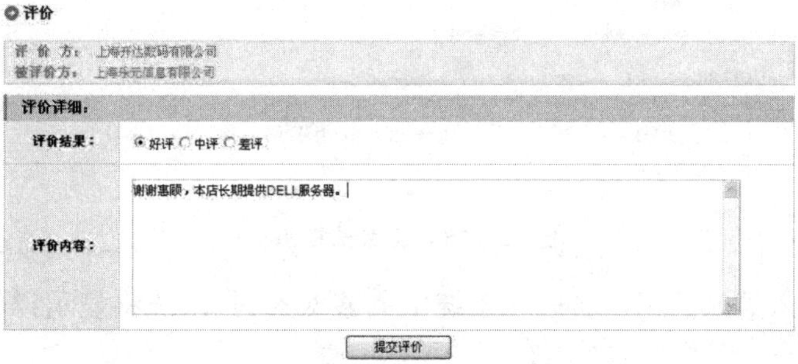

图 15-76 评价提交页面

15.17 B2B 平台网上商城会员商品交易基本操作(发起订单)

在角色选择中选择已注册用户账户,点击右侧"进入"链接进入操作界面(同图 15-46)。

点击 B2B 购物平台主页右上方"发布信息"按钮进入用户 B2B 平台管理页面(同图 15-62)。

点击左侧菜单中"交易管理"项下的"发起订单"链接,向特定买家发起订单交易(图 15-77)。

在右侧内容页中,添加买家的 B2B 用户登录名,点击"下一步"继续操作(图 15-78)。

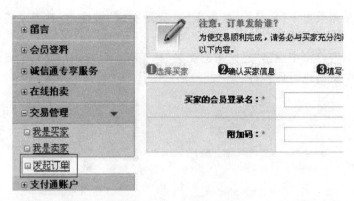

图 15-77　订单发起页面

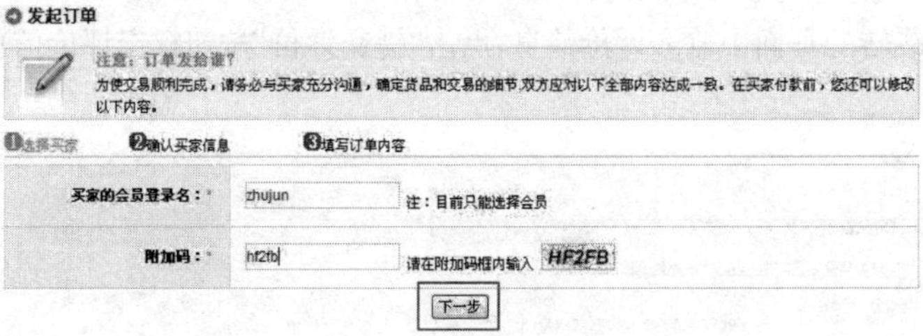

图 15-78　买家选择页面

如果输入买家的用户名后在系统中能够搜索到,系统将显示详细的买家信息。点击"下一步"继续操作(图 15-79)。

图 15-79　买家信息确认页面

在系统跳转的界面中填写商品的基本信息(图 15-80)。

点击页面中"提交订单"按钮完成发起订单操作(图 15-81)。

在买家用户后台"交易管理"菜单中,点击"我是买家"可以看到刚才发起的订单已经在"进行中的交易"中显示出来了(同图 15-63)。

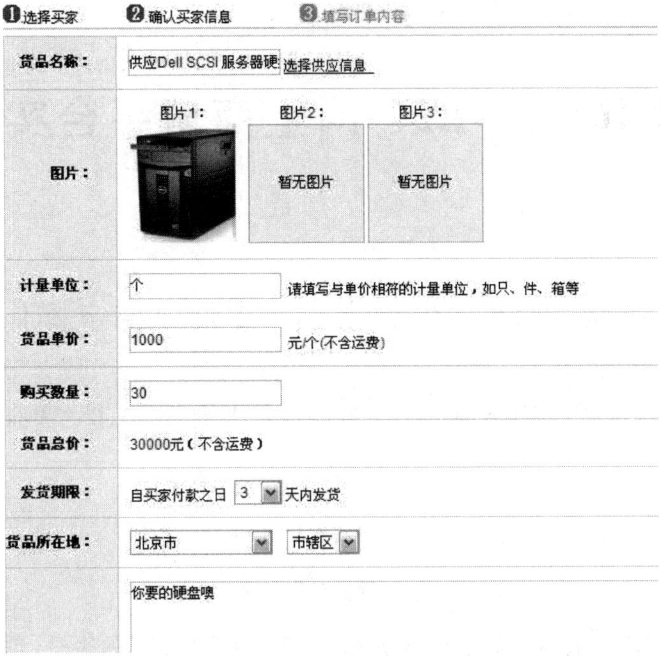

图 15 - 80　订单内容填写页面

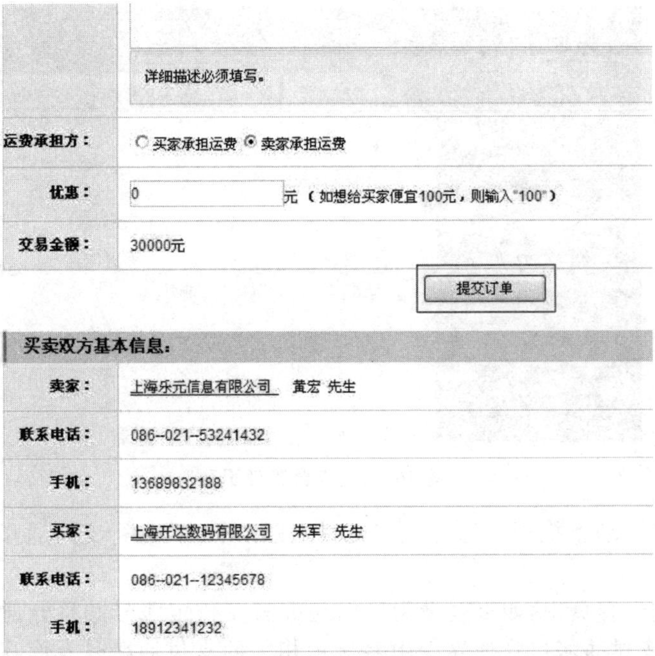

图 15 - 81　订单提交页面

第 16 章　B2C 网上商城平台实践

16.1　B2C 平台网上商城账户绑定操作

在角色选择中选择服务商平台,点击右侧"进入"链接进入操作界面(图 16-1)。

图 16-1　服务商平台进入页面

进入 B2C 网上商城后台管理界面,点击"综合管理"标签栏,点击综合管理菜单各链接对网上商城进行管理,点击滚动条查看菜单各个选项(图 16-2)。

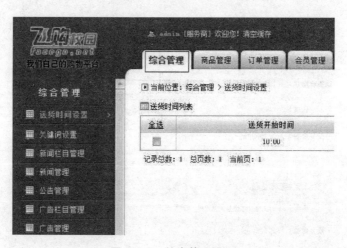

图 16-2　综合管理页面

将菜单滚动条拖至底部,点击"支付通账户管理"进行支付通账户绑定操作(图 16-3)。

在右侧内容页中,如果登录用户已经拥有支付宝账号并且开通商家服务功能,在右侧支付通账户管理界面中会显示相关的支付通账号及商户信息。选择相应的支付通账号,点击"保存"绑定网上商城支付通账号(图 16-4)。

图 16-3 支付通账户管理页面

图 16-4 支付通账号绑定页面

将菜单滚动条拖至底部,点击"银行账户管理"进行网银账户绑定操作(图 16-5)。

在右侧内容页中,如果登录用户已经拥有企业网银账号并且开通企业付款通道功能,在右侧支付通账户管理界面点击"添加"按钮,选择开户银行,界面中会显示相关的企业银行账号及商户信息。选择相应的企业银行账号,点击"保存"绑定网上商城支付通账号(图 16-6)。

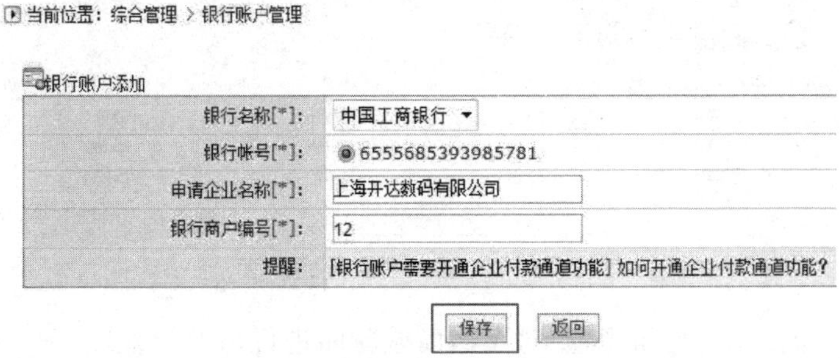

图 16-5 银行账户管理系统

图 16-6 银行账户绑定页面

16.2　B2C 平台网上商城综合管理操作

在角色选择中选择服务商平台,点击右侧"进入"链接进入操作界面(同图 16-1)。

进入 B2C 网上商城后台管理界面,点击"综合管理"标签栏,点击综合管理菜单各链接对网上商城进行管理,点击滚动条查看菜单各个选项(同图 16-2)。

点击左侧菜单"送货时间设置"进行送货时间的添加和管理(图 16-7)。

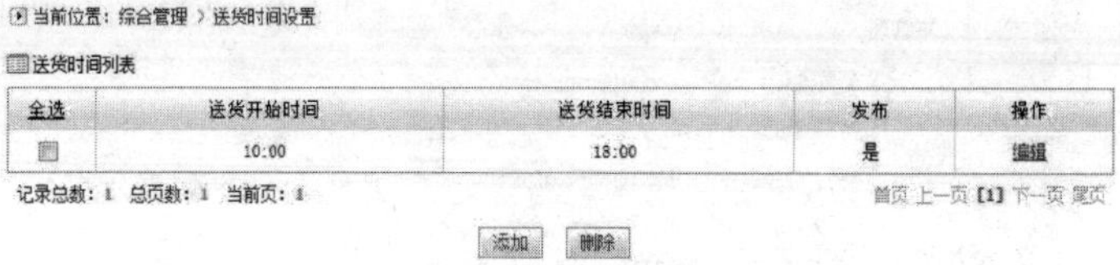

图 16-7　送货时间设置页面

点击左侧菜单"关键词设置"进行关键词的添加和管理(图 16-8)。

图 16-8　关键词设置页面

点击左侧菜单"新闻栏目管理"对飞购商城新闻栏目进行添加和管理(图 16-9)。

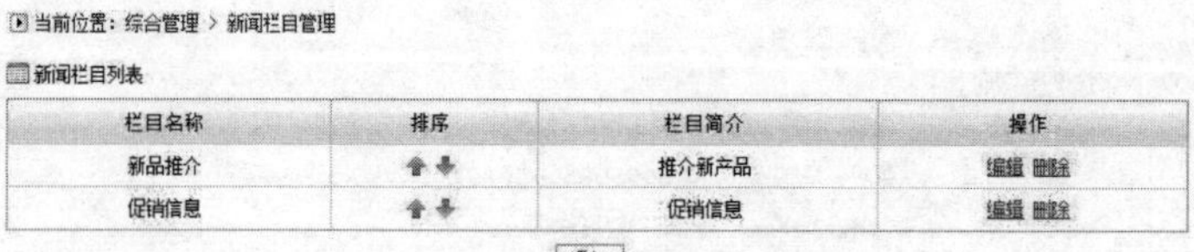

图 16-9　新闻栏目管理页面

点击左侧菜单"新闻管理"对飞购商城新闻进行添加和管理(图 16-10)。
点击左侧菜单"公告管理"对飞购商城公告进行添加和管理(图 16-11)。
点击左侧菜单"广告栏目管理"对飞购商城广告栏目进行添加和管理(图 16-12)。

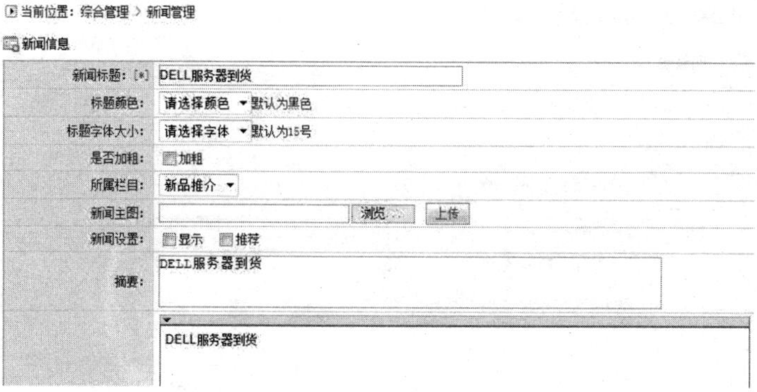

图 16-10 新闻信息添加页面

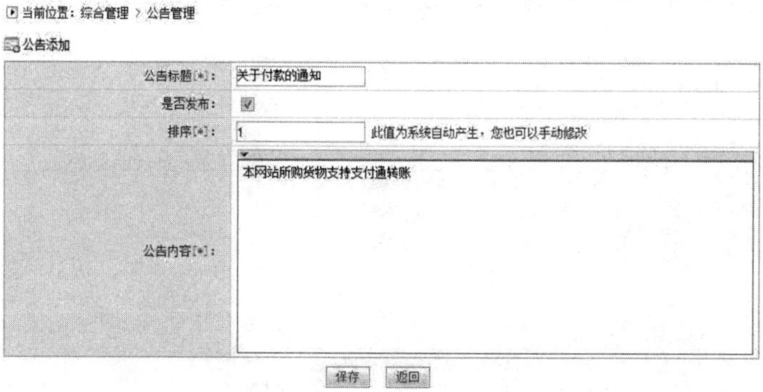

图 16-11 公告管理页面

图 16-12 广告栏目管理页面

点击左侧菜单"广告管理"对飞购商城广告进行添加和管理(图 16-13)。

图 16-13 广告添加页面

点击左侧菜单"功能设置"对飞购商城会员功能进行管理和设置(图 16-14)。

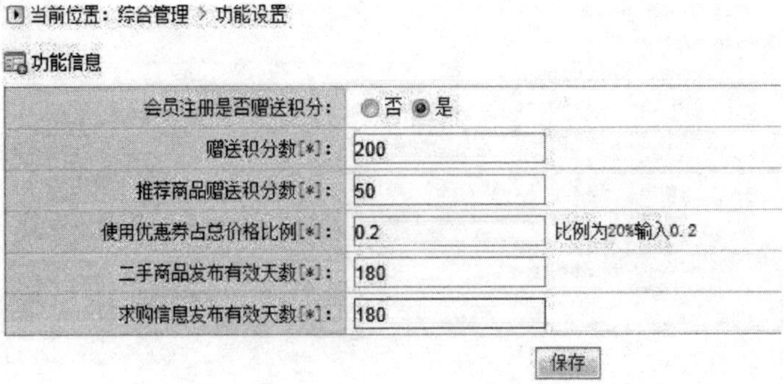

图 16-14 会员功能设置页面

点击左侧菜单"网站信息设置"设置飞购商城网站信息标题(图 16-15)。

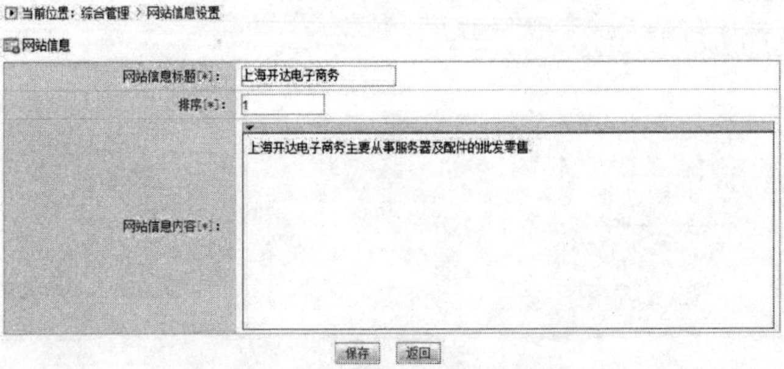

图 16-15 网络信息设置页面

点击左侧菜单"网站帮助类别设置"设置飞购商城网站类别帮助信息(图 16-16)。

图 16-16 网站帮助类别设置页面

点击左侧菜单"网站帮助设置"设置飞购商城网站帮助信息(图 16-17)。

图 16-17 帮助信息添加页面

点击左侧菜单"网站帮助设置"添加飞购商城网站网上投票内容。点击"添加"进入下一步(图16-18)。

图16-18 帮助设置添加页面

添加投票标题,选择开始和结束时间,点击"保存并添加投票选项"按钮进入投票选项的添加(图16-19)。

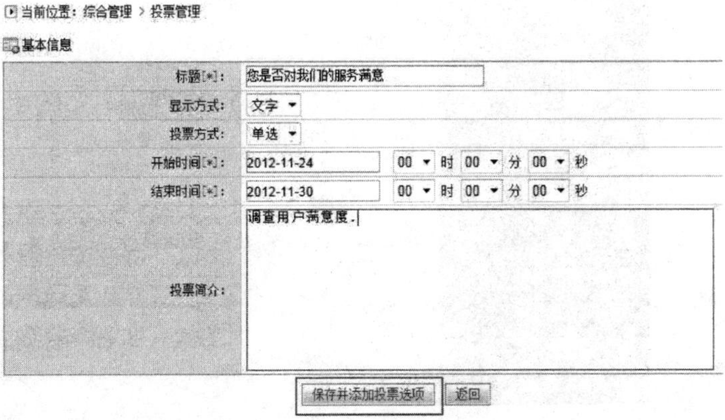

图16-19 投票管理页面

在系统跳转的页面中添加投票选项,完成网上投票内容的添加(图16-20)。

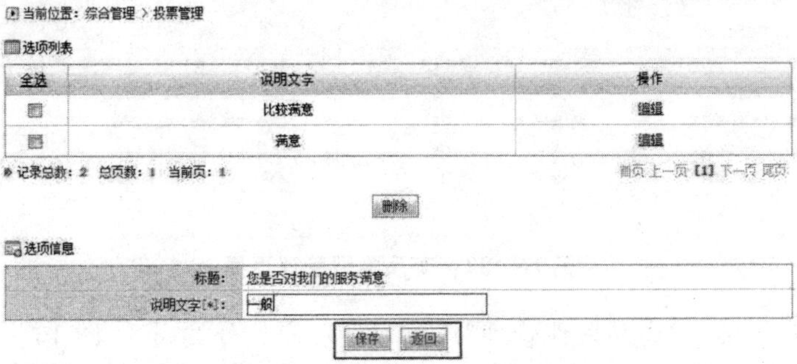

图16-20 投票内容添加页面

16.3 B2C平台网上商城商品分类及相关属性设置

在角色选择中选择服务商平台,点击右侧"进入"链接进入操作界面(同图16-1)。

进入 B2C 网上商城后台管理界面,点击"商品管理"标签栏,点击商品管理菜单各链接对网上商城进行管理(图16-21)。

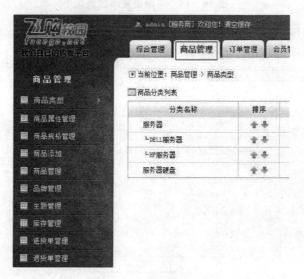

图 16-21 商品管理页面

点击左侧菜单"商品类型"添加和设置商品分类(图16-22)。

图 16-22 商品类型管理页面

点击左侧菜单"商品属性管理"添加和设置商品分类属性(图16-23)。
点击相关商品分类"添加属性"列"添加"链接添加商品分类属性(图16-24)。
点击相关商品分类"添加标签"列"添加"链接添加商品分类自定义标签(图

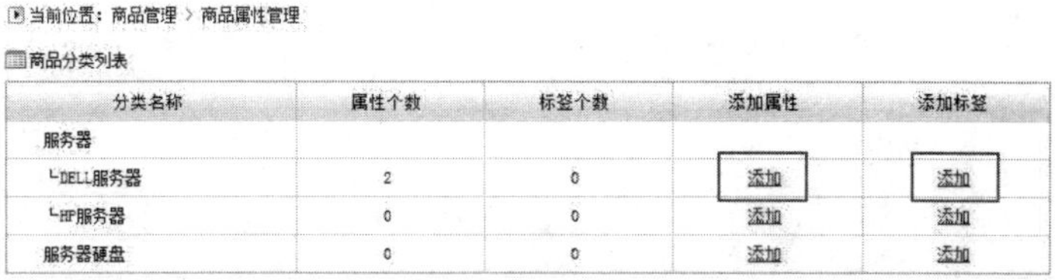

图 16－23　商品属性管理页面

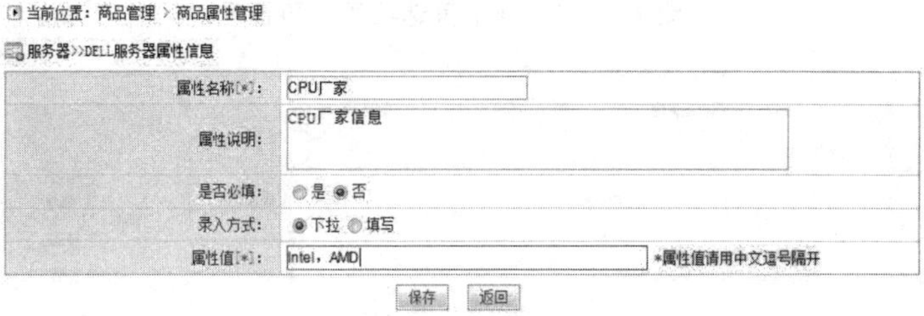

图 16－24　属性信息添加页面

图 16－25　标签添加页面

16－25)。

点击左侧菜单"商品规格管理"添加和设置商品规格属性。点击"添加"按钮添加规格(图 16－26)。

图 16－26　商品规格管理页面

点击"保存并添加规格值"按钮添加所设定规格的具体可选项(图 16－27)。
点击"添加"按钮添加规格下有关属性(图 16－28)。
点击左侧菜单"品牌管理"添加和设置品牌信息。点击"添加"按钮进入品牌信息添加界面(图 16－29)。

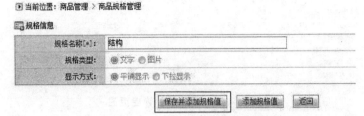

图 16-27　规格可选项添加页面

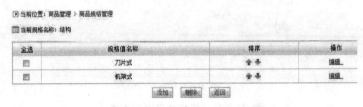

图 16-28　规格属性添加页面

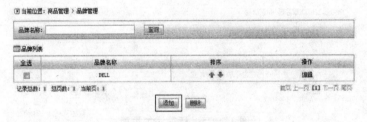

图 16-29　品牌管理页面

在品牌信息添加界面中添加品牌名称、网址及 Logo 信息(图 16-30)。

图 16-30　品牌信息添加页面

在选择类别选择相应的商品类别,点击"保存"按钮保存品牌信息(图16-31)。

图 16-31　品牌信息保存页面

16.4　B2C 平台网上商城商品添加

在角色选择中选择服务商平台,点击右侧"进入"链接进入操作界面(同图16-1)。

进入 B2C 网上商城后台管理界面,点击"商品管理"标签栏,点击商品管理菜单各链接对网上商城进行管理(同图 16-21)。

在完成了商品分类及相关属性设置后,点击左侧菜单"商品添加"进行商品添加操作。在商品基本信息表单中,我们可以看到在"商品类型"中添加的商品分类在"所属分类"中可以进行选择;在"品牌管理"中添加的品牌信息可以在"品牌"中选择(图16-32)。

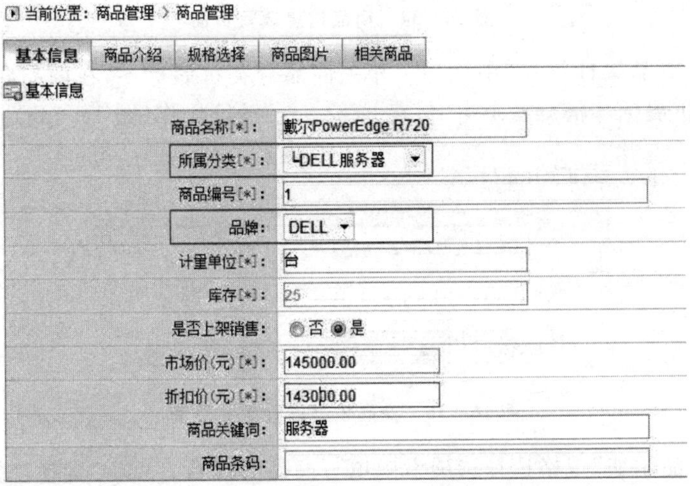

图 16-32　商品添加页面

如果在"商品属性管理"中添加了相关商品分类扩展属性,在基本信息表单中同样根据要求选择填写这些信息,点击"保存并下一步"继续操作(图 16-33)。

图 16-33　商品扩展信息选择页面

在"商品添加"商品介绍选项卡中填写对于商品的详细介绍(图 16-34)。

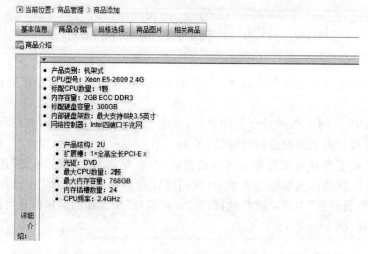

图 16-34　商品信息填写页面

若在"商品属性管理"中添加了相关商品分类扩展标签,在商品介绍表单中也需填写扩展标签信息。点击"保存并下一步"继续操作(图 16-35)。

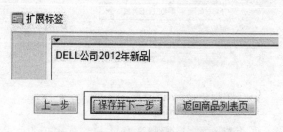

图 16-35　商品扩展属性填写页面

在"商品添加"规格选择选项卡中填写商品的规格。点击"选择规格"按钮添加商品规格选项(图 16-36)。

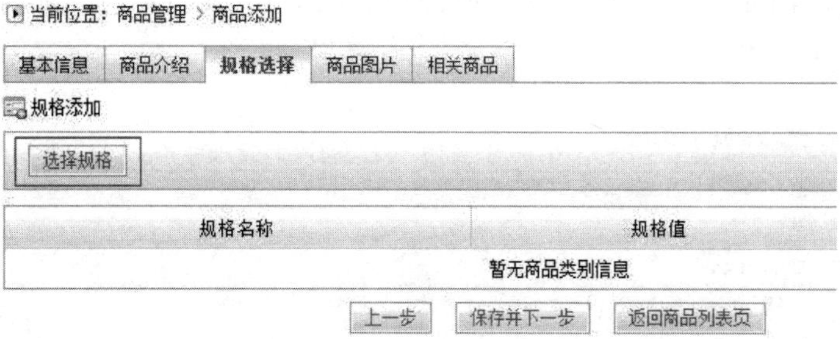

图 16-36 商品规格选择页面

在系统弹出的规格选择对话框中,会显示在"商品规格管理"添加和设置商品规格属性,点击选择商品相关规格,点击"确定"完成商品规格选择添加(图 16-37)。

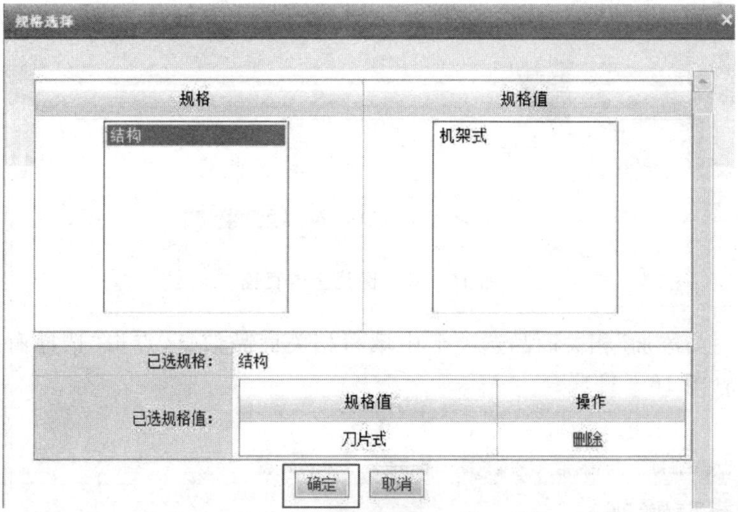

图 16-37 商品规格添加页面

完成规格添加后,点击"保存并下一步"继续操作(图 16-38)。

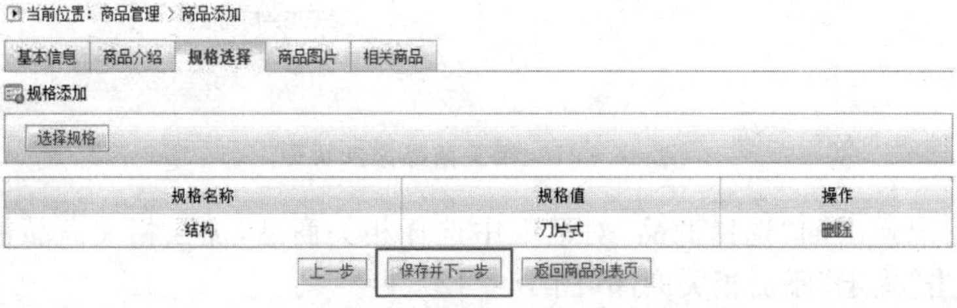

图 16-38 商品规格添加完成页面

在"商品添加"商品图片选项卡中添加商品图片,使客户对商品有更加直观的了解(图 16-39)。

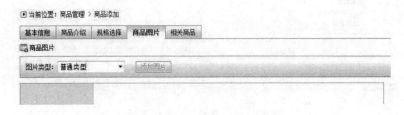

图 16-39　商品图片添加页面

点击商品图片底部的"浏览"按钮选择图片,点击一旁的"上传"按钮上传图片,图片上传后,在表单中会显示上传图片大图以及缩略图。点击"保存并下一步"继续操作(图 16-40)。

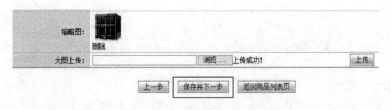

图 16-40　图片上传页面

在"商品添加"相关商品选项卡中填写相关商品信息,点击"选择商品"按钮选择商品(图 16-41)。

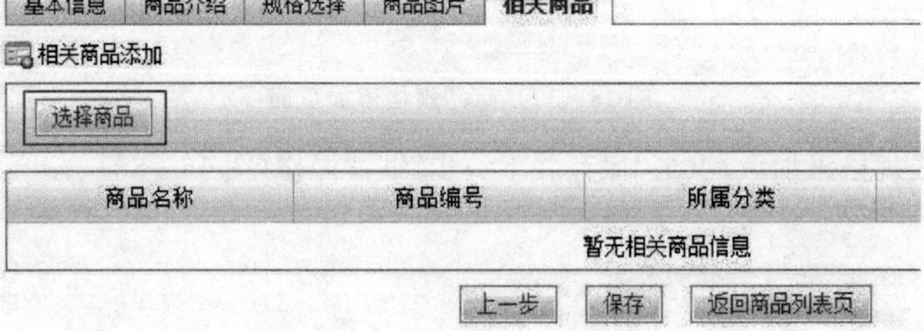

图 16-41　相关商品添加页面

在系统弹出的"选择商品"对话框中选择相关商品,加强相关商品被点击的机会,点击"确定"添加相关商品(图 16-42)。

点击"保存"按钮完成商品添加操作(图 16-43)。

图 16-42　选择商品页面

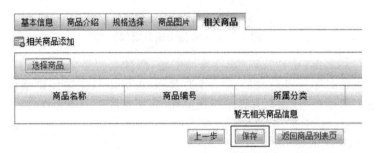

图 16-43　相关商品添加完成页面

16.5　B2C 平台网上商城商品库存及其他管理项设置

在角色选择中选择服务商平台,点击右侧"进入"链接进入操作界面(同图 16-1)。

进入 B2C 网上商城后台管理界面,点击"商品管理"标签栏,点击商品管理菜单各链接对网上商城进行管理(同图 16-21)。

点击左侧菜单"商品管理"对已添加的商品进行管理以及上、下架操作(图 16-44)。

图 16-44　商品管理页面(1)

点击完成"商品添加"操作的产品,点击"上架"按钮,可以看到系统记录上(下)架时间和上架状态。上架的商品可以被用户看到并选购,下架商品用户无法看到(图 16-45)。

图 16-45　商品管理页面(2)

点击左侧菜单"主题管理"添加商城主题,商品主题是指将商品按照主题进行分类。主题名称可以是商品实际分类名称,也可以是主题促销活动的名称。设置主题名称后点击"保存并添加主题商品"按钮继续下一步操作(图 16-46)。

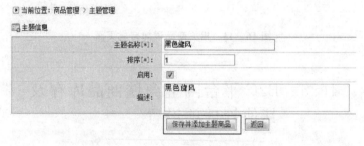

图 16-46　主题管理页面(1)

在系统跳转的界面中点击"选择商品"按钮选择加入该主题分类的商品,在此添加的商品均会在商城相关主题分类页中出现。用户点击相关主题页可以查询到该主题下的所属商品信息(图 16-47)。

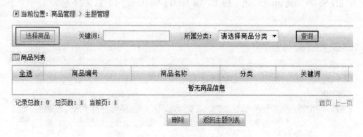

图 16-47　主题管理页面(2)

在系统弹出的商品选择对话框中选择相关商品,点击"确定"添加相关商品

(图 16-48)。

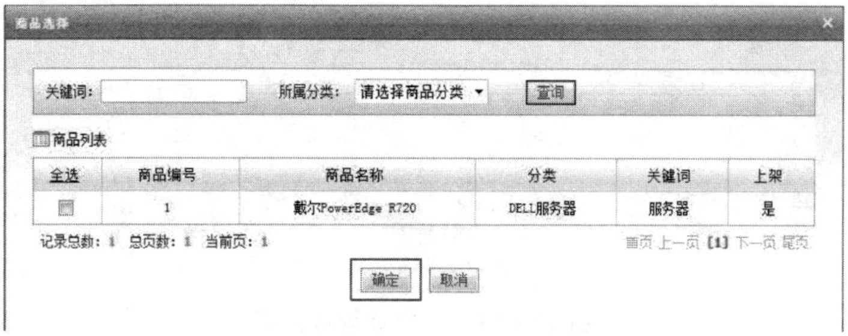

图 16-48 主题管理页面(3)

添加商品完成后,点击"返回主题列表"返回主题管理界面(图 16-49)。

图 16-49 主题管理页面(4)

点击左侧菜单"库存管理"查看商品的库存信息。这里可以设定库存预警值,点击"保存选中"按钮保存设置信息(图 16-50)。

图 16-50 库存管理页面

点击左侧菜单"进货单管理"进行商品进货操作。在右侧进货单管理界面中填写基本信息。点击"选择商品"按钮选择该批次进货的商品(图 16-51)。

在系统弹出的商品选择对话框中选择相关商品,点击"确定"添加相关商品(图 16-52)。

在进货单管理界面中输入"已选商品"进货数量,确认无误后点击"保存"添加进货单(图 16-53)。

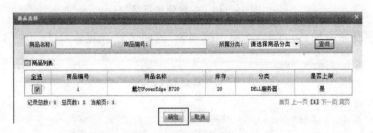

图 16-51　进货单管理页面

图 16-52　进货单商品添加页面

图 16-53　进货数量输入页面

系统会弹出保存进货单确认框,点击"确定"完成进货单保存操作(图 16-54)。保存成功,系统会弹出保存成功提示框(图 16-55)。

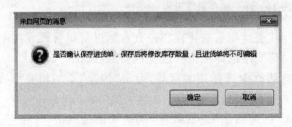 

图 16-54　进货单确认页面　　　　图 16-55　进货单保存成功页面

在进货单管理界面中,我们可以看到刚才添加的进货单基本信息,点击操作栏"详细"链接可以查看详细信息(图16-57)。

图16-56 进货单列表查看页面

点击左侧菜单"退货单管理"进行商品退货操作。在右侧退货单管理界面中填写基本信息。点击"选择商品"按钮选择该批次退货的商品(图16-57)。

图16-57 退货单管理页面

完成退货单基本信息填写以及商品添加后,输入退货数量,确认无误后点击"保存"添加退货单。系统会弹出保存退货单确认框,点击"确定"完成退货单保存操作(图16-58)。

图16-58 退货单确认页面

同样的,在退货单管理界面中,我们可以看到刚才添加的退货单基本信息,点击操作栏"详细"链接可以查看详细信息(图16-59)。

经过进货和退货操作后,点击左侧菜单"库存管理"可以看到商品的库存信息已经发生变化(图16-60)。

图 16-59 退货单列表查看页面

图 16-60 库存商品列表查看页面

16.6 B2C 平台网上商城营销推广设置

在角色选择中选择服务商平台,点击右侧"进入"链接进入操作界面(同图 16-1)。

进入 B2C 网上商城后台管理界面,点击"营销推广"标签栏,点击营销推广菜单各链接对网上商城进行管理(图 16-61)。

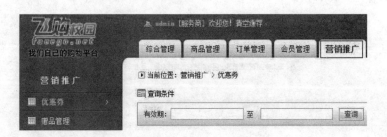

图 16-61 营销推广页面

点击左侧菜单"优惠券"链接设置商城优惠券促销优惠。点击"添加"按钮添加优惠券信息(图 16-62)。

在系统右侧内容页中填写优惠券表单,点击"保存"完成优惠券添加(图 16-63)。

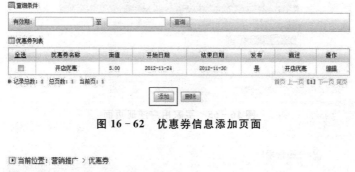

图 16-62　优惠券信息添加页面

图 16-63　优惠券保存页面

16.7　B2C 平台网上商城买家用户注册操作

在角色选择中选择 B2C 平台,点击右侧"进入"链接进入操作界面(图 16-64)。

图 16-64　B2C 平台进入页面

完成 B2C 平台网上商城后台服务商相关商城设置以及商品添加后,用户将看到服务商设置的商品分类、商品主题以及网上投票等信息。点击上方"注册"链接注册买家用户(图 16-65)。

在系统跳出的注册页面中输入注册信息,点击"完成注册"完成买家用户注册(图 16-66)。

382　电子商务基础

图 16-65　买家用户注册页面

图 16-66　注册完成页面

16.8　B2C 平台网上商城买家用户基本设置

在角色选择中选择买家用户已注册用户名,点击右侧"进入"链接进入操作界面(图 16-67)。

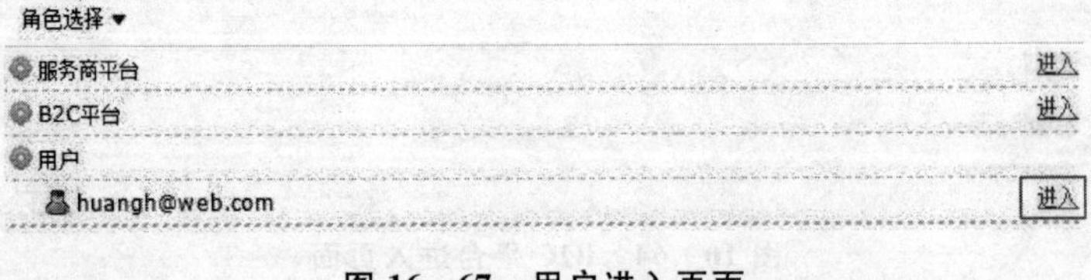

图 16-67　用户进入页面

进入飞购网上商城后,点击"我的飞购"进入用户后台管理界面(图 16-68)。
在用户后台管理界面中,点击左侧菜单进行相关买家操作(图 16-69)。
初次登录系统时,系统右侧内容页会显示"个人信息"填写界面。同样可以点击左侧菜单"个人信息"完善网上商城买家用户个人信息。填写必要的信息后,点击"确认修改"按钮保存个人信息(图 16-70)。

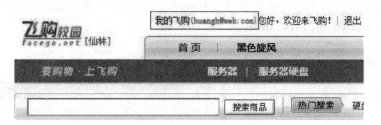

图 16-68　后台管理页面

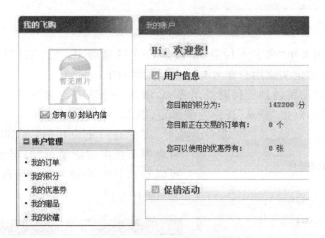

图 16-69　买家账户管理页面

图 16-70　会员信息修改页面

完成修改后,系统会弹出会员信息修改成功界面,同样可以在此修改个人头像及密码(图16-71)。

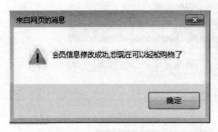

图16-71 信息修改成功页面

图16-72 支付通绑定页面

点击左侧菜单"绑定支付通"链接进行支付通绑定,点击右侧内容页中"绑定"按钮开始绑定买家用户账号与支付通关联(图16-72)。

系统会自动跳转到支付通登录界面,输入买家客户已经申请完成的支付通账户名及密码,点击"登录"按钮完成绑定(图16-73)。

支付通绑定成功后,在B2C用户后台管理界面点击左侧菜单"绑定支付通"链接可以看到B2C会员与支付通账号的绑定信息(图16-74)。

图16-73 支付通账户登录页面

图16-74 绑定信息查看页面

16.9　B2C平台网上商城买家用户购买货物

在角色选择中选择买家用户已注册用户名,点击右侧"进入"链接进入操作界面(同图16-67)。

在飞购商城中点击服务商发布的商品,进入商品明细页(图16-75)。

由于服务商设置了商品规格标签,点击商品规格选项,点击"放入购物车"进行购买(图16-76)。

在系统跳转的"我的购物车"界面中,查看已经选中的商品,点击"去结算"按钮进入下一步操作(图16-77)。

图 16-75 商品明细页面

图 16-76 商品规格选择页面

图 16-77 结算页面

在系统跳转的界面中,点击"新增收货地址"添加买家用户的收货人地址信息(图 16-78)。

图 16-78 新增收货地址页面

在系统弹出的对话框中填写收货地址详细情况,点击"保存收货地址"保存收货人信息(图16-79)。

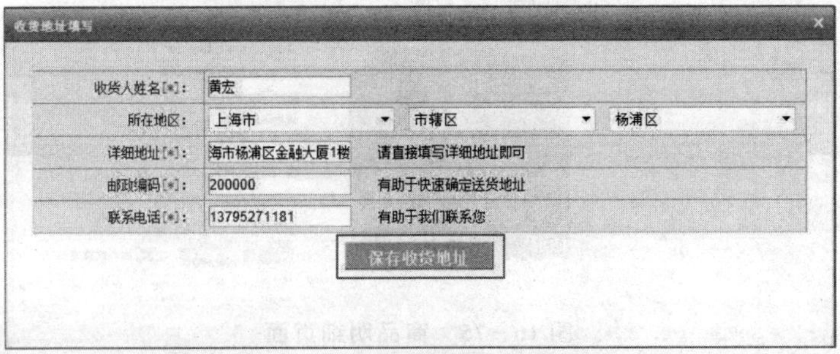

图16-79 收货地址填写页面

在系统跳转的页面中,可以看到和选择新添加的收货地址,支付方式选择"支付通",并确认送货时间(图16-80)。

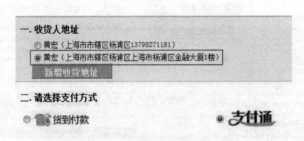

图16-80 收货信息确认页面

在页面下方确认收费金额。如果还有需要说明的情况,在买家备注中说明,点击"提交订单"进行货品支付操作(图16-81)。

图16-81 订单提交页面

系统会跳转到支付通登录页面,输入账户名及密码,点击"登录"按钮进入支付通支付货款(图16-82)。

使用正确的买家用户支付通用户名及密码登录支付通主页后,使用支付通

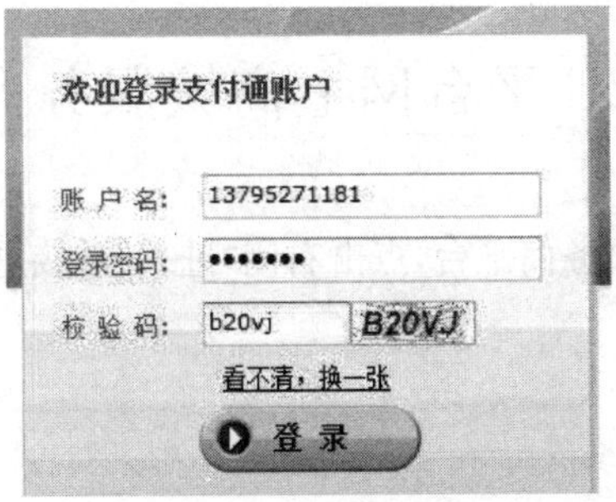

图 16-82 支付通账户登录页面

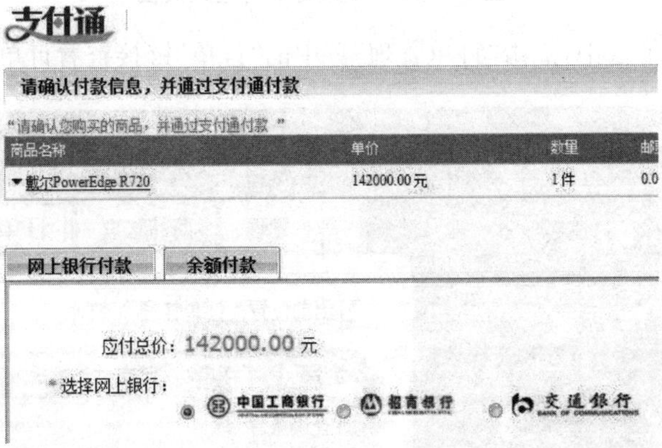

图 16-83 网银支付页面

付款功能进行商品交易付款(图 16-83)。

支付完成后,在 B2C 界面中会跳转相应购买成功的界面,买家用户完成商品购买(图 16-84)。

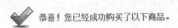

图 16-84 购买成功页面

16.10 B2C平台网上商城服务商发货操作

在角色选择中选择服务商平台,点击右侧"进入"链接进入操作界面(图16-85)。

图16-85 服务商平台进入页面

在服务商平台中,点击"订单管理"页中的"订单"链接查看订单(图16-86)。

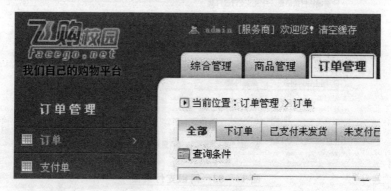

图16-86 订单管理页面

在右侧系统内容页跳转的"订单"页面中,查看买家已经支付货款的订单,点击上方的分类选项卡查看不同分类下的订单内容,点击"订单号"栏中的链接进行下一步操作(图16-87)。

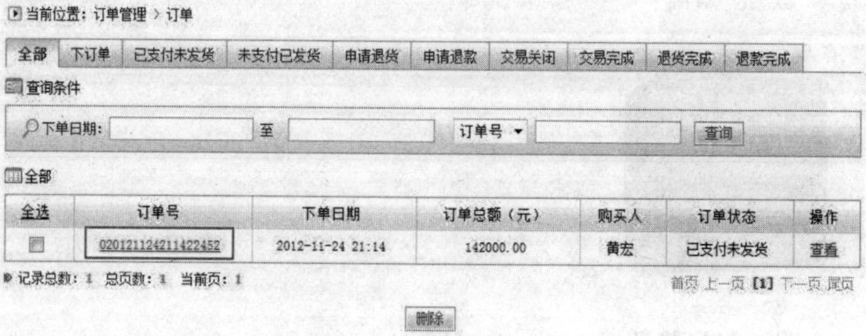

图16-87 订单列表页面

在系统跳转的订单操作页面中,查看订单所涉及的商品信息以及订单信息(图 16-88)。

图 16-88　订单信息页面

在该页面底部点击"发货"按钮进行模拟发货操作(图 16-89)。

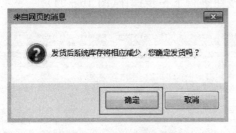

图 16-89　发货页面

系统将提示库存信息变动,点击"确认"按钮确认发货(图 16-90)。
发货成功后,系统会弹出"发货成功"对话框(图 16-91)。

图 16-90　发货确认页面　　　图 16-91　发货成功页面

点击"订单管理"菜单"订单"链接,可以看到订单状态已经改变成"已发货"状态,服务商发货操作完成(图 16-92)。

图 16-92　订单状态查看页面

16.11　B2C平台网上商城买家用户收货操作

在角色选择中选择买家用户已注册用户名,点击右侧"进入"链接进入操作界面(同图16-67)。

进入飞购网上商城后,点击"我的飞购"进入用户后台管理界面(同图16-68)。

在用户后台管理界面中,点击左侧菜单进行相关买家操作(同图16-69)。

点击左侧菜单"我的订单"查看订单,点击"确认收货"链接查看订单详细情况并进行收货操作(图16-93)。

图 16-93　订单列表页面

点击页面下方"确认收货"按钮进行下一步操作(图16-94)。

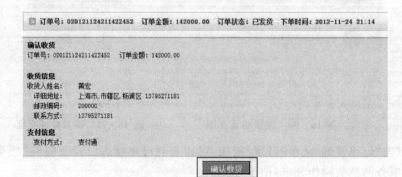

图 16-94　确认收货页面

系统跳转到支付通确认收货界面,输入支付密码后,点击"确认收货"完成交易(图 16-95)。

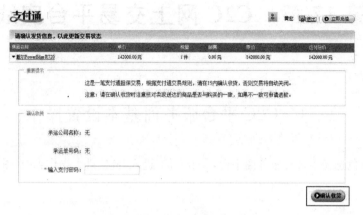

图 16-95 支付通确认收货页面

第 17 章 C2C 网上交易平台实践

17.1 C2C 平台服务商基本设置操作

在角色选择中选择服务商平台,点击右侧"进入"链接进入操作界面(图 17-1)。

图 17-1 服务商平台进入页面

进入服务商平台,点击支付管理菜单中"支付通账户管理"链接。若客户已经完成支付通商家服务功能开通操作,点击右侧"新增账户"按钮会跳出已经开通商家服务的用户支付通账号,点击"确定"完成支付通账户绑定(图 17-2)。

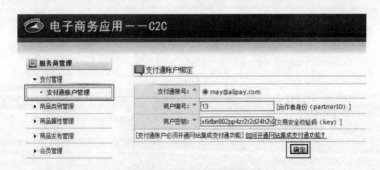

图 17-2 支付管理页面

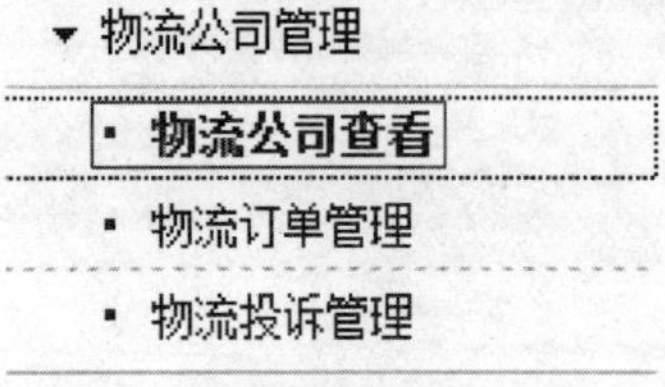

进入服务商平台,点击物流公司管理菜单中"物流公司查看"链接,添加新物流公司(图 17-3)。

在服务商平台右侧内容页中,点击"添加新物流公司"按钮添加服务商设定的物流公司(图 17-4)。

图 17-3 物流公司管理页面

图 17-4　物流公司添加页面

在系统跳转的物流公司基本信息填写页中填写物流公司基本信息以及相应赔付信息,点击"添加"按钮完成物流公司添加(图 17-5)。

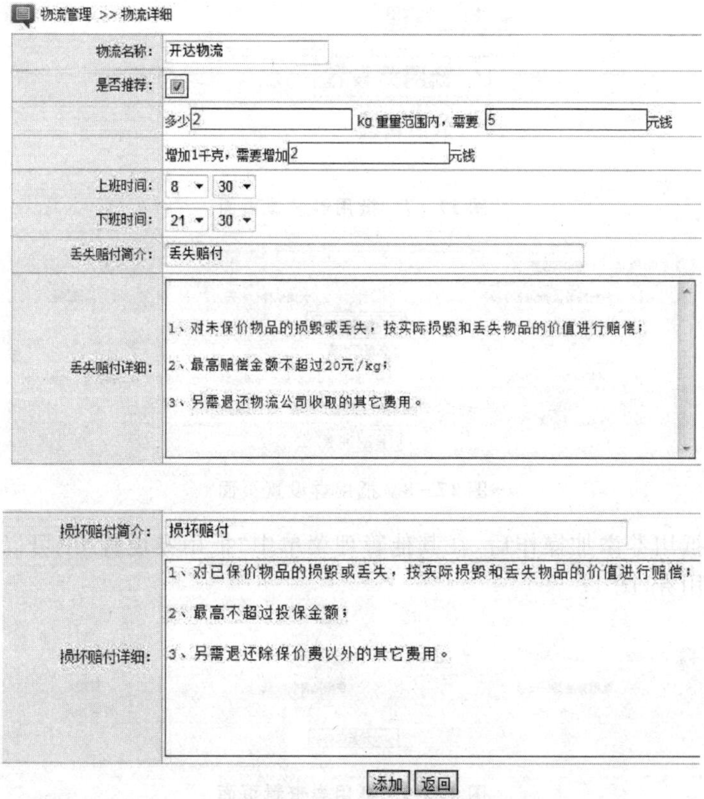

图 17-5　物流公司信息填写页面

添加完成后,在物流公司查看页面中可以看到设定的物流公司信息以及赔付说明(图 17-6)。

进入服务商平台,点击其他管理菜单中"抵用券设置"链接进行抵用券设置操作(图 17-7)。

在右侧内容页中"添加抵用券"按钮添加抵用券,在下方显示的"抵用券编辑"界面中填写使用条件,点击"确定"按钮完成添加(图 17-8)。

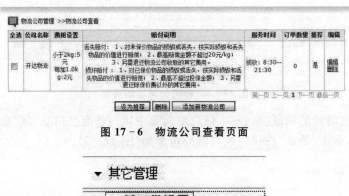

图 17-6　物流公司查看页面

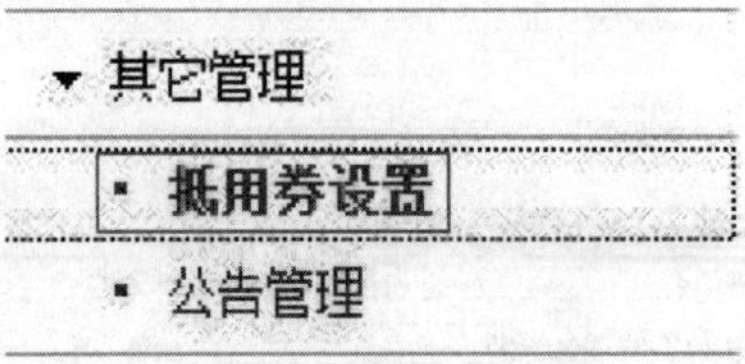

图 17-7　抵用券设置页面

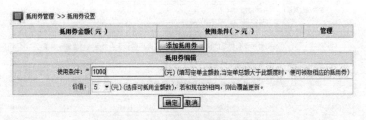

图 17-8　抵用券设置页面

完成抵用券添加操作后,在其他管理菜单中"抵用券设置"中可以看到已经添加的抵用券(图 17-9)。

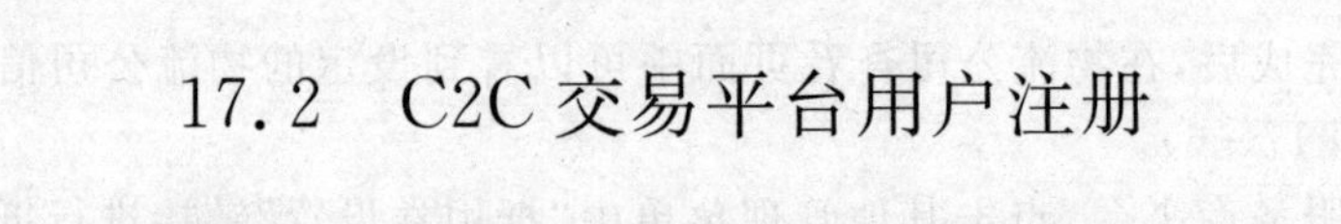

图 17-9　抵用券查看页面

17.2　C2C 交易平台用户注册

在角色选择中选择 C2C 平台,点击右侧"进入"链接进入操作界面(图 17-10)。

在系统跳转的 C2C 系统主页中,点击页面右上角"免费注册"链接进行用户注册(图 17-11)。

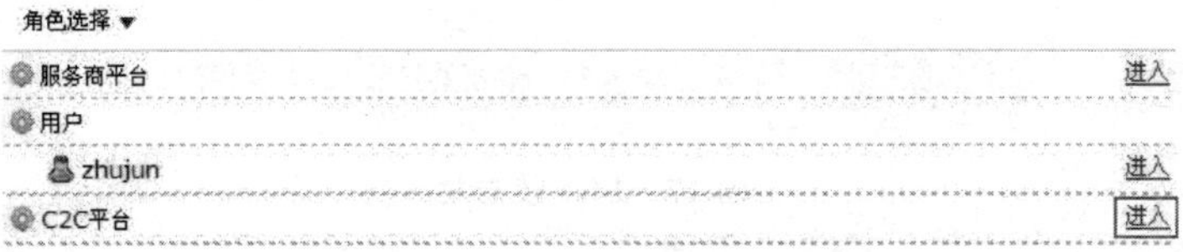

图 17-10 C2C 平台进入页面

图 17-11 用户注册页面

在系统跳转的用户注册页面中,填写用户注册信息以及电子邮件信息,点击"同意以下服务条款,提交注册信息"按钮进入下一步操作(图 17-12)。

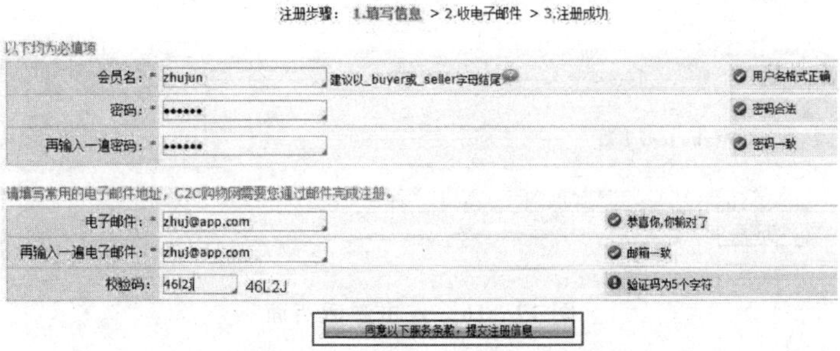

图 17-12 注册信息提交页面

系统跳转页面会提示您查看电子邮箱,收取激活邮件(图 17-13)。

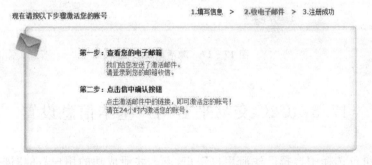

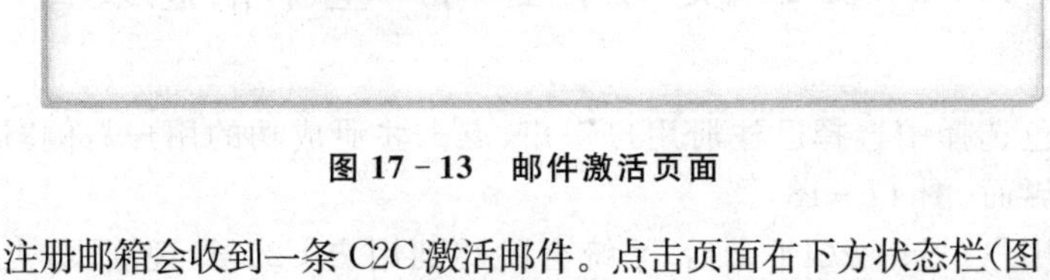

图 17-13 邮件激活页面

这时,注册邮箱会收到一条 C2C 激活邮件。点击页面右下方状态栏(图 17-14)。
点击邮箱旁边的"<1>"查看收到的邮件。在弹出的页面中点击模拟邮件系统中间的账户激活信息提示(图 17-15)。

图 17-14 状态栏

图 17-15 激活邮件收取页面

点击具体邮件中"点击激活"链接激活账户(图 17-16)。

图 17-16 点击激活页面

点击邮件中的激活链接后,系统会弹出注册激活成功页面(图 17-17)。

图 17-17 激活成功页面

17.3 C2C 交易平台用户基本信息设置

在角色选择中选择已注册用户账户,点击注册成功的用户右侧"进入"链接进入操作界面(图 17-18)。

注册用户登录 C2C 平台后,系统会跳转到用户 C2C 管理网页,点击左侧菜单进行相关操作(图 17-19)。

请将页面滚动条拖至底部,点击左侧菜单底部"基本设置"菜单中"个人信

第 17 章 C2C 网上交易平台实践

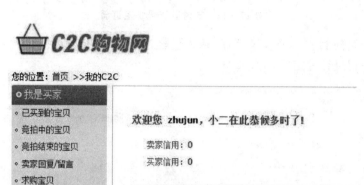

图 17－18　用户平台进入页面

图 17－19　C2C 管理页面

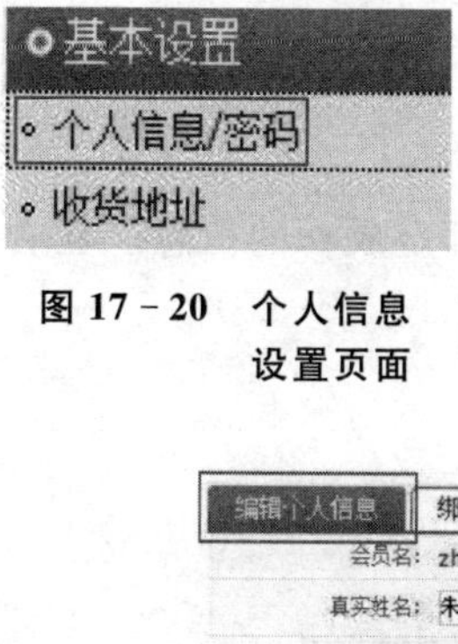

图 17－20　个人信息设置页面

息/密码"链接设置个人基本信息(图 17－20)。

在右侧内容页中点击"编辑个人信息"填写更加详细的用户信息,点击"确定"保存个人信息(图 17－21)。

在右侧内容页中点击"绑定支付通账号"进行用户支付通账号绑定操作,点击页面中"绑定"按钮进行下一步操作(图 17－22)。

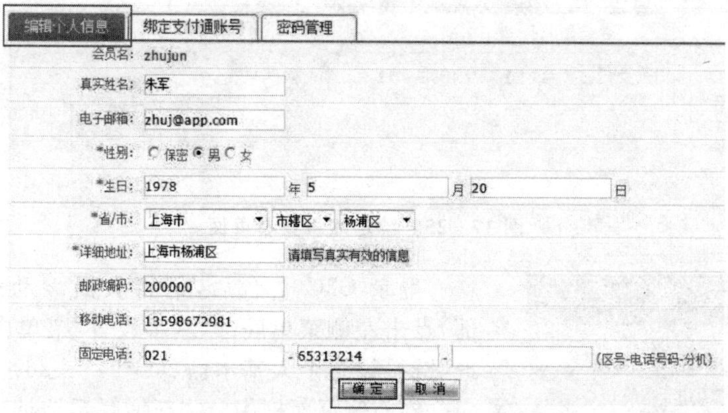

图 17－21　个人信息填写页面

图 17-22　支付通账号绑定页面

系统跳转到支付通登录页面,输入已经注册的支付通账户名及密码,点击"登录"按钮进行绑定(图 17-23)。

图 17-23　支付通登录页面

图 17-24　绑定成功页面

系统操作成功,弹出成功提示框(图 17-24)。

而在 C2C 用户管理界面中,也可以看到支付通账号绑定成功的信息。在右侧内容页中点击"密码管理"可以修改密码,这里不再介绍(图 17-25)。

图 17-25　绑定账号查看页面

图 17-26　收货地址设置页面

登录 C2C 平台后,请将页面滚动条拖至底部,点击左侧菜单底部"基本设置"菜单中"收货地址"链接设置个人基本信息(图 17-26)。

在右侧页面框中,在"新增联系地址"中输入地址信息,点击"确定"完成收货地址添加(图 17-27)。

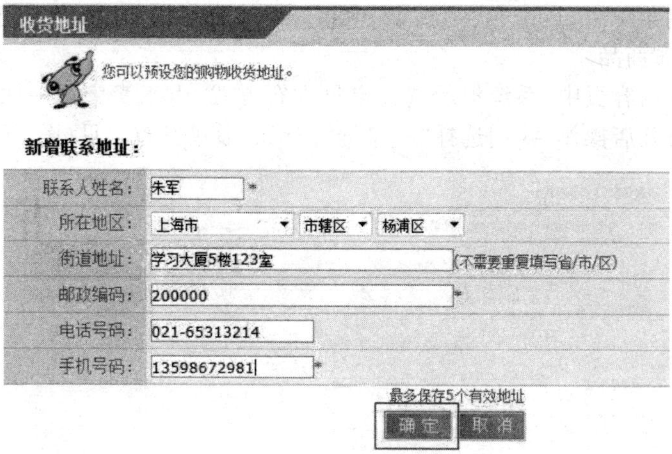

图 17-27 收货地址添加页面

17.4　C2C 交易平台卖家基本信息设置

在角色选择中选择已注册用户账户,点击注册成功的用户右侧"进入"链接进入操作界面(同图 17-18)。

注册用户登录 C2C 平台后,系统会跳转到用户 C2C 管理网页,点击左侧菜单进行相关操作(图 17-28)。

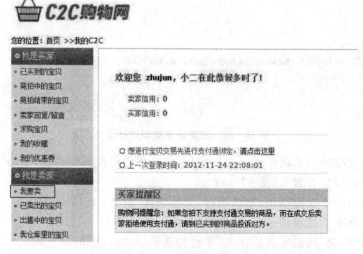

图 17-28　卖家管理页面

在左侧菜单中,点击"我是卖家"中相应链接进行操作,首先我们点击"我要卖"链接发布商品。

在右侧内容页中,系统提示选择宝贝发布方式,由于卖家第一次登录系统,还没有进行开店操作,我们选择"一口价发布"的形式发布宝贝(图17-29)。

图17-29 发布形式选择

在系统跳转的页面中选择要发布宝贝的分类信息,由于用户要发布的是一个数码宝贝,因此选择手机数码栏目中的相应类别。点击"选好了,继续"按钮进入下一步(图17-30)。

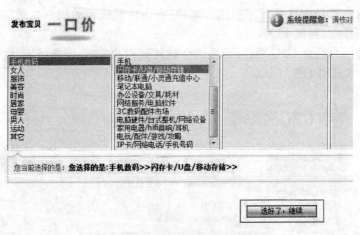

图17-30 发布货品类型选择页面

在系统跳转的页面中输入宝贝信息、交易条件以及其他信息,点击"提交"按钮完成一口价宝贝发布(图17-31)。

在页面中下拉混动条,继续填写"交易条件"信息(图17-32)。

在页面中下拉混动条,继续填写"其他信息"(图17-33)。

点击"提交"按钮完成后,C2C平台会显示成功信息(图17-34)。

在左侧菜单中,点击"出售中的宝贝"可以看到刚才发布的商品(同图17-28)。

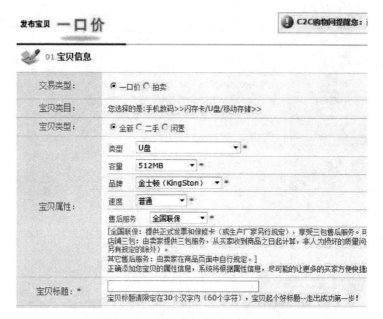

图 17-31　发布货品信息填写页面

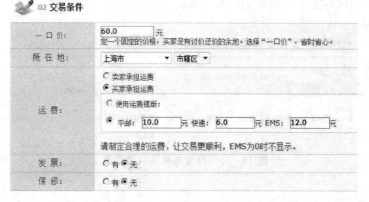

图 17-32　交易条件填写页面

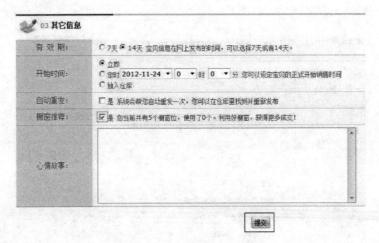

图 17-33 其他信息填写页面

图 17-34 发布成功页面

在右侧内容页中可以看到已经发布的宝贝（图 17-35）。

图 17-35 已发布货品列表页面

17.5 C2C 交易平台卖家物流管理设置

在角色选择中选择已注册用户账户，点击注册成功的用户右侧"进入"链接进入操作界面（同图 17-18）。

注册用户登录 C2C 平台后,系统会跳转到用户 C2C 管理网页,点击左侧菜单进行相关操作(同图 17-28)。

在左侧菜单中,点击"我是卖家"中相应链接进行操作,点击"发货管理"链接设置物流管理信息(图 17-36)。

在系统弹出的物流订单管理界面中,点击左侧菜单"运费模板"设置物流管理信息(图 17-37)。

如果用户还未设置物流信息,系统会跳转至默认运费模板页,点击"新增运费模板"进行下一步操作(图 17-38)。

填写相关的运费模板名称及定价信息。点击"保存"按钮完成运费模板创建(图 17-39)。

运费模板添加完成后,在运费模板中将显示出添加的模板信息(图 17-40)。

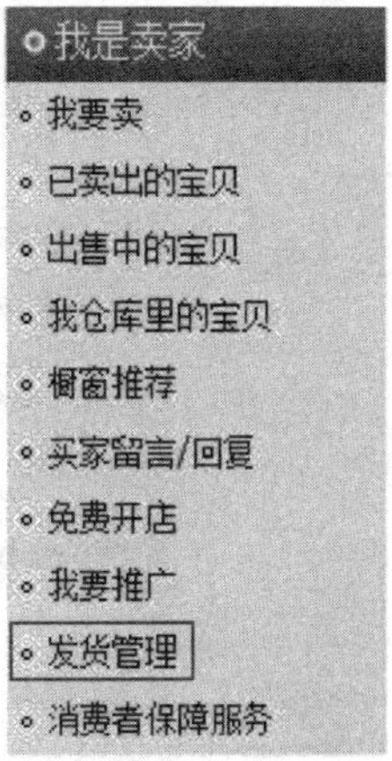

图 17-36 卖家管理页面

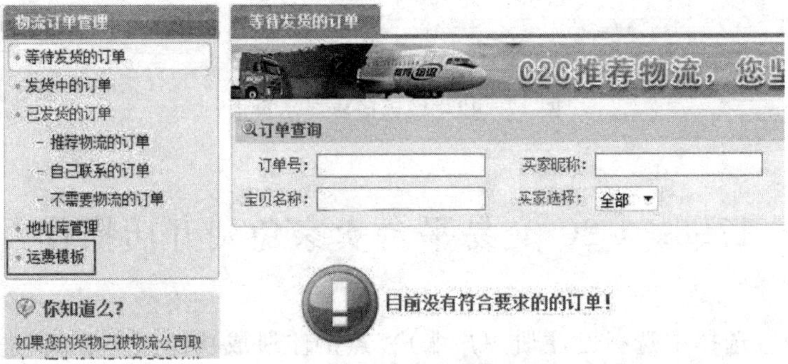

图 17-37 物流信息设置页面

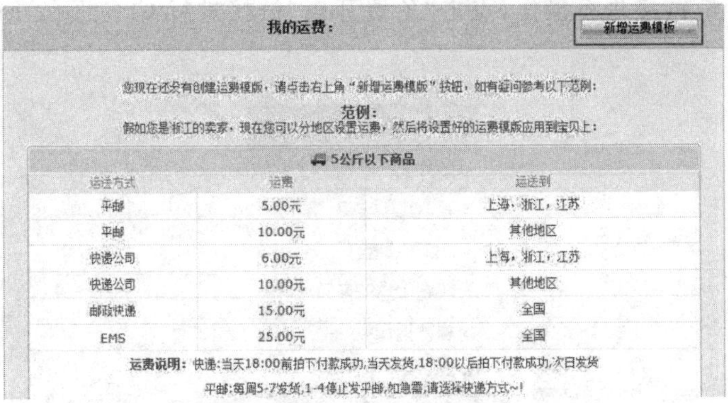

图 17-38 运费模板页面

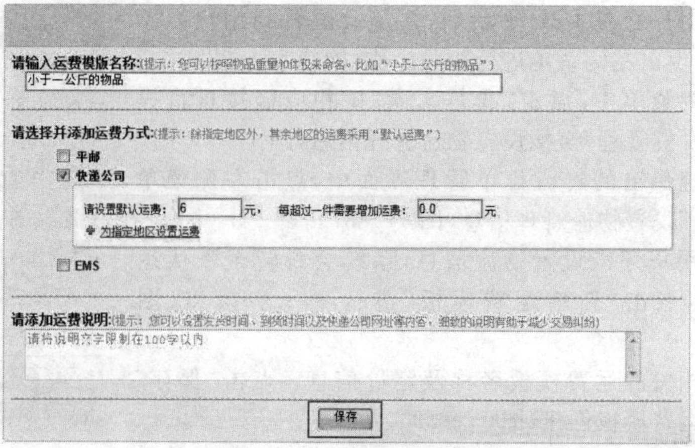

图 17-39 模板信息填写页面

图 17-40 模板信息显示页面

17.6 C2C 交易平台卖家免费开店操作

在角色选择中选择已注册用户账户,点击注册成功的用户右侧"进入"链接进入操作界面(同图 17-18)。

注册用户登录 C2C 平台后,系统会跳转到用户 C2C 管理网页,点击"我是卖家"中相应链接进行操作,点击"免费开店"链接进行 C2C 平台开店操作(图 17-41)。

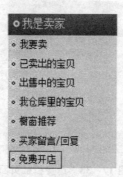

图 17-41 卖家免费开店页面

在系统跳转的右侧内容页中,填写店铺名称及店铺介绍,点击"确定"完成店铺名称添加(图17－42)。

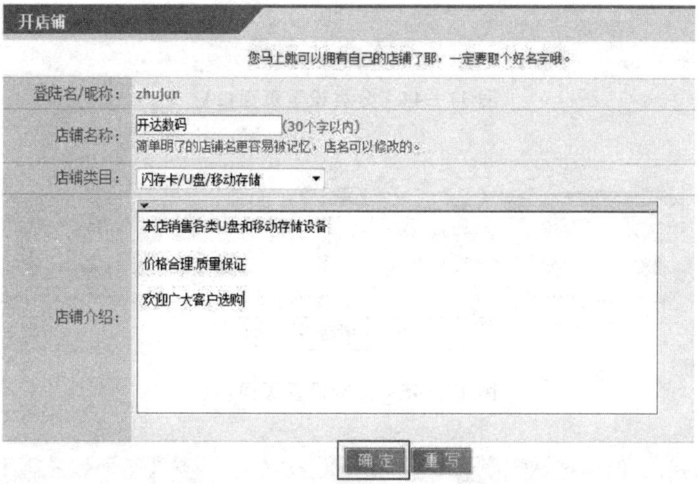

图17－42 开店信息填写页面

完成店铺基本信息设置后,系统跳转到"我的店铺管理"界面。点击左侧菜单"宝贝分类"链接进入宝贝分类界面(图17－43)。

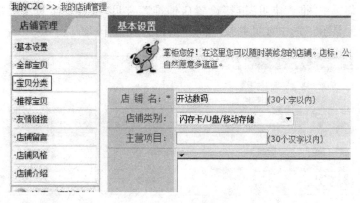

图17－43 店铺管理页面

输入新分类名称,点击"添加分类"添加新分类(图17－44)。

点击菜单中"全部宝贝"链接查看已经以一口价发布的宝贝信息,在底部"移动宝贝到分类"中将宝贝移到刚才设定的分类(图17－45)。

点击菜单中"全部宝贝"链接还可以对宝贝进行修改、删除以及上下架处理(图17－46)。

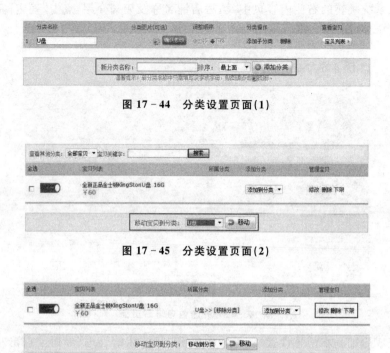

图17-44 分类设置页面(1)

图17-45 分类设置页面(2)

图17-46 分类设置页面(3)

点击菜单中"推荐宝贝"链接设置店铺推荐宝贝,推荐的宝贝将在店铺首页醒目位置上显示。选中宝贝并按"推荐"按钮完成操作(图17-47)。

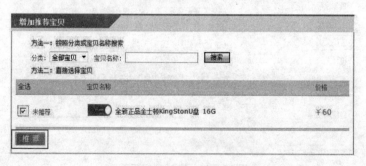

图17-47 推荐货品设置页面

点击菜单中"店铺风格"链接设置店铺风格,在右侧内容页中选择风格模板,并点击"确定"完成店铺风格(图17-48)。

点击"我的店铺管理"右上角"查看我的店铺"按钮查看经过设置后的C2C卖家网店(图17-49)。

系统跳转的页面中可以看到经过初步设置的卖家C2C网店(图17-50)。

第 17 章　C2C 网上交易平台实践　　407

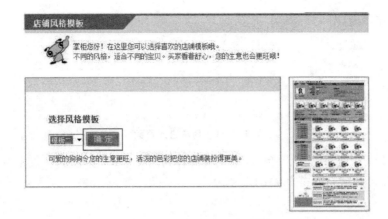

图 17-48　店铺风格设置页面

图 17-49　店铺查看页面

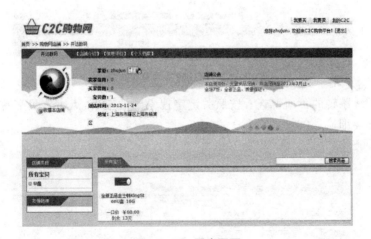

图 17-50　网店页面

17.7　C2C 交易平台买家搜索并购买宝贝

在角色选择中选择已注册用户账户，点击注册成功的用户右侧"进入"链接进入操作界面(图 17-51)。

图 17-51 用户进入页面

注册用户登录 C2C 平台后,系统会跳转到用户 C2C 管理网页,点击左侧"首页"进入 C2C 购物网首页(图 17-52)。

在"搜索宝贝"栏中输入货品名称,并点击"搜索"按钮进行搜索。

图 17-52 C2C 购物网首页页面

在系统跳转的页面中查看按照关键字搜索到的宝贝,点击宝贝名称查看商家设定的详细信息(图 17-53)。

图 17-53 货品搜索页面

点击商品详情等选项页查看宝贝详情,点击"进入掌柜店铺"按钮进入卖家网站,点击"收藏这件宝贝"将宝贝收藏到自己的收藏夹中(图 17-54)。

如果需要购买此宝贝,点击中间"立即购买"按钮进行宝贝购买操作(图 17-55)。

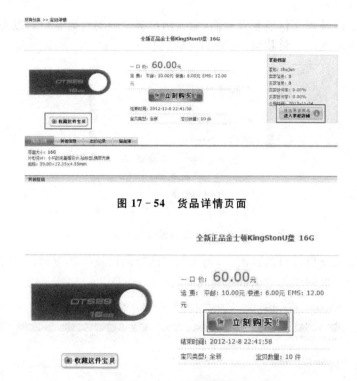

图 17-54 货品详情页面

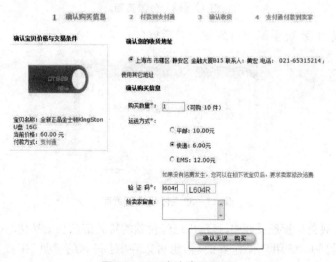

图 17-55 点击购买页面

在系统跳转的宝贝购买向导页中确认购买信息,确认收货地址及购买数量,输入验证码后点击"确认无误,购买"按钮进行下一步操作(图 17-56)。

图 17-56 确认购买页面

系统会跳转到支付通登录界面,输入用户绑定的支付通账户名以及密码,点击"登录"进入支付通付款页面(图 17-57)。

图 17-57　支付通登录页面

在弹出的支付通付款页面中,确认购买的物品以及付款金额,选择网上银行或使用已经充值的支付通余额进行付款(图 17-58)。

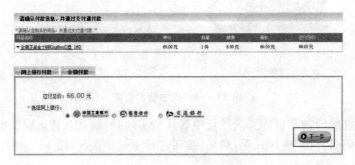

图 17-58　付款页面

付款成功,系统会跳出付款成功对话框(图 17-59)。

图 17-59　付款成功页面

在支付通交易管理页面中,显示出已经付款的货品信息及交易状态(图 17-60)。
用户返回 C2C 用户操作界面后,也可以在"已买到的宝贝"中查询到宝贝信息以及交易状态(图 17-61)。

图 17-60　交易状态查看页面

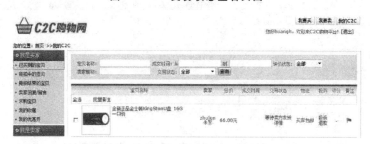

图 17-61　C2C 界面交易状态查看页面

17.8　C2C 交易平台卖家发货

在角色选择中选择已注册用户账户,点击注册成功的用户右侧"进入"链接进入操作界面(同图 17-18)。

注册用户登录 C2C 平台后,系统会跳转到用户 C2C 管理网页,如果用户是卖家并且有买家付款购买宝贝,在用户界面上会显示站内消息提醒。点击"您有新信息"查看信息(图 17-62)。

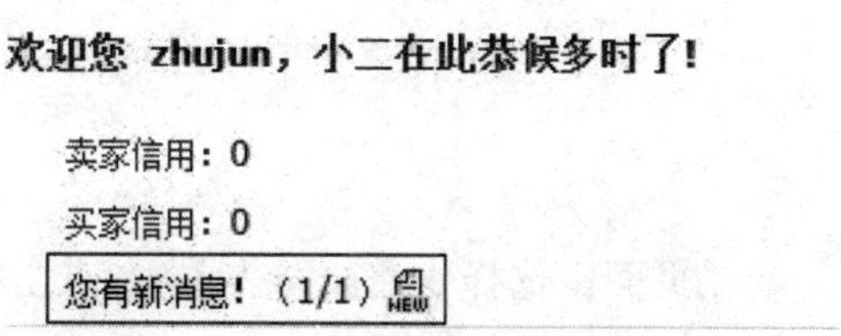

在站内信收件夹中,可以看到"买家已付款"信息(图 17-63)。

图 17-62　卖家管理页面

图 17-63　卖家收件夹页面

点击左侧菜单中"我是卖家"栏中的"发货管理"链接，进行宝贝发货（图17-64）。

在系统切换的"物流订单管理"操作界面中，点击"等待发货的订单"链接查看买家已付款但未发货的订单。点击宝贝右侧的"发货"按钮进行下一步操作（图17-65）。

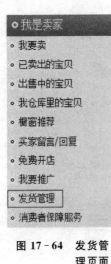

图17-64 发货管理页面

图17-65 发货页面(1)

在系统跳转的页面中确认收货地址并填写预约取货时间与地点（图17-66）。

图17-66 发货页面(2)

在页面中选择物流公司表单中，点击"选择"确定发货物流公司（图17-67）。

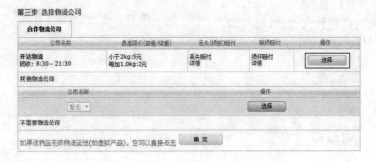

图17-67 发货物流公司选择页面

在系统切换的页面中选择下单方式为"推荐物流",并点击"确定"按钮进行模拟发货(图 17-68)。

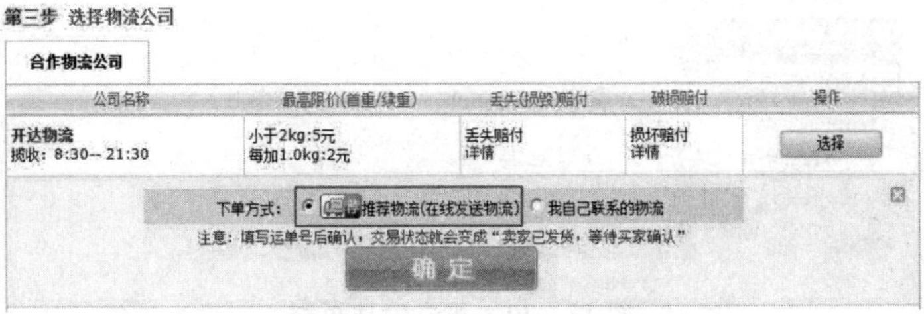

图 17-68　发货确认页面

点击"物流订单管理"操作界面中"发货中的订单"中可以看到已经发货的订单详情(图 17-69)。

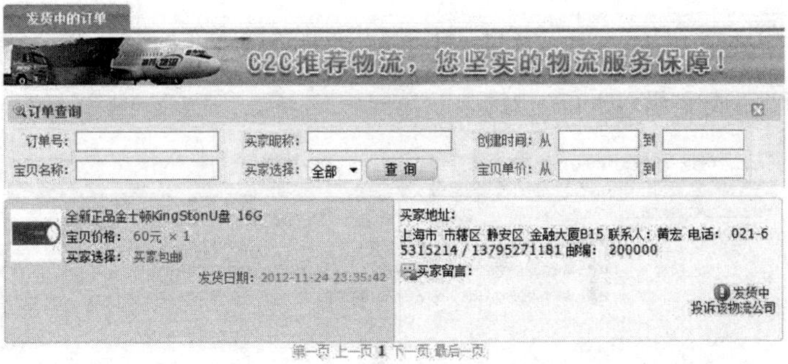

图 17-69　已发货订单列表页面

17.9　C2C 交易平台买家确认宝贝到货并发表评论

在角色选择中选择已注册用户账户,点击注册成功的用户右侧"进入"链接进入操作界面(同图 17-51)。

注册用户登录 C2C 平台后,系统会跳转到用户 C2C 管理网页,点击左侧菜单进行相关操作。如果买家已经购买了相关宝贝,点击"我是买家"栏下"已买到的宝贝"查看宝贝状态(图 17-70)。

如果卖家已经发货,在右侧内容页中将显示宝贝信息以及交易状态;如果是交易状态为"卖方已发货",点击"确认"确认收货(图 17-71)。

系统将跳转到用户绑定的支付通界面,登录支付通后输入支付密码,点击

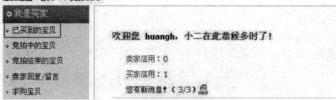

图 17-70　买家管理页面

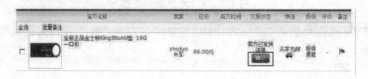

图 17-71　确认收货页面

"确认收货"完成交易（图 17-72）。

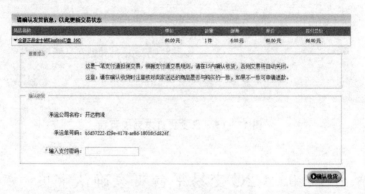

图 17-72　支付页面

系统会弹出交易完成提示框（图 17-73）。

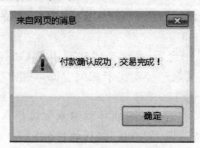

图 17-73　付款成功页面

点击"我是买家"栏下"已买到的宝贝"查看宝贝状态。点击"评价"给卖家评价(图17-74)。

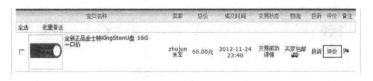

图17-74 评价页面

在系统跳转的评价卖家页面中,输入评论并递交评价(图17-75)。

图17-75 评价提交页面

17.10 C2C 交易平台卖家对已发出货物发表评论

在角色选择中选择已注册用户账户,点击注册成功的用户右侧"进入"链接进入操作界面(同图17-18)。

注册用户登录C2C平台后,系统会跳转到用户C2C管理网页,点击左侧菜单进行相关操作。如果买家已经购买了相关宝贝,点击"我是卖家"栏下"已卖出的宝贝"查看宝贝状态(同图17-28)。

点击宝贝评价栏中"买方已评"链接进行评价(图17-76)。

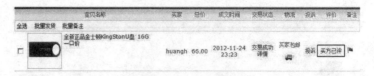

图17-76 评价页面

在系统跳转的评价卖家页面中,输入评论并递交评价(图17-77)。

图17-77 评价提交页面

再次查看"已卖出的宝贝"中相应宝贝时,评价状态已经变成双方已评(图17-78)。

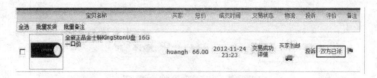

图17-78 评价状态查看页面

17.11 C2C交易平台卖家申请加入消费者保障服务

在角色选择中选择已注册用户账户,点击注册成功的用户右侧"进入"链接进入操作界面(同图17-18)。

注册用户登录C2C平台后,系统会跳转到用户C2C管理网页,点击左侧菜单进行相关操作。点击"我是卖家"栏下"消费者保障服务"申请加入消费者保障服务(图17-79)。

第 17 章　C2C 网上交易平台实践　417

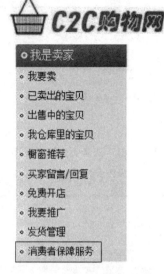

图 17-79　卖家管理页面

在系统右侧内容页跳转的消费者保障服务页面中,查看消费者服务加入条件,点击"申请加入"按钮进行下一步操作(图 17-80)。

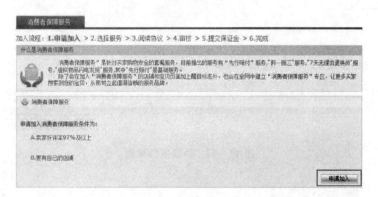

图 17-80　消费者服务申请页面

在系统跳转页面中选择消费者保障服务类型,点击"下一步"继续操作(图 17-81)。

阅读并同意消费者保障服务协议,点击"同意以上协议,申请加入"继续下一步(图 17-82)。

在系统切换页面中,点击"提交保证金"继续操作(图 17-83)。

在系统界面中输入支付通支付密码确认,点击"支付保证金"界面进入支付通网银支付界面进行支付(图 17-84)。

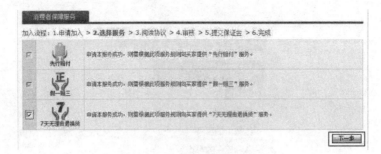

图 17-81 服务类型选择页面

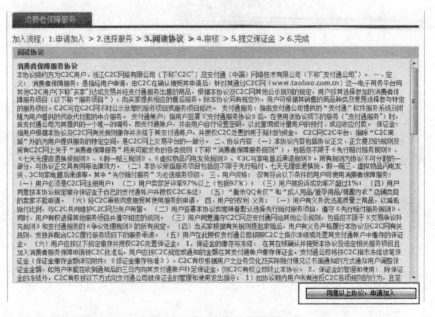

图 17-82 协议签订页面

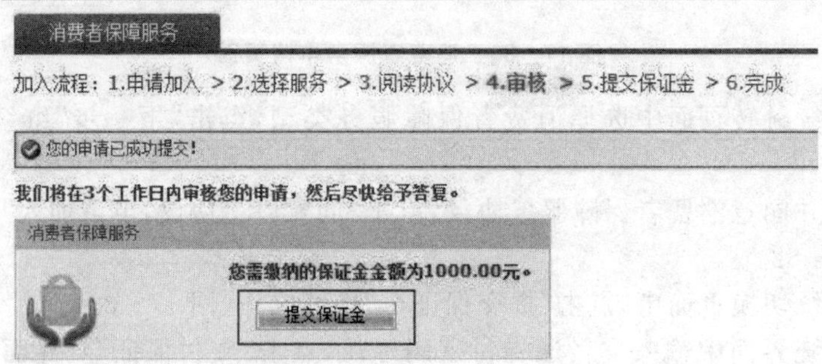

图 17-83 保证金提交页面

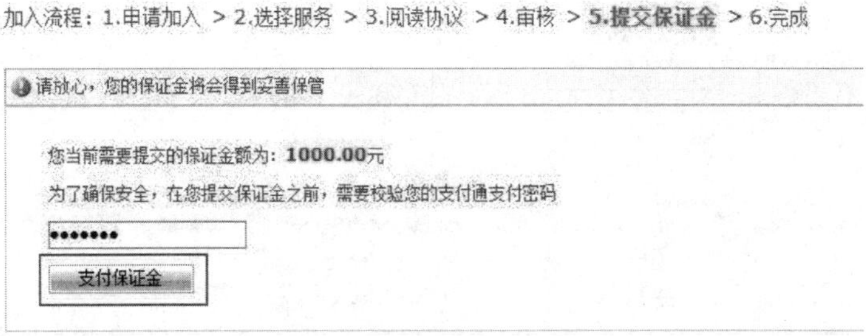

图 17-84　保证金支付页面

点击"我是卖家"栏下"消费者保障服务"链接,可以看到消费者保障服务申请状态(图 17-85)。

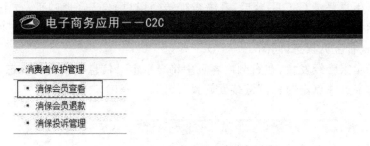

图 17-85　消费者服务申请状态查看页面

17.12　C2C 平台服务商消费者保护会员审核操作

在角色选择中选择服务商平台,点击右侧"进入"链接进入操作界面(同图 17-1)。

进入服务商平台,点击消费者保护管理菜单中"消保会员查看"链接查看申请成为消费者保护的卖家信息(图 17-86)。

图 17-86　消费者保护管理页面

在消费者保护会员列表中,查找已经申请消保会员的卖家,在相应卖家前方选中并点击"审核通过"按钮通过消保审核(图 17-87)。

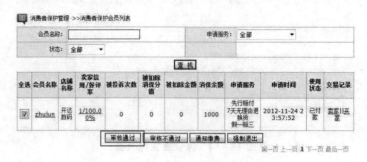

图 17-87 消费者保护申请审核页面

通过审核的卖家销售相关宝贝时,将在宝贝"保障"栏中显示相应的消报标志,由服务商进行管理和提前理赔(图17-88)。

图 17-88 标志显示页面

17.13 C2C 交易平台买家发起投诉

在角色选择中选择已注册用户账户,点击注册成功的用户右侧"进入"链接进入操作界面(同图 17-51)。

注册用户登录 C2C 平台后,系统会跳转到用户 C2C 管理网页,点击左侧菜单进行相关操作。如果买家已经购买了相关宝贝,点击"我是买家"栏下"已买到的宝贝"查看宝贝状态(同图 17-70)。

如果卖家已经发货,在右侧内容页中将显示宝贝信息以及交易状态,选择已经购买的宝贝并点击"投诉"链接发起投诉(图 17-89)。

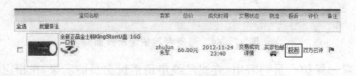

图 17-89 投诉链接页面

在系统跳转的页面中选择投诉类型,本例点击"消费者保障服务相关投诉"下方的"发起投诉"按钮继续操作(图 17-90)。

图 17-90　投诉发起页面

在系统跳转的页面中填写投诉内容,点击"提交"按钮提交投诉(图 17-91)。

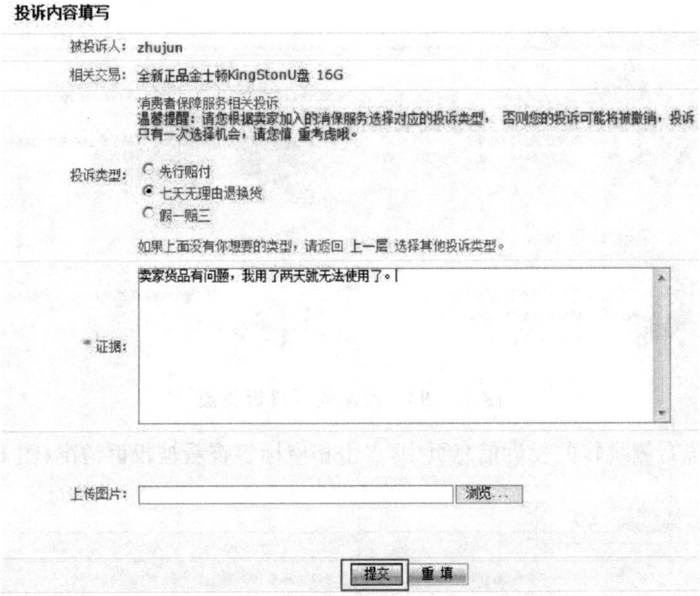

图 17-91　投诉内容填写页面

点击"我是买家"栏下"已买到的宝贝"查看宝贝状态,可以发现投诉栏中状态已变成"已投诉"(图 17-92)。

图 17-92　投诉状态查看页面

17.14　C2C 交易平台卖家对买家投诉进行申诉

在角色选择中选择已注册用户账户，点击注册成功的用户右侧"进入"链接进入操作界面（同图 17-18）。

注册用户登录 C2C 平台后，系统会跳转到用户 C2C 管理网页，点击左侧菜单进行相关操作。如果卖家已成功取得消保会员资格，点击"我是卖家"栏下"消费者保障服务"进入消费者保障服务管理界面（同图 17-79）。

在系统右侧内容页跳转的管理界面中，点击"查看投诉"旁的进入链接查看买家对自己的投诉意见（图 17-93）。

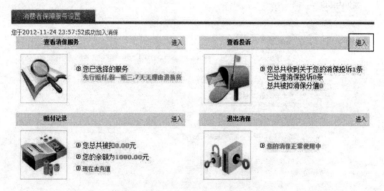

图 17-93　卖家查看投诉页面

在系统右侧跳转的投诉信息页中，点击相应标签查看被投诉情况（图 17-94）。

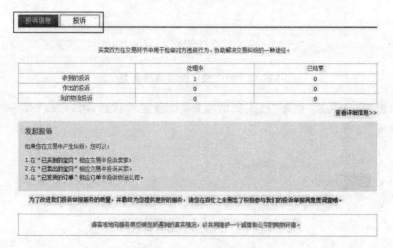

图 17-94　投诉信息显示页面

点击"投诉"页,查看我收到的投诉,并点击"查看"按钮查看具体的投诉信息(图 17-95)。

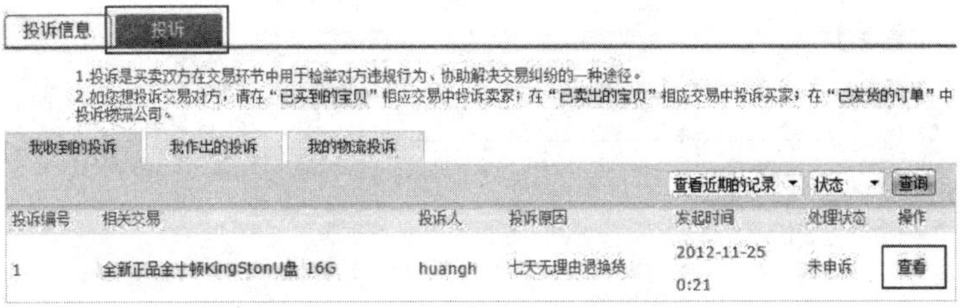

图 17-95　投诉详情查看页面

在系统跳转的界面中,查看买家填写的投诉内容,并填写申诉内容,点击"提交"提交申诉(图 17-96)。

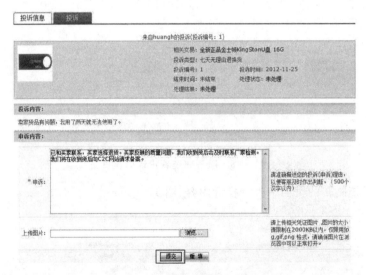

图 17-96　申诉内容提交页面

提交完成后,将在系统中查看到具体投诉和申诉意见(图 17-97)。

17.15　C2C 平台服务商处理消保投诉

在角色选择中选择服务商平台,点击右侧"进入"链接进入操作界面(同图 17-1)。

进入服务商平台,点击消费者保护管理菜单中"消保投诉管理"链接查看投诉信息(同图 17-86)。

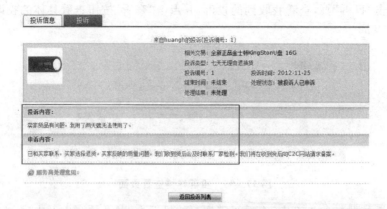

图 17-97　投诉及申诉内容查看

在服务商右侧的内容页中,查找相关投诉并点击"查看"链接查看具体投诉内容(图 17-98)。

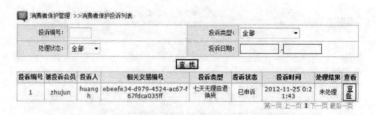

图 17-98　服务商查看投诉内容页面

在系统跳转的页面中查看投诉内容(图 17-99)。

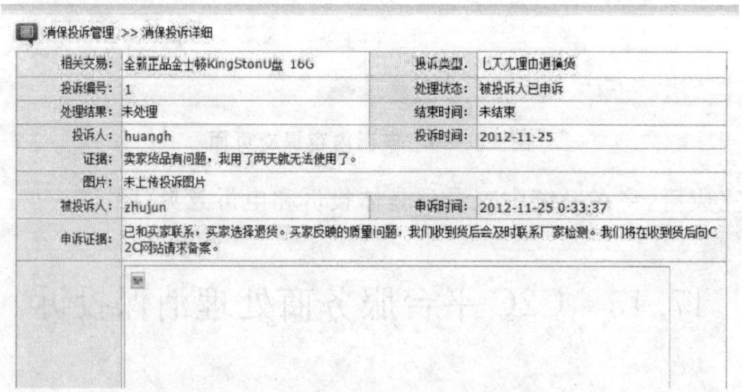

图 17-99　投诉详情显示页面

在底部的"投诉管理"表单中对该投诉进行处理,点击"确认"完成投诉处理(图 17-100)。

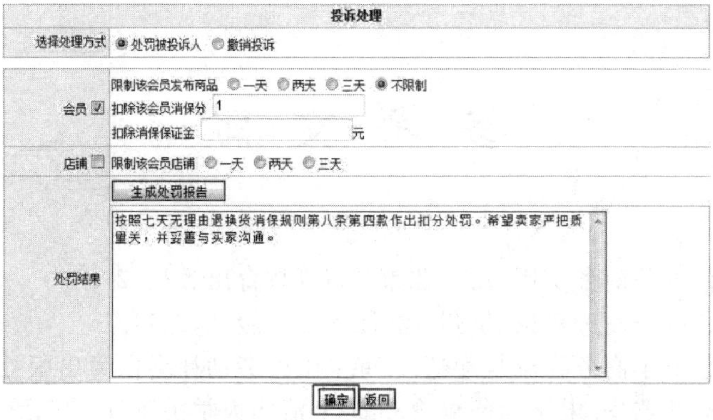

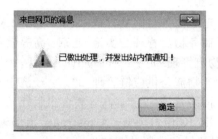

图 17-100 投诉处理页面

操作完成后,系统将弹出站内信通知提示框(图 17-101)。

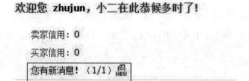

图 17-101

而相关卖家进入系统后,会收到新信息(图 17-102)。

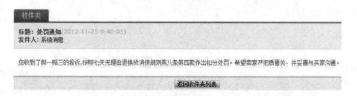

图 17-102 卖家系统页面

点击"您有新信息"链接,在收件夹中可以看到服务商处罚信息(图 17-103)。

图 17-103 卖家查看处罚信息页面

参 考 文 献

[1] 宋文官. 电子商务实用教程. 北京：高等教育出版社，2008.
[2] 陈德人. 电子商务概论. 杭州：浙江大学出版社，2011.
[3] 严冬梅. 电子商务物流与配送. 北京：中国劳动社会保障出版社，2005.
[4] 芮廷先，郑燕华. 电子商务概论. 北京：清华大学出版社，2012.
[5] 陈建斌. 电子商务与现代物流. 北京：中国经济出版社，2008.
[6] 张春法. 基于网络背景的营销理论研究——理念、构造与模式. 西安：西南交通大学出版社，2006.
[7] 陈拥军，孟晓明. 电子商务与网络营销. 北京：电子工业出版社，2012.
[8] 严建援，等. 电子商务物流管理与实施. 北京：高等教育出版社，2008.
[9] 方磊. 电子商务物流管理. 北京：清华大学出版社，2011.
[10] 宋华，胡左浩. 现代物流与供应链管理. 北京：经济管理出版社，2000.
[11] 孔伟成，陈水芬. 网络营销. 北京：高等教育出版社，2002.
[12] [美] Armst Philip Kotler, Gary Armstrong. 市场营销原理. 赵平，王霞，译. 北京：中国财政经济出版社，2004.
[13] 傅铅生. 电子商务教程. 北京：国防工业出版社，2011.
[14] 安得物流是如何实现跨越式发展的. 中国物流与采购网. [EB/OL]. [2007-7-17]. www.chinawuliu.com.cn.
[15] 冯英健. 网络营销基础与实践. 北京：清华大学出版社，2008.
[16] 中国电子商务研究中心. http://www.100ec.cn.

图书在版编目(CIP)数据

电子商务基础/朱景伟主编.—上海:复旦大学出版社,2015.2(2016.2 重印)
ISBN 978-7-309-11249-8

Ⅰ.电… Ⅱ.朱… Ⅲ.电子商务-高等职业教育-教材 Ⅳ.F713.36

中国版本图书馆 CIP 数据核字(2015)第 029019 号

电子商务基础
朱景伟 主编
责任编辑/徐惠平 姜作达

复旦大学出版社有限公司出版发行
上海市国权路 579 号   邮编:200433
网址:fupnet@ fudanpress.com   http://www.fudanpress.com
门市零售:86-21-65642857   团体订购:86-21-65118853
外埠邮购:86-21-65109143
江苏省句容市排印厂

开本 787×960 1/16 印张 27.5 字数 512 千
2015 年 2 月第 1 版 2016 年 2 月第 2 次印刷

ISBN 978-7-309-11249-8/F·2122
定价:49.50 元

如有印装质量问题,请向复旦大学出版社有限公司发行部调换。
版权所有 侵权必究